언어들의 죽음에 맞서라

나남
nanam

한국연구재단 학술명저번역총서
서양편 309

언어들의 죽음에 맞서라

2011년 5월 15일 발행
2011년 5월 15일 1쇄

지은이_ 클로드 아제주
옮긴이_ 김병욱
발행자_ 趙相浩
발행처_ (주) 나남
주소_ 413-756 경기도 파주시 교하읍
출판도시 518-4
전화_ (031) 955-4600 (代), FAX : (031) 955-4555
등록_ 제 1-71호(1979.5.12)
홈페이지_ http://www.nanam.net
전자우편_ post@nanam.net

ISBN 978-89-300-8524-3
ISBN 978-89-300-8215-0 (세트)
책값은 뒤표지에 있습니다.

'한국연구재단 학술명저번역총서'는 우리 시대 기초학문의 부흥을 위해
한국연구재단과 (주)나남이 공동으로 펼치는 서양명저 번역간행사업입니다.

언어들의 죽음에 맞서라

클로드 아제주 지음 | 김병욱 옮김

나남
nanam

옮긴이 머리말

언어의 소멸은 현재진행형이다. 클로드 아제주에 따르면 세계에는 약 5천 개의 언어들이 사용되고 있으며 해마다 25개씩 사라져 간다. 이러한 속도로 언어의 소멸이 진행된다면, 21세기 말에는 그 절반 정도로 수가 줄어들 것이다. 우리가 지금 이 책을 읽고 우리말로 옮겨 쓰는 중에도 세계 언어들의 상황은 지속적으로 악화되고 있다. 많은 언어들이 사라지고 있으며 그 소멸속도는 갈수록 빨라지고 있다. 이러한 상황을 야기한 주된 요인은 역시 문물의 발달이라고 할 수 있을 것이다. 인터넷 등을 포함한 다양한 기술의 발달로 교류가 활발해지면서 언어들의 접촉도 잦아지게 되었다. 문물의 발달에 따른 생태변화 등 자연조건의 변화도 여기에 한몫을 하고 있다. 이러한 변화 속에서 소수공동체의 언어들이 처하게 될 상황은 분명하다. 근래 유네스코를 중심으로 여러 기구에서 내놓는 각종 자료는 이 점을 분명하게 보여준다.

이러한 현상들은 쇠퇴와 소멸의 문제에서 자유로울 수 있는 언어는 없다는 생각을 하게 한다. 이러한 생각은 우리말을 새로이 돌아보게 만들며, 우리말의 상황에 대한 일말의 불안감으로 이어지기도 한다. 실제로 이 불안감은 클로드 아제주의 《언어들의 죽음에 맞서라》를 번역하게 한 주요 동기들 가운데 하나가 되었다. 물론 우리말이 조만간에 심각한 위기에 처하지는 않을 것이다.[1] 하지만 우리말을 가볍게 여기는 사회풍조가 갈수록 심해지는 것을 볼 때 우리말이 처한 상황은 긍정적으로 보이지는 않는다. 우리의 언어현실의 실상은 겉보기와 상당한 거리가 있다. 우선 심각한 영어 편향 현상을 들 수 있다. 우리말 능력보다 영어능력을 우위에 두고, 영어 구사력을 사회생활 능력의 주요 잣대로 삼음으로써 민족정체성의 문제까지 건드리는 것이다. 더욱이 한국어 사용인구의 감소로 이어질 한국사회의 인구감소 문제는 우리말의 운명에 어두운 그림자를 드리운다. 우리말의 운명에 대해 진지하게 생각해야 할 시점이다. 우리말은 건강한 상태인가? 우리 스스로 이 문제를 제기하고 적극적으로 답을 찾아야 한다. 이러한 점에서 이 책은 우리 언어의 제자리 찾기 작업에 중요한 시사점을 던져주고 있으며, 우리 언어에 대한 인식을 새롭게 하는 계기가 될 수 있을 것이다.

클로드 아제주는 50여 개의 언어를 구사하는 것으로 알려져 있는데, 그의 다양하고 폭넓은 언어지식과 언어에 대한 애정이 이 책의 바탕을 이루고 있다. 이 책은 생물학적 이론을 바탕으로 언어의 속성을 살펴보는 데서 출발하여, 잘 알려져 있지 않은 소수언어들까지를 대상으로 삼아 현대 (위기) 언어들의 실상을 보여주고 있다. 이 영역의 다른 책들에 비해 더 많은 언어들에 대해, 언어들의 위기상황과 언어공동체의 대처상황 등을 지역별, 주제별로 구분하여 기술하고 있다. 특기할 점은 히브리어의 부활을 상세히 기술함으로써 언어의 소멸과 부활과정의 좋은 보기로 제시하고 있다는 점이다. 히브리어의 역사, 곧 언어의 소멸과 부활에 대한 상세한 언급은 이 책의 의의를 더해준다. 궁극적으로 《언어들의 죽음에 맞서라》는 언어 외적 상황을 배경으로 언어의 한

1) 전 세계에서 한국어를 사용하는 사람들의 수는 7천 7백만 명으로, 한국어는 사용자 수의 관점에서 볼 때 세계 13위의 언어이다(2010년 7월 국립국어원 자료, "숫자로 살펴보는 우리말 2010" 참고).

살이를 다양한 각도에서 살펴보면서 언어와 문화의 다양성을 인류의 생존에 필수적인 것으로 삼고자 한다.

이 책을 번역하는 데는 상당한 어려움이 있었다. 처음 읽을 때의 재미와 달리, 물론 예상한 일이었지만, 막상 번역에 들어가자 많은 어려움에 맞닥뜨려야 했다. 번역본을 통해 이 책의 내용을 마주해야 하는 독자들에게, 책의 내용을 충분히 살리고 그 이상의 메시지를 제대로 전달하기 위해서는 언어학과 생물학의 배경에, 온 세계의 시·공간을 넘나드는 역사, 지리 등의 인문, 사회영역의 실로 엄청난 배경지식이 필요하였다. 이를 해결하는 데는 각종 전문서적, 백과사전류, 특히 인터넷을 통해 제공된 방대한 자료들이 크게 도움이 되었다. '지배언어'들에 속하는 영어와 프랑스어 웹을 주로 이용하면서 가질 수밖에 없었던 일종의 자괴감도 숨길 수 없다.

이 책의 초판이 나온 지 10년의 세월이 흘렀다. 이 책에서 기술하는 언어의 소멸을 야기하는 사실들이 기본적으로 달라지지는 않았을 것이다. 그러나 10년의 기간은 언어들의 상황, 특히 소수언어들의 운명에 많은 변화를 가져다주기에 충분한 시간이다. 원서에서 언급한 언어들의 상황은 실제와 다소 다를 수 있다. 따라서 이 번역서에는 세계 위기언어들의 최근상황을 보완, 기술하기 위해 유네스코의 《위기언어지도》(2009년) 와 《언어들의 생명력과 소멸》의 구분기준, 서머언어연구소의 《에스놀로그》(16판, 2009년) 를 주로 참조하여 최근까지 언어들의 변화상과 언어들의 위기단계를 주해형식으로 제시하여 일종의 '업데이트'를 하였다.

《언어들의 죽음에 맞서라》는 세계의 언어들, 특히 '위기의 언어들'의 지도를 사실적으로 그려내고 있다. 하지만 이 지도는 언어들의 단순한 지형도가 아니다. 이 책이 말하고자 하는 것은 그 이상의 것이다. 이는 '희망의 언어지도'이다. 언어는 인식론적이고 사회적인 특질들을 지니고 있기 때문에, 언어의 죽음은 문화의 죽음이요, 이 언어를 사용하는 인간의 죽음과 상응한다. 언어와 민족, 언어와 문화는 하나의 공동체로서 그 운명을 공유한다는 점이다. 언어들의 죽음을 막고 인류의 문화가 망각의 늪에 빠지지 않도록 하기 위해 대책을 강구해야 한다. 언어의 다양성을 지키는 일은 문화들을 지키는 것 이상의 가치를 가지며, 이는 우리의 삶을 지키는 것이기 때문이다.

이 책은 언어 및 문화 관련 교육·연구에 활용될 수 있을 것이다. 나아가 우리말을 지키고 발전시키며, 우리의 문화발전 및 민족의 정체성 확립·유지를 위한 논의의 장에 하나의 지표로 쓰일 수 있을 것이다. 이는 알퐁스 도데가 단편 《마지막 수업》에서 프레데릭 미스트랄[2]의 표현을 원용하여 "한 민족이 노예상태에 빠지더라도 자신의 언어만 간직하고 있으면, 그는 자신이 갇혀 있는 감옥의 열쇠를 가지고 있는 것과 같다"라고 말하는 것과 같은 맥락의 것이다. 아울러 이 책을 통해 우리는 문화의 기본 구성요소인 언어에 대한 관심을 새로이 하는 계기로 삼을 수 있을 것이다.

이 번역이 나오기까지 많은 분들의 큰 도움을 받았다. 이 자리를 빌려 감사의 말씀을 드린다. 바른 번역을 위해 온힘을 다했지만 미흡한 부분이 곳곳에 숨어 있을 것으로 생각한다. 원서의 본의를 왜곡하지는 않았는지 우려도 된다. 물론 번역상의 모든 미흡함은 전적으로 번역자

2) 프레데릭 미스트랄(Frédéric Mistral, 1830~1914). 프랑스 시인. 프랑스의 남부 방언인 프로방스어(오크어)를 사용하여 작품활동을 하였다. 그는 프로방스어와 기타 남프랑스 방언 및 관습의 수호를 위해 7명의 시인들이 1854년에 결성한 단체인 펠리브리주(Félibrige)의 중심인물이었다. 1904년 노벨 문학상을 수상하였다.

의 책임이다. 번역자의 역량부족으로 제대로 옮겨 내지 못한 점들은 이 책을 읽는 분들께서 바로잡아 주실 것을 부탁드린다.

2011년 5월
복현(伏賢) 골에서
김 병 욱

▪ 일러두기

▪ 번역에 활용한 주요 참고자료

변광수 편저, 《세계 주요 언어》, 역락, 1993, 2003(개정·증보판).

Daniel Nettle and Suzanne Romaine, *Vanishing Voices: The Extinction of the World's Languages*, Oxford University Press, 2000. 김정화(옮김), 《사라져 가는 목소리들: 그 많던 언어들은 모두 어디로 갔을까?》, 이제이북스, 2003.

David Crystal, *Language Death*, Cambridge University Press, 2000. 권루시안(옮김), 《언어의 죽음》, 이론과실천, 2005.

Louis-Jean Calvet, *Linguistique et colonialisme: Petit traité de glottophagie*, Paris, Payot, 1974(2002). 김병욱(옮김), 《언어와 식민주의》, 유로서적, 2004.

SIL, *Ethnologue: Languages of the world*, 2009(16th ed.). 〔에스놀로그〕 (http://www.ethnologue.com)

TLFQ, *L'aménagement linguistique dans le monde.* 〔세계언어현황〕 (http://www.tlfq.ulaval.ca)

UNESCO, Groupe d'experts spécial de l'UNESCO sur les langues en danger, *Vitalité et disparition des langues*, Section du patrimoine immatériel, Division du patrimoine culturel, 2003. (http://www.unesco.org)〔언어들의 생명력과 소멸〕

UNESCO, *UNESCO Interactive Atlas of the World's Languages in Danger* 〔*Atlas UNESCO des langues en danger dans le monde*〕, 2009. 〔유네스코세계위기언어지도〕 (http://www.unesco.org)

UNESCO, Projets UNESCO de sauvegarde des langues en danger. 〔유네스코위기언어보호계획〕 (http://www.unesco.org '무형문화유산' 관련 사이트 참조)

사전류: 《브리태니커백과사전》, Wikipédia 등 백과사전 및 《표준국어대사전》.

▪ 각주는 모두 옮긴이가 작성한 것이다. 각주에서 인물, 언어·어족, 민족, 사건 등을 소개하는 데 출전을 특별히 언급하지 않은 경우는 많은 부분 《브리태니커백과사전》 및 Wikipédia를 참조한 것이며, 《표준국어대사전》을 함께 참조하였음을 밝힌다. 본문 전개에 직접 관련되는 내용을 발췌·편집하여 제시했으므로, 더 상세한 내용이 필요할 경우 위 사전들의 해당항목을 참조할 필요가 있다.

▪ 각주에 제시한 언어들의 상황은 주로 《유네스코세계위기언어지도》와 《에스놀로그》의 자료에 따른 것이다. 따라서 특별히 필요한 경우 외에는 출전을 밝히지 않고, '사용자 수(기준연도)와 위기단계'의 요령으로 제시하였다. 《유네스코세계위기언어지도》와 《에스놀로그》는 필요한 경우 《위기언어지도》, 《에스놀로그》로 제시하였다. 유네스코의 '위기언어 단계' 구분은 '머리말' 각주 2에 제시된 구분을 참조할 것.

머리말

한 가지 끔찍한 사실에 주의를 기울여 본 적이 있는가? 해마다 평균 약 25개의 언어가 사라진다는 것을 알고 있는가? 그렇다. 적어도 알고는 있는가? 오늘날 이 세상에는 약 5천 개의 언어가 사용되고 있다. 아무런 조건변화 없이 이 상태로 간다면 100년 뒤에는 이 언어들의 절반은 사라지게 될 것이다. 따라서 21세기 말이면 2천 5백 개의 언어들이 남게 될 것이다. 이 소멸에는 가속도가 붙을 수도 있는데, 이 점을 고려하면 살아남는 언어들의 수는 이보다 훨씬 적을 수도 있을 것이다.

이 재앙의 여파는 꾸준히 지속되고 있으며, 이는 전반적 무관심 속에 일어나는 것 같다. 이 문제에 대해 사람들에게 경고하고자 하는 것은 자만심인가, 아니면 그저 주제 넘는 일인가? 나는 그렇게 생각하지 않았다. 이것이 내가 아주 소박하게나마 다음과 같은 필요성을 인식하는 데 기여하고자 하는 순진한 소망을 가지고, 이 책을 쓰려고 했던 이유이다. 이 필요성은 곧 인류문화가 망각의 늪에 빠지지 않도록 하기 위해 가능한 한 모든 것을 다해야 한다는 것이다. 그런데 이 문화들 가운데 가장 귀하고, 동시에 가장 흔하게 일상적으로 표현되는 것들 중의 하나는 바로 인간의 언어다. 언어는 간단히 말하자면 인간들이 가지고 있는 것들 가운데 가장 인간적인 것이다. 그렇다면 우리는 이 언어들을 지키면서 무엇을 보존하게 되는 것인가? 그것은 바로 우리 인류이다. 요컨대 언어들이 바꾸어 놓은 그대로의 우리인 것이다.

갖가지 문명들과 마찬가지로 언어들도 분명 사라지게 마련이다. 그리고 역사의 골은 모든 언어들이 뛰어넘기에는 상당히 깊다. 하지만 언어들이 부활할 수 있다는 것을 알게 되면, 언어들의 죽음은 이미 완성된 피조물인 우리가 보기에 아주 놀랍고 흥분되는 그 무엇을 가진다. 반대로 사람들에게 죽음은 삶을 지배하는 것이며, 삶을 피할 수 없는 운명으로 이끈다. 분명 생명을 되찾는 언어들은 아주 드물다. 그러나 그러한 언어들이 존재한다. 적어도 한 가지 경우, 곧 히브리어의 경우는 아주 분명하다. 그리고 죽음의 위협을 받는 다른 언어들은 모든 위험을 무릅쓰고 끝까지 살아남아 불가피한 위협에 저항한다.

이 책에서는 바로 이러한 위험한 모험, 언어들이 죽음과 함께 벌이는 대단히 무모한 이 도박을 다루고 있다. 제 1부 "언어들과 삶"에서는 언어들이 우주를 제어하는 생명원칙들과 어떤 밀접한 관계를 유지하는가를 보여줄 것이다. 언어는 생명의 공급원인 동시에 지나간 삶을 보존해 주는 존재이다(제 1장). 그 이유는 언어들이 어떤 방식으로는 자연의 개체 그 자체이기 때문이다(제 2장). 그러나 언어들의 소멸이 정확히 어떤 사건에 상응하는지, 왜 이 소멸이 다른 개체들의 소멸과 그렇게 다른 것인지를 이해하려면 본질적 속성 한 가지, 곧 파롤을 규정할 필요가 있다. 파롤은 사라지는 것이지만, 랑그[1]는 완전히 죽는 것이 아니다(제 3장). 언어들의 생존경쟁은, 언어들을 구성하는 실체인 단어들이 바로 이 언어들의 한가운데에서 이끌어 가는 투쟁에 의해 놀라운 방식으로 나타난다. 살아가고 죽으며, 때로 다시 살아나는 단어

1) 파롤(*parole*)/랑그(*langue*). 이 번역에서는 일반적 '언어'의 개념과 혼동되는 것을 피하기 위해, '집단언어'로서 '랑그'와 '개인언어', 곧 언어의 개인적 실현으로서 '파롤'이라는 용어를 사용하기로 한다. 랑그와 파롤에 대한 상세한 언급은 제 3장을 참조할 것.

들은 의미를 상실하고, 끝없이 다른 의미를 얻게 된다(제 4장).

"언어들과 죽음"으로 이름 붙인 제 2부에서는 언어의 죽음을 통해 이해해야 할 것이 무엇인지(제 5장), 그 과정은 어떠한 것인지(제 6장), 그 원인들은 무엇인지(제 7장), 사라졌거나 위협을 받는 많은 언어들에 대해 오늘날 어떤 평가를 내릴 수 있는지, 또 이것이 우리 인류에게 의미하는 것이 무엇인지(제 8장), 끝으로 언어들의 죽음에 맞서서 싸우기 위해 어떤 행동들을 취할 수 있는지(제 9장) 보게 될 것이다.

제 3부 "언어들과 부활"에서는 환하게 불타는 횃불을 뒤따르는 서광(曙光)들을 드러내 보이고자 한다. 그 횃불에 불을 댕긴 사람들은 하나의 언어를 되살려 냈다. 이는 히브리어의 경우인데, 히브리어의 부활은 가장 놀라운 현상으로 그 중요성과 완성도에서 오늘날까지 유일한 것이다(제 10장). 이어서 여기에서 언급할 만한 몇 가지 다른 경우들을 다루어 볼 것이다.

삶, 죽음과 부활의 개념들은 의인법적 표현, 또는 적어도 은유적 표현으로 볼 수 있을 것이다. 실제로, 이 개념들을 사용하더라도 언어들이 가장 복잡한 개체라는 것을 인식하는 데는 문제가 되지 않는다. 왜냐하면 언어들만이 인지적이고 사회적인 차원의 특성들을 가지기 때문이다. 정확히 말해, 언어들은 사라질 수밖에 없는 구상적(具象的) 물질로 만들어진 것이 아니라 인간정신의 창조물이기 때문이며, 언어들의 죽음은 살아 있는 세계를 구성하는 다른 요소들의 죽음과 같은 것이 아니기 때문이다. 오늘날 문화들의 영역에 나타나는 불길한 신호들에도 불구하고, 언어들이 묻혀 있는 넓은 공동묘지에서 소리들이 더러 들려온다. 인간세계의 공동묘지에서 무덤들을 지키는 침묵은 가장 강렬한 죽음의 상징일 것이다. 그런데 생명으로 부를 수 있는, 죽은 체하던 무엇인가가 언어들의 무덤에서 맴돌며 말을 더듬고 있다. 다시 살려내야 할 것은 바로 이것이다.

이 책의 요지는 이처럼 아주 간단하다. 이 책에서는 세 가지 진실을 보여주고자 한다. 우선 언어들은 아마도 우리 인간문화가 가지고 있는 것 가운데 가장 생명력 있는 것이라는 점, 그 다음으로 언어들은 사라지는 것이며, 우리가 언어들을 보존하기 위해 투쟁하지 않으면 엄청나게 많은 언어가 사라진다는 점, 끝으로 언어들의 죽음은 결정적 소멸이 아니며, 우리가 그것들을 장려할 수 있다면 몇 가지 언어는 다시 태어날 것이라는 점 등이 그것이다. 우리의 언어들과, 특히 특정 언어의 지배에 맞서서 언어들의 다양성을 지키는 것, 그것은 우리의 문화들을 지키는 것 이상의 것이다. 그것은 우리의 삶을 지키는 일인 것이다.[2)]

2) 유네스코는 문화적 다양성의 틀 안에서 언어적 다양성을 유지하고자 하는 활동을 펼쳤다. 이를 위해 2003년에는 위기에 처한 언어들을 구해야 한다는 문제를 절실하게 제기하면서 관련활동의 지침을 제시했다. 이와 함께 언어들의 상황을 판단하기 위한 실제적 기준을 제시했는데, 이 기준은 2003년에 자료 《언어들의 생명력과 소멸》로 발표되었다. 여기에서 유네스코는 언어들의 상태를 판단하여, 언어들의 생명력과 소멸위험의 정도를 '안전, 취약, 위험, 매우 위험, 소멸 직전, 소멸'의 여섯 단계로 설정하여 언어들을 구분했다.

이 여섯 단계의 언어상태는 아홉 가지 요인에 따라 설정되었다. ① 언어의 생명력의 정도를 규정하는 요인: 세대간 언어계승의 정도, 사용자 수, 전체 인구 대비 사용자 비율, 다양한 공적·사적 영역에서 언어의 사용, 새로운 영역과 매체에 대한 태도, 언어학습 및 교수 기자재, ② 다양한 언어적 태도분석: 정부와 기관 차원에서 언어적 태도와 언어정책, 고유어에 대한 공동체 구성원들의 태도, ③ 문서화의 긴급성: 문서 자료화의 유형과 질.

물론 이 기준들 가운데 어느 요소도 혼자만으로는 특정 언어의 상태를 평가하기에 충분하지 않다. 이 아홉 가지 기준들을 모두 고려할 때 한 언어의 생명력, 언어의 유지나 활성화에 필요한 조치들을 결정할 수 있는 것이다. 이러한 기준에 따라 유네스코는《유네스코세계위기언어지도》(2009년 2월 발간)에서 세계의 위기언어 2,498개를, '취약' 607개, '위험' 632개, '매우 위험' 502개, '소멸 직전' 538개, '소멸' 219개로 구분해 제시했다(이 번역에서 제시한 위기언어의 단계는 이러한 유네스코의 구분을 따른 것이다).

언어들의 죽음에 맞서라

차 례

제 1 부

언어들과 삶

제 1 장

언어들, 생명의 공급원

인간사회와 생명의 원천으로서 언어들

인간사회가 그 안에서 사용되는 언어들과 맺고 있는 관계를 살펴보면, 단순한 상식으로 보이는 한 가지 진리를 볼 수 있다. 이를테면 살아 있는 언어들은 그 자체로서 존재하는 것이 아니라, 일상적 의사소통 과정에 그 언어들을 사용하는 사람들의 집단에 의해 또 그 집단을 위해 존재한다는 것이다. 이는 언어가 사회적 정의 외에 다른 정의를 가질 수 없다는 말은 아니다. 언어는 복합적 인식구조로서 언어능력[1]이 겉으로 표현된 것인데, 이 구조는 인간이 발화(發話)하고 이를 해석할 때 그의 정신이 기능하는 방식을 나타내 보인다. 그리고 이 언어들은 감지할 수 있는 사물들과 개념들의 세계가 표현되는 활동의 흔적을 담고 있다. 그러나 동시에 언어들은 인간집단과 함께하며 또 그와 함께 사라진다. 또는 반대로 이 집단의 수가 많고 집단들이 원래의 생활터전을 벗어나 빠르게 퍼져나가게 되면, 이 언어들도 이 집단들을 따라 넓은 영역으로 전파된다. 따라서 언어들의 생명의 근원과, 언어들의 사용범위를 확장할 수 있는 능력은 바로 이 언어들을 사용하는

1) 여기에서 언어의 학습을 가능하게 하는 선천적 능력인 '언어능력'과, 이 언어능력을 바탕으로 언어를 배워서 사용하는 '언어수행'의 개념을 생각할 수 있다.

집단으로부터 비롯하는 것이다.

하지만 언어는 인간공동체를 살아 움직이게 하는 생명력을 제공하는 여러 원천들 가운데 하나이기도 하다. 인간의 속성을 명확하게 규정하는 특질들 가운데 어느 것도, 각자가 한 사회에 편입될 수 있는 기반, 곧 인간의 생물학적 외관과 정신구조와는 다른 차원에서 그의 생명을 유지하는 기반 자체를 개인에게 제공할 수 있는 힘을 언어만큼 가지지 못한다. 언어가 가지는 이러한 생명력은 두 가지 점에서, 한편으로는 야생 소년의 수수께끼를 통해서, 다른 한편으로는 언어와 무한(無限)의 관계 안에서 특히 명확하게 나타난다.

야생 소년의 수수께끼

이 이야기는 정말 놀랍고도 시사적(示唆的)인 실제경험에 관한 것이다. 우리는 특히 카스파르 하우저의 이야기를 알고 있다. 열여덟 살 정도 될 때까지 인간사회와 아무런 접촉도 하지 못한 채, 곳간에서 그리고 숲 속에서 전적으로 혼자 자란 그는 1828년경 뉘른베르크에 나타났다. 그곳에서 형법학자 포이어바흐[2]가 카스파르 하우저를 맞아들여, 1833년 의문의 암살을 당할 때까지 그의 후견인이 되었다. 이 암살사건에 대해서는 누구의 소행인지 밝히지 못했고 그 정황을 밝히는 데도 실패했다(Blikstein, 1995 참조). 영화감독 베르너 헤르초크가 1974년에 제작한 영화가 보여주는 것처럼,[3] 카스파르 하우저는 자신

---

2) 포이어바흐(Paul, Ritter von Feuerbach, 1775~1833). 독일의 법학자. 독일 형법의 개혁자.

3) 베르너 헤르초크(Werner Herzog, 1942~). 독일의 영화감독. 인간의 극단적 심리상황을 그린 작품들로 주목받았다. 그의 영화 〈모든 사람은 자신을 위하며 신은 모두에게 적대적이다〉는 카스파르 하우저(Kaspar Hauser)의 이야기를 각색한 것이다. 한편 하우저는 문학작품의 소재가 되기도 하였는데, 독일 소설가 바서만(Jakob Wassermann, 1873~1934)의 《카스파르 하우저》(1908)

에게 독일어를 가르치면서 말하는 것을 가르치려고 애쓴 후견인의 헌신적 보살핌에도 불구하고, 결국 인간의 언어와 조금이라도 닮은 구석이 있는 그 어떤 소리도 내지 못했다. 하지만 그는 매우 말하고 싶어 했으며 여러 차례 시도하곤 했다. 언어로 의사표현을 할 수 없었기 때문에, 그는 인간들이 살아가는 모습을 잠시나마 접촉하는 동안에도 자신을 둘러싸고 있는 모든 것에 대해 철저하게 이방인으로 머물렀다. 그는 다른 이들의 얼굴과 사물들, 그리고 주변을 뚫어지게 오랫동안 유심히 살펴보곤 했다. 그리고 여러 가지 몸짓을 했고 어느 누구도 해본 적도 없고 본 적도 없는, 역시 전혀 엉뚱해 보이는 이해할 수 없는 동작들을 하려 했다. 어느 날 그는 한 축하모임 도중에 울음을 터뜨리더니, 갑자기 자리를 떠 어두한 구석에서 몹시 흥분하여 날뛰기 시작했다. 그의 행동 하나하나가 언어를 사용하지 못하는 데 따른 고뇌와 이 불완전함을 보상하려는 전혀 쓸데없는 노력을 보여주는 것 같았다. 언어를 잃어버린 그는 죽음에 둘러싸여 있는 것처럼 보였고, 말을 하려고 하면 할수록 그는 실제생활에서 한층 더 멀어지게 되었다. 그의 모든 시도는 실패했기 때문이다. 그 정도로 언어는 삶의 상징이며 근원인 것이다. 어린아이가 제대로 영양공급을 받는다 하더라도, 어느 누구도 그에게 말을 건네지 않는다면 이 아이는 대개의 경우 오랫동안 살아남지 못할 것이라는 점을 다시 말할 필요가 있을까?

언어, 무한의 반영

카스파르 하우저에게 결여된 것은 언어능력 그 자체는 아니다. 모든 인간은 이 능력을 가지고 태어나며, 야생 소년의 타고난 기호체계도 예외는 아니다. 그러나 만일 예외적 상황들 때문에 언어능력이 언어로

는 일반 세계에 익숙하지 않은 한 소년의 실화를 다룬 작품이다.

변환될 수 없었다면, 그때 생존가능성은 심각하게 침해받게 된다. 이는 모든 것이 언어를 거쳐 삶의 내부로 들어오기 때문이며, 언어가 인간을 사회적 영역에 이르게 하는 것만이 아니라 언어 그 자체가 삶의 반영이기 때문이다.

언어는 그 언어를 사용하는 사람을 키워낸다. 이는 인간이 숨 쉬는 공기가 그가 살 수 있도록 해주는 것과 마찬가지다. 언어는 생존을 위한 호신부들을 확보해 준다. 예컨대, 그린란드 남동부의 아마살리크[4] 에스키모의 경우, 이 종족의 몇몇 노인들은 죽음의 문턱에서 성(姓)을 바꾼다. 이렇게 함으로써 그들은 죽음의 손길이 닿지 않는 곳에 있게 된다고 생각한다. 실제로 죽음은 노인들이 일상적으로 사용하던 성으로 그들의 신원을 확인하지 못한 채, 결국 그들을 어디에서 찾아야 할지를 모르게 될 것이다. 이처럼 언어로는 그러한 일이 가능한 만큼, 가명(假名) 아래로 숨는 것이 그들에게는 자신의 목숨을 연장하는 일이 되는 것이다.

그러나 이런 속임수들과 단어를 이용하여 죽음을 속이기 위해 사람들이 펼치는 모든 계략들에 앞서, 언어의 존재는 무(無)를 속이기 위한 아주 간단하고 보편적인 수단이다. '역사', 공적이거나 사적인 이야기로 죽은 이들의 혼을 부르는 일, 먼지에 다시 실체를 부여하는 말, 그리고 미슐레가 자신의 사명으로 삼고자 했던 '과거의 총체적 부활'[5]을 가능하게 한 것은 바로 언어들이기 때문이다. 일부 동물들이 어느

---

4) 아마살리크(Ammagssalik). 그린란드 남동부 아마살리크 섬의 남쪽 해안에 있는 마을.

5) 쥘 미슐레(Jules Michelet, 1798~1874). 프랑스의 역사가. 《프랑스사》(1833~1867)로 잘 알려져 있는 민족주의 역사가로서, 과거를 되살리는 것, 곧 재창조하는 것이 역사가의 궁극적 목표라고 확신하였다. 그는 이러한 과거의 되살림은 총체적이어야 하며, 정치뿐만 아니라 예술·종교·경제 등 과거를 이루는 모든 요소들을 다시 불러내 원래 모습대로 엮어서 생생한 총합, 역사적 종합을 이루어야 한다고 주장하였다.

정도 기억이나 또는 적어도 추억을 가지고 있다 하더라도, 어떤 동물 종(種)도 자신의 과거를 환기하는 수단을 지니고 있지는 않다. 자신들의 언어로 엄청난 과거를 이야기할 수 있는 고생물학 서적에서 동물들의 역사를 만들어 내는 것은 바로 인간들이다.

언어는 변화하고 적응하며 빈약해지거나 풍부해진다. 삶으로부터, 언어는 예기치 않은 특질들, 영롱한 광채, 함정들, 다양성을 얻는다. 삶으로부터, 언어는 끈질긴 지속본능을 얻는다. 왜냐하면 언어들은 개별적으로는 사라지지만, 언어능력을 실행하면서 계속하여 전체로서 존재하기 때문이다. 바로 이 정의적 속성, 곧 언어능력에 따라 단 하나의 동물 종만이 다른 모든 종들과 구분된다. 하지만 의사를 전달할 수 있는 다른 수단들이 없는 것은 아니다. 오늘날에는 여전히 이 수단들이 더 늘어나고 그 유효성이 커지고 있다. 영속(永續)하면서, 또 심각한 상실을 거치면서까지 죽음에 대한 저항을 계속하면서(제 2부 참조) 언어들은 우리에게 불멸성의 한 모델을 제시한다. 한도 끝도 없는 영혼들, 언어는 무한의 반영이다.

인공언어들과 생명의 맥박이 뛰는 언어들

아주 오래된 꿈 : 바벨에 도전하다

최고(最古)의 문명들만큼이나 오래된 꿈을 꾼 사람들이 있었다. 이는 전 세계에서 사용할 수 있는 유일한 의사소통 수단으로서 보조언어를 인공적으로 만드는 꿈이었다. 현존하는 특정 언어의 지배와 흔히 이 지배에서 야기되는 제국주의를 받아들이지 않는 사람들은 에스페란토[6]를 합리적 선택으로 간주했다. 이 선택이 현실이 된다면 이에 이론적으로 반대할 이유는 없을 것이다. 그런데 인공적으로 만들어 낸 언어는 자연언어와 마찬가지로 상징적 힘을 가지는가? 이 언어 역시 생명의 공급원인가? 현대 히브리어가 곳곳에 분산되어 있는 모든 유대인들의 결합을 공고하게 할 수 있었던 것은 대체로, 히브리어가 부분적으로는 인공적인 것이었지만 전적으로 실제적 언어상태들을 바탕으로 재구성된 것이었기 때문이다(제 10장 참조). 이 언어를 사용하는 사람들에게는 언어의 상태 하나하나가 역사적이고 문화적인 중요한 의미작용을 하는 것이었다. 에스페란토를 만들어 내던 당시, 자멘호프가 가졌던 영감은 다른 차원의 문제였다(406~407쪽 참조).

생명의 곳간으로서 자연언어들

언어는 우리의 역사를 담고 있다

언어는 단지 우리가 육체적으로 사라지고 난 뒤까지 우리의 역사를 서술하기 위해 말하거나 쓸 수 있게 해주는 것만은 아니다. 언어는 우리의 역사를 담고 있다. 모든 문헌학자, 또는 언어에 대해 호기심을 갖는 모든 이들은 사회의 변천과 개인의 모험들을 이야기해 주는 보물들이 언어에 쌓여 있음을 알고 있다. 관용어법들, 합성어들에는 살아있는 인물들을 등장시키는 과거가 담겨 있다. 단어들의 역사는 사고의 역사를 반영한다(제 4장 참조). 사회가 사라지지 않는 것, 그것은 단지 그 사회에 역사가들, 공적 이야기 작가들인 연대기 작가들이 있기 때문만은 아니다. 그것은 또한 사회에는 언어가 있고 사회는 언어로 서

---

6) 에스페란토(*Esperanto*). 폴란드의 안과 의사 라자로 자멘호프(Lazaro Ludviko Zamenhof, 1859~1917)가 국제 보조언어로 쓰기 위해 고안하여 1887년에 공표한 인공언어. 주로 인도·유럽어족에 속한 여러 언어에 기초를 두고 고안되었으며, 그 언어들이 가진 철자·문법·조어법상의 불규칙성을 배제하고 고안해 낸 것으로 28개의 자모가 있다. 자멘호프의 《에스페란토의 원리》(*Fundamento de Esperanto*, 1905)는 이 언어의 구조와 형태의 근본원리를 규정하고 있다.

술되는 것이기 때문이다.

언어, 기억의 흔적과 삶의 증인 : 한 애호가의 이야기

자기 나라의 다른 많은 지성인들과 마찬가지로 자기 나라말에 아주 애착을 가지고 있던, 헝가리의 한 문호[7]는, 20세기 초엽에 처음 작성된 뒤 최근에 다시 출판된 성찰 및 이야기 모음집에 실려 있는 "인공언어"라는 제목의 글에서 인공언어에 대해 다음과 같이 쓰고 있다(Dezső Kosztolányi, 1996: 143~144).

> 이성의 실험실에서 나온 이 언어들은 셀룰로이드로 만든 셔츠 소맷부리의 지속성을 가진다. 〔…〕 이 언어들은 결코 시들지 않는다. 그러나 그것들은 무색무취한 것이다. 〔…〕 그런데 언어들의 매력을 만드는 것은 언어들의 인간적 양상이다. 모든 세대가 언어에 자기들의 삶의 흔적을 남겼다. 〔…〕 단어들은 고통으로 신성화되고 수난으로 일그러진 성(聖) 유골이다. 이전의 규칙들은 예외가 되었고, 단순한 해석 오류에서 멋진 은유가 나왔다. 언어는 우리 가족들의 추억이 깃들어 있는 수천 년 된 보물이다. 〔…〕 반면에 인공언어는 공간에도 시간에도 뿌리내리지 못한 채, 기억을 가지지 못한다. 인공언어는 지역의 말투를 담지 못한다. 그것들은 지역적 다양성들을 가지지 않으며, 〔…〕 이성의 법칙에서 나오는 전통 외에는 다른 전통을 가지지 못한다. 인공언어를 쓸 때는 실수하는 것도 불가능하다. 〔…〕 결코 감정이 매만져 만든 것이 아닌 이 언어들로 17세기의 술 취한 집달리, 오늘날의 젊은 멋쟁이나 어색해 보이는 나이 든 신사를 어떻게 표현할 것인가? 〔…〕

---

7) 헝가리의 시인 · 소설가 · 비평가인 데죄 코스톨라니(Dezső Kosztolányi, 1885~1936)를 말함. 코스톨라니는 헝가리 문학에서 뛰어난 인상주의 작가로 꼽힌다. 예술지상주의(예술을 위한 예술) 원칙을 철저히 신봉하여 주로 예술의 형식문제에 관심을 가졌으며, 말년에는 헝가리어의 순수성을 보존하는 일에 많은 노력을 기울였다.

그는 같은 책의 "모국어의 영원한 부드러움에 관하여"라는 글에서는 다음과 같이 말하고 있다(Dezső Kosztolányi, 1996: 147~148).

> 인공언어들은, 마틴 슐라이어가 볼라퓌크[8]를 만들어낸 시점인 1879년부터 대성공을 거두었다. 고상한 몽상가들은 바벨탑 사건 이후 계속된 언어들의 혼동에 종지부를 찍기 위해 밤낮으로 연구했다. 이 혼동에는, 심각한 부정적 측면에도 불구하고, 삶 자체와 마찬가지로 활력을 주는 어떤 매력이 없지는 않다. 인간의 유한한 이성이 언어라는 이 무한한 영혼을 자신들의 법칙에 굴복시키기 위해 거창한 투쟁을 전개하는 것을 보는 것은 분명 감동적인 일이다. 〔…〕 우리는 인공언어로 우리의 주소, 직업 또는 은행계좌의 상태를 말할 수 있지만, 어머니가 불러주던 자장가와, 또는 사랑하는 여인이 길거리에서 우리 곁을 떠나면서 살짝 짓던 미소의 〔…〕 맛을 표현하는 일은 거의 할 수 없는 것으로 보인다. 간단히 말해, 인공언어는 말할 만한 가치가 없는 모든 것을 말할 수 있다. 〔…〕 천지개벽 이래, 우리는 손가락을 또한 수를 세는 데 써왔고, 두 손 위에 기대어 숙인 머리는 어디에서나 우리가 졸린다는 것을 뜻한다. 〔…〕 그런데 보조언어는 그 이상의 것은 아무것도 말하지 못한다. 게다가 그것을 말하기 위해서는 삶의 〔…〕 열기를 가지지 못한 이 언어들은 실행수단을 늘려야 하는 처지에 놓이게 된다. 〔…〕 미래를 예견하기를 좋아하는 사람들은 지금 〔…〕 국어들이 언젠가는 유일의 보편언어에 자리를 내주어야 할 상황에 놓이면서, 사라질 운명에 처할 것이라고 되풀이

---

8) 볼라퓌크(*Volapük*). 독일의 성직자 요한 마틴 슐라이어(Johann Martin Schleyer)가 국제적인 제2언어로 쓰기 위해 만들어 1880년에 공포한 인공언어. 어휘의 대부분을 영어와 로망스 언어들에 바탕을 두었으나 이 언어들에서 유래했다고 믿기 어려울 만큼 단어의 어근이 변형되었으며, 음성적으로도 많이 변형되어 있다. Volapük란 말도 영어의 world(세계)와 speak(말하다)에서 유래한다. 1880년대에는 수십만 명이 이 언어를 연구하며 대규모 모임을 갖고, 많은 책과 정기간행물을 출판하기도 했다. 지지자들 사이의 견해차와 에스페란토 등 다른 인공언어가 나타나면서 쇠퇴하였다.

하여 말하기를 즐기고 있다. 그러한 생각이 기계를 숭배하고 개성을 부정하는 바로 이 세기에 나타나는 것을 보는 것은 대단한 의미가 있다. 모든 이를 위해 만들어진 보편언어는 어느 누구의 것도 되지 않을 것이다. 〔…〕 물론 나는 내가 어느 날엔가 사라질 것이라는 것을 묵묵히 받아들였다. 그러나 내 영혼의 일부를 이루는 내 모국어 역시 소멸한다는 생각, 내 숨결을 불어넣었던 단어들이 〔…〕 내가 죽고 나면 더 이상 내 무덤 위를 맴돌지 않을 것이라는 생각은 받아들일 수 없다. 이 단어들은 영혼의 말, 죽음에 저항하며 대대로 물려내려온 말을 상징한다.

자멘호프와 에스페란토에 대해 언급하지 않는 이 글들에서 인공언어에 대한 평가는 부분적으로 부당하고, 또 불충분한 정보에서 비롯한 것일 수도 있다. 데죄 코스톨라니가 실제로 인공언어를 자세히 공부했는지는 알 수 없다. 적어도 에스페란토에 관한 한, 인공언어가 순수한 이성의 법칙에 의해 만들어진 냉철한 메커니즘이라는 것은 옳지 않다. 에스페란토는 강렬한 이상주의적 격정으로 진행된 열성의 작품이었다. 인공언어가 진부한 것들에 대해서만 말할 수 있게 하고, 정신의 움직임을 표현하는 데는 적합하지 않다는 것 또한 사실이 아니다. 예컨대 에스페란토로 쓰인 서정시도 있다. 반면에 이 영감을 받은 헝가리 시인을 움직인 믿음은 무엇인가, 왜 그는 자연언어에서 많은 세대의 삶이 계속하여 층층이 쌓여 저장된 아주 오래된 보물을 보게 되는가, 그리고 왜 그가 죽음에 저항하는 숨결로서 모국어에 대한 찬가를 부르는가를 이해할 수 있다. 이 모든 것은 수많은 이들의 증언에 의해 다시 확인된다. 이들은 언어에 삶의 흔적이 보존되는 것이기 때문에 언어가 생명의 공급원이라고 말한다. 언어와 그리고 이 언어를 통해 그곳에서 자신들의 정체성을 끌어오는 사람들을 힘차게 양육하는 진액(津液)은 아주 깊은 기억 속에 묻혀 있는 뿌리들에서 나오는 것이다. 그리고 지속되는 동안 내내 유지되고 풍부해진 이 유산이 바로 생명의 근원이다.

제 2 장

언어들, 살아 있는 종(種)들

19세기 후반 언어학에 나타난 생명론

자연과학의 대상으로서 언어들

제 1장에서 살펴본 것처럼 언어들이 생명의 공급원이라면, 언어들은 생명체들의 세계와 무엇인가 관계가 있다는 결론을 이끌어 내는 것이 당연하다고 할 수 있다. 오늘날에는 19세기 언어학자들의 사고와 연구 작업에 일반적으로 나타났던 생명론적 진술과 어느 정도 거리를 두고 있다. 그러나 이 연구작업들을 비판적 시각에서라도 다시 살펴보는 것이 명확한 이해에 도움이 될 것이다. 왜냐하면 언어를 생물학의 연구 대상들과 유사한 자연생물체들처럼 다루고자 하는 유혹이, 언어들의 속성에 의해 얼마나 강해지는지 이 연구들에서 볼 수 있기 때문이다.

슐라이허, 식물학에서 언어학까지

자연과학에 속하는 현상으로서 언어에 대한 시각을 고려할 때, 대개 아우구스트 슐라이허[1]를 앞세우게 된다. 프랑스 현대 과학자인 오드

1) 아우구스트 슐라이허(August Schleicher, 1821~1868). 독일의 언어학자. 헤겔의 역사이론과 다윈의 자연도태설을 결합하여, 논리적이고 과학적인 언어이론을 개발하고자 했다. 인도·유럽어족 언어들의 비교문법 발전에 기여했으

리쿠르(1996년 사망)[2]와 마찬가지로 슐라이허는 원래 식물학자였으나 언어학자로 활동하였다(한편 오드리쿠르는 언어에서 찾아볼 수 있는, 종〔種〕으로 재편할 수 있음을 보여주는 속성들에 역시 관심을 가졌다). 슐라이허의 생각은 18세기와 19세기 초의 위대한 자연주의자들, 특히 식물분류학을 고안해 낸 린네와 비교해부학의 창시자로 알려진 퀴비에[3]의 작품들을 자주 접하면서 만들어진 것이었다. 이어 슐라이허는 당대의 다른 언어학자들과 마찬가지로 보프의 연구물에 눈을 돌렸다. 1816년에 발간된 프란츠 보프[4]의 시론(試論), 《그리스어, 라틴어, 페르시아어와 게르만어의 동사변화체계와 비교한 산스크리트의 동사변화체계에 대하여》는 비교문법을 창시한 저술로 간주된다.

며, 또한 언어를 생명을 가진 유기체로 보고, 여기에서 언어의 생성과 소멸의 과정을 예상하기도 했다. 그는 인도·유럽어족 언어들의 공통된 특징을 연구하여 인도·유럽 공통 조어를 재구성하고자 했는데, 여기에서 나온 것이 '계통수(系統樹) 이론'이다. 이는 식물분류법과 비슷한 언어분류체계에 따라 서로 관계가 있는 언어들을 계통수 속에 배치하는 것으로, 인도·유럽어족 언어연구와 역사언어학 이론에서 중요한 성과로 기록되었다.

2) 앙드레조르주 오드리쿠르(André-Georges Haudricourt, 1911~1996). 프랑스의 식물학자·인류학자·언어학자. 농학과 유전학을 공부하였으며, 국립과학연구센터(CNRS)에서 식물학을 연구한 데 이어, 1945년부터 로망스 언어들을 연구하기 시작했다. 이어 아시아 언어들에 관심을 가지게 되었으며, 그의 연구는 민속·식물학, 언어학, 기술사 등에까지 미쳤다.

3) 칼 폰 린네(Carl von Linne, 1707~1778). 스웨덴의 박물학자·식물학자. 저서 《자연의 분류》에서 생물의 학명을 속명과 종명으로 나타내는 이명법(二名法)을 창안하여 현대 생물분류학의 기초를 확립했다.
조르주 퀴비에(Georges Cuvier, Baron, 1769~1832). 프랑스 동물학자·정치가. 비교해부학과 고생물학을 확립했다.

4) 프란츠 보프(Franz Bopp, 1791~1867). 독일의 언어학자. 비교문법의 학문적 기초를 쌓았다. 인도·유럽어족의 비교연구에서 산스크리트의 중요성을 확립했고 언어분석의 중요한 기법을 개발했다.

프란츠 보프와 언어가 담고 있는 생명의 근원

보프는 자신의 유명한 저서 《산스크리트, 젠드어, 라틴어, 리투아니아어, 고대 슬라브어, 고트어, 독일어의 비교문법》(1833)에서 다음과 같이 쓰고 있다. "언어는 법칙에 따라 만들어진 자연물로 간주되어야 하며, 자신의 안에 생명의 근원을 담고 있다." 그리고 이 책에는 '언어생리학'이나 '언어해부학' 같은 표현들이 줄곧 되풀이된다. 사실 이러한 관점은 18세기에 비롯한 것으로, 예컨대 인간계보학의 표현방식에 따라, 특히 '친족'의 개념을 통해 셈어를 연구한 라이프니츠[5]로 거슬러 올라간다.

언어생명론과 생물변이설, 또는 다윈주의와 언어들

표면적 일치

슐라이허가 보프에게 물려받아 제시한 이러한 언어생명론의 개념은, 그가 찰스 다윈[6]의 위대한 저술인 《종의 기원》(1859)을 접하기 이전에 형성된 것이다. 다윈의 생각은 당시 여러 학자들 사이에 자리잡고 있던 생물변이론적 경향을 체계화하였다. 이 학자들 가운데에는 개체의 진화(개체발생론)와 종의 진화(계통발생학) 사이에 상관관계를 수립한 인물로 간주되는 자연주의자인 에른스트 해켈[7]이 있었다(Hagège, 1985: 31쪽 이하 참조). 《종의 기원》에 대해 슐라이허의 주의를 환기한

---

5) 빌헬름 라이프니츠(Gottfried Wilhelm Leibniz, 1646~1716). 독일의 수학자·물리학자·철학자·신학자. 신학적·목적론적 세계관과 자연과학적·기계적인 세계관의 조정을 기도하여 '우주질서는 신의 예정조화 속에 있다'라는 예정조화설을 전개했다.

6) 찰스 다윈(Charles Robert Darwin, 1809~1882). 영국의 생물학자. 1859년 《종의 기원》을 발표함으로써 진화론을 창시했다.

7) 에른스트 해켈(Ernst Heinrich Haeckel, 1834~1919). 독일의 자연주의자·생물학자.

사람은 바로 슐라이허와 서로 영향을 주고받으면서 우정을 나누었던 해켈이었다. 이 영향은 당대에 생물학, 특히 식물학과 언어학 사이에서 작용한 바로 그것이었다.

슐라이허가 다윈의 책을 접하게 되었을 때, 그는 자신의 주요 저술 《인도-게르만 언어들의 비교문법개요》(1861)를 쓰던 중이었다. 이 책은 이 영역에서 특히 프란츠 보프, 라스무스 라스크, 야코프 그림과 빌헬름 폰 훔볼트[8]가 이룬 업적들을 체계화하고 대중화하게 된다. 슐라이허의 저술이 나온 지 1년 뒤, 다윈에게 상당한 영향을 미쳤던 현대 지질학의 창시자 찰스 라이엘[9]의 《원시 인류의 지질학적 증거》가 발간되었다(Jacquesson, 1998: 121 참조). 이 책에는 "종의 기원 및 발전과 언어의 기원 및 발전의 비교"라는 제목의 장이 실려 있는데(78쪽 참조), 이는 생물변이론자들의 자연도태설을 언어에 적용한 것이다. 1863년에 슐라이허는 해켈에게 보낸 '다윈설과 언어학'이라는 제목의 공개서한을 발표했는데, 이 편지에서 다음 구절을 볼 수 있다.

---

8) 라스무스 라스크(Rasmus Kristian Rask, 1787~1832). 덴마크의 언어학자. 비교언어학의 주요 창시자.
야코프 그림(Jacob Grimm, 1785~1863). 독일의 언어학자·문헌학자·민담 수집가로 특히 역사언어학과 게르만 문헌학의 발전에 크게 공헌하였다. 동생인 빌헬름 그림(Wilhelm Grimm, 1786~1859)과 함께 '그림 형제'로 불린다.
빌헬름 폰 훔볼트(Wilhelm von Humboldt, 1769~1859). 독일의 박물학자·탐험가. 그는 현재의 지구과학·생태학에 속하는 과학분야인 자연지리학과 생물지리학 분야에서 중요한 인물이다. 《우주》라는 책을 저술하여 과학의 대중화에 지대한 공헌을 했다.

9) 찰스 라이엘(Charles Lyell, 1797~1875). 영국(스코틀랜드)의 지질학자. 지질변화는 오랜 기간에 걸친 물리적·화학적·생물학적 과정을 통해 이루어진 것이며, 자연계에서 현재 일어나는 현상은 오래전에도 똑같은 방식으로 일어난 것이기 때문에, 현재의 자연을 이해함으로써 지구의 역사를 설명할 수 있다는 동일과정설로 근대 지질학의 기초를 세웠다. 다윈의 《종의 기원》의 출판은 라이엘의 연구에 새로운 자극을 주었다.

> 언어는 〔…〕 태어나서 자라고 발전하며 늙고 죽게 되는 자연유기체다. 따라서 언어는, 그 또한 우리가 습관적으로 삶이라는 이름 아래 이해하게 되는 일련의 현상들을 보여준다. 〔…〕 따라서 언어과학은 자연과학인 것이다. 언어과학의 방법은 대개 다른 자연과학들이 사용하는 방법들과 같은 것이다. 또한 내게는 다윈의 저술에 대한 연구가 나를 내 관점에서 아주 멀어지게 하는 것 같지는 않았다.

사실 다윈 자신도, 익숙한 언어 사실들만큼 동물학적 분류에 대해 잘 알지 못하던 독자들에게 자신이 말하고자 하는 요지를 더욱 분명하게 전달하고자 했던 대목에서, 보프 이래 수립된 그대로의 언어계보학에 의존하고 있었다. 슐라이허는 살아 있는 종들을 다룬 다윈과 마찬가지로, 언어들이 점진적 변화를 겪는다는 점을 자신이 여전히 믿고 있었음을 말하는 것이다.

사실은 한 가지 오해, 자연도태

슐라이허는 다윈의 저술에서, 그가 보기에 자연과학 전문가들 사이에 이미 일반화되어 있는 것처럼 보이는 진화론적 사고들을 지적해 내면서도, 《종의 기원》이 주목할 만한 새로움을 제시한 중심사항, 곧 자연도태의 개념은 인식하지 못했다(Jacquesson, 1998: 122 참조). 슐라이허는 언어들에서 자연계의 생명체들과 같은 그러한 속성들만을 고려하고자 했다. 그는 언어들이 또한 사회적 사실들일 수 있음을 부인하였다. 그때부터 그는 자신이 '글로틱'(*glottic*)이라 부른 언어과학에서 인문학 대신에 자연과학을 고려하였다. 그런데 다윈의 발견을 언어학에 적용해 보면, 우리는 자연도태가 경제적·사회적 관계에서 볼 때 언어들의 운명에 큰 영향을 끼치는 진보의 동인(動因)으로 해석될 수 있다는 것을 알아차리게 된다. 이 점은 뒤에 보게 될 것이다(167쪽 참조).

언어들과 생존경쟁

다윈이 동물학에서 구상했던 대로의 생존경쟁은 인문학, 특히 언어학에 바꾸어 적용할 수 있다. 언어들은 동·식물과 마찬가지로 생명을 유지하기 위해 경쟁하는데, 서로 상대를 희생시킴으로써만 생명을 유지하게 된다. 일부 언어가 다른 언어들을 지배하는 현상과 지배를 받는 언어들이 이르게 되는 불안정 상태는, 이 언어들이 지배언어들의 압력에 저항하기 위해 쓸 수 있는 수단들이 충분하지 않다는 점으로 설명된다. 우리는 이 점을 이 책의 제 2부에서 자세히 보게 될 것이다.

언어들의 역사적 측면에 대한 무관심

슐라이허는 이상하게도 언어연구에서 역사적 측면을 배제하였다. 그는 문헌학과 반대로 "언어과학은 〔…〕 역사적 영역 같은 것은 전혀 가지지 않으며, 자연사에 속하는 것이다"(1860: 119) 라고 말하면서 글로티을 문헌학과 분명하게 구분하고 있다. 그가 보기에 자연개체들의 역사는 역사로 불리기는 하지만 역사에 속하는 것이 아니며, 단지 인간사회의 역사만이 역사에 속한다는 것이다! 그는 언어의 역사를 인간의 역사와 구분하면서, 인간의 역사가 제공하는 많은 해석들을 언어의 역사에서 배제하고 있다. 이처럼 인간의 언어에서 자연과학의 연구대상인 생명체들을 찾아보려는 이론은 특히 이 생명체들이 보여주는 기계적 양상을 받아들이기에 이른다. 하지만 슐라이허는 모순되게도 언어들이 가지는 분명히 역사적인 양상 또한 주장하였다. 그러나 뒤에 보게 되듯이 슐라이허는 특정 방향을 염두에 두고 그렇게 주장했던 것이다.

일정한 축에 따라 일어나는 변화로서 언어들의 삶

19세기 전반 독일 언어학자들이 제안한 세 가지 언어유형 : 고립어, 교착어와 굴절어

슐라이허는, 슐레겔 형제(1808년, 1818년)에서 보프(1833년)와 훔볼트(1836년)를 거쳐 포트(1849)[10]에 이르기까지 언어를 세 부류로 분류해 온 유명한 유형분류를 대중화하였다. 이 분류에 따르면, 언어들은 단어들이 변하지 않으며 서로 독립되어 있는 언어들(중국어 같은 고립어들), 단어들이 하나의 어근과 식별가능한 접사들로 구성된 언어들(터키어 같은 교착어들)과 단어들이 이 어근들과 또 이 요소들 사이에 다소간 중합된 요소들과 결합함으로써 변형된 어근들로 구성된 언어들(인도·유럽어족 언어들 같은 굴절어들)로 구분된다.[11]

'진화론적' 해석

슐라이허는 1861년에 발간된 책에서, 이러한 유형구분을 강하게 지지하는 것으로 그치지 않았다. 그는 우리가 위에서 다윈에 앞선 것으로 간주했던 진화론적 사고를 체계화하면서, 고립어에서 인류의 원시

10) 슐레겔 형제(August Wilhelm von Schlegel, 1767~1845 / Friedrich von Schlegel, 1772~1829). 독일의 작가·비평가 형제. 초기 독일 로맨티시즘 운동의 중심인물들로 로맨티시즘을 고취하는 많은 철학이념들을 창안했다.
아우구스트 포트(August Pott, 1802~1887). 독일 언어학의 선구자. 여러 언어를 비교연구하고, 이 언어들의 어원을 밝히는 데 힘쓴 어원연구의 창시자이다.

11) 고립어는 각 낱말형태가 일반적으로 하나의 형태소로 이루어진 언어로, 고전 중국어와 베트남어를 들 수 있다. 교착어는 첨가어라고도 하는데, 어떤 말에 독립성이 없는 조사나 접사 등을 붙여, 그 기능에 의하여 문법적 관계를 나타내는 언어를 말한다. 한국어·일본어·터키어 등이 이에 속한다. 한편 굴절어는 문장 속의 문법적 기능에 따라 단어의 형태가 변화하는 언어로, 단어는 곡용·활용을 통하여 문장 안에서의 기능과 다른 단어와의 관계를 나타내게 된다. 따라서 어순이 비교적 자유로우며, 라틴어를 비롯한 인도·유럽어족과 셈어족에 속하는 많은 언어가 굴절어로 분류된다.

시대의 언어들을, 교착어에서 진보의 밑그림을 보았으며, 그가 진보과정의 정점에 두었던 굴절어에서 세련된 사고의 발전을 가능하게 하는 유일한 언어들을 보았다. 이러한 시각은 관심 밖으로 밀려난 지 이미 오래되었다. 논거를 한 가지만 들어보면, 중국어는 분명 원시민족의 언어가 아니었다. 게다가 우리가 가지고 있는 오래된 증거들에 따르면 중국어는 일찍이 굴절어였으며, 중국어가 갖는 고립어의 속성들은 수천 년 동안 전개된 변화의 결과라고 생각할 수 있다. 다른 어족에 대한 다음과 같은 의견도 역시 인정할 수 없다.

> 북아메리카의 인디언 부족들은 그들이 사용하는 언어들이 한없이 복잡하고 〔…〕, 과잉형태들이 많이 있기 때문에 〔…〕 역사적 삶에 부적당하다. 이 부족들은 퇴보와, 심지어 소멸만을 만날 수 있을 뿐이다(Schleicher, 1865).

우리는 제 7장에서, 아메리카 인디언 언어들이 소멸한 것은 이 언어들의 내적 구조와는 별 관계가 없으며, 게다가 이 점은 어느 언어에 대해서나 마찬가지라는 것을 보게 될 것이다.

이처럼 슐라이허의 사고에서는 일탈과 부자연스러운 체계화를 찾아볼 수 있다. 그렇다고 해서 이 모든 것이 슐라이허의 사고를 배양하는 생명론적 영감을 훼손하지는 않는다. 오늘날에는 언어에서 자연과학에 속하는 개체들만을 고려하고자 하는 이론의 순진함을 받아들이는 것이 조금 어렵기는 하지만, 모순과 '선입견'만 피한다면 언어들을 생명체로 취급하는 것이 전혀 부당한 일은 아니다. 그런데 언어들과 삶에 대한 슐라이허의 시각은 그의 후계자들에 이르러 새로운 방향으로 전개되는 것을 아래에서 보게 될 것이다.

인간사회의 삶과 유사한 언어들의 삶. 인류학적 구성요소를 갖춘 슐라이허의 유산

오노레-조제프 샤베의 가르침

언어에 대한 자연주의적 이론들은 슐라이허가 죽은 뒤에도 계속하여 발전하였다. 슐라이허의 계승자들은 그가 살아 있을 때 이미 연구성과들을 출판하였다. 주요 인물들 가운데 한 사람인 나무르 출신의 오노레-조제프 샤베[12] 또한 젊은 시절에는 열정적인 식물학자였다. 그는 브뤼셀에 이어 파리에서 슐라이허의 연구작업을 확실하게 알렸다. 그는 파리에서, 단어들이 생물체임을 보여 줄 수 있는 인도·유럽어족 언어들의 보기를 들어 이를 밝히면서, '렉시올로지'(*lexiologie*) 또는 단어들의 형성과학이라 부른 학문을 가르치기 시작했다. 그는 인류학자들을 자주 만났으며, 각기 같은 생명의 약동[13]으로 생명력을 얻게 되는 언어와 인간공동체의 유사한 진화를 믿었다. 이는 그가 당시 일반적으로 사용되던 학술용어에 따라 《언어들과 민족들》이라는 제목을 붙인 1862년의 자기 책에서 보여주고자 했던 것이다. 그의 영감은 그가 1867년 창간한 〈언어학과 비교문헌학 논집〉의 부제(副題), "실증언어학, 민족학, 신화학과 역사에 유용한 자료 계간 모음집"에서 분명하게 나타났다. 이 정기간행물은 슐라이허가 배제했던 문헌학적 관심사와

12) 오노레조제프 샤베(Honoré-Joseph Chavée, 1815~1877). 벨기에의 언어학자. 1849년에 《인도·유럽 언어 렉시올로지 또는 산스크리트·그리스어·라틴어·프랑스어·리투아니아어·러시아어·독일어·영어 어휘 시론(試論)》을 펴냈다. 나무르(Namur)는 벨기에 남부의 주 및 그 주의 주도이다. 주의 전 지역에서 프랑스어가 주로 쓰인다.

13) '생명의 약동'(*élan vital*). 프랑스 철학자 베르그송(Henri-Louis Bergson, 1859~1941)의 용어. '과정철학'으로 불리는 철학 사조를 발전시킨 베르그송은 《창조적 진화》(1907)에서, 진화를 지속적으로 발전하면서 새로운 형태를 발생시키는 '생명의 약동'의 연속으로 볼 것을 제안했다.

그가 별로 관심을 가지지 않았던 인문학에 대해서도 그 이론체계를 개방하였다. 그리고 샤베의 열렬한 제자들이 이 정기간행물을 위해 협력하였다.

이 그룹의 구성원들이 보기에 한 언어의 단어들은 두 가지 삶을 가진다. 하나는 음성표현에 관한 것이고 물질적인 것이며, 다른 하나는 의미에 관한 것이고 지적인 것이다. 언어들의 생명 차원의 증식은 언어들의 운명이 시작된 때부터 있었다. 언어들은 슐라이허가 가르친 것처럼 자연유기체이지만, 또 그것들을 무의식적으로 만들어 낸 '민족들'을 반영하는 것이다. 그리고 언어들의 발달사는 위에 말한 민족들의 발달사와 유사하다. 언어들은 다원 발생적 체계이다. 그것들은 같은 뿌리가 아니라 서로 다른 뿌리에서 태어난 것이다.

아벨 오블라크와 선사시대 이래 재구성해야 할 생명체로서 언어들

인류학적 목표

슐라이허의 독자이며 샤베의 제자로서, 샤베에게 일반 언어학과 몇몇 슬라브 언어들 및 동양 언어들을 배운 오블라크는 위에 언급한 〈논집〉[14]의 편집장으로서 자기 스승을 계승하였으며, 1876년에 폴 브로카[15]와 함께 인류학학교를 설립하였다(Desmet et Swiggers, 1993 참조). 19세기 후반에 오블라크가 프랑스에서 중심인물로 대표했던 자연주의 경향은 과학적 유물론을 표방하였다. 과학적 유물론은 또한 오블라크의 정치활동을 이끌었던 사상이었다(오블라크는 사회주의 그룹에 가입하였으며, 파리 13구 의원으로 두 차례 선출되었다. 언어학자들 사이

---

14) 앞에서 말한 샤베의 〈언어학과 비교문헌학 논집〉을 말한다.

15) 폴 브로카(Paul Broca, 1824~1880). 프랑스의 외과의사. 프랑스 근대 신체 인류학의 발달에 이바지했으며, 그의 뇌병변에 관한 연구는 실어증의 원인을 밝히는 데 크게 기여했다.

에서조차 오늘날에는 거의 보잘것없어 보이는 연구자로서 그의 명성보다 정치인으로서 그의 활약상은 파리 13구 구청에서 가까운 한 거리에 그의 이름이 붙어 있는 데서 더 잘 찾아볼 수 있다[16]). 오블라크가 자신의 주위에 규합한, 타밀어의 유명한 전문가인 줄리앙 벵송[17]을 포함한 언어학자들은 언어들에서 생명체를 찾아보고 있었다. 곧 이 생명체들의 가장 오래된 단계들, 특히 선사시대에 진행된 생성과정과 이 생명체들이 민족들과 맺는 관계들을 함께 검토하는 것이었다. 하지만 오블라크는 민족과 언어의 대응관계에 대하여 샤베와 브로카보다 더 신중한 태도를 취했다(Auroux, 2000: 293. N. Dias와 B. Rupp-Eisenreich 참조).

언어들의 기원문제와 파리 언어학회의 금지사항

〈언어학과 비교문헌학 논집〉이 창간되기 2년 전인 1865년에 파리 언어학회가 창립되었다. 샤베는 알려져 있는 것처럼 이 학회의 활동에 전혀 참여하지 않았다(Leroy, 1985: 219 참조). 분명 그의 논집은 거의 같은 시기에 창간된 〈파리 언어학회지〉의 명시적 경쟁지로 나서지는 않았다. 그런데 〈파리 언어학회지〉는 여전히 발간되고 있지만, 〈논집〉은 1916년에 발간이 중단된 만큼 〈논집〉의 수명은 길지 않았다. 〈논집〉은 독자도 더 많이 가지지 못했다. 어떤 언어학 역사가도 샤베의 〈논집〉에 대해서는 언급하지 않고 있으며, 우리가 살펴본 오늘날의 프랑스 언어학자들도 대부분 이 논집의 존재와 이 논집에 글을 썼던

---

16) 아벨 오블라크 가(街) (rue Abel Hovelacque)를 말한다. 이 거리의 옛 이름은 장티이 가(rue de Gentilly)인데, 언어학자·인류학자로서 파리 13구 의원과 시의회 의장을 지낸 알렉상드르 아벨 오블라크(Alexandre Abel Hovelacque, 1843~1896)의 이름을 따 1899년에 이름이 바뀌었다.

17) 타밀어(*Tamil*). 인도 남부에서 사용하는 드라비다어족의 언어. 동남아시아 등지에서 사용된다.
줄리앙 벵송(Julien Vinson, 1843~1926). 인도에서 태어난 프랑스 언어학자. 바스크어와 인도의 언어들, 특히 타밀어 전문가이다. 바스크족 설화들을 수집하기도 하였다.

저자들의 존재를 모르고 있다. 하지만 당시 사람들에게는 이 두 정기간행물은 분명히 구별해야 하는 것이거나, 아니면 서로 적대관계에 있는 것으로 보아야 할 것처럼 보였다. 이 점은 1866년에 공식적으로 소집된 파리 언어학회가, 학회 정관에 언어의 기원에 관한 모든 발표와 인공언어의 고안을 금한다고 명시했을 때 볼 수 있었던 점이다. 첫 번째 배제는 특히 켈트어에 광적으로 빠져 있던 사람들이 여기저기에서 난데없이 내놓은 다양한 기원에 대한, 당시 성행하던 비전문가들의 공론(空論)을 겨냥한 것이었다(Decimo, 1998 참조). 두 번째 배제는 역시 당대의 수많은 언어 고안자들을 겨냥한 것이었다.

파리 언어학회의 창립자들이 또한 샤베학파의 유기체론자들 및 그들의 인류학적 연구와 거리를 두고 싶어 했다는 점은 자주 지적되지는 않았다. 사실 연구자들이 인간의 언어를 특징짓는 생명력을 강조할 경우, 그들은 자신들의 질문이 담고 있는 과학적 위험성을 안은 채 이 언어들의 기원에 대해 자문할 수밖에 없다. 반면에 언어들의 작용기반이 되는 구조들의 연구 정도로 그치게 되면, 그들은 무미건조함과 단기적 관점이라는 정반대의 위험부담을 지고, 언어들의 기원문제는 인식할 수 없는 것으로 치부해버리는 경향이 있다.

자연주의의 한계 : 언어들의 삶에 필요한 구성요소로서 사회적·역사적 요인들

오블라크와 그의 학파는 언어들을 살아 있는 유기체로 이해하였다. 그들이 종(種)과 유기체의 구분에 관심을 기울인 것 같지는 않다. 또 언어들을 유기체보다 종으로 다루는 것이 더 정확하다는 것을 인식한 것 같지도 않다. 언어들의 생명과 발전은 자연계의 종들의 그것들과 마찬가지로, 언어들의 중요한 변이를 야기하는 환경에 밀접하게 의존하기 때문이다(Mufwene, 1998: 28~30 참조). 언어에 부여되는 생명체라는 성격은 두 가지 다른 성격을 담고 있는데, 이것들은 서로 연결된 것으로, 앞서 언급한 것처럼 다윈이 생물학에서 분명하게 제시한 생존경쟁과 자연도태라는 특질들이다. 이러한 견해에 따라 생명론적 경향이 활력을 되찾을 수 있었지만, 사회적, 정치적 그리고 문화적 요인들은 충분한 여지를 얻지 못했다. 오블라크는 자신의 이론을 수립하는 과정에서 이 요인들에 별 중요성을 부여하지 않고 있지만, 자신이 언급하는 구체적인 경우들에서는 이 요인들의 중요성을 받아들이지 않을 수 없었다. 예컨대 그는 중세에 아랍어가 스페인에 자리잡지 못했으며, 더 뒤에 터키어가 발칸반도에 자리잡지 못한 이유들에 대해 말하면서 이 요인들을 분명하게 인용하고 있다(190쪽 참조).

역설적이지만 자연주의학파는 역사적 요인들을 마땅히 고려해야 했을 때, 이 점도 고려하지 않았다. 슐라이허의 제자들은 이전의 식물학자들과 마찬가지로, 원(元) 줄기를 재구성하는 데 힘쓰지 않고, 각 식물에 대해 그것들의 성장속성들을 따로따로, 때로는 함께 검토하면서 단지 비교연구가들로 자리잡기에 이른다. 여기에서 원줄기는 언어학자들에게는 한 언어에서 파생된 다양한 언어들이 겪는 변화들을 설명해줄 수 있을 기원언어에 해당한다. 이러한 자연주의학파에 대한 비판은 특히 페르디낭 드 소쉬르[18]가 자신의 연구토대를 이루는 유작 《일반언어학강의》에서 진술한 것이다(1916: 16~17). 소쉬르 자신도 그의 활동 초기(1878년)에 대표적 인물로 활약했던 소장문법학파[19]는 자연

18) 페르디낭 드 소쉬르(Ferdinand de Saussure, 1857~1913). 스위스의 언어학자. 제네바대학에서 인도·유럽어족 언어를 대상으로 하는 언어학과 산스크리트, 일반언어학을 강의했다. 소쉬르가 수립한 언어구조에 관한 개념은 20세기 언어학 발전의 토대가 되었다. 그는 언어가 공시적이면서 동시에 통시적으로 볼 수 있는 구조적 체계라고 주장했다. 또한 랑그와 파롤의 개념을 도입했으며 언어기호의 개념을 정립했다. 그의 제자인 샤를 바이와 알베르 세슈에가 그의 강의록 등을 바탕으로 그의 사후에 펴낸 《일반언어학강의》(1916)는 흔히 20세기 언어학의 출발점으로 간주된다(소쉬르에 대한 상세한 언급은 제3장 참조).

19) 1875년경 독일 라이프치히대학에서 레스킨, 오스토프 등을 중심으로 신(新) 문

주의자들에게 결여되어 있던 엄정함을 제공하게 되었다. 그러나 소장 문법학파는 자연주의자들의 중심적 직관, 곧 영양수액처럼 언어를 관통하는, 살아 흐르는 생명의 직관을 반박하지는 않았다. 반대로 소장 문법학파는 이 중심적 직관에 더 확실한 새로운 증거들을 제공하게 되었다. 소쉬르가 높게 평가하고 인용했던 훌륭한 언어학자인 휘트니[20]는 인간집단이 공유하는 의지가 언어들을 만들어 낸다는 것과, 언어들은 결과적으로 단순한 자연유기체들로 간주될 수 없다는 것을 보여주었다. 그러나 그는 또한 언어의 성격을 규정하면서 "언어의 출현, 언어의 발달, 언어의 쇠퇴와 소멸은 살아 있는 피조물의 그것들과 같은 것이다"라고 쓰고 있다(1867: II, 34~48).

언어의 다양성, 생명의 상징

끝으로, 그것을 잊어버리게 될 정도로 너무나 명백해서 자연주의학파들의 관심을 끌지 못하는 것으로 보이는 언어들의 본질적 속성을 상기해야 한다. 그것은 언어의 다양성이다. 생명체들의 세계에서 종(種)의 번식은 그것이 벌레에 관계되든 풀에 관계되든 간에 생명을 상징하는 것들 가운데 하나다. 생명의 맹렬한 용솟음인 언어의 다양성은, 언어들을 배우는 것을 두려워하지 않는 이들과, 또한 바라건대 언어학자들까지 감탄하게 만드는 동기인 것이다.

법학파라는 이름으로 생겨난 비교언어학의 학파이다. 그들은 언어변화에 대한 주요 명제로 음운변화가 일정한 법칙에 따라서 일어난다는 주장을 내세웠으며, 역사주의만이 언어의 과학적 추구의 가장 적합한 방법이라고 주장했다.

20) 휘트니(William Dwight Whitney, 1827~1894). 미국의 언어학자. 당대의 가장 중요한 산스크리트 학자 가운데 한 사람이다. 특히 《산스크리트 문법》이라는 권위 있는 저서로 유명하다. 예일대학에서 산스크리트와 비교언어학 교수로 재직하면서 광범한 연구를 했으며 많은 저서를 펴냈다.

생명의 다른 측면

인간의 언어들을 관통하며 생명력을 불어넣어 주는 이 생명의 숨결에도 불구하고, 더 정확히 말해 이 숨결과 자연적 대칭을 이루는 현상이 있다. 우리는 이 장에서 이미 이 현상에 대해 언급한 바 있는데, 이는 생명의 개념 자체에 함축되어 있는 현상이다. 그것은 쇠퇴와 죽음이다. 생명체들의 세계에서 죽음은 삶의 한 부분이라고 말할 수 있을 것이다. 이는 또한 언어들의 영역에서도 사실이다. 언어들의 생명에 대해 말하기 위해 기꺼이 생물학적 용어들을 빌려 쓰고 있으며 유기체론을 따르는 언어학자들은 또한 언어들의 죽음에 대해서도 같은 요령으로 말한다. 예컨대 오블라크는 언어에 대해 다음과 같이 말하고 있다.

> 언어는 민족과, 대체로 개인들이 소멸하는 것처럼 소멸한다. 언어는 생존경쟁에 따라 사라진다. 언어는 생존을 위해 펼쳐지는 불행한 싸움 속에 사라져 간다. 이것이 바로 역사적 사실이다. 바로 우리의 눈 아래 펼쳐지는 사실이다(1877: Desmet et Swiggers, 142에서 인용).

그러나 언어들은 완전히 사라지는 것인가? 우리는 다음 장에서 이 질문에 답해 볼 것이다.

제3장

랑그와 파롤

언어학 연구에서 랑그와 파롤의 대립

20세기 초 이전

이 장에서 각종 언어이론이 언어의 죽음의 문제를 다루는 방식에 대해 학술발표를 하려는 것은 아니다. 마찬가지로 선구자들의 탐구에 만족하려는 것도 아니다. 우리는 언어학 역사가들에게 잘 알려져 있는 한 가지 대립관계를 다시 생각해 보고자 한다. 이는 훔볼트가 그리스어 용어들을 사용하여 수립한 것으로, 그의 주장에 따르면 언어는 '에네르게이아'(*energeia*) 또는 역동적인 창조적 능력으로, 인간은 이 능력을 가지고 발화를 산출하고 해석해 내는 것이다. 곧 언어는 단지 '에르곤'(*ergon*) 또는 이 능력의 단순한 산물만이 아닌 것이다. 이러한 발상은 대체로, 바로 아리스토텔레스에게서 비롯하여 하만, 헤르더와 콩디야크[1]를 거쳐 온 것으로 보인다.

---

1) 하만(Johann Georg Haman, 1730~1788). 신비주의 성향의 독일 작가·철학자. 18세기 말 독일 로맨티시즘 문학운동인 '질풍노도'(*Sturm und Drang*) 운동의 주요 지지자이다. 헤르더의 스승이었으며, 특히 언어문제에 오랫동안 관심을 가지고 철학적으로 접근했다.
헤르더(Johann Gottfried von Herder, 1744~1803). 독일의 비평가·신학

페르디낭 드 소쉬르의 경우

소쉬르의 규정들

이러한 유산에 영향을 받았거나 받지 않았거나 간에 페르디낭 드 소쉬르(43쪽 참조)는 단연 독창적으로 랑그(*langue*)와 파롤(*parole*)이라는 유명한 구분을 제안하였다. 사실 랑그와 파롤은 모두 훔볼트가 말하는 '에네르게이아'의 창조적 약동의 성질을 띠고 있지만, 이 핵심요소에 관한 한 두 사람 사이에 실질적 유사성은 없다. 소쉬르는 랑그를 다음과 같이 규정한다.

> 〔랑그는〕 언어능력의 사회적 산물인 동시에 개개인이 이 능력을 발휘할 수 있도록 사회집단이 채택한 필요한 약정의 총체이다(1962: 25).

조금 더 뒤에서 소쉬르는 다음과 같이 분명히 말하고 있다.

> 〔랑그는〕 파롤의 실행을 통해 같은 공동체에 속하는 화자들 속에 저장된 보물이며, 각자의 머릿속에 또는 좀더 정확히 말하면, 모든 개인의 뇌 속에 잠재적으로 존재하는 문법체계이다. 왜냐하면 랑그란 그 어느 개인 속에서도 완전할 수가 없고, 집단 속에서만 완전하게 존재하기 때문이다(같은 책, 30).

반면에 언어체계를 표출하는 개별행위에 이르러 소쉬르는 이 행위가

자·철학자·문학자. 직관주의·신비주의적 신앙을 앞세우는 관점에서 칸트의 계몽주의적 이성주의 철학에 반대하였다. 저서로 《인류역사철학고》, 《언어의 기원에 대한 논고》가 있다.

콩디야크(Étienne Bonnot de Condillac, 1715~1780). 프랑스의 철학자·심리학자·논리학자·경제학자. 프랑스에서 존 로크(1632~1704)의 사상을 대변한 주요 인물로, 로크의 경험주의적 인식론을 연구하여 감각론의 대표자가 되었다. 저서로 《인식 기원론》, 《감각론》 등이 있다.

화자집단에 의해 완성될 수 없다고 강조한다.

> 수행은 결코 집단에 의해 행해지지 않는다. 그것은 항상 개인적이고, 개인은 언제나 이 수행의 주인이다. 우리는 그것을 파롤이라 부를 것이다(같은 책, 30).

이렇게 제안된 개념의 대립관계는 근본적인 것이며, 소쉬르는 이 대립관계가 의미하는 것을 다음과 같이 주장한다.

> 랑그와 파롤을 분리할 때 동시에 다음과 같은 것도 분리된다. ① 사회적인 것과 개인적인 것, ② 본질적인 것과 부수적인 것, 또 다소간 우연적인 것.
>
> 랑그는 화자의 기능이 아니다. 그것은 개인이 수동적으로 습득하는 산물이다.
>
> 〔…〕 파롤은 반대로 의지적이고 지적인 개인행위인데, 이 행위에서는 다음과 같은 구분을 할 필요가 있다. ① 화자가 자신의 개인적 생각을 표현하기 위해 언어의 기호체계를 사용할 때 행하는 결합, ② 화자가 이 결합을 표출하도록 해주는 정신물리학적 메커니즘(같은 책, 30~31).

랑그가 단어와 문장의 구성들이 여러 세대에 걸쳐 축적된 역동적 체계로서 생명의 근원이라면, 그것은 파롤의 활동에 의해서만 단어 그대로의 의미로서 살아 있는 것이 된다고 할 수 있다.

용어조정에 대하여

'파롤'이라는 용어는 아마도 가장 적절한 것은 아닐 것이다. 어떤 언어학자들은 파롤보다, 좀더 융통성이 있고 덜 모호한 '디스쿠르'(*discours*)라는 용어를 선호하였다[2] (Guillaume, 1969: 28, 36 또는

Buyssens, 1970: 40). '파롤'이라는 용어는 여러 가지 의미 가운데, 사람들이 말하기 위해 입을 열 때 생성되는 음파를 떠오르게 하는데, 이는 소쉬르의 논점과는 아무런 관계가 없는 것이다. 게다가 소쉬르의 논점은, 프랑스어에서는 사용가능하지만 다른 유럽언어들에서는 그다지 명확하지 않은 대립관계로 제시되었다. 우리는 이 점을 여러 가지 어려움 가운데 '랑그/파롤'의 쌍을 번역하는 어려움에서 보게 된다. 분명 스페인어에서는 lengua와 habla를, 러시아어에서는 jazyk와 reč'를, 헝가리어에서는 nyelv와 beszéd를 대립시킬 수 있으나, 이탈리아어에서는 프랑스어 parole보다 훨씬 더 일반적으로 '단어'를 뜻할 뿐인 parola가 lingua와 마찬가지로 분명하게 대립하지는 않는다. 영어에서 language라는 용어는 모호한데, 이 용어는 맥락에 따라 '개별언어'와 함께 '일반적 언어개념'을 뜻하며 복수로 쓰일 때만 분명한 방식으로 '랑그'의 의미를 가진다. '디스쿠르'(*discours*), '일반적 언어개념' 등의 의미를 가질 수 있는 speech도 또한 마찬가지다. 독일어에서는 원하는 의미를 표현하기 위해 특별히 만들어 쓰는 합성어를 살펴보아야 한다. 곧 Sprachgebilde(랑그의 구성)와 Sprechakt(파롤 행위)가 그것이다. 스웨덴어의 språk은 랑그를 뜻하지만, tal은 '파롤'과 함께 '일반적 언어개념'을 의미한다. 그리고 앞의 용어들과 준(準)동음이의어인 덴마크어와 노르웨이어의 어휘들에 대해서도 거의 마찬가지다.

따라서 소쉬르가 근본적 대립관계를 수립한 이 용어들은, 잘 알려져 있는 다른 언어들로 분명하게 옮길 수 있거나 전적으로 적합한 이름들을 얻지 못하는 것으로 보인다. 《일반언어학강의》의 상당히 특이한 내력을 상기하는 것이 중요하다. 의구심을 품은 채, 과학적 지식의 대상

2) 예컨대 프랑스의 언어학자 귀스타브 기욤(Gustave Guillaume, 1883~1960)은 랑그/파롤의 대립관계 대신에 랑그/디스쿠르의 대립관계를 사용하였다. Discours는 '담화, 담론'을 뜻하는데, 여기에서는 '파롤'에 대응하는 개념으로 '디스쿠르'로 표현하기로 한다. 한편 기욤은 '언어의 정신역학'으로 알려진, 인간언어에 대한 독창적 이론을 수립하였다.

으로서 언어의 심층적 복합성을 인식한 소쉬르는 자신의 생각을 지나치게 엄격한 형식 안에 적어 넣어야 하는 책 쓰기를 거부하였다. 그는 제네바대학에서 1907년부터 1911년까지 일련의 훌륭한 강의를 하였는데, 그의 제자와 동료들 가운데 일부가 그가 세상을 뜬 지 3년이 지난 1916년에 이 강의내용을 출판하기로 결정하였다. 따라서 현대 언어학을 지배하는 이 책은 수강생들의 필기노트를 바탕으로 만들어진 것이었다. 이 사실은 《일반언어학강의》가 담고 있는 많은 불확실성들을 설명해 준다. 이 점은 소쉬르가 파롤의 개념을 오랫동안 연구한 것이 아니라는 것을 뜻하지는 않는다. 그러나 소쉬르는 이 개념이 가질 수 있는 모든 의미를 검토할 시간을 갖지는 못했다.

하지만 소쉬르의 직관은 넓은 범위에 걸쳐 적용할 수 있는 것으로, 언어들의 삶, 따라서 언어들의 죽음을 통해 인식해야 할 것을 더 잘 이해할 수 있는 길을 열었다. 그러나 이를 위해서는, 이제 보게 되겠지만, 이 대립관계를 미묘한 차이를 고려하여 표현하는 것이 바람직하다.

지나치게 극단적인 대립관계

단적인 대립관계가 보여주는 논리적 궁지

소쉬르가 제안한 비교는 음악영역에서 빌려 온 것이다. 《일반언어학강의》(36쪽)에서 다음 구절을 볼 수 있다.

> 〔…〕 랑그를 교향악과 비교할 수 있는데, 교향악의 실재는 연주방식과는 무관하다. 교향악을 연주하는 음악가들이 저지를 수 있는 실수는 이 실재를 전혀 손상시키지 않는다.

《일반언어학강의》의 텍스트가 소쉬르의 모든 의도를 적어도 충실하게 옮기고 있다고 본다면, 소쉬르는 교육적 배려에서 비교를 자주 사용하고 있다. 그러나 비교하는 데는 위험이 따르는 법이다. 여기에서는 랑그와 파롤의 대립이 너무 심해 보인다. 이 대립관계의 논리에 사로잡힌 소쉬르는 자기 자신을 난처하게 하는 결론들에 이르게 된다. 이 점은 그가 문장에 관해서 다음과 같이 언급하는 데서 볼 수 있다. 그는 "문장이 어느 정도까지 랑그에 속하는 것인가?"라고 스스로 묻고 이어 "문장이 파롤에 속하는 것이라면, 문장은 랑그 단위로 볼 수 없을 것이다"(1972: 148) 라고 덧붙인다. 다른 부분에서 그는 다음과 같이 단언하고 있다. "문장은 〔…〕 랑그에 속하지 않고 파롤에 속하는 것이다"(1972: 172).

소쉬르는 랑그가 문장들을 담고 있는 것이 아니라, 문장들의 구성규칙들을 담고 있다고 말하고 싶어 하는 것 같다. 하지만 이러한 대립이 무슨 소용인가? 문장들을 제어하는 문법체계와 문장들을 구성하는 어휘단위들, 곧 랑그에 속하는 모든 것을 가지고 있지 않다면 우리가 문장들을 만들어 낼 수 있을 것인가? 게다가 구조의 개념으로 표현하자면, 랑그에는 단어집단들이 있듯이 문장집단들도 있다. 파롤의 실행은 랑그가 중심에 자리잡고 있는 구조들의 구체적 표출이다.

랑그에서 파롤로 건너가는 가교(架橋)

모든 언어에는 체계를 실제로 구현하는, 곧 체계를 파롤행위로 나타나게 하는 도구들이 있다. 예컨대 지시사는 명사를 구체화하고 시제는 동사를 구체화한다. 소쉬르의 제자로 그의 뒤를 이어 제네바대학의 언어학 교수가 된 샤를 바이[3]에게 빌려 온 보기들을 제시할 수 있다. 랑그에 축적되어 있는 '책'(*livre*)의 잠재적 개념은 지시사 '이'(*ce*)를 붙여 쓰면 파롤로 구체화된다. 여기에서 '이 책'(*ce livre*)이라는 표현이 나오

---

3) 샤를 바이(Charles Bally, 1865~1947). 스위스 언어학자. 알베르 세슈에(Albert Sechehaye)와 함께 소쉬르의 강의록을 바탕으로 《일반언어학강의》를 펴냈다.

는데, 이로써 우리가 말하는 시점에 이전의 상황이나 맥락 안에 자리잡고 있는 구체적인 책에 관계되는 것이다. 마찬가지로 어휘 자체에 잠재되어 있는 '지배하다'(*régner*)의 개념은 과거 시점에 실행된 구체적 지배에 관계되는 표현인 '(그는) 지배하였다' (il) régnait라고 말할 때 구체화된다(Bally, 1965: 82~83 참조). 랑그는 파롤에 의해 전제되며, 구체화 수단들을 제공하는 것은 바로 랑그이기 때문에 어떤 면에서는 파롤에 앞서는 것이다. 그러나 반대로 랑그가 잠재되어 있는 개념들의 단순한 실현가능성으로 남아 있지 않게 해주는 것은 바로 이 수단들이다. 덧붙여 여기에서 우리가 관찰하는 정태적(靜態的) 차원과 아주 다른 차원인 발생론적 관점에서 보면 파롤이 논리적으로 랑그에 우선하였음을 상기해야 한다. 왜냐하면 우리 조상들로서는, 아주 긴 세월이 흐른 뒤 전체가 하나의 체계를 이루게 되기까지 의사전달에 필요한 기초적인 음성표현들을 먼저 해야 했기 때문이다.

상호 조건화의 인성

소쉬르의 《일반언어학강의》가 제시한 단적인 대립관계에도 불구하고, 《일반언어학강의》는 랑그와 파롤의 상호 조건화의 중요성을 등한시하지는 않았다. 파롤이 랑그를 전제로 하는 것이 사실이라면, 반면에 파롤은 두 가지 차원, 곧 습득의 차원과 변화의 차원에서 우선권을 가진다.

> 우리는 다른 사람들의 말을 들으면서 모국어를 배운다. 모국어는 이렇게 수많은 경험을 거침으로써만 우리의 뇌에 자리잡게 된다. 결국 랑그를 변화시키는 것은 파롤이다. 다른 사람들의 말을 들을 때 받는 인상이 바로 우리의 언어습관을 바꾸는 것이다. 따라서 랑그와 파롤은 서로 의존하는 것이다. 랑그는 파롤의 도구이면서 산물인 것이다(1962: 37).

이러한 의견은 랑그와 파롤 사이에 상호 조건화의 관계가 존재한다는 생각을 확고하게 해준다. 우리가 앞에서 파롤이 랑그를 체계의 잠재성에서 행위의 현실성으로 나아가게 한다는 것을 상기시키면서 강조했던 것과 같다. 이는 랑그가 잠재성을 가지는 것이기 때문에 추상적 관념이라는 말은 아니다. 단어들과 또한 단어들의 결합에 해당하는 언어기호들은 특정 언어를 사용하는 공동체가 인정한 실재이다. 또한 이 언어기호들은 언젠가 언어 신경생리학의 세밀한 연구가 이루어져, 이 결합의 상세한 내용과 기능을 밝혀 줄 수 있기를 기대하면서 뇌 속에 자리잡고 있다고 간주할 수 있는 실재이다.

랑그와 파롤의 대립관계에 비추어 본 사어(死語)의 개념 : 사어, 소리는 없으나 존재가 없는 것은 아닌 구조

이 장에서 랑그와 파롤의 구분에 대한 소쉬르의 직관적 통찰을 상기하고 재검토한 데는 한 가지 분명한 이유가 있다. 그것은 이 책의 주제에 대해 가장 중요한 가르침을 소쉬르에게서 얻을 수 있다는 것이다.

파롤의 소멸은 랑그의 죽음이 아니다

두 가지 놀라운 사실에 대하여

관심을 끌 만한 두 가지 사실이 있다. 하나는 사람이 어떤 사고를 당한 뒤 파롤은 사용하지 못하게 되더라도, 소리를 듣고 그 의미를 이해하는 한 그는 랑그를 보존하고 있다는 점이다. 다른 하나는 특히 '사어'(死語)로 불리는 언어들은 더 이상 쓰이지는 않지만, 결코 그 언어들의 문법과 음성표현조차 배울 수 없다는 것을, 곧 모든 활어(活語)에 대해서와 마찬가지로 이 언어들을 유기체로 이해할 수 없다는 것을 전혀 뜻하지는 않는다는 점이다.

살아 있는 것과 존재하는 것 : 두 가지 별개 상황들

위에 언급한 두 가지 사실에서 끌어낼 수 있는 가르침은 중요한 것이다. 파롤과 랑그의 밀접한 관계는 살아 있는 언어들에 적용된다. 그렇다고 해서 이 관계가 더 이상 사용되지 않는 언어는 이제 존재하지 않는다는 결과를 낳지는 않는다. 살아 있는 것과 존재하는 것, 이는 혼동해서는 안 될 두 가지 개념, 두 가지 상황이다. 이처럼 체계로서 랑그와 행동으로서 파롤의 구분에 따라 중요한 다음 결론에 이르게 된다. 곧 사어로 불리는 언어는, 이렇게 말할 수 있다면, 파롤의 쓰임을 잃어버린 언어일 뿐이다. 그러나 동물이든 식물이든, 그것이 무엇이든간에 모두 죽게 되는 것처럼 이 언어도 죽었다고 말할 수는 없다. 여기에서 은유적 표현은 한계에 부닥치게 된다. 죽은 언어일지라도 계속 존재할 수 있기 때문이다.

언어들, 불멸의 종(種)들

우리는 제 2장에서 언어과학에 나타나는 생명론적 진술들이 아주 오래전부터 전개되어 온 것임을 보았다. 이로부터 삶, 죽음, 변화 등의 개념들이 언어에 적용되었던 것이다. 그러나 언어는 우리가 살펴본 것처럼, 잠재적 체계에 속하는 전적으로 특수한 속성을 가진다. 이는 파롤로 실현되면서 곧바로 현실태(現實態)로 넘어가지만, 존재하기 위해 파롤로 실현될 필요는 없는 체계이다. 어떤 생명체도 이러한 이중적 성격을 가지지 않는다. 생명은 어느 생명체에게나 있는 그대로 제공되거나 회수되는 하나의 총체이다. 이러한 까닭에 죽음은 이 모든 생명체에 절대적으로 어김없이 적용되는 것이다. 이는 분명 삶의 당연한 결말이며, 유전학적 프로그램에, 따라서 삶의 정의 자체에 예고되어 있으며 기록되어 있는 소멸과 같은 것이다. 그러나 우리는 죽음의 세계에서 되돌아올 수 없다. 죽은 사람은 여행에서 돌아오거나 꿈에서 깨어나듯이 이승의 기슭을 다시 밟을 수 없다.

이와 반대로, 사라진 언어가 더 이상 죽어 있는 상태에 빠져 있지 않기 위해서는 다시 사용되는 것으로 '충분하다'. 한 언어의 죽음은 파롤의 죽음일 뿐이다. 따라서 규칙들의 체계로서 언어들은 죽는 것이 아니다. 언어들이 그 자체로 생명을 가지지는 못하고, 공동체들이 이 언어들을 파롤로 실행할 때만 살아 있는 것이라 할지라도 말이다. 한 언어를 되살리는 것, 곧 그 언어에 파롤을 되돌려 주는 것이 쉬운 일이라는 말은 아니다. 그 반대로 엄청난 어려움이 따르는 일인 것이다. 하지만 제 10장에서는 결단력 있는 사람들이 모인 한 집단이 특정 언어에 대하여, 이 도전에 응하는 데 성공했음을 보게 될 것이다. 게다가 이 언어는 아주 오래전부터 죽어 있었던 언어였다. 언어들의 죽음이 이 언어들을 되살리고자 하는 모든 희망의 끝이 아니라는 것 말고는, 어떤 결론을 내릴 수 있을 것인가?

제4장

단어들과 생존경쟁

단어들은 왜 죽게 되어 있는가

단어들은 죽는다. 우리는 "왜?"라고 물을 것이다. 우리는 또 마찬가지로 왜 단어들은 죽지 않을 수도 있을지 궁금할 수도 있다. 단어들은 여러 가지 이유로 끝없이 살 수는 없다. 여기에서는 네 가지 주요 이유를 검토해 볼 것이다. 앞의 두 가지 이유는 단어들 자체가 사라지는 경우에 관한 것이고, 나머지 두 가지 이유는 이 단어들의 의미가 하나 또는 여러 가지 의미로 대치되어 사라지는 경우에 관한 것이다.

단어들이 죽게 되는 한 가지 이유 : 경제적 · 사회적 변화들

사회와 경제적 관계들이 변하는 이상 어휘가 변하지 않은 상태로 있을 수 없다. 단어들은 갖가지 문화와 사상을 반영하기 때문이다. 이 현상을 간단하게 밝히는 데 더 적절하고 분명한 경우를 한 가지만 들어보자. 이를 위해 1900년에서 1960년 사이의 프랑스어 어휘를 검토해 보기로 한다.

기술과 삶의 변모

이 두 시점 사이에 무슨 일이 일어났는가(Dubois, 1962 참조)? 전기와 내연기관이, 이 현상들만을 언급하자면, 주요 생산력으로 등장하면서, 자동차, 비행기, 라디오, 텔레비전 등을 통하여 생활방식과 대중적 기술을 크게 바꾸어 놓았다. 산업자본주의는 심각한 도시집중 현상을 불러왔다. 소규모 장인들과 전통적 업종들은 대규모 복합기업들에 맞서서 그들과 경쟁해야 했다. 직업이 다양해지고 매우 전문화됨에 따라 일상생활에서 새로운 대상들이 늘어났다. 매체와 광고의 힘이 끊임없이 커지면서 그 수단들은 정치적 이데올로기와 기술적이고 사회적인 변화에 신속하게 반응했다. 이로써 이 요소들은 국민에게 점점 더 강한 압력을 행사할 수 있게 되었다. 도시들이 발전하면서 서비스산업에 치중한 제 3차 산업이 확장되었다. 경제적 욕구는 분화된 지역들에 그치지 않고 온 나라를 대상으로 퍼져나갔다. 정치권력의 중앙집중이 뚜렷해지면서, 특히 사회적·재정적 기구들의 규모가 확대되었다. 또 교육이 사회의 새로운 부분을 차지하였으며, 과학은 매우 빠른 속도로 대중화되었다.

어휘에 미친 영향

이 모든 변화에 따라 어휘에 야기될 수 있는 결과를 그려보는 것은 어렵지 않다. 그것이 이데올로기에 의해 일상 어휘에 새겨진 흔적이든, 일상 어법에 나타난 광고 전문용어든(이 점에 관해서, 또 최근 상황에 대해서는 Berthelot-Guiet, 1997 참조), 중앙집중 현상이 공용(共用) 언어에 미치는 통일효과든, 또는 기술용어들이 일상생활의 단어들로 보편화되는 과정이든 간에 어려운 일은 아니다.

몇 가지 매장(埋葬)에 대하여

물론 여기에서는 이렇게 광범한 영역의 전부는커녕 그 한 부분조차도 제대로 다룰 수 없다. 따라서 위에 언급한 격변들이 일부 프랑스어 접미사의 운명에 야기한 결과들만을 살펴보기로 한다. 접미사는 오래 전부터 언어에 필요한 단어들의 중요한 형성요소이다. 접미사 -ard, -oir, -on과 -ure를 살펴보자. 앞의 세 요소는 도구의 이름을 만드는 데 쓰이고, 마지막의 것은 기술적 조작이나 한 사건의 결과를 가리키는 명사들을 만드는 데 쓰이는 것이다. 《프티 라루스》 사전[1]의 1949년판과 1961년판 사이에 사라진 어휘들은 특히 많다(Dubois, 1962: 60 참조). '진보'의 희생물들 가운데 몇 가지 보기만을 들어보면, 다음 단어들은 제 2판에 더 이상 나타나지 않는다. boitard, fingard, meulard, affenoir, clysoir, ébourroir, linçoir, moletoir, accoinçon, écoinçon, étoupillon, lanceron, trésillon, acérure, avalure, empatture, limure, ténure 등.

형태론적 이유

한 언어의 형태론은 하나의 체계인데, 이 체계를 구성하는 요소들은 나름대로 일관성 있게 연결되어 있다. 따라서 그렇게 많은 어휘들이 존재가치가 있음에도 불구하고 화석화(化石化)된 데에 대한 본질적으로 언어학적인 동기들을 간과할 수 없다. 파생어들은 접미사를 덧붙임으로써 확장되는 어기[2] 요소와 유연(有緣)관계를 유지하고 있다. 파생어가 조금이라도 자신의 어기요소에 의미상 의존하는 것으로 더 이상 해석되지 않을 때, 접미사의 사용가치는 사라진다. 이 현상은 어휘 écoinçon(〔창틀, 문틀 따위의〕 모서리 돌)에 대해 일어난 것과 같은 것

---

1) *Petit Larousse*. 라루스 출판사에서 펴낸 소(小)사전을 말함.

2) 어기(語基). 단어형성의 근간을 이루는 부분 또는 요소, 어간보다 범위가 작거나 어간과 같은 뜻으로 쓰임.

으로, 이 어휘는 더 이상 coin(구석)의 파생어로 인식되지 않게 되었다. 옛날 마의술(馬醫術) 용어인 어휘 avalure에 대해서도 마찬가지다. 이는 발굽이 살에서 떨어져 나가는 말발굽의 손상에 관한 증상을 가리키는 것이었다. 따라서 avalure는 동사 avaler의 현대적 의미(삼키다)가 아닌, '떨어져나가다'라는 옛날 의미를 가지는 파생어이다. 또 어기요소가 사라진 어휘 trésillon도 들 수 있다. 옛날에 항해술에서 두 가닥의 밧줄을 동여매는 데 사용된 나뭇조각을 가리키던 이 어휘에 대한 동사적 기원을 다시 찾을 수 있다고 가정해 볼 수는 있다. 그런데 어휘 trésillon은 그 자체 파생된 동사인 trésillonner를 만들어 냈으며 이 어휘는 리트레의 《사전》[3]에서 확인할 수 있다.

여기에서 검토한 접미사들을 가지는 용어들과 다른 많은 용어들이 바로 이 같은 어기요소의 부재라는 형태론적 이유로 사라졌다. 이 용어들 가운데, 《아카데미 프랑세즈 사전》[4] (1694)의 초판에 제시된 어휘 affronterie는 '속이다'의 의미를 가졌던 동사 affronter에서 파생한 것이다. 따라서 affronterie는 속이는 일, 사기행위까지를 가리키는 것이었다. 그러나 동사 affronter는 이미 '용감히 맞서다, 도전하다'라는 두 번째 의미를 가지고 있었고, 이 의미를 표현하기 위해 파생어 affrontement(대결, 대립)를 만들어 냈다. 게다가 affronter/affrontement과 분명하게 대조되는 어휘장(場) effronté/effronterie(뻔뻔한/뻔뻔스러움)가 만들어진 이상 '속이다'라는 의미의 제거는 파생어 affronterie의 제거를 불러왔다.

---

3) 리트레(Maximilien-Paul-Emile Littré, 1801~1881). 프랑스의 언어학자·사전편찬가·철학자. 그의 《프랑스어 사전》(1863~1873)은 그 정의가 명확하고 프랑스어의 발달과정을 역사적으로 파악했다는 점에서 귀중한 가치가 있다는 평가를 받았다.

4) 아카데미 프랑세즈(Académie française)에 대해서는 주 21 참조.

경제적 · 사회적 이유

앞서 제시한 사실들에서 언어는 자신의 고유법칙에 따라 어휘장을 구성하고 또 재구성하는 것이며, 또 내적 요인들을 무시할 수 없다는 것을 볼 수 있다. 하지만 많은 단어들이 배제되는 현상은 이 단어들이 생산관계, 직업의 유형과 기술들이 변화하자마자 시대에 뒤지게 되었거나, 시대에 뒤진 것으로 간주되는 경제적 · 사회적인 실재에 상응한다는 사실로 설명된다.

단어들이 죽게 되는 다른 이유: 금기의 법칙과 이에 따른 피해

언어들의 역사가 진행되는 동안, 모든 지방에서 많은 금기(禁忌)사항들이 단어들에 가해진다. 어느 언어집단은 특정 단어를 말하지 않기로 결정하기도 한다. 이는 자신들이 생각하기에, 그 단어를 사용함으로써 야기될 수도 있을 불길한 결과를 피해가고자 하거나(도피행동, 또는 선문용어로 액막이), 해로운 힘들을 좋은 것으로 제시하는 반어법을 사용함으로써 그 힘들과 화해하기 위해 이 단어를 은유적이고 매력적인 다른 단어로 대치하기로 결정하기 때문이다(비위를 맞추어 달래는 행동).

동물들의 이름에 관한 금기

이 현상은 오래된 옛날에 수렵-유목민들이 관계를 맺었던 동물들의 이름으로 분명하게 설명된다. 예컨대 슬라브족 언어들의 경우, 모두 곰을 가리키는 말을 당연히 가지고 있었지만, 곰을 실제 이름으로 지칭하는 것을 피해 '꿀을 먹는 짐승'을 뜻하는 완곡한 표현(예컨대 러시아어로 m'edv'ed'[5])으로 대치하는 관습이 있었다. 이러한 어휘사용을 설명해 줄 수 있는 외적 이유는 없었다. 곰은 어디서든지 볼 수 있었

5) 슬라브어로 '곰'을 달리 부르는 이름.

으며, 이 동물은 여러 가지 지칭을 가질 수 있을 만큼 변종이 뚜렷하지도 않고 많지도 않은 상당히 통일된 종(種)이었다. 그렇다고 언어 내적 이유가 있는 것도 아니었다. 산스크리트(*ṛkṣaḥ*), 그리스어(*arktos*, 여기에서 프랑스어 형용사 arctique[6]가 파생되었다), 라틴어(*ursus*)에서 볼 수 있듯이, 곰을 가리키는 인도·유럽어족 언어의 명사에는 -o- 형식 어간이 포함되어 있다. 이는 2음절로서 너무 길지도 너무 짧지도 않아 유지되는 데 문제가 없는 아주 흔한 유형의 것이었다(Meillet, 1958: 286 참조). 이와 같이 이 명사가 사라진 데는 본질적으로 언어학적 이유는 전혀 없었다. 또한 유럽 북부의 다른 지역 주민들, 핀란드인, 에스토니아인, 세임인(라플란드인[7])에게서도 같은 금기현상이 나타나는 것을 볼 수 있다.

> 〔이 금기현상은〕 곰을 본래 이름으로 부르지 않고 '숲의 영광', '노인', '꿀 묻은 멋진 발', '털북숭이', '넓은 발', '흰개미를 먹는 짐승' 등으로 부른다. 이밖에 가장 흔한 어휘 금기들 가운데 하나는 일반적으로 사냥철 동안에 사냥하는 짐승의 이름을 대상으로 하고 있음을 알 수 있다. 켈트인들에게서는 곰의 이름이 사라지지 않았는데, 이들에게서도 〔…〕 유사한 완곡표현들을 찾아볼 수 있다. 중기 웨일스어에는 문자 그대로 '꿀 먹는 돼지'를 뜻하는 melfochyn이 있고 〔…〕, 아일랜드어에는 〔…〕 '좋은'의 뜻을 가지는 maith가 있으며, 스코틀랜드 게일어에는 '좋은'의 뜻을 가지는 math가 있다(Meillet, 1958: 285 참조).

다른 사냥감인 사슴의 이름도 마찬가지로 금지대상이었다. 이 경우

---

6) '북극의, 북극지방의'의 뜻.

7) 라플란드(Lappland). 아시아계 소수민족인 라프족(*Lapp*)이 사는 스칸디나비아 반도 북부 및 러시아의 콜라 반도를 포함하는 지역을 말한다. 세임인(*Sames*)은 이 지역에 거주하는 라프족 집단을 말한다.

러시아어(*ol'en'*)에 보존되어 있는 인도·유럽어족 언어의 어근은 영어(*hart*, '수사슴')에서나 독일어(*Hirsc*, '사슴')에서처럼 다른 언어들에서 '뿔이 있는'의 뜻을 가지는 부가형용사로 대치되었다. 유사한 어휘 금기들, 이번에는 비위를 맞추어 달래는 의미를 가지는 금기들이 다른 동물들에 마찬가지로 적용되었다. 라틴어 mustela에서 나온 말로, 중세 프랑스어에서 mostoile로 불렸던 동물은 현대 프랑스어에서 belette(='예쁘고 작은 짐승')〔족제비〕라 불린다.

> 〔Mustela는〕 여전히 물고기 이름 mustelle와 동물학 분류용어 mustélidés(족제빗과)와 그리고 동부지역, 북동부지역과 수많은 남부프랑스 방언에 살아 있다.

이렇게 듣기 좋은 이름으로 부름으로써, 사람들은 사육장을 짓밟고 땅굴로 달아나 그곳에서 토끼들을 잡아먹는 위험한 육식동물의 이름을 직접 부르는 것을 피할 수 있었으며, 이로써 서로 호의적인 관계를 맺게 된다고 생각했던 것이다.

어휘의 황폐화

어휘에 부과된 금기는 어휘를 황폐하게 하는 결과를 낳을 수 있다. 인도·유럽어족 언어들과 오스트레일리아 언어들을 비교해 볼 때, 고(古)어휘의 재구성 과정에 관해 두 어족 사이에 나타나는 차이점들에 놀라게 된다. 사실 인도·유럽어족 언어들의 경우, 우리가 바로 위에서 다양한 보기를 들어 살펴본 금기사항들은, 발생적 관점에서 서로 가까운 언어집단들을 결합하는 어족의 수립을 어렵게 할 정도로 많은 것은 아니다. 한 언어의 단어들과 다른 언어의 단어들 사이에 일어나는 규칙적인 음성적 대응관계들은 이 언어들의 공통기원을 밝히는 데 확실한 기초를 제공한다. 반대로 오스트레일리아의 여러 지역에서는,

한 부족의 누군가가 죽었을 때, 그의 이름의 어기에 해당하는 단어는 금지되며, 이웃 언어에서 빌려 온 단어로 대체된다. 예컨대 머레이 강과 달링 강이 만나는 지점에 사는 한 부족에서는 '물'을 뜻하는 단어가 5년 사이에 아홉 차례나 대체되었다. 이 기간 동안에 이름 가운데 이 단어를 가지고 있는 사람들이 8명이 죽었기 때문이다!(Dixon, 1980: 19~33 참조). 왈비리족이나 티와족[8] 같은 몇몇 부족들은 이 같은 유형의 일들이 일어날 것에 대비하여 대체할 단어들을 미리 준비해 두고 있었다! 이러한 관습은 어휘가 다소 불안정하게 대량으로 변형되는 결과를 낳았다. 대개의 경우 원래 단어와 대체어 사이에는 어원적 동족성이 전혀 없다.

아프리카에도 유사한 현상들이 있는데, 여기에서는 여러 집단에서, 죽은 사람들의 이름뿐만 아니라 초자연적 존재들의 이름, 사냥감들의 이름에 금기현상들이 적용된다. 심지어 이 현상은 이 이름들과 어원적으로 가깝거나 음성학적으로 동족성을 가지는 단어들에까지 적용된다. 옛날에 브리티시컬럼비아에서 사용되던 살리시어족의 트와나어, 또는 같은 언어집단의 코목스어[9] 같은 아메리카 인디언 언어들에 대해서도 마찬가지다(Hagège, 1981 참조).

---

8) 왈비리족(*Walbiri*). 오스트레일리아의 원주민 부족으로 왈비리어를 사용한다. 티와족(*Tiwa*). 뉴멕시코 중부와 북부, 애리조나 주 지역의 인디언인 푸에블로족의 한 부족으로 티와어를 사용한다.

9) 살리시어족(*Salish languages*). 미국 북서부와 캐나다 남서부에 거주하는 인디언의 한 종족인 살리시족이 사용하던 언어들의 집단. 이 어족에는 트와나어와 코목스어를 포함하여 34개의 언어들이 속해 있다.
트와나어(*Twana*). 미국 워싱턴 주 푸젯사운드 동부에 거주하는 부족인 트와나족의 언어. 1980년 이후 '소멸'한 것으로 간주되었는데, 2000년도 미국 인구조사에서 10명이 가정에서 사용하는 것으로 확인되었다.
코목스어(*Comox*). 브리티시컬럼비아, 캐나다 밴쿠버, 아일랜드 등에 거주하는 부족인 코목스족의 언어로 슬리암몬어(*Sliammon*)로 불리기도 한다. 사용자 수 30명(2001년)으로, '소멸 직전' 단계로 분류되어 있다.

상인들의 완곡어법

우리는 단어들이 온갖 종류의 공격의 희생물이며, 금기도 이 과정에서 적지 않은 비중을 차지하고 있음을 알고 있다. 금기는 모든 곳에 모든 시대에, 완곡어법의 표현방식 같은 상이한 형태로 존재한다. 이는 오늘날 서구사회에서 잘 알려져 있는 것으로, 예컨대 프랑스어에서 cancer(암), aveugle(맹인), sourd(귀머거리), vieillard(노인) 같은 단어들이 완전히 사용되지 않은 것은 아니지만, 사실들을 완곡하게 표현함으로써 어떤 이득을 기대하는 허풍쟁이 장사꾼들에 의해 longue et pénible maladie(길고 고통스러운 병), mal voyant(잘 보지 못하는 사람), mal entendant(잘 듣지 못하는 사람), troisième(또는 quatrième) âge(제 3〔또는 제 4〕세대) 같은 표현들에 자리를 내주었다. 이러한 보기는 많이 찾아볼 수 있다.10)

의미 소멸의 두 가지 이유에 대하여

전달의 여러 상황 : 어린아이에 의한 재현

언어가 어린아이에게 전달되는 과정은 연속적인 것이 아니다. 언어가 연속적으로 전달된다면 어린아이는 이미 만들어진 부모들의 언어를 그대로 물려받게 될 것이다. 그러나 사정은 그렇지 않다. 왜냐하면 어린아이가 언어를 습득하여 사용할 수 있는 능력을 갖추는 과정은 또한 어린 시절에서 청년기로, 그리고 그 너머로 성장하는 그의 신체적 성장과정이기 때문이다. 결과적으로 어린아이는 가족이 사용하는 언어를 어른과 같은 조건에서 받아들일 수 없다. 따라서 어린아이는 자신이 듣는 것을 재해석하여 자신의 습관에 따라 언어를 재현한다. 그는 자

---

10) 여기에서 프랑스어 발달과정에서 볼 수 있는 17세기 프랑스 고전주의자들의 언어관, 고전주의 어법을 떠올리게 된다. 예컨대 어휘영역에서는 너무 사실적인 단어들, 곧 대상을 너무 직접적으로 환기시키는 단어들의 사용이 금지되었다.

신의 조음(調音) 능력이 허용하는 만큼 형태를 변형할 뿐만 아니라 의미를 변화시킨다. 그는 유추에 의해, 환유에 의해, 일반화에 의해 예컨대 모든 동물을 '개'라고 부르거나, 또는 소유물에서 소유자로 넘어가는 전이현상에 의해 자기 아버지의 컴퓨터나 바이올린을 가리키면서 '아빠'라고 부른다. 의미이동 현상은 어린아이가 성장해감에 따라 감지하기에 더 힘들어지지만, 의미이동은 계속하여 일어난다. 예컨대 어른들이 한 단어를 특별한 방식으로 사용할 때, 이 쓰임새를 감지한 어린아이는 이 단어에 관심을 기울이게 된다. 그리고 그때부터, 어른들이 대부분의 경우에 그 단어에 부여하고 있지만, 아이는 이해하지 못하는 이 단어의 본래 의미는 약화되어, 후속 세대에는 사라지는 것이다. 단어 saoul(물린, 취한)의 경우가 알려져 있다.

> 원래 '배불리 먹은'이라는 뜻을 가진 이 단어는 '술을 많이 마셔' 취한 사람들에게 적용되기에 이르렀다. 단어 saoul를 처음으로 이렇게 사용한 사람들은 본래 어휘 ivre(취한)가 가지는 거친 성격을 피하여, 너그럽게 조롱하는 표현으로 사용했던 것이다. 그러나 이렇게 말하는 것을 들은 어린아이는 술에 취한 사람이라는 생각을 단어 saoul의 의미에 단순히 결합하였다. 이렇게 saoul는 단어 ivre의 동의어가 되었으며, 일상적 쓰임에서 이 단어를 대치하기까지 한 것이다. 이러한 과정을 거치면서 단어 saoul는 이제 이 상황을 가장 노골적으로 표현하는 단어가 되었다(Meillet, 1958: 236).

관계의 해체와 의미의 혼란

상실의 메커니즘

한 단어의 의미는 단지 이 단어가 사용되는 맥락 안에서 가지는 의미만을 말하는 것은 아니다. 이는 또한 이 단어 고유의 의미로, 사전의 표제어의 첫머리에서 제시되는 의미이다. 그러나 이 단어와 다른 단어들은 서로 연합관계를 맺음으로써 상관관계의 장(場)을 만들어낸다. 파생어가 의미적으로 자율적인 것이 되면, 이 파생어는 소멸위협을 받는다. 59~60쪽에서 본 것처럼 그 무엇도 이 파생어를 더 이상 자신의 뿌리에 연결해 주지 않기 때문이다. 이와 마찬가지로 역사적 상황이 바뀌면서 자신이 통합되어 있던 유사성을 가지는 집단에서 분리된 단어는 자신의 의미를 변화시키는 압력에 대책 없이 노출된다. 이 단어를 보존해 줄 수 있을 특정 의미에 더 이상 매여 있지 않기 때문이다.

어휘 chétif, vif와 nid의 경우에 대하여

예컨대 '포로가 된'의 뜻을 가지는 라틴어 단어 captivus는 라틴어 사용자들이 보기에 이 의미를 상실할 것 같지 않았다. 왜냐하면 이 단어는 아주 자연스럽게 동사 capere(잡다)에 결합되었기 때문이다. 그러나 라틴어에서 유래된 언어들의 경우 이 동사는, 한편으로 프랑스어의 prendre, 이탈리아어의 prendere와 같은 동사 prehendere의 계승어들로 대치되면서 사라졌거나, 다른 한편으로 이 동사의 자주 사용되는 파생어 captare(잡다)의 프랑스어 계승어, 곧 capter에 나타나는 의미 같은 특별한 의미를 얻게 되었다. 이 상황은 단어 captivus를 원래 연결되어 있던 라틴어 동사에서 분리하는 결과를 낳았는데, 이로써 이 형용사는 외부의 압력에 노출되었다. 이 단어는 여러 맥락에서 사용됨으로써 마침내 이탈리아어 형태 cattivo의 의미인 '나쁜, 비열한'의 의미를 가지게 되었거나, 고대 프랑스어에 나타나는 형태 chétif의 의미인 '불쌍한, 불행한'의 의미를 가지게 되었다. 이러한 의미변천은 아마도 초창기 기독교 작가들이 단어 captivus에 부여했던 '종교적 죄를 저지른 죄인'이라는 의미와 무관해 보이지 않는다.

이 단어는 점차 chétif의 현재 의미(허약한)를 가지게 되었다. 그러나 '불행한'의 의미는 프랑스에서 완전히 소멸하지는 않았다. 이는 제 1

차 세계대전 이래 북부프랑스인들을 흉내내면서 그들을 지칭하는 데 쓰이는 우스갯말이 된 감탄사인 ch'ti-mi[11] (가련한 내 신세!)에서 볼 수 있는 〔šti〕(*chétif*의 피카르디 방언 형태)의 의미이기 때문이다. 복잡한 어형변화가 이러한 자연발생적 변화와 반대방향으로 진행되면서, captivus를 바탕으로 같은 의미를 가지는 어휘 captif를 만들어 내게 된다. 유사한 의미변화를 독일어 형용사 schlecht(단조로운, 단순한)가 보여주는 변화에서 찾아볼 수 있다. 이 단어에 쓰인 모음 e에 의해, 또 이 단어가 여러 맥락에서 쓰이게 되면서, 이 단어는 자신이 파생된 동사 schlichten(고르게 하다, 평평하게 하다)에서 멀어지게 되었다. 따라서 어휘 schlecht는 전적으로 오늘날 사용되는 의미인 '나쁜'이라는 새로운 의미를 가지게 되었다. 아마 중세 초기의 게르만 민족들의 사회처럼 아주 계층화된 봉건사회에서 단순한 사람[12]은 별 볼일 없는 사람이었기 때문일 것이다.

이러한 의미 싸움 과정에 단어들은 더 이상 자신들의 의미를 간직할 수 없는 상황에 이르게 되는데, 이 현상은 또 라틴어 형용사 vivus(살아 있는)의 경우가 보여주는 것이기도 하다. 이 단어는 프랑스어에서 단어 vif(살아 있는)로 이어지면서 동사 vivere(살다)와의 관계는 상실하였다. 그때부터 이 단어의 주된 의미였던 'vivant'(살아 있는)의 뜻은 옛날부터 내려온, mort ou vif(죽거나 말거나)나 brûlé vif(화형에 처해진) 같은 관용적 표현들에서 쓰이는 경우를 제외하면 사라졌다. 그리고 '(빛, 색 따위가) 강렬한, 생기 있는, 민첩한, 격한' 등의 이차적 의

11) Chtimi. '프랑스 북부 내륙지역의 프랑스어'의 뜻으로 쓰이고 있다. 이 방언이 처해 있는 상황과 이 방언의 운명에 대해서는 비관적 견해가 우세한 것 같다. 예컨대 프랑스의 여기자인 이자벨 뒤프리에즈(Isabelle Dupriez)가 영화 〈Bienvenue chez les ch'tis〉의 흥행과 관련하여, 이 피카르디어(*ch'ti*)에 대해 비관적으로 언급하는 것은 눈여겨볼 만하다("Parlons sérieusement: le ch'ti, c'est quoi?", UNESCO, *Le courrier de l'UNESCO*, 2009, n° 2).

12) 여기에서 '단순한 사람'은 낮은 계급의 사람을 말한다.

미가 부과되었다.

마지막 보기로 라틴어 단어 nidus(둥지)를 들 수 있다. 이 단어는 인도·유럽어족 언어의 두 단어 *ni(위에서 아래로)와 *ždo의 결합으로 거슬러 올라갈 수 있는 것인데, 여기에서 라틴어 동사 sedere(자리잡고 있다)가 유래하였다(복원된 형태에 별표〔*〕를 붙였다). 인도·유럽어족에 속하는 카프카스 언어인 아르메니아어의 경우, 이 합성어에서 유래한 단어인 nist는 옛날 의미를 간직하였는데, 이는 '거주지'를 뜻한다. 같은 어족의 다른 언어인 산스크리트의 경우(*nīḍáḥ*)도 마찬가지다. 반면에 이 단어는 라틴어와 로망스 언어들, 그리고 게르만어, 켈트어, 슬라브어와 발트어에서는 이와 반대로 '새가 자리잡은 곳'이라는 특별한 의미를 가지게 되었다. 이 단어는 로망스어에서 *nidiacem이라는 파생어를 낳았는데, 여기에서 이탈리아어 nidiace와 프랑스어 niais가 나왔다. 이 용어들은 모두 원래, 매사냥에서 사용하는 말로 표현하면, 둥지에서 잡힌 새를 뜻한다. 그러나 사용자들은 nid와 niais의 관계를 더 이상 지각하지 못하게 되었으며, niais가 고립되면서 의미변화가 촉진되었다. 다른 많은 단어들과 마찬가지로, 사냥 어휘에 속하는 이 단어는 '서투른, 어리석은, 미련한'의 의미를 가지게 되었다.

단어들의 대량학살

단어들의 소멸, 일부는 흔적을 남기기에 이른다

여기에서는 여러 시기에 걸쳐 전체를 일관성 있게 파악하기 위해 단 하나의 언어, 곧 프랑스어에서만 보기를 들고자 한다. 그리고 이 장에서는 언어가 단어들을 수단삼아 쇠퇴에 맞서 싸우고, 일종의 생존본능을 발휘하여 적응해 가는 방식에서 나타나는 특징을 살펴보고자 한다는 점을 상기할 필요가 있다. 따라서 많은 어휘의 목록을 제시하는 것이 문제가 아니라 의미심장해 보이는 보기들을 선택하는 것이 중요한 것이다.

전기 고전주의 시대의 어휘의 비밀 지하감옥

중세시대의 텍스트를 즐기는 사람들은 멋지게 만들어진 다음과 같은 단어들을 분명히 식별할 수 있겠지만, 오늘날 대다수의 프랑스어 사용자들은 이 단어들을 알아볼 수 없다. Ardre(불로 태우다), bloutre(보습의 날로 뒤집어 놓은 흙덩어리), chaloir(중요하다), convice(비난), cuider(생각하다), déduit(오락), dextre(오른편), s'e(s) baudir(즐기다), férir(때리다), guerdon(보수, 봉급), issir(나가다), los(칭찬), piéça(오래전부터), pilloter(〔벌이 꽃 따위의〕 꿀을 모으다, 약탈하다), soulas(위안) 등의 단어들이 그것들이다. 이 단어들은 모두 흔적도 없이 사라졌다. 단어 ardent(불타는)이 동사 ardre의 현재분사임은 알려져 있다. 또 형용사 outrecuidant(자만심이 강한)이 사용되는데, 이 단어의 후반부는 동사 cuider의 현재분사이다. 또 dextre의 복잡한 합성어 ambidextre(양손을 잘 쓰는, 양손잡이의)와 파생어 dextérité(재간, 솜씨)도 사용된다. férir는 아마 sans coup férir(싸우지 않고, 아무런 어려움 없이)라는 분석되지 않는 한 덩어리로 취급되어 자신의 의미를 간직하고 살아남았다. issue(출구)는 동사 issir의 과거분사 여성형으로 issir의 요소를 가지고 있다. chaloir도 완전히 사라진 것이 아니다. 여전히 '내게 문제될 것 없다'라는 의미로 peu me chaut[13]라는 표현을 쓰기 때문이다. 그러나 이 표현을 쓸 때는 웃음을 띠게 되는데, 이는 그 표현이 낡은 것임을 알고 있다거나, 또는 재미삼아 그 표현을 사용하고 있음을 보여주기 위해서, 약간 거리를 두면서 말하는 일반적 방

13) Chaut. 동사 chaloir의 직설법 현재 3인칭 단수 변화형.

식이다. 동사 s'e(s)baudir에 대해서도 마찬가지로 말할 수 있는데, 이는 서로간의 은밀함을 표시하기 위해 그렇게 하는 것처럼 고풍스러운 표현을 의도적으로 사용하는 경우에 해당한다. 알렝 레에 따르면(1992: 1521) "일상적으로 쓰였다가(1829) 이어서 사라져버린", 중세에 기원을 두는 단어 pilloter에 대해 말하자면, 이 단어도 *Pillotage*(Duhamel, 1995)라는 제목이 붙은 최근의 비평선집으로 판단해 볼 때 이처럼 살짝 비꼬는 표현에 속할 수 있을 것이다. 이 선집의 저자는 자신이 이 텍스트들을 읽고 무엇인가를 얻었음을 말하기 위해 몽테뉴의 다음 문구를 제사(題詞)로 들고 있다(《수상록》, I, 26). "꿀벌들이 여기저기에서 꽃의 꿀을 따온다. 그러나 꿀벌들은 그것으로 벌꿀을 만들어 온통 자기 것으로 삼는다."14)

후기 고전주의와 근대의 유감스러운 종합평가

다음 단어들은 끈질긴 유지노력에도 불구하고, 일상생활에서 널리 사용되고 난 뒤 고전주의 말기에 사라진 것으로 볼 수 있다. Bobeliner([신발을] 수선하다), 과거분사가 '거짓의', '완전히 꾸며낸'의 의미로 상당히 고상한 문체에서 오늘날 여전히 살아남게 된 controuver(날조하다, 지어내다), extoller(흥분케 하다), déclore(열다) 등의 동사들이 여기에 해당한다(이 마지막 단어는 세련된 쓰임에서 살아남아 있다. 글로 쓰인 텍스트에서, 나는 이 단어가 사라지지 않도록 조금이나마 거들기 위해, 예컨대 'un regard déclos sur le mystère'[신비를 향해 열린 시선]이라는 말을 쓰는 데 주저하지 않을 것 같다).

다른 단어들은 18세기 말부터 일상적으로 거의 쓰이지 않고 있지만 아직도 리트레 사전(1877년 증보판)에는 실려 있다. 그 단어들에는 단

---

14) 이 장의 제목은 "아동교육에 관하여"이다. 원문은 다음과 같다. "Les abeilles *pillotent* deçà delà les fleurs, mais elles en font après le miel, qui est tout leur"(여기에서는 동사 'pilloter'를 드러내기 위해 이탤릭체로 표현하였다).

어의 폐기를 조장하는 '고어'라는 딱지가 붙어 있기는 하다. Cavillation(그릇된 추론, 쓸데없는 섬세함), chevance(재산) (또한 chevir〔소유하다〕), gavache(불쌍하고 옷차림이 남루한 사람), passefin(속임수가 남을 능가하는)이 그러한 단어들이다. 어떤 단어들은 patavinité처럼 아주 라틴어풍의 모습을 띠는데, 이 단어는 '문화나 문체의 지방성'을 일컫는 것이다(이는 라틴어로 파타비움으로 불리는 파두아에서 태어나, 이러한 지방성을 가지고 있는 것으로 여겨지는 로마의 역사가 티투스 리비우스[15]에 준거하여 말한 것이다). 또는 vécordie(사랑의 부재, 냉혹함)가 그러한 것인데, 이 단어에서는 vésanie(정신착란)에서 볼 수 있는 고대 라틴어 결성접두사[16] ve-를 볼 수 있다.

프랑스 혁명기 말까지 살아남는 데 성공했던 많은 수의 단어들이 19세기 말에 사라졌다. 그 가운데 단어 bailler(주다)를 들 수 있다(이 단어의 동음이의어인 bayer〔입을 헤벌리다〕〔=bée, 크게 벌린〕와 bâiller〔하품하다〕 가운데 두 번째 단어만이 살아남아 있고, 첫 단어는 관용적 표현 'bayer aux corneilles'〔멀거니 하늘만 바라보며 소일하다〕밖에는 더 이상 확인되지 않는다). 그때 사라진 단어들 가운데 많은 수는 그 단어들이 환기하는 실재 또한 사라졌다는 사실로 설명된다. 이는 앞서 살펴본 접미사가 붙은 명사들의 경우와 같다(59~60쪽 참조).

여기에서는 분명 일상어에서 실제로 통용되지 않는 단어들만을 다루었다. 오래된 단어들이라 할지라도 학술서적에서 전문적 언어로 아직도 사용되는 용어들은 논외로 하였다. 보기를 하나만 들어보자. 오늘날의 고전학[17] 서적에서 표면을 음각으로 각인한 동전을 가리키는

15) 티투스 리비우스(Titus Livius, B.C. 64/59~A.D. 17). 고대 로마의 역사가. 로마의 설립에서부터 카이사르의 죽음과 악티움 해전 이후의 사건까지를 포함하는 142권으로 된 《로마(건국)사》를 썼다.

16) 결성(缺性)접두사. 사고의 결여나 감소를 가리키는 단어의 합성과정에 사용하는 부정접두사 또는 결여소사.

17) 고전학(古錢學). 옛날 화폐나 기념메달들의 모양, 크기, 새겨진 글과 그림,

'bractéates et autres pièces incuses'(얇고 한 면에 돋을새김이 있는 동전들과, 이면에서 표면으로 도드라지게 각인을 찍은 다른 동전들) 같은 표현을 찾아볼 수도 있을 것이다.

의미의 소멸과 대체

단어들의 묘지는 또한 의미의 묘지이다. 단어의 의미가 지속되지 못한다 하더라도 그 단어는 유지될 수 있다. 이것이 바로 언어들의 근본 여건들 가운데 하나다. 그리고 단어들의 역사가 인류와 그들이 표현한 것들의 역사를 반영한다는 것을 고려한다면, 이 변화들을 전적으로 정상적인 것으로 볼 수 있다. 어휘는 외부의 자극에 반응하기 위해, 다양한 의미장을 구성하는 단어들 사이의 관계들을 변형하면서 지속적으로 재구성된다. 보기를 몇 가지만 들어보자. Biberon, candide, dévot, galanterie, meurtrir, offenser, route, séminaire 등의 단어들은 예전에 가지고 있던 '술을 즐기는', '성실한', '존경할 만한', '(여자의) 환심을 사려는 언동', '죽이다', '무력으로 공격하다', '패주'(敗走), '플랜테이션, 묘판(苗板)'의 의미를 상실하였다.

의미를 상실한 단어는 하나 또는 여러 개의 다른 의미를 얻게 된다. 장례도 치르지 못하고 드넓은 단어들의 묘지에 묻혀, 이 묘지의 넓이만 늘려 주고 완전히 사라져버리는 단어들의 경우, 이것들은 다른 단어들로 대체된다. 단어들의 죽음은 복합적 언어현상의 한 측면일 뿐이며, 이 현상의 다른 측면은 새로운 단어들의 출현으로 제시된다. 이제 이 점을 살펴보자.

재료와 금속성분 따위를 조사하여 그 기능적 · 예술적 가치를 연구하는 학문. 동양에서는 금석학의 한 부분으로, 서양에서는 역사학 · 고고학 · 신화학 · 미술사학의 보조학문으로, 특히 그리스 · 로마 고고학의 중요 부문으로 발달하였다.

신어 생성의 풍부한 수확

여기에서도 프랑스어에 국한하여 보기를 들어볼 것이다. 르네상스 시대의 저자들, 특히 플레이아드[18] 작가들이 여러 가지 지역언어와 외국어에서 새로운 단어들을 끌어내어 자신들의 작품에 도입하였다. 그러나 이렇게 증가한 새로운 단어들은 17세기 초, 흔히 말하듯이 가혹한 정화작업을 당하게 되었다. 하지만 오늘날에도 16세기에 도입된 단어들이 많이 남아 있다. 일부는 프로방스 지방언어[19]에 뿌리를 두고 있는 것이다. Auberge(여인숙), badaud(부질없이 구경거리를 좋아하는 사람), bouquet(작은 숲, 꽃다발), cadenas(맹꽁이자물쇠, 〔왕족·귀족용의〕 식기상자), caserne(병영), daurade(〔어류〕 만새기), escalier(계단), girolle(식용 버섯의 일종), luzerne(〔식물〕 개자리속), triolet(8행시)[20] 등의 단어들을 들 수 있다. 하지만 바로 이 시기 이전에 소멸위협을 받고, 점점 드물게 쓰이게 된 다른 단어들도 현대 프랑스어에까지 살아남을 수 있었다. 이 단어들 가운데 affoler(미칠 지경으로 만들다), émoi(감동), hacher(잘게 썰다), hideux(몹시 보기 흉한), rancœr(원한)를 들 수 있다. 또 다른 단어들은 이 시기에 파생이나 합성으로, 또는 고대 형태를 되살림으로써 만들어졌다. 보기로 aboutir

---

18) 플레이아드(*La Pléiade*). 16세기 프랑스에서 혁신적인 시적 경향을 주장한 시파. 롱사르(Ronsard)와 뒤 벨레(Du Bellay)를 비롯해 7명의 작가로 구성되었다. 이들은 프랑스어의 순화에 힘썼으며, 프랑스어의 위상을 그리스어와 라틴어 같은 고전어에 견줄 수 있는 수준 높은 문학적 표현수단으로 높이고자 했다. 뒤 벨레는 1549년 《프랑스어의 옹호와 선양》을 발표하여 플레이아드의 기본이념을 대변하였다.

19) 프랑스 남부지방의 방언을 말하며, 오크어(*Occitan*)로 불린다.

20) 2개의 운으로 되어 있으며, 1, 4, 7행이 서로 유사한 시형. 16세기 이후 프랑스 시단에 도입되었다.

(… 에 끝이 닿다), bigoterie(편협한 신앙심, 편협함), clairvoyance(통찰력), décomposer(분해하다), déplorable(불쌍한, 비참한), désordre(무질서), marmaille(〔소란스러운〕 아이들), non-dit(암묵적 발화내용), soussigner(〔서류 따위의〕 하단에 서명하다)를 들 수 있다. 이탈리아어에서 차용한 단어들로 banque(은행), balcon(발코니), bosquet(작은 숲), (à l') improviste(느닷없이), soldat(병사), sonnet(소네트)가 있고, 스페인어에서 차용한 단어들로는 bizarre(이상한), escamoter(〔요술로〕 감추다), fanfaron(허풍떠는), hâbleur(허풍떠는), mascarade(가면무도회, 가장행렬)가 있다(Brunot, 1966: III, 제1부 참조).

일반적으로 프랑스어가 고전주의를 지나면서 생기를 잃었다고 간주된다. 이에 대해서는 우선 말레르브의 활동, 이어 좀더 유연했던 아카데미 프랑세즈, 보줄라의 권위 등[21]을 이유로 들 수 있다. 보줄라에 대해서는 흔히 다음의 엄격한 표현을 듣게 된다. "그 누구도 새로운 단어들을 만들어 낼 수 없다. 군주라 할지라도 말이다." 그러나 그는 다음과 같이 덧붙이고 있다.

> 〔…〕 누군가가 통용될 수 있는 무엇을 만들어 낼 수 있다면 그는 군주이거나 총애를 받는 사람이거나 주요 장관이어야 한다. 〔…〕 이러

---

21) 17세기 프랑스 고전주의 시대에 프랑스어가 기본골격을 갖추는 데 중요한 기능을 한 인물들 및 기관이다.
말레르브(François de Malherbe, 1555~1628). 프랑스의 시인·시 이론가. 엄격한 형식, 절제, 순수한 어법을 강조하여 프랑스 고전주의의 기반을 닦았다.
아카데미 프랑세즈(Académie française). 1634년에 리슐리외(Richelieu) 추기경이 설립한 프랑스의 문학 아카데미. 확고한 프랑스어 규범과 순수하고 표현력 있는 언어를 만들고자 했으며, 궁극적으로 과도한 르네상스 시대의 어법을 줄이고, 문학적 표현양식의 적절한 기준을 정립했다. 《아카데미 프랑세즈 사전》을 펴내고 있다.
보줄라(Claude Favre, seigneur de Vaugelas, 1585~1650). 프랑스의 문법학자. 아카데미 프랑세즈의 창립회원으로 프랑스어 문어와 상류사회에서 쓰는 프랑스어를 표준화하는 데 이바지했다.

> 한 일은 우연히 이루어지는데, 이 부류의 사람들이 하나의 단어를 만들어 내면, 궁의 신하들이 곧바로 이 단어를 받아들여 흔히 사용하게 되고, 다른 이들도 역시 그들을 모방하여 그 단어를 사용하게 되기 때문이다. 그래서 이 단어는 마침내 일상적 쓰임으로 자리잡고 온 세상에서 인정받게 되는 것이다(Vaugelas, 1647: I, 40).

이러한 과정을 거친 것이든지, 또는 당시 언어를 좌지우지하던 고위층에 의해 널리 유포된 더 자발적인 창조과정을 거친 것이든지 프랑스어는 17세기에, 보통 생각하는 것보다 더 많은 단어들로 풍부해졌다. 예컨대 다양한 명사형 접미사들을 사용함으로써, causerie(잡담), cirage(밀초 바르기), discernement(판별), douanier(세관원), exactitude(정확성), félicitation(축하), machiniste([전차, 기관차 따위] 운전사), orangeade(오렌지 음료), plaisanterie(농담), ponctualité(어김없음), républicain(공화주의자) 등의 파생명사들을 얻을 수 있었다. Débarrasser(치우다, 벗어나게 해주다), détromper(잘못을 깨닫게 하다), griffonner(휘갈겨 쓰다), ironiser(비꼬다), régaler(대접하다) 같은 동사들과 inconcevable(인간의 이해력을 초월하는), indiscernable(식별할 수 없는) 등의 형용사들도 새로운 것으로 볼 수 있다. 같은 시기에 프랑스어는 지속적으로 라틴어를 차용하였는데, diffusion(확산, 전파), éluder(모면하다, 속이다), insidieux(속임수를 쓰는), sévir(엄하게 다스리다, 창궐하다), subordination(종속), surreption(은밀한 방식으로 하는 행위) 등을 들 수 있다. 이 단어들은 실제로는 모두 몇 세기 전에 확인된 단어들이지만, 보줄라가 새로운 것들로 간주한 단어들이다. 마찬가지로 그리스어에서 anachronisme(시대착오), homonyme(동음이의어), polyglotte(여러 언어로 쓰인, 여러 언어에 능통한) 등을 차용하거나, 이탈리아어에서 bagatelle(하찮은 물건), cascade(폭포), miniature(축소물, 모형), riposter(말대꾸하다) 등을 차용하였다. 또

스페인어에서 baroque(괴상한, 기이한), disparate(어울리지 않는), sarabande(사라반드),[22] 독일어에서 halte(정지), sabre(검〔劍〕) 등을 차용하였다(Brunot, 앞의 책, 215~223).

18세기에는 상당히 많은 수의 새로운 단어가 만들어졌거나 일상적 쓰임으로 인정되었다. 이 현상은 특히 혁명기 동안에 일어난 것이지만 이 시기에 국한되지는 않는다. 어미 -iser를 가지는 동사들은 언어의 창조력이 발휘되는 많은 보기들 가운데 한 항목일 뿐이다. 형태가 아주 근대적이어서 별로 옛날의 것으로 보이지 않을 단어들만을 보기로 들자면, 형용사 complémentaire(보충하는), supplémentaire(추가의), 또 명사 éventualité(〔일어날〕 가능성, 우발성), 동사 sauvegarder(보호하다, 보존하다)는 이 시기에 속한다.

19세기와 현대는 잘 알려져 있는 것처럼 특히 영어단어들이 대량으로 흘러든 시점이다. 영어의 압력으로 불안정한 상황에 빠지거나 소멸하게 될 위험에 빠진 일부 프랑스어 단어들은, 노르만 정복[23]에 이어 11세기부터 13세기까지 영어가 노르만어, 그리고 프랑스어에서 차용했던 단어들의 동의어들이다. 예컨대 approche(접근), challenge(도전), contrôle(통제), initier(시작하다), majeur(주요한), opportunité(기회), pratiquement(거의), réaliser(실현하다), réhabiliter(회복시키다) 등의 어휘들이 오늘날 méthode, défi, maîtrise, commencer, important, occasion, quasiment, se rendre compte, remettre en bon état 대신에 점점 더 쓰이고 있다(Hagège, 1987: 57~58 참조). 다른 영역들에서는 여러 전문용어위원회가 권장한 프랑스어 단어들이 미국 영어단어들에 맞서 인정받기에 이르렀다. 이 영어단어들은 유럽 여러 나라에서와 마찬가지로 프랑스에서도 미국의 경제력·산업력을

22) 사라반드. 12세기 스페인에서 시작된 활발하고 선정적인 무용, 17세기에 유행한 3박자의 우아한 무곡.

23) 1066년에 일어난 노르만족의 영국 정복을 말한다. 제 7장 주 94 참조.

등에 업고 유리한 위치를 차지하고 있으며 게다가 미디어에서 널리 사용되는 것들이다. 30년 이상 전부터 software, hardware, computer에 맞서서 인정받은 logiciel, matériel, ordinateur 같은 프랑스어 단어들이 거둔 성공사례들과 이밖의 유사한 성공들에 대해서는, 이 사실들을 상세하게 검토한 책(Hagège, 1987)을 참조하기 바란다.

이처럼 단어들은 모든 자연개체들과 마찬가지로 살고 죽는다. 지질학자이면서도 단어들의 생명에 관심을 가졌던 생물변이설의 추종자인 찰스 라이엘이 1862년에 쓴 글을 다시 읽어 보는 것도 흥미로운 일이다(34쪽 참조).

> 〔…〕 다른 것들에 우선하여 사용되는 어떤 단어들이나 표현들을 만들어 내고 선택하는 데 적용되는 법칙들을 연구하는 것은 상당히 신기한 연구주제이다. 인간의 기억은 한정된 능력만을 가지는 것이므로 역시 어휘의 증가와 용어의 증식에는 제한이 따라야 하기 때문이다. 따라서 오래된 단어들은 사라져야 한다. 〔…〕 경쟁자들 사이에 승리나 패배를 결정하는 더 강한 다른 선택동기들이 있을 수 있는 것처럼, 새로운 발음이나 철자법에서 비롯하는 아주 사소해 보이는 장점이라 할지라도 간결함이나 발음상의 편의 때문에 어느 한편을 우세하게 할 수 있다. 유행, 타고나거나 교육받은 특권계급의 영향, 대중작가들, 웅변가들과 설교자들의 영향이 그러한 동기들이다. 또 균일한 어법을 보급하고, 가장 우세한 지방과 지역 방언들의 사용을 확실하게 하려는 명백한 의도로 학교체계를 조직하는 중앙집중 정부의 영향이 그러한 것이다.

이 텍스트는 분명 여기에서 시사하는 일부 양상들 때문에 시대에 뒤떨어진다. 게다가 여기에는 단어의 변화요인들과 언어의 변화요인들이 혼동되어 있다. 그럼에도 불구하고 생물변이설의 시각이, 단어들이 사라질 때 이 단어들이 다른 단어들로 대체되는 힘들의 작용을 드러내는

데 부적합한 것은 아니다. 어떤 방식으로는 단어들이 죽기 때문에 언어들은 살 수 있는 것이라고 말할 수 있을 것이다. 단어들의 죽음은 언어들의 생명을 위협하지 않는다. 그와 반대로 단어들의 죽음은 언어들이 생명을 유지할 수 있는 조건이다.

제 2 부

언어들과 죽음

제5장

사어(死語)란 무엇인가

사어와 고전어

한 언어를 사용하는 사람들(또는 더 전문적인 용어로는 '화자들')이 더 이상 존재하지 않을 때 보통 그 언어는 소멸한 것으로 간주된다. 그러나 하나의 언어가 소멸하는 방식은 여러 가지가 있다. 예컨대 라틴어와 그리스어는 아주 오래전부터 사용되지 않았다. 하지만 프랑스에서 이 언어들은 모두 교과목에 들어 있다(교육과정에서 점점 더 제외되지 않을까 불안하기는 하지만 적어도 아직까지는 그렇다). 그리스어는 (현재 사용되고 있으며 '현대어'로 불리는 오늘날의 그리스어와 대비하여) 바로 '고전어'로 불리고 있는데, 학교 교육기관은 이 언어들을 '고대 언어'로 부른다. 앞서 제시한 아주 간단한 의미로는 사어(死語)에 해당하는 것이지만, 학생들은 고전 그리스어와 라틴어를 활어(活語)로 불리는 언어들과 같은 자격으로 선택할 수 있다.

이는 라틴어와 고전 그리스어가 가지는 위상에 따라, 프랑스어와 로망스어를 사용하는 다른 국가들(이탈리아, 스페인, 포르투갈, 루마니아)에서, 이 언어들이 문화영역에서 특별한 자리를 차지할 수 있기 때문이다. 사실 프랑스어는 역사적으로 라틴어에서 주요 부분을 물려받았으며, 학술어휘의 상당부분은 그리스어에서 물려받았다. 여러 나라에서 제공되는 공교육에 이 두 가지 고대언어가 자리잡고 있다는 사실은, 실제로 지속되는 것은 아닐지라도, 적어도 상징적 연속성을 보여주는 지표인 것이다.

'언어의 죽음'이라는 말의 뜻을 더 정확하게 밝히기 위해 라틴어의 역사를 간추려 살펴보자. 그러나 이 의미심장한 보기 외에 또 다른 보기들도 있다. 분명 이 보기들은 모두 더 이상 쓰이고 있지는 않지만, 권위를 갖추고 있으며 문화의 침해할 수 없는 부분으로 간주되는 언어에 관계되는 것들이다. 우리는 여기에서 이 점을 보게 될 것이다. 한 가지 다른 경우도 역시 검토할 필요가 있다. 이는 문어 아랍어의 경우이다. 이 언어 또한 관련되는 모든 국가의 학교에서 교육되고 있지만 일상적 언어생활에는 사용되지 않는다. 누가 문어 아랍어를 사어라고 주장할 것인가? 그렇지만 누가 어느 아랍국가에서나 보통 화자들이 이 언어를 말하는 것을 들을 수 있다고 단언할 것인가? 사어가 무엇인가에 대한 교육적 논의는 이러한 상황들에서 활발하게 전개되고 있다. 이러한 상황들을 살펴보는 데서부터 우리의 논의를 시작하는 것이 적절할 것 같다.

라틴어는 언제 소멸했는가

문어 라틴어와 통속 라틴어

서양에서 많은 이들이 단적으로 묻고 싶어 하는 것이 한 가지 있다. 라틴어가 정확히 언제부터 사용되지 않게 되었는가 하는 것이다. 이 질문에 답하려면, 적어도 라틴어 변천과정의 마지막 단계들을 검토할 필요가 있다. 넓은 영토 위에서 계급사회를 이루는 대부분의 복합사회들에는 언어적 차이들이 자리잡는 경향이 있다. 이 차이점들을 아주 단순화하여, 대체로 문어와 통속언어의 대립관계에 끌어넣을 수 있다. 여기에서 통속언어란 학교와 문어규범의 영향을 제한적으로 받는 화자들이 사용하는 언어로 규정된다. 따라서 이 화자들은 외부의 영향을 더 쉽게 받아들이고, 이로써 변화들을 앞당기는 데 기여한다.

그와 같은 대립은, 정확하게 말할 수는 없으나 아마도 로마공화정이 수립[1] 되기 오래전부터 고대 로마에 존재하고 있었다. 기원전 3세기 말과 기원전 2세기 초에 플라우투스[2] 가 쓴 희곡작품들에서, 다양한 변화가 시작된 통속 라틴어의 보기를 찾아볼 수 있다. 훨씬 더 안정된 문어 라틴어에 대해서는, 시인 에니우스가 남긴 단장(斷章)들에서 동시대의 모습을 볼 수 있다. 에니우스는 로마화한 칼라브리아 사람으로서 자신에게 뿌리박고 있던 오스카와 그리스적 요소들을, 라틴어의 세밀한 규범을 유지하면서 상쇄하였던 것이다.[3] 이 시대와, 특히 후속 시대의 교양 있는 엘리트들은 통속 라틴어가 발달하면서 야기된 변화들을 의식하였다. 문법가 바로[4] 는 기원전 1세기부터 '올바른 어법'의 규칙들을 확립하였다. 그 사이 카이사르는 산문을 가능한 한 고전적 이상에 가깝게 다듬어 만들었고, 키케로는 자신의 《브루투스》에서 로마의 원주민들이 "어떤 외부의 영향도 받지 않고 자기 가족 안에서 제대로 표현하던" 시대를 그리워하며 "타락한 언어를 사용하는 범세계적 군중"(Banniard, 1992: 243에서 인용. 이하 다른 구절들 활용)이 라틴어로 변질된 표현을 하는 것을 개탄하였다. 한 세기 뒤 수사학자 퀸틸리

1) 로마 공화정은 기원전 6세기에 로마인이 에트루리아인 왕을 추방하면서 수립되었다.

2) 플라우투스(Plautus, B.C. 254?~B.C. 184). 로마의 희극작가. 그리스극을 자유롭게 각색해 라틴어로 된 참된 로마 연극을 확립하였다. 그의 희극적 천재성이 이룬 업적은 서양 문학사 및 연극사에서 중요하게 평가되었다.

3) 퀸투스 에니우스(Quintus Ennius, B.C. 239~B.C. 169). 이탈리아 남부의 칼라브리아에서 태어난 로마 공화국 시대의 시인으로, 라틴문학의 발전에 큰 영향을 끼쳤다. 그는 원래 오스카어를 모국어로 사용하였는데, 그리스어도 유창하게 말하였다. 오스카족(*Oscan*)은 이탈리아 중부·남부에 살던 고대민족으로, 그들이 사용한 오스카어는 라틴어에 차츰 밀려나 1세기 말경 완전히 소멸한 것으로 보인다.

4) 바로(Marcus Terrentius Varro〔Varron〕, B.C. 116~B.C. 27). 기사계급 출신의 로마 작가·학자.

아누스[5]는 모범으로 삼을 만한 화자들을 선택할 것을 주장하였다.

따라서 한 가지 사실이 분명해진다. 4세기 초 로마 세력이 이방인들의 계속된 압박에 직면하여 바야흐로 전적인 쇠퇴기에 빠져 있는 동안, 콘스탄티누스[6]가 국가적으로 기독교인들의 권리를 인정하기 시작했을 때, 구어 라틴어는 오래전부터 일상생활에서 사용되고 있었다. 여기에서 한 가지 문제가 제기된다. 이를테면 교회가 로마의 유일한 합법적 계승자가 되면서, 분명 지위가 향상된 문어 라틴어는 기독교의 전도수단이었다. 위엄을 갖춘 문어인 이 라틴어는 키케로와 카이사르 시대의 고전 라틴어에 비해 그렇게 중요한 변화들은 겪지 않게 될 것이다. 정반대로 교부(敎父)들이 자신들의 복음화 선교의 대상으로 삼은 대다수의 신도들은, 다른 모든 구어들과 마찬가지로 끊임없이 변화하는 통속 라틴어를 사용하고 있었다. 결과적으로 라틴어의 '죽음'은 설교하는 식자들과 그들이 문어로 상대하는 신도들 사이에 위계적 의사소통이 불가능하게 되는 시점과 일치하게 된다. 문어와 결국 여러 개의 로망스어로 갈라지게 되는 통속 라틴어 사이의 간격이 점점 더 건널 수 없는 것이 되었기 때문이다.

5) 퀸틸리아누스(Quintilianus, 35?~96?). 스페인에서 태어난 고대 로마의 교육가·작가·수사학자. 그의 수사학에 관한 책 《웅변 교수론》(12권)은 교육이론과 문학평론의 발전에 크게 기여했다. 그는 수사학자로서 문체상의 지나친 기교는 궁극적으로 웅변가에게 큰 도움이 되지 않는다고 여겼다. 자신이 '타락한 문체'라고 부른 것을 공격하면서, 키케로가 주장한 엄격한 표준형식과 옛 전통들로 되돌아갈 것을 주장했다.

6) 콘스탄티누스 1세(Constantinus I, 272~337). 고대 로마 황제(306~337 재위). 첫 번째 기독교인 로마 황제로 알려져 있다. 그의 치세는 기독교 역사에서 중요한 전환점이 되었는데, 313년 밀라노 칙령으로 기독교를 사실상 정식 종교로 공인했다.

라틴어의 '죽음'의 세 단계

라틴어가 소멸해 가는 과정은 세 단계로 구분할 수 있다. 400년에서 약 650년경까지, 곧 로마제국의 마지막 세기부터 메로빙거 왕조[7] (481년 수립)의 한복판까지, 설교자들은 서로 다른 태도를 보여주기는 했지만, 대중에게 자신들을 이해시킬 수 있었다. 이를테면 이탈리아 롬바르디아의 그레고리우스 1세와, 아프리카의 거친 라틴 어법을 기독교 교육의 살아 있는 토양으로 높이 평가한 아우구스티누스는 번역가 히에로니무스와 그의 스승인 문법가 도나투스[8]의 고전주의적 선택과 거리를 두었다. 반대로 서(西) 고트족 지배하의 스페인 세비야의 성(聖) 이시도루스, 클로비스의 계승자들이 다스리던 갈리아 지역 투르의 그레고리우스[9]는 자신들이 타락한 라틴어로 간주한 언어에 대해 유감스

---

7) 메로빙거 왕조(Merovingian dynasty). 전통적으로 최초의 프랑스 왕가로 여겨지는 프랑크족 왕조(476~750). 건국자인 클로비스가 496(또는 506)년 가톨릭으로 개종함으로써 옛 로마사회와 결속을 강화하면서 발전하였다. 클로비스가 죽은 뒤 분할상속과 내분으로 왕권이 쇠퇴하여, 힐데리히 3세를 마지막으로 카롤링거 왕조로 이어졌다. 프랑크족에 대해서는 주 15 참조.

8) 그레고리우스 1세(Gregorius I, 540?~604). 그레고리우스 대(大)교황(590~604 재위). 중세 교황권의 창시자·신학자. 이상적 기독교 사회를 고안하기 위해 노력했으며, 행정·사회·종교의식·도덕 등을 개혁하는 등 사회적 문제에 각별한 관심을 가졌다.
아우구스티누스(Aurelius Augustinus, 354~430). 기독교 주교·신학자·성인. 로마령 아프리카에 있던 도시 히포의 주교(396~430). 교부철학의 대표적 인물로, 고대 신플라톤주의 철학과 기독교를 결합하여 중세 사상계에 영향을 주었다. 저서에 《고백록》, 《삼위일체론》 등이 있다.
히에로니무스(Hieronymus[Saint Jérôme], 347?~419/420). 기독교 신학자·성서 번역자. 전통적으로 라틴 교부들 가운데 가장 학식이 높은 인물로 평가받는다. 특히 라틴어 번역 성서 《불가타》로 유명하다.
도나투스(Aelius Donatus). 4세기 중엽에 활동한 유명한 문법학자. 《소문법론》(*Ars minor*)과 《대문법론》(*Ars major*)이라는 학교 문법책을 썼다.

9) 서고트족(*Visigoth*). 게르만족의 한 부족으로, 4세기에 동고트족에서 분리되었고 로마 영토를 여러 차례 침범했으며, 갈리아와 스페인에 거대한 왕국을 세웠다.

럽게 생각하면서도 부득이하게 이 점에 적응하였다. 650년에서 750년 사이로 볼 수 있는 두 번째 단계에서, 한편으로 문맹자들과 다른 한편으로 마르쿠프 수도사[10]의 경우처럼 때로 통속화한 라틴어를 사용하여 자신들을 이해시키는 수단을 찾던 식자들 사이에 의사소통이 점점 더 막연하게 이루어졌다.

끝으로 750년 이후의 마지막 단계에서, 곧 메로빙거 시대가 막을 내릴 무렵 돌이킬 수 없는 갑작스러운 언어변화가 한 차례 일어났다. 9세기 초 샤를마뉴는 모국어인 노섬브리아어(고대 영어)로 교육받은 앨퀸[11]에게 라틴 연구를 되살리는 임무를 맡겼는데, 앨퀸의 노력에도 불구하고 주민과 라틴어 사이의 골은 더 깊어질 뿐이었다. 당시 카롤링

성(聖) 이시도루스(Saint Isidorus Hispalensis, 570?~636). 세비야의 대주교·학자·역사가.

갈리아(Gallia). 고대 유럽의 켈트인이 기원전 6세기부터 살던 지역. 현재의 프랑스, 벨기에 전 지역과 이탈리아 북부, 네덜란드 남부, 독일의 라인 강 유역, 스위스의 대부분을 포함하였다. 기원전 1세기 무렵 로마의 카이사르에게 정복되어 로마령이 되었고, 이후 프랑크족, 게르만족에게 점령당하였다.

그레고리우스 플로렌티우스(Gregorius Florentius, 538/539~594/595). 프랑스 주교. 6세기 프랑크-로마 왕국을 이해하는 데 주요 자료가 되는 《프랑크사》를 썼다.

10) 마르쿠프(Saint Marcouf〔Marculf〕, 500?~588). 프랑스 노르망디 지방 코탕텡의 낭투스 대수도원장.

11) 샤를마뉴(Charlemagne〔카를 1세〕, 742~814). 프랑크 왕국의 왕(768~814 재위). 카롤링거 왕조를 세운 피핀의 아들. 학예를 보호하고, 로마·게르만·기독교 문화의 결합에 공헌하였으며, 서구 기독교 세계의 발전의 기초를 다졌다.

노섬브리아(Northumbria). 앵글로색슨 잉글랜드의 가장 중요한 왕국 가운데 하나로, 영국 북부 험버 강 북쪽에 있었다. 노섬브리아는 7세기 후반~8세기에 걸쳐, 종교적·예술적·학문적 성취를 이루어 앵글로 색슨 역사의 발전에 크게 기여하였다.

앨퀸(Alcuin, 732?~804). 영국 중세 라틴어 시인·교육가·성직자. 샤를마뉴가 아헨에 설립한 팔라틴 학교의 교장으로 재직하면서 앵글로색슨족의 인문주의를 서유럽에 소개했다. 카롤링거 왕조 시대의 르네상스로 알려진 교육부흥을 주도한 대표적 학자였다.

거 왕조[12] 치하의 갈리아 지방에서는 튜턴어를 사용하는 왕궁과 귀족 계급이, 프랑크족 지식인 엘리트들의 라틴-튜턴어 2개 국어 병용에 당연히 함께하지 못하는 주민들과 유리되어 있었다. 이러한 단절은 스페인에서 더 철저하게 나타났다. 당시 스페인에서는 코르도바의 라틴어를 사용하는 식자들, 특히 이상하게 모자라브 교도('아랍화한'의 뜻)[13]라 불렸던 이 기독교인들을 대표하던 사람들인 알바로와 에울로지오[14]가, 기독교를 박해하지는 않았으나 억압했던 이슬람 세력에 맞서 자신들의 존재를 드러내기 위해 가능한 한 순수한 언어를 유지하였다. 이로써 대중의 언어와 거리가 더 벌어졌다. 분명 정치적으로는 아랍권이지만 대부분 로망스어를 사용하던 9세기 중엽의 안달루시아에서, 구어는 갈리아 지방에서만큼 빠른 속도로 변화하지 않았으며, 프랑크족 게르만어가 통속 라틴어에 미친 영향과 같은 정도의 강한 영향을 받지 않았다(이러한 집중현상의 결과로 프랑스어의 원형이 만들어졌다).[15] 그

---

12) 카롤링거 왕조(Carolingian dynasty). 메로빙거 왕조에 이어 750~987년에 서유럽을 통치한 프랑크 왕조. 샤를마뉴 대제로 알려진 카를 1세 때 전성기를 맞아 서유럽 대부분을 지배하였다. 샤를마뉴의 손자 삼형제(샤를, 루트비히, 로타르)가 계승권을 다투게 되면서, 제국은 843년 베르덩 조약을 통해 3개의 왕국으로 나뉘었다. 이로써 카롤링거 왕조의 세력은 약해졌으며 쇠퇴하게 되었다.

13) 모자라브(Mozarab). 8~11세기에 이슬람교도들의 지배를 받으며 살던 스페인의 기독교 집단.

14) 코르도바의 알바로(Álvaro of Córdoba, ?~861). 9세기 모자라브 성서학자·신학자·시인. 그의 친구인 성 에울로지오는 알바로를 '걸출한 학자, 우리 시대의 유려하고 풍부한 지식의 샘'으로 불렀다.
코르도바의 에울로지오(Eulogius of Córdoba, 819 이전~859). 코르도바 주교. 859년에 순교하였으며, 고행자와 신앙의 전범이었다. 중세에 스페인을 정복하여 통치해 온 이슬람교도인 무어인들이 기독교도들을 박해하기 시작하자, 그는 기독교도들이 신앙을 유지하고 배교하지 않도록 용기를 북돋아 주었다.

15) 프랑크족(*Frank*). 서게르만족의 한 부족. 라인 강 하류지방에서 일어나 게르만족의 민족 대이동 때 갈리아 지방으로 진출(3세기 중반), 그 세력을 확대하여 5세기 말에 프랑크 왕국을 건설하였다. 프랑스라는 국명은 이 부족에서 유래했다.

럼에도 불구하고 스페인에서 로망스어를 사용하는 대중의 언어는 이미 라틴어에서 아주 멀어져, 대중과 라틴어를 사용하는 설교자들의 의사소통이 불가능하게 되었다. 이탈리아에서는 이러한 단절이 더 늦게 일어났지만, 10세기 중엽에 이르러 완전히 단절되었다.

이렇게 기독교권 서양에서 라틴어에 대한 대중의 수동적 언어능력, 곧 라틴어를 말할 수는 없지만 대략 이해할 수 있는 능력(Hagège, 1996: 246 이하 참조)은 계속 약화되었다. 이에 따른 당연한 결과로, 설교자들이 대중에 적응하려는 노력을 기울임에 따라 그들의 능동적 라틴어 사용능력도 약화되었다. 로마니아어[16]는 더 이상 라틴어로 남지 않게 되었으며, 새로운 언어들에 붙인 이름대로 로망스어가 되었다. 이 언어들은 또한 '네오라틴어'[17]로 불리기도 한다. 실제로, 아마도 로마에서 공화국의 몰락 이전에 시작되어 중세 초기까지 계속된 상당히 긴 기간 동안, 심지어 라틴어 사용자들과 의사소통이 이미 어려워진 때조차도 사람들은 자신들이 '라틴어로' 말하고 있다고 여겼음에 틀림없다. 예컨대 이 라틴어 사용자들은, 2세기 중엽에 다키아, 파노니아 또는 메시아(오늘날 각각 루마니아, 헝가리와 불가리아에 해당)의 변경을 침입하던 야만인들에 맞서서 만든 제국의 국경, '변경의 요새지대'를 지키던, 다양한 언어를 사용하는 외국 용병(傭兵)인 노병들을 대상으로 설교하던 로마인들이었다. 훨씬 뒤, 이 라틴어 사용자들은 대중을 대상으로 하는 설교자들이 되었다. 그러나 그들은 대중이 사용하는 통속어를, 대중을 기독교도로 만드는 데 사용하지는 않았다. 이로써 의사소통이 어려워졌다.

따라서 로망스어들이 문어 라틴어에서 나올 수 없었던 것임을 알 수

---

16) 로마니아어(*Romania*). 루마니아에서 주로 쓰이던 로망스어.

17) 네오라틴어(*Neo-Latin*). 라틴어에서 파생한 언어들로 로망스어로 불린다. 이탈리아어, 프랑스어, 스페인어, 포르투갈어, 루마니아어 따위가 이에 해당한다. 이하 로망스어로 부르기로 한다.

있다. 이 언어들은 구어 형태의 라틴어에서만 나올 수 있는 것이었다. 현대 그리스어가, 아테네가 융성하던 시대에 고대 작가들이 글을 썼던 고전 그리스어(본질적으로 아티케[18]의 언어)에서 유래하지 않고, 이 시대 이후 곧 기원전 4세기부터 발달한 '코이네'[19]에서 유래한 것과 마찬가지다. 대중의 말을 라틴어 체계로 옮겨 적는 것이 부적합하게 되었다는 것이 확인된 시점부터, 로망스어들을 정당한 권리를 갖춘 언어로 확실히 장려하게 되었다.

실제로 문어이며 위세를 갖춘 언어라는 뜻에서뿐만 아니라, 서양에서 중세 초기의 식자들이 라틴어가 아닌 다른 언어로 글을 쓴다는 것을 생각할 수 없었다는 점에서, 라틴어는 글로 쓰인 언어였다는 것을 강조해야 한다. 따라서 로망스어들이 인정받기에 이르렀음을 알리기 위해 새로운 '문자들'(*scripta*)을 구상할 필요성이 대두되었던 것이다. 이는 물론 또 다른 본질적 차원, 곧 언어들의 내적 형태의 차원에서 본 새로운 언어들에 관계되는 것이었다. 이 시대부터 모든 로망스어에서, 어휘 외의 영역들에 국한해 볼 때, 다음과 같은 특질들이 잘 알려져 있음을 상기해야 한다. 이를테면 더 이상 중성이 존재하지 않으며(루마니아어는 특수한 경우이다. Rosetti, 1985 참조), 전치사의 수와 기능이 증가함에 따라 (성·수·격에 따른) 어미변화는 사라지고 있다. 새로운 부류의 관사들이 나타나고 있으며, 라틴어의 단순한 형태의 미래시제는 복합형태로 대치되었다. 도구격 어미와 수동 활용어미가 쇠퇴하고 보어절의 부정법 동사는 점차 인칭법으로 대치되었으며, 접속사체계는 새로이 바뀌었다.

---

18) 아티케(Attikē). 고대 그리스의 중동부 지방으로, 아테네가 중심도시였다.

19) 코이네(*Koinê*). 기원전 4세기 후반에 아티케의 방언을 중심으로 이루어진 고대 그리스의 공통어. 알렉산더의 원정으로 동방세계에 퍼졌으며, 유스티니아누스 황제 시대(6세기 중엽) 이후 로마제국이 붕괴할 때까지, 그리스와 마케도니아 및 헬레니즘 문명에 동화된 일부 아프리카와 동부 지중해 지방의 공통어로 사용되었다. 신약성서에 쓰인 언어이며 근대 그리스어의 바탕이 되었다.

로망스어들이 라틴어에서 유래하였기 때문에 라틴어에 죽음의 개념을 분명하게 적용할 수 없다고 주장하는 사람들이 더러 있을 것이다. 이러한 생각은 부분적으로만 사실이다. 왜냐하면 이 언어들은 우리가 앞서 살펴본 것처럼, 여러 형태의 '통속 라틴어'에서 나온 것이지 고전 대작들이 우리에게 전해 준 라틴어에서 나온 것은 아니기 때문이다. 로망스어들이 라틴어의 또 다른 모습일 뿐이라고 여기는 사람들의 시각은 받아들일 수 없다. 발생론적 기원이 입증되었다고 해서, 조상과 그 후손을 단 하나의 동일한 대상이라고 결론짓기에는 충분하지 않다. 일부 스페인 사람들이 1492년부터 갖게 된 한 가지 기이한 생각은, 아주 낯선 언어를 쓰고 있던 아메리카 인디언들에게 카스티야어를 통해 라틴어법 자체를 전달하려는 것이었다. 생각해 보면 이상한 개념인 '라틴아메리카'라는 말이 여기에서 나왔다. 이 생각은 거의 8백 년에 달하는 찬란했던 아랍인들의 점령에 종지부를 찍은 '레콩키스타'가 끝난 뒤 이베리아 반도에 복원된 기독교-라틴계(界) 스페인의 민족주의적 긍지로써만 설명될 수 있는 것이었다.[20]

사실 로망스어들은 프랑스에서와 마찬가지로 스페인에서도 오래전에 해방되었다. 당시 로망스어들의 형태는 오늘날 이 언어들이 가지고 있는 형태들과 우리가 생각하는 것처럼 그렇게 동떨어진 것은 아니었다. 라틴어가 로망스어들 안에 살아남아 있다고 말할 수 있는 것은 은유적으로 말하는 것일 뿐이다. 게다가 17세기 중엽부터 심지어 과학분

---

20) 레콩키스타(*Reconquista*). 재정복, 국토회복운동. 스페인과 포르투갈의 기독교 국가들이, 8세기 초부터 이베리아 반도 대부분을 점령하고 있던 이슬람교도들(무어인들)로부터 영토를 되찾기 위해 벌인 일련의 전투를 말한다. 스페인은 중세 초반부터 게르만족의 지배를 받았는데, 711년 아랍인과 베르베르족이 스페인 남서부를 정복함에 따라 이슬람의 지배를 받게 되었다. 이후 1492년 아라곤과 카스티야의 페르난도 2세와 이사벨 1세가 중심이 된 기독교 세력이 이슬람교도들의 마지막 보루이던 그라나다를 정복함으로써, 781년 동안의 이슬람의 스페인 지배는 끝났으며 스페인은 통일되었다.

야와 철학 개론서들에까지 비록 소극적으로나마 지역의 고유어들을 사용한 것 또한, 권위 있는 학설들이 라틴어로 표현되어 온 것과 비교해 볼 때 사고해방의 징후였던 것이다.

그러나 중세시대의 유럽에서와 마찬가지로 고전주의 시대의 유럽에서, 학자들과 식자들은 대부분 계속하여 라틴어로 말을 주고받았으며, 라틴어권이 아닌 나라들, 독일, 폴란드, 스웨덴, 영국, 아일랜드에서조차 그러했다는 것을 또한 지적해야 한다. 게다가 라틴어가 도처에서 쓰이지 않게 된 것은 아니다. 라틴어는 일찍이 로마제국의 언어였던 것처럼 여전히 로마 교회의 언어다. 전적으로 죽은 것이 아니면서 더 이상 살아 있지는 않은 이 언어의 독특한 존재방식은 인간언어의 운명이 보여주는 전형적 모습이다.

권위를 가진 몇 가지 고대 언어들에 대하여

사용되지 않는 언어는, 일상적 의사소통 과정에 존재하는 것으로 여겨지는 생명을 가진 상태가 아니지만, 그렇다고 해서 진정으로 죽은 것은 아닌 상태로 유지될 수 있다.

콥트어

예컨대 콥트어[21]는 오늘날에도 이집트 기독교도들의 의례와 종교적 제전에 여전히 사용되고 있다. 그런데 콥트어는 파라오 시대의 이집트어만큼 오래된 한 언어의 '현대적' 형태 바로 그것이다! 콥트어는 5천년 이상의 세월 동안 줄곧 이어져 온 것으로, 기원전 3400년에 메네스[22]가 멤피스에 수립한 고대 왕국의 상형문자로 기록된 언어에 연결

21) 이집트의 기독교도는 콥트인(*Copte*)으로 불린다.

22) 메네스(Menes). 기원전 2925년경에 활동한 통일 이집트의 첫 번째 왕. 상·하 이집트를 통일하여 중앙집권 군주국으로 만들고, 수도를 현재의 카이로 근

된다. 이 연속선은 테베제국 시대(기원전 2000년경)의 중기 이집트어를 거치는데, 이 시기에는 여전히 상형문자를 사용하고 있지만, 신관(神官) 문자로 불리는 흘림체를 썼다. 이어 새로운 왕조들, 곧 여러 람세스 왕조들(기원전 1580년경부터)[23] 이 사용한 신(新) 이집트어를 거친 뒤, 마침내 이집트어에 이르게 된다. 기원전 525년에 캄비세스 왕의 페르시아 군대가 이집트를 정복하기 이전의 마지막 왕조들인 프삼티크 왕조들[24] 에서 사용한 이 이집트어는 민용문자[25] 로 불리는 것으로 단순화된 쓰기체계로 기록되었다. 이렇게 긴 기간에 걸쳐, 물론 이 언어들 사이에는 서로 다른 상태들이 전개되었지만, '동일한' 언어의 연속된 상태들은 이렇게 유지되었다.[26] 이 연속된 상태들의 마지막에 해당하는 콥트어의 생명력은 7세기부터, 대부분 이슬람화한 이집트에 아랍어가 확산되면서 억제되었다. 시골사람들은 19세기 중엽에도 여전히 콥트어를 쓰고 있었다. 하여튼 현기증이 날 정도로 뿌리 깊은 이러한

처 멤피스에 세웠다. 메네스의 이집트 통일 시기는 자료에 따라 기원전 3100년, 기원전 3000년 등으로 달리 나타난다.

23) 람세스(Ramses). 고대 이집트 왕들. 람세스 1세는 제 19왕조를 창건하였으며 람세스 2세는 제 19왕조의 세 번째 왕이다. 람세스 3~11세는 기원전 11세기까지 계속된 제 20왕조의 왕들이다.

24) 캄비세스 2세(Kambysês II, ?~B.C. 522). 페르시아 제국 아케메네스 왕조의 왕(B.C. 529~522 재위). 이집트를 정복하여 전 오리엔트 통일에 성공한 것으로 알려져 있다.
프삼티크(Psamtik). 기원전 7~6세기의 프삼티크 1~3세 왕을 말한다. 프삼티크 1세(B.C. 664~610 재위)는 아시리아인들을 몰아내고 이집트를 다시 통합해 제 26왕조를 열었다.

25) 민용문자(民用文字). 필기체로 된 이집트 신성문자.

26) 나일 강 유역에서 쓰이던 언어인 이집트어는 셈어군·쿠시어군·차드어군·베르베르어군과 함께 함셈어족에 속한다. 이집트어는 시기별로 다음과 같이 구분된다. ① 고대이집트어(B.C. 3000~2200?), ② 중기이집트어(B.C. 2200~1600?): 이집트어의 고전 단계로 간주됨, ③ 후기이집트어(B.C. 1550~700?), ④ 민용문자 시대의 통속 이집트어(B.C. 700~A.D. 400?), ⑤ 콥트어(2~17세기경).

역사를 고려할 때, 종교적 쓰임에서 살아남은 이 언어에 어떤 권위를 부여하지 않을 수 없다.

후기 고(古)중국어

동주(東周)와 서주(西周) 시대(기원전 11세기~기원전 6세기)의 고(古)중국어와 대비하여, 전국시대(戰國時代)(기원전 5세기~기원전 3세기)의 '문언'(文言, *wén yán*)이라 불리는 고전언어를 후기 고(古)중국어로 지칭할 수 있다.[27] 이는 고(古)중국어를 보여주는, 중국문화의 시조들로 간주되는 대작들, 곧 공자의《논어》와 맹자, 묵자, 장자 및 다른 이들의 저술들에서 사용된 언어다. 중국학 학자들 가운데 어떤 이들은 이 유명한 책들이 기록된 후기 고중국어가 당대의 구어를 반영하고 있다고 생각한다. 다른 이들은 상당히 함축적인 이 언어에서 과거에 사용되었을 수도 있는 어떤 언어에도 상응하지 않는 인위적 문장구조를 발견한다. 끝으로 다른 이들은 문어 중국어의 옛날 상태들 가운데 하나를 찾아보고 있다(Hagège, 1975: 21~22 참조). 하여튼 전한(前漢) 왕조시대(기원전 206년~기원후 26년)에 해당하는 후속 시대의 말부터, 아니면 중반부터 구어는 점점 더 중요한 변화를 겪기 시작한 반면에, 이 언어는 전혀 변화하지 않았다. '문언'은 학교교육체제 안에서 고전서적들을 읽고 연구하는 중국에서 오래전부터 교육되고 있다. 따라서 이는 분명 사용되지는 않으나, 그 '죽음'에도 불구하고 문화 안에 변함없이 살아 있는 언어인 것이다.

---

27) 중국어는 시기별로 다음과 같이 구분된다. ① 상고어: 주(周)·진(秦)·한(漢)의 언어(B.C. 12세기~A.D. 3세기), ② 중고어: 육조(六朝)·당(唐)의 언어(4~10세기), ③ 중세어: 송(宋)·원(元)·명(明)의 언어(10~17세기), ④ 근대어: 명나라 말·청(淸)의 언어(17~20세기), ⑤ 현대어.

산스크리트[28)]와 팔리어

인도·아리아어족 언어들에 비해, 또 드라비다어로 불리는 인도·아리아어가 아닌 남부인도의 언어들에 비해 북부인도에서 산스크리트가 누리는 지위도 이와 마찬가지다. 그런데 남부의 언어들을 사용하는 사람들이 북부의 언어들을 사용하는 사람들과 같은 브라만교를 오래전부터 신봉하였기 때문에, 남부 언어들은 산스크리트에서 상당히 많은 어휘를 차용하였다. 기원전 5세기경의 유명한 문법가인 파니니와, 이어 두 세기 뒤 그의 후계자들 가운데 한 사람으로 특히 텍스트 해석의 틀을 갖춘 파탄잘리[29)]가 산스크리트 규칙들을 수립하였다. 이로써 베다 산스크리트는 네 권의 대(大) 운문 성가집, 이 성가들의 산문주석 및 해설서와 전례에 관한 입문서에 사용된 성스러운 언어로서 일종의 엄격함을 가지게 되었다. 그러나 파니니와 초기 베다교의 용례들을 갈라놓는 천 년이라는 엄청난 세월 동안에, 흔히 이 언어의 실제 사용여부에 대해서는 의구심을 품기도 하는데, 이 언어에는 변화한 구어 변이형들이 생겨나게 되었다. 이 변이형들은 모두 산스크리트의 후속 언어들로서, 이 언어들 가운데는 기원전 4세기부터 사용된 부다 산스크리트와, 그리고 프라크리트어[30)]로 불리는 언어들이 있다. 이 언어들

---

28) 산스크리트(*Sanskrit*). 인도·유럽어족의 인도·아리아어 계통으로 고대 인도의 표준 문장어. 인도의 고급 문장어로 오늘날까지 지속되는데, 불경이나 고대 인도 문학은 이것으로 기록되었다.
팔리어(*Pali*). 인도 범어의 속어.

29) 파니니(Pānini). 고대 인도의 문법학자로 산스크리트 문법을 정리하였다.
파탄잘리(Patañjali). 기원전 2(또는 5)세기에 활동한 인도의 작가. 두 편의 불후의 힌두 고전을 썼는데, 이 두 저서는 요가사상을 범주별로 정리한 《요가수트라》(*Yoga-sūtra*)와, 위대한 문법학자 파니니를 옹호하는 견지에서 카티아야나를 비판하고 또한 파니니의 경구 일부의 오류를 논증한 《마하바시아》(*Mahāb-hāṣya*)〔大註釋〕이다.

30) 프라크리트 언어들(*Prakrit languages*). 중세 인도·아리아인의 언어. 인도의 근대 언어는 프라크리트에서 발달한 것이다.

은 중기 인도어의 초기 형태들에 관련되는 것으로 기원전 말기 몇 세기 동안에 발달하기 시작했으며, 10세기 무렵 근대 인도·아리아어의 많은 구성요소들이 여기에서 파생되었다. 이 요소들은 오늘날 북부인도에서 사용되는 언어들의 기원을 이루는 것이다.

하지만 아시아의 다른 언어들 또한 문화와 신앙의 이유로, 산스크리트의 권위 있는 어휘창고에서 어휘를 차용하였다. 특히 크메르어와 자바어, 그리고 말레이어의 경우가 이에 해당하지만, 이 언어들은 좀더 뒤에 이슬람화가 진행됨으로써 아랍어 단어들을 차용해야 했다. 기독교 문명 유럽국가들에서 라틴어와 그리스어가 교육된 것과 마찬가지로, 산스크리트는 인도에서 교육되었다. 아직도 인도에서 산스크리트가 사용되고 있다고까지 말하는 사람들이 있지만, 그것이 사실이라 하더라도 이는 필시 식자들 사이의 전문적 사용에만 국한된 것일 것이다. 어쨌든 산스크리트는 오늘날 인도 연방 헌법에서 인정하는 20여 개의 공용어들 가운데 하나다.

다른 유명한 종교언어인 팔리어는 부처가 자신의 가르침을 전파하기 위해 북부인도의 지방 고유어들을 기본으로 삼으면서, 산스크리트 대신 선택한 것이다. 실론의 불교경전에 사용된 언어인 팔리어는 이 섬에서, 또 버마[31]와 이 언어가 불교의 매체로 사용되었던 동남아시아의 많은 지역에서 종교적 쓰임을 간직하였다. 게다가 팔리어는 같은 이유로 버마어, 타이어, 라오스어와 다양한 민족의 언어들이 종교·철학·행정영역에서 실행한 차용의 중요한 원천이 되었다. 그토록 많은 현대 어휘들이 목을 축이는 풍부한 샘이라는 지위 덕분에 팔리어는 완전히 소멸한 것이 아니라고 말할 수 있을 것이다.

31) 버마는 1989년에 국명을 미얀마로 개칭하였다. 이 번역본에는 원본에 따라 '버마'로 표기하기로 한다.

게에즈어

확인된 지 별로 오래되지 않은 것으로 에티오피아어의 최초 형태인 게에즈어는 마찬가지로 오늘날 종교적·학술적 쓰임에서 유지되고 있다. 게에즈어는 왕이 자기 왕국에 기독교를 도입했던 4세기에 아비시니아 왕국의 수도인 악숨에서 사용하던 언어였다.[32] 에티오피아의 셈어들, 특히 티그리냐어와 무엇보다도 아디스아바바와 아비시니아 고원의 가장 넓은 지역에서 사용된 언어인 암하라어는 게에즈어의 학술적 영향을 받지 않고 변화하였지만, 게에즈어는 이 언어들에 여러 가지 요소를 제공하였으며 또 제공하고 있다. 아시아의 신성한 언어들이 아시아 대륙의 현대 고유어들에 대하여 행한 것과 마찬가지로, 동부 아프리카의 이 언어가 에티오피아의 현대 고유어들에 행한 것도 이와 같은 것이다.

고전 아랍어는 살아 있는 언어인가

라틴어에 대해서와 마찬가지로, 이 장의 첫머리에서 제시한 정의를 사용하면, 조금 성급하기는 하지만 고전 아랍어는 소멸한 언어라고 말할 수 있을 것이다. 하지만 아주 일상적인 경험을 통해 그 반대 경우를 볼 수 있다. 오늘날 고전 아랍어는 단지 독백상황만이 아니라, 상당히 엄숙한 분위기의 수많은 상황에 사용되고 있다. 이러한 점으로 미루어 사어의 정의에 대하여 어떤 결론을 내릴 수 있는가?

우리는 아랍어라 불리는 언어가 가지고 있는 복합성을 알고 있다. 아랍어의 특이성은 그 명칭에서부터 나타난다. 형용사 없이 '아랍어'라고 말할 경우, 이 용어들이 가리키는 실재들이 서로 일치하기에는 어림도 없지만, 어떤 이들은 문학언어, 또는 문어, 또는 코란 아랍어로

32) 기독교 초기에 에티오피아 북부에 있었던 강력한 왕국인 악숨(Axoum) 왕국을 말한다. 기원전 1000년경 건국된 악숨 왕국은 기원후 10세기 말까지 지속되었다.

불리는 고전 아랍어를 말하는 것이라고 이해할 것이다. 다른 이들은, 그 수가 더 적어 보이는데, 아랍 방언, 곧 마그레브 지역(모로코, 알제리, 튀니지, 리비아), 또는 사하라 아프리카(모리타니 또는 하사니아), 또는 오리엔트 지역(이집트, 수단, 차드, 사우디, 요르단, 팔레스타인, 레바논, 시리아, 이라크, 예멘, 오만, 다티나와 하드라마우트[33]의 언어들)에서, 또는 시리아-아라비아 반도의 이슬람 군주국들 가운데 한 곳에서 사용되는 아랍어나, 몰타사람들이나 크레타 섬의 코르마키티 주민들 같은 기독교도가 사용하는 아랍어의 여러 형태들 가운데 하나라고 생각할 것이다.

아랍세계에서 지배적으로 나타나는 2개 언어 병용현상(*diglossia*), 곧 글쓰기에 할당된 문어 변이형과 다양한 아랍국가들에서 사용되는 방언 변이형들의 존재는 아주 오래된 것일 것이다(Hagège, 1973: 3 참조). 또 코란에 사용된 아랍어는 세월이 흐르면서 방언들이 나오게 된 구어가 아니라, 예언자가 이를 통하여 이슬람의 계시를 받아들였으며 또 전달하고자 했던, 권위를 갖춘 규범언어였을 것이다. 따라서 이 상황은 문어와 구어의 대립이라는 공통점에도 불구하고, 라틴어의 상황과 다른 것이다. 게다가 라틴어와 반대로, 문어 아랍어는 오늘날 아랍어로 이루어진 모든 문학영역에서 일반적으로 사용되고 있다. 방언들은 원칙적으로 글로 기록되지 않기 때문이다(국어와 방언의 구분에 대해서는 245쪽 참조). 문어 아랍어는 라디오에서, 텔레비전에서, 공식적 담화에서, 과학적 의견표명에서, 그리고 격식을 갖춘 다른 모든 상황에서 사용된다.

그럼에도 불구하고, 문어 아랍어가 원칙적으로 어느 누구의 모국어도 아니라는 단순한 사실에서, 일반적 의미의 구어와는 관련이 없다고 말할 수 있다. 말하자면 아랍국가의 주민들은 일상생활에서 자신들이

33) 다티나(Dathina), 하드라마우트(Hadramaut)는 예멘의 지역들이다.

사는 나라의 방언만을 사용하고, 자녀들에게 이 방언만을 전달해 준다. 우리는 아랍 방언들이 지리·문화적으로 같은 집단 안에서도 상당히 다를 수 있다는 것을 알고 있다. 하물며 두 집단 사이에서는 말할 필요도 없을 것이다. 예멘 사람과 모로코 사람은 각자 자기의 방언을 사용하면서, 말을 주고받는 데 약간의 어려움을 겪을 수 있다. 이 경우에 문어 아랍어의 필요성이 대두될 수 있는 것도 이러한 이유에서다. 그러나 이렇게 문어 아랍어에 기대는 것은 각자가 이 언어를 일상 대화에서 사용할 수 있을 정도로 충분히 알고 있다고 상정하기 때문인데, 이는 취학 및 교육의 정도가 아주 다르다는 점에서 확실하지 않은 사실이다. 또한 방언들만이 대화의 실제도구로 사용되는 상황에, 구어 언어생활에서 문어 아랍어를 사용하는 것은 대부분의 아랍어 사용자들에게 인위적이고 부자연스럽게 여겨진다.

앞서 살펴본 모든 것에서, 사어를 더 이상 말로 사용되지 않는 언어로 규정할 때, 라틴어, 위세를 가진 일부 옛날 언어들과 아랍어가 처해 있는 것들과 같은 경우들에 비추어 다음과 같이 분명히 해두는 것이 중요하다. 언어들의 죽음에 대하여 이렇게 고찰하는 현 단계에서, 물론 어느 누구도 더 이상 말하지 않으며, 게다가 이 언어들과 함께 사라진 사람들의 후손이 이루어 놓은 문화에 여전히 살아 있는 흔적들을 거의 남기지 못한 언어들은 죽은 것으로 여겨질 것이다.

고전적 위상을 갖추지 못한 사어들

또 다른 경우를 살펴보면 한 언어의 죽음이라는 개념을 더 가깝게 이해할 수 있을 것이다. 수천 년 전부터 사라지고 없는 많은 언어들은 단지 금석학자, 고전학자(古錢學者), 문헌학자, 문법가와, 다른 연구자들이 자기들의 기술을 발휘하여 정체를 밝혀 낸 비명(碑銘), 텍스트나 동전들, 자료들을 통해서만 알려져 있다. 따라서 이 언어들은 과학적 연구의 대상이 된다. 조금 전에 제시했던 언어들과 반대로, 이 언어들은 종교 의례적이거나 더 일반적으로 말해 문화적 쓰임을 전혀 가지고 있지 않기 때문에 오늘날 고전적 위상을 가지지 못한다. 이러한 문화적 쓰임을 통해 이 언어들은 살아남을 수 있게 되는 것이다. 또 이 언어들은 일부 대학이나 연구기관에서 교육되기는 하지만 초등학교나 중등학교에서는 교육되지 않는다. 그러나 정확히 말해서 이 언어들은 전문적 연구와 대학 수준 교육의 대상이 되는 속성을 가지고 있기 때문에, 이 언어들이 고고학적 흔적들을 남긴 각 영역에서 문화의 일부를 이룬다고 볼 수 있다. 이 흔적들의 수는 분명 아주 가변적이다. 이 증거자료는 때로는 풍부하기도 하고 때로는 단편적이기도 하다.

자료가 풍부한 경우들

수메르어, 아카드어, 우가리트어, 고내 리비아어

수메르어는 인류가 사용한 문자로 기록된 가장 오래된 언어들 가운데 하나다. 이 언어는 알려져 있는 어떠한 어족에도 포함시킬 수 없기 때문에 여전히 수수께끼 언어로 남아 있는데, 그 흔적은 많이 남아 있다. 곧 찬가, 전례서, 계약서, 명문이 새겨진 비(碑), 연대기, 봉헌문구, 법적·의학적·수학적인 기록 등 설형문자(楔形文字)로 작성된 수만 건의 텍스트들 덕분에, 적어도 기원전 3300년까지 시간을 거슬러 올라갈 수 있다. 아카드어[34]의 경우에도 마찬가지로 관심을 끄는 풍부한 자료가 있다. 아카드어는 아시리아 세력이 수메르를 지배하기 시작

34) 아카드어(*Akkadian*〔아시리아-바빌로니아어〕). 기원전 3000년~기원전 1000년에 메소포타미아 지방에서 사용된 북부 변방 어군에 속하는 셈어. 아카드는 남메소포타미아의 북부지역을 말하며, 셈계의 민족인 아카드인은 남부의 수메르 국가들을 정복하여 기원전 2400년경 최초의 통일국가를 수립했다.

했을 때, 수메르어의 발전을 저해하지 않고 수메르어의 설형문자 표기법을 연장 사용하면서, 수메르어를 계승한 동양계 셈어이다. 아카드어가 변화한 형태들인 바빌로니아어와 이어서 출현한 신(新) 바빌로니아어와 함께, 아카드어는 강력한 제국들에서 오랫동안 문명언어로 사용되는 행운을 맛보았다. 이 언어는 이어 기원전 7세기 말경 쇠퇴하여 학술적 쓰임에 국한되고 아람어[35]로 대치되었으며, 이러한 현상은 기원전 539년 페르시아의 정복 후 더 심해졌다(346쪽 참조). 이 사실은 마리, 에블라와 에마르[36]의 유적들에서, 많은 양의 사신(私信)들도 포함되어 있던 엄청난 양의 새로운 자료들이 발굴된 이래 더욱더 상세하게 알려졌다(Durand, 1997 참조).

현대에 들어서야(1929년) 비로소 두 묶음의 중요한 증거들이 해독되었다. 하나는 시리아 해안의 라스 샤라[37]에서 발굴된 것으로, 전설적인 내용의 다수의 시들이다. 이 시들은 기원전 15세기경, 서양 셈어로서 가나안어에 가까운 우가리트어[38]가 존재했음을 보여주고 있다. 다른 증거들은 역시 셈어 분포 영역에서, 시나이 반도에서 카나리아 제도에 이르기까지 퍼져 있으며, 베르베르 방언들[39]의 조상인 고대 리비

---

35) 아람어(*Aramaic*). 셈어에 속하는 언어. 기원전 7~6세기에 차츰 아카드어를 대신하여 지중해 연안 지방의 국제혼종어가 되었으며, 나중에는 페르시아 제국의 공용어로 히브리어 대신 유대인의 언어가 되었다. 아람어는 기원전 300년경~기원후 650년경 사이에 가장 큰 영향력을 행사하였으며 이후 아랍어에 밀려났다(아람어에 대한 상세한 설명과 아람어와 유대인 및 히브리어의 관계는 제10장 참조).

36) Mari, Ebla, Emar. 유프라테스 강 유역에 자리잡고 있던 고대 시리아의 도시들이다. 설형문자 고문서 등이 발견되었다.

37) 라스 샤라(Ras Shamra). 북부시리아 지중해 연안의 거대한 인공동산. 이곳에 고대도시 우가리트가 세워졌다.

38) 우가리트어(*Ugaritic*). 고대 우가리트 왕국의 말. 우가리트 문자는 시리아 해안 지방에서 기원전 15~13세기에 사용되었던 설형문자이다.

39) 베르베르어군(*Berber languages*). 이집트에서 대서양까지, 나이저 강에서 지중해에 이르는 북부아프리카 전역에 산재해 있는 주민들이 쓰는 언어들을 말한다.

아어를 재현해 주는, 다량의 짧은 비명(碑銘)들로 이루어져 있다.

에트루리아어, 소아시아(아나톨리아)와 차이니즈 투르키스탄[40]의 인도·유럽어족 언어들

에트루리아어는 기원전 300년경까지 에트루리아 지방에서 지배적으로 사용된 언어다. 이 지방은 로마와 라틴어가 에트루리아어를 대신하게 되는 영토에서 아주 가까운 곳이다. 이 수수께끼 같은 에트루리아어에 대해, 만여 개의 짧고 단조로운 묘비명들이나 일련의 기도와 의례규정을 담고 있는 작은 두루마리들 또는 주석들, 곧 고대 저자들이 쓴 개론서들에 전해지는 단어 해석들이 제공하는 것보다 더 많은 것을 사람들은 알고 싶어 한다. 아우구스투스와 같은 시대 사람인 그리스 역사가 할리카르나소스의 디오니시오스[41]는 알려져 있는 그 무엇과도 전혀 닮지 않은 이 언어의 고립상태와, 이로써 이 언어가 세상에 알려지지 않았음을 이미 지적하였다(Briquel, 1994: 319~321 참조). 헤로도토스가 말하는 것처럼, 에트루리아인들이 리디아[42]에서 온 것이 사실이라면,

---

40) 에트루리아(Etruria). 고대 서부이탈리아(지금의 토스카나)에 있던 나라. 에트루리아인은 비(非)인도·유럽어계로 민족계통이 불분명하다. 에트루리아어는 인도·유럽어족에 속하지 않는 것 같지만, 인도·유럽어족에서 많은 영향을 받은 것으로 보인다.
아나톨리아(Anatolia). 옛날의 소아시아로 현재는 아시아 쪽 터키를 일컬음. 아나톨리아 언어들은 기원전 3000년경부터 서기 시대 초기까지 아나톨리아에서 쓰였으며, 아나톨리아어는 점차 그리스어로 대치되어 쓰이지 않게 되었다.
투르키스탄(Turkistan). 중앙아시아의 여러 지역. 서(西)투르키스탄과 중국의 신장 위구르 자치구에 해당하는 동(東)투르키스탄〔차이니즈 투르키스탄〕으로 나뉜다.

41) 디오니시오스(Dionysios, B.C. 60?~A.D. 8?). 그리스의 역사학자·수사학 교사. 로마 건국에서 제1차 포에니 전쟁까지 로마의 역사를 로마의 관점에서 연구하였다. 할리카르나소스(Halicarnassos)는 지금의 터키 케르메 만 연안에 있던 카리아 지방의 고대 그리스 도시이다.

42) 리디아. 아나톨리아 서부의 고대국가.

인도·유럽어족 언어의 어휘를 전혀 공유하고 있지 않지만 구문영역에 몇몇의 공통점이 있음을 고려해 볼 때, 아나톨리아의 인도·유럽어족 언어와 접근시키는 것(아래 참조)이 불가능한 일은 아닐 것이다.

반면에 20세기 초에 많은 기록물과 수천 개의 작은 문자판들이 발굴되어 수많은 언어가 망각상태에서 벗어날 수 있었다. 이 언어들 가운데 두 가지는 중요한 고대 인도·유럽어족 언어들, 곧 토카라어와 히타이트어[43]이다. 토카라어, 곧 쿠차어를 포함하는 토카라어의 두 가지 방언에 대한 증거들은 차이니즈 투르키스탄에서 발견된, 브라흐미 문자로 적혀 있는 불교적 영감이 담긴 (종교적, 의학적, 경제적) 개론서들이다(브라흐미 문자는 오늘날 인도에서 사용되는 언어들의 거의 모든 문자의 조상이며, 중앙아시아 전역에서 오랫동안 사용된 인도의 가장 오래된 문자 표기법이다). 독일학자 2명이 1908년에 토카라 언어들이 인도·유럽어족에 속한다는 것을 밝혀냈는데,[44] 이 언어들은 9세기에 위구르 터키인들이 아그니와 쿠차[45] 지역을 정복한 지 얼마 되지 않아, 서기 1000년 이전에 완전히 소멸되었을 것으로 보인다(Isebaert, 1994 참조).

히타이트어는 소아시아의 한가운데에서 기원전 19~13세기 사이에 강력한 한 제국의 언어로 사용되었다. 이 제국의 고대 수도인 하투샤(오늘날 보아즈쾨이)에서 아주 많이 발견된 구운 토판의 텍스트들 외에, 오르타쾨이[46]에서 최근에 발견되었으나 아직도 완전히 발굴되지

---

43) 토카라어(*Tocharian*). 500~1000년경 차이니즈 투르키스탄 북부에서 쓰이던 인도·유럽어족 언어. A 방언과 B 방언으로 나뉘며, 쿠차어는 B 방언에 속한다. 히타이트어(*Hittite*). 아나톨리아에서 쓰이던 인도·유럽어족 언어들 가운데 가장 중요한 언어.

44) 이들은 인도어학자인 에밀 지크(Émile Sieg)와 빌헬름 지글링(Wilhelm Siegling)이다.

45) 아그니(Agni), 쿠차(Koutcha). 중국 신장 위구르 자치구의 도시.

46) 보아즈쾨이(Boğazköy). 터키 중북부의 행정 중심지. 기원전 2000~1000년 아나톨리아와 시리아 북부지역에 강대한 제국을 세웠던 히타이트의 고대 수도

는 않은 흑판 텍스트들이 더 있다. 히타이트 제국은 다른 나라들로 이어졌는데, 이 나라들에서 사용된 언어들, 특히 루비어와 리키아어[47]는 히타이트어와 가까운 친족관계에 있거나 히타이트어가 변화한 형태들이었다. 특히 리키아어로 기록된 비문과 동전의 명문(銘文)들은 소아시아의 남서쪽 연안에 살았던 주민집단이 사용한 이 언어에 대해 흥미로운 정보들을 제공한다. 이 집단에 대해서는 호메로스와 헤로도토스가 언급한 바 있는데, 그들은 1974년에 리키아어-그리스어-아람어의 세 언어로 작성된 헌사(獻辭) 텍스트가 발견됨으로써 세상에 조금 더 알려지게 되었다. 같은 지역에서 인도·유럽어족에 속하지 않는 지역 고유어들인 후르리어, 엘람어, 하티어[48] 같은 다양한 언어로 기록된 비명들이 많이 발견되었는데, 이 언어들은 어떤 어족에 속하는 것인지 알 수 없으며 카프카스어의 특질들을 보여준다. 이 언어들은 모두 아마도 서기(西紀) 시대가 시작되면서 소멸한 것으로 보인다.

하투샤(Hattucha)의 고대 유적지로 알려져 있다.
오르타쾨이(Ortaköy). 터키의 도시로서 비잔틴과 오스만 터키 시대에 생활중심지였다.

47) 루비어(*Luwian*). 인도·유럽어족에 속하며 주로 고대 아나톨리아 남부지방에서 사용된 언어. 히타이트어·팔라이어·리디아어 등과 친족관계에 있으며 리키아어의 원조이다. 주로 설형문자로 기록되었으나, 상형문자체로 쓴 루비어도 많이 볼 수 있다.
리키아어(*Lycian*). 고대 소아시아 남서부 지방인 리키아의 언어. 서부그리스 문자의 원형에 바탕을 둔 리키아 문자로 표기되었다. 아나톨리아어군에 속하는 언어이며, 오늘날의 리키아어는 서부루비 방언에서 유래한 것으로 여겨지고 있다.

48) 후르리어(*Hurrian*). 기원전 3000년 말부터 적어도 히타이트 제국 후기〔신제국시대〕(B.C. 1400?~B.C. 1190?)까지 쓰인 뒤 사라진 언어.
엘람어(*Elamite*). 이란 남서부 지역의 고대 엘람 왕국에서 엘람인들이 사용했던 언어. 메소포타미아 평원에서 이란 고원에 이르는 지역에 걸쳐 사용되었다. 가장 오래된 문헌은 기원전 2000년대 중엽의 것이다.
하티어(*Hattic*). 인도·유럽어족 언어가 아닌 아나톨리아어로서 히타이트 신제국시대(B.C. 1400~B.C. 1190) 이전에 사용된 언어.

고트어

위 언어들보다 훨씬 뒤인 중세 말에 사라진 것으로 보이는 중요한 언어인 고트어[49]는, 이번에는 의례적·행정적이거나 사적인 비명들과는 다른 방법을 통하여 제법 잘 알려져 있다. 고트족의 언어인 고트어는 게르만어의 동부 어파의 살아 있는 유일한 증거이다. 고트족의 한 분파인 서(西)고트족은 410년 로마를 약탈하기도 했다. 이 어파에는 또한 5~6세기에 로마, 북부이탈리아. 갈리아 지방, 스페인과 아프리카를 두려움에 떨게 했던 부족들, 곧 부르군트족, 반달족과 롬바르디아족의 언어들이 속한다. 고트어는 서양에서, 그를 둘러싸고 있던 로망스어에 가려 사라지기 시작하여, 711년 아랍인들이 스페인의 서고트 왕국을 침략하여 정복했을 때 완전히 사라지게 되었다. 그러나 동양에서는 고트어가 더 잘 유지되었는데, 특히 현대까지 고트어를 보존하는 텍스트, 곧 고트족이 점령한 모이시아 교구의 울필라스 주교[50]가 4세기 중엽에 내놓은 성서 번역본 덕분에 유지되었다. 이 성서 번역본의 단편들이 많이 보존되어 있다.

단편적 자료의 경우들

영광의 세월을 보낸 뒤 서기(西紀) 초 이전에 사라진 많은 언어들은 100여 개 또는 수백 개의 비명들을 통하거나 짧은 텍스트들이나 어휘 목록들을 통해서만 그 존재가 입증된다. 그러나 이 자료들은 기초적이

---

49) 고트어(*Gothic*). 지금은 사라진 동부 게르만어. 고트어는 2개의 방언, 곧 동고트어(동유럽과 이탈리아)와 서고트어(중유럽 동부, 갈리아, 스페인)로 나뉜다.

50) 울필라스(Ulfilas, 311?~382?). 고트족을 복음화한 주교·선교사. 그리스어와 라틴어를 개조하여 고트문자를 창안했으며, 381년 이전에 성서의 일부를 그리스에서 고트어로 번역했는데, 이는 최초로 성서를 게르만어로 번역한 것이다. 모이시아(Moesia)는 로마제국의 속주로 지금의 세르비아와 불가리아에 걸쳐 있었다.

고 단편적인 구성요소들일 뿐, 새로운 자료들이 더 발견될 때까지 연구자들이 이 언어들에 대하여 정확한 판단을 하기에는 충분하지 못하다.

켈트 언어들

이 어족은 고유명사에 대한 연구가 입증하는 것처럼, 옛날에 유럽에서 소아시아에 이르기까지 상당히 넓게 분포하였다. 이 지역에 자리잡은 갈라티아 왕국(Galatia)의 이름은 갈리아 지방(Gallia, Gaule), 웨일스 지방(Galles), 그리고 아마도 다르다넬스[51]의 유럽 쪽 연안에 있는 터키 항구인 갈리폴리(Gallipoli)(갈리아인들의 도시) 같은 몇몇 도시들의 이름과 동일한 뿌리에 속한다. 켈트족은 기원전 3세기 초 무렵 계속하여 쇠퇴하기 시작하였다. 오늘날 아직 살아남아 있는 켈트계 언어들은, 뒤에서 보게 되듯이 어떤 언어들은 쇠퇴한 상태에 놓여 있지만, 대양을 접하는 대지의 극단지역인 대서양 연안지방, 곧 스코틀랜드, 웨일스 지방, 아일랜드 대서양 연안지역들(도니골, 골웨이, 코나마라, 케리), 브르타뉴에서 누드러지게 사용되고 있나. 로마인들이 갈리아 지방을 점령하고 색슨족이 영국 땅에 들어오면서,[52] 켈트족은 이 지역들에서 피난처를 찾아야만 했다(더 상세한 것은 Hagège, 1994: 242~245, 250~254 참조).

다른 켈트어들은 거의 2천 년 전에 사라졌다. 우리는 골어[53]에 대해서 거의 인명들만 적혀 있는 100여 개의 묘비명(墓碑銘)들 외에 다

51) 갈라티아 왕국(Galatia). 지금의 터키에 해당하는 아나톨리아 중부에 있던 고대 지역에 있던 왕국.
다르다넬스(Dardanelles). 터키 북서부의 유럽과 아시아 대륙 간의 좁은 해협.

52) 기원전 5세기~기원전 1세기 사이에 일어난 일이다.

53) 골어(*Gaulish*). 서기 500년 이전에 서부·중부 유럽, 소아시아에서 썼던 고대 켈트어이다. 프랑스와 북부이탈리아의 비문과 고전문학에 나오는 이름 등에서 찾아볼 수 있는데, 그 어휘와 발음에 관한 자료가 빈약하기 때문에 영국·아일랜드에서 쓰는 켈트어와 어떤 관계인지는 분명하지 않다. 로마인들이 갈리아 지방을 점령, 지배하면서 라틴어와 혼합되어 갈로·로망어로 발전하였다.

른 흔적은 가지고 있지 않다. 북부이탈리아의 호수들 주변에서 사용되던 리폰틱어[54]의 흔적도 거의 인명들만 새겨져 있는 묘비들뿐이다. 일찍이 이베리아 반도의 북서부 지방에서 사용된 루시타니아어의 경우에는 흔적이 이보다도 적다. 이러한 자료빈곤 현상은, 갈리시아[55](다른 켈트어 이름!)에서 사용되는 포르투갈 방언에 많은 어휘가 보존되어 있는 루시타니아어가 언어학자들의 특별한 관심을 끌 이유들을 가지고 있는 만큼 훨씬 더 유감스러운 일이다. 실제로 루시타니아어는 자신의 어족 안에서 아주 특별한 위치를 차지하는데, 이를테면 루시타니아어는 인도·유럽어족 언어의 *p를 보존하는 유일한 존재이다. 그런데 이 *p는 라틴어 pater, porcus, piscis와 고대 고지 독일어 fater, farh, fisc(각각 '아버지', '돼지', '물고기'의 뜻)와 비교하여, athir, orc, íasc 같은 고(古)아일랜드어 단어들이 보여주는 것처럼, 다른 곳에서는 모두 사라지고 없는 것이다. 반대로 루시타니아어에는 '돼지'(*porc*)라는 뜻으로 porcom이라는 단어가 있다.

아키텐어

오트피레네 지역[56]에서 발견된 서기(西紀) 초의 라틴어 비명들에는 한 가지 언어로 새겨진 2백 개의 사람과 신의 이름들만이 남아 있다. 바스크어 방언들 가운데 하나로 이 이름들의 뜻을 풀이할 수 있다는 점에서 이 언어는 바스크어의 옛 형태로 추측할 수 있다. 반대로 바스크어에서 차용한 이전 언어일 수도 있을까? 이 언어를 둘러싼 상황은

---

54) 리폰틱어(*Lepontic*). 소멸한 켈트 언어로 기원전 700년~기원전 400년에 알프스 남쪽 갈리아 지방에서 사용되었다. 때로 알프스 남쪽 켈트어(*Cisalpine Celtic*)로 불리는 이 언어는 골어의 한 방언, 대륙 켈트어로 간주된다.

55) 갈리시아(Galicia). 스페인 북서부의 해안지역. 갈리시아라는 이름은 기원전 187년경 로마가 이 지역을 점령했을 때, 이곳에 거주하던 켈트족 갈리아인에서 따온 것이다.

56) 오트피레네(Hautes-Pyrénées). 프랑스 남서부 미디피레네 지방의 주.

바스크어 자체의 상황과 마찬가지로 수수께끼인데, 바스크어에 대해서는 아직도 모든 학술계를 납득시킬 수 있는 기원을 부여할 수 없는 상황에서, 많은 예측들(카프카스어족, 또는 알타이계 언어들 따위에 집어넣기)이 나오고 있다.

슬라브와 발트 언어들

게르만화 압력에 따라 독일어는 슬라브 언어들과 발트 언어들의 무덤이 되었다(Hagège, 1994: 57~65 참조). 물론 이들 가운데 많은 언어들이 오늘날 제대로 살아남아 있는데, 이는 독일이 전쟁을 벌였으나 굴복시키지는 못한 광대한 국가들의 세력 때문이거나, 또는 독일의 확장에 맞서 국민단합을 내세우는 정책을 지속적으로 펼쳐 온 덕분이다. 이와 반대로 작은 규모의 민족들이 사용하던 슬라브 언어들은 파묻힌 채 사라져버렸다.

우리는 18세기에 사라진 언어인 폴라브어[57]에 대해 짧은 텍스트들과 어휘목록들만을 가지고 있다. 폴라브어는 그 슬라브어 이름이 가리키는 것처럼, 뤼쇼우 지역에서 엘베 강(*Labe*) 중류의 지류를 따라(*po-*) 사용되었다. 1903년에 포메라니아 지역('〔발트〕해를 따라'라는 뜻을 가진 다른 슬라브어 이름) 골짜기에 자리잡고 있는 두 곳의 소교구에서 2백 명의 노인들이 사용하던 슬로빈스어[58]에 대해서도 마찬가지다. 이 현상들은 독일에 완전히 침략당한 예전의 넓은 슬라브 바다에서 몇몇 작은 섬들만 살아남게 되었다는 것을 보여준다. 17세기에 사라진 발트 언어에 대해서는 좀더 많은 텍스트들이 남아 있는데, 어휘집, 교리문

57) 폴라브인은 중세 슬라브족 가운데 가장 서쪽에 살던 종족이다. 이 민족의 이름은 '엘베 강을 따라'라는 뜻이다.

58) 슬로빈스어(*Slovince*). 포메라니아에서 사용된, 포메라니아어의 소멸한 방언. 20세기 초에 저지 독일어가 공동체의 일상어로 자리잡게 되면서 사어가 되었다. 포메라니아(Pomerania)는 발트 해 연안의 옛 독일 주로, 현재는 독일과 폴란드에 걸쳐 있다.

답의 번역본과 개혁신앙의 선교 입문서인 루터의 《엔키리디온》(*Enchiridion*)의 번역본이 그것이다. 이 언어는 고(古)프러시아어로, 후에 독일계 프러시아가 될 지역에서 사용되었으며, 튜턴족 기사들이 쇄도하면서 파괴되기 전까지 발트어로 '프루시스어'로 불렸던 언어다.

발칸 반도의 인도·유럽어족 언어들 :
펠라스기어, 마케도니아어, 트라키아어, 프리지아어, 일리리아어[59)]

펠라스기어에 대해서는, 둘째 노래에 수도인 '비옥한 라리사'[60)]의 주민들이 보유하고 있던 배들의 목록을 제시하는 《일리아드》[61)]가 암시하는 것 정도만을 겨우 알고 있을 따름이다. 곧 호메로스의 기록에 나타난 성(姓)과 지명들은, 그리스어와 별개의 언어이지만 분명 인도·유럽어족에 속하는 한 언어의 존재를 추측할 수 있게 해준다(Bader, 1994: 19~20 참조).

그리스 지역의 다른 언어인 마케도니아어는 유럽인의 기억에서와 마찬가지로 오늘날의 정치 차원에서도 중요한 자리를 차지한다. 왜냐하면 그리스, 세르비아와 불가리아는 저마다 19세기 후반부터 마케도니아에 대해 조상 전래의 권리를 주장하였으며, 이 권리를 '언어학적' 논거를 바탕으로 내세우고 있기 때문이다. 그런데 마케도니아어는 오래전에 사라지고 없는 언어다(여기에서는 1992년 유고슬라비아가 붕괴하면서 생겨난 작은 공화국에서 사용하는 슬라브어를 말하는 것이 아니다). 게다가 이 언어에 대해 활용할 수 있는 자료도 아주 빈약하다. 곧 마케도니아어로 작성된 텍스트가 전혀 없는 것이다. 헤시키우스[62)]가 남긴

---

59) 펠라스기인(*Pelasgi*)은 기원전 12세기에 그리스·소아시아에 살던 종족이며, 트라키아(Thracia), 프리지아(Phrygia), 일리리아(Illyria)는 발칸 반도·소아시아에 있었던 고대국가들이다.

60) 라리사(Larissa). 그리스 테살리아 지방 라리사 주의 주도.

61) 시의 후반(484~877), 이른바 '전함 카탈로그' 참조.

62) 헤시키우스(Hesychius). 6세기에 활동한 비잔틴 역사가, 문학적 전기작가. 그

주석들과, 또한 헤로도토스와 이후 티투스 리비우스 같은 역사가들이 마케도니아에 대해 언급한 것밖에 가지고 있지 않다. (마케도니아 사람인) 알렉산더 대왕이 그리스인들과 말을 주고받기 위해 통역에 의존했다고 말한 퀸투스 쿠르티우스[63]의 대목은 염두에 두지 말자. 이 정보의 가치에 대해 의구심을 가질 수 있기 때문이다. 이를테면 쿠르티우스는 알렉산더가 올림픽 경기에 참가하기 위해 자신이 그리스 혈통을 물려받았음을 인식시켰다[64]는 점과, 역시 알렉산더가 그리스인들이 마케도니아어를 이해할 수 있다고 시사하고 있다[65]는 것을 다른 곳에서 언급하고 있다(Brixhe et Panayotou, 1994b). 어쨌든 이 언어에 대해 아는 것이 적기 때문에 많은 추측들이 나오고 있다. 어떤 이들은 마케도니아어는 그리스 방언을 바탕으로 트라키아어와 일리리아어의 요소들이 결합하여 이루어진 혼합어라고 본다. 다른 이들에 따르면, 마케도니아어는 역사적으로 그리스에 동화된 비(非)그리스 민족의 언

의 세계사 연대기는 비잔틴 역사 서술에 영향을 끼쳤으며 콘스탄티노플 역사에 대한 좋은 자료가 되고 있다. 여섯 권으로 된 《로마와 세계의 역사》를 썼다.

63) 퀸투스 쿠르티우스(Quintus Curtius). 1세기에 활동한 것으로 추정되는 로마 역사가.

64) 이 대목은 고대 올림픽 경기가 초기에 이방인들에게 개방되지 않았던 상황을 말하는 것이다. 한편 라트비아 문필가인 이바르 리스너(Ivar Lissner)는 알렉산더의 '뿌리'에 대해 부정적 견해를 제시하고 있다. 곧 마케도니아 왕들이 그리스 혈통을 가지고 있다는 '전설'에도 불구하고, 그들의 핏줄 속에 일리리아와 트라키아의 피가 섞여 있으며, 따라서 알렉산더는 마케도니아 사람이지 그리스 사람이 아니라는 것이다. 김동수 역, 《서양(위대한 창조자들의 역사)》(살림, 2006), 111쪽 참조.

65) 이바르 리스너는 언어문제에 대해서는 다음과 같이 지적하고 있다. "마케도니아 사람들의 언어는 그리스의 방언이거나 그리스어와 친족관계가 있는 언어였다. 〔…〕 그러나 대부분의 말이 그리스 사람들에게는 낯설어 알렉산더 대왕 시절에도 그리스 사람들은 마케도니아 말을 알아듣지 못했다. 반면 마케도니아 사람들이 그리스 사람들의 일상 언어를 배워 말하고 쓰는 데는 별 어려움이 없었다. 그러나 그들 언어의 뿌리가 어느 곳인지는 아직도 수수께끼다"(위의 책, 111~112쪽).

어일 것이다. 이처럼 많은 경우에, 언어들이 겪게 되는 운명은 찬란한 명성을 누린 위대한 정복자들의 모국어를 망각의 늪에 빠뜨린다.

기원전 2000년대 초에 발칸 반도의 남동부에 이주하여 살던 트라키아인들의 언어가 일찍이 사용된 영역은, 그들이 7~8세기가 지난 뒤 발칸 반도의 북서부(프로폰티드, 미시아, 비티니아[66])로 이주하면서 눈에 띄게 확장되었다. 일군의 전문가들은 그들의 언어를 루마니아인들의 먼 조상, 곧 트라키아-다키아 혼합언어로 트라야누스 군대와 싸웠던 다키아인[67]들의 언어와 함께 분류하였다. 하지만 다른 이들은 헤모스(발칸 반도)[68] 북쪽의 남부에서 사용된 트라키아어와, 다뉴브 강의 북쪽에서 사용된 다키아 모이시아어 또는 다키아 게테어[69]로 이분하는 주장을 옹호하고 있다(Brixhe et Panayotou, 1994a). 이 논쟁은 예상할 수 있듯이 불가리아와 루마니아의 언어학자들을 대립시키는데, 활용할 수 있는 자료들은 아주 빈약할 뿐이다. 곧 양측에서 발굴해 낸 많은 지명들 외에 불가리아에서 발견된 짧은 트라키아어 명문(銘文)만을 가지고 있을 뿐이다. 이 명문이 없다면 영광의 시대를 보낸 한 언어에 대해서는 거의 아무것도 남지 않게 될 것이다.

프리지아인들은 그들대로 현재의 마케도니아 지역을 차지하고 있었는데, 기원전 850년경 소아시아로 이주하여, 《일리아드》에 따르면(2, 3, 14번째 노래) 서쪽에 이웃하고 있던 트로이인들과 연합하여 강대한

---

66) 프로폰티드(Propontide), 미시아(Mysia), 비티니아(Bythinia). 아나톨리아 북서부에 있었던 고대 지방.

67) 다키아(Dacia). 지금의 루마니아 중북부·서부지역에 해당하는, 다뉴브 강 하류 북쪽 연안 지방의 옛 이름. 고대 로마제국의 속주(屬州) 가운데 하나로 동유럽에 있었던 라틴민족의 거주지이다. 로마의 트라야누스 황제는 다키아와 전쟁을 시작해(101년), 106년 다키아 전역을 정복하였다.

68) 발칸 반도는 고대에 헤모스(Haimos)라 불렸다.

69) 게테족(*Getae*)은 도나우 강 하류 지역과 남부러시아 일부 지역에서 살던 트라키아 출신의 고대 사람들이다.

제국을 건설하였다. 그들은 리디아인들에 이어 페르시아인들의 압제를 받았다. 이어 기원전 333년에 알렉산더에 의해 정복된 뒤 그들의 언어는 헬레니즘에 흡수되었다. 100여 개의 묘비명들과 축성 또는 저주의 표현들이 남아 있다.

베네토어의 경우 이탈리아의 북부(트리에스테 여러 지역과 피아베 계곡)에, 메사피어[70]의 경우 남부(아풀리아, 칼라브리아)에 2백 개의 비문 유적들이 있다. 베네토어와 메사피어 역시 인도・유럽어족에 속하며 일리리아어 자신을 포함하는 일리리아어군의 언어들로서, 슈코더르[71](알바니아)에서 발견된 짧은 비문으로 그 존재가 확인되었다. 이 언어집단들은 발칸 반도 북서부에서 발생했으며, 그리스, 이탈리아와 게르만 세계들을 연결해 주는 기능을 하였다. 이 언어들의 정체가 학문적으로 분명하게 밝혀지지는 않았지만, 그렇다고 해서 남부의 슬라브 애국자들이 일리리아 운동[72]으로 불리는 민족의 권리주장 운동을 전개하면서, 이 귀중한 유산을 내세우는 데 장애가 되지는 않았다. 이 운동은 세르비아인, 크로아티아인과 슬로베니아인들이 1850년에 합스부르크가(家)와 오스만 터키족에 대항하여 펼친 것이었다. 이는 오래 전에 사라져 그 용례가 산발적으로 나타나며, 고전 교육에도 포함되어

---

70) 베네토어(*Veneto*). 인도・유럽어족에 속하는 소멸한 언어다. 일찍이 포 강 삼각주와 알프스 산맥 남부 사이의 베네치아에서 사용되었다.
메사피어(*Messapic*). 인도・유럽어족 언어로 로마 시대 초기까지 이탈리아 남동부에 살던 메사피 부족 등이 쓰던 언어. 일리리아 언어들과 관계있는 것으로 여겨진다.

71) 슈코더르(Shkoder). 알바니아 북서부에 있는 알바니아에서 가장 유서 깊은 도시.

72) 일리리아 운동. 또는 크로아티아 민족부흥 운동은 19세기 전반, 특히 1835~1849년 사이에 일단의 젊은 크로아티아 지식인들이 주도한 문화적・정치적 운동이다. 이 운동은 남부 지역 슬라브족들 사이에 언어적・민족적 통일을 통해 오스트리아-헝가리제국 안에 크로아티아 민족기구를 수립하는 것을 목표로 삼았다.

있지 않은 언어들이 지닐 수 있는 상징적 가치를 충분히 말해준다.

지중해 연안 지역 아시아의 언어들

우라르투어나 할데어로 기록된 약 2백 개의 봉헌과 의례에 관한 비문들이 모두 다 연구된 것은 아니다. 할데어는 인도·유럽어족의 침입 이후, 아르메니아의 문화적 중심지가 된 반 지역에서 사용되었기 때문에 반어로도 불린다.[73]

우리는 역시 기원전 4세기까지 오늘날의 스미르나[74] 인근 지역에서 사용된 리디아어에 대해서도 자료를 거의 가지고 있지 않다. 리디아어는 다른 아나톨리아 언어들과 아주 다른 것으로 보인다. 아나톨리아의 중심과 서쪽(고대 파플라고니아), 남서쪽, 남쪽 그리고 남동쪽(고대 팜필리아)으로 펼쳐진 현재 터키 해안 지역에서는, 각각 팔라이어(기원전 1200년 이후 소멸)와, 모두 기원전 3세기경 소멸한 카리아어, 피시디아어와 시데어[75]가 사용된 약간의 자료들이 발견되었다. 우리는 루비어 및 리키아어와 가까운 친족관계인 팔라이어가 인도·유럽어족에 속한다고 거의 확신한다(105쪽 참조). 다른 언어들에 대해서도 단언할 수 있을 정도로 충분한 근거를 댈 수는 없지만, 이 언어들 또한 인도·유럽어족에 속한다고 추측할 수 있다.

---

73) 우라르투(Urartu)는 흑해 남동부와 카스피 해 남서부의 산악지역에 중심을 두었던 서남아시아의 고대국가이며, 반(Van)은 터키 동부 반 호(湖) 동쪽 호숫가에 있는 도시이다.

74) 스미르나(Smyrna). 터키 서부의 도시 이즈미르의 옛 이름. 이즈미르는 지중해 세계에서 가장 오래된 도시들 가운데 하나로서 지난 5천 년 동안 지속적으로 중요한 역사적 기능을 해왔다.

75) 팔라이어(*Palaic*). 북서 아나톨리아 지방에서 사용하던 고대 인도·유럽어족 언어.
시데어(*Sidetic*). 터키 남서부 고대 팜필리아의 중심도시이며 항구인 시데에서 사용하던 언어.

고대 쿠시어[76]

고지(高地) 누비아[77]의 발굴작업에서 더러는 상형문자로, 더러는 고대 이집트의 민용문자(民用文字)로 기록되어 있는 몇몇 텍스트들이 나왔다. 이 자료들이 보여주는 언어는 함·셈어족에 속하는 것인데, 이웃 언어인 베자어의 현 상태와 비교해 보면, 쿠시어의 고어 형태인 것 같다. 이는 350년경까지 천 년 이상 동안, 당연히 심하게 변화하면서 메로에 왕국(그리스인들이 에티오피아로 불렀던 나라에 해당)의 매개어로 사용되었던 메로에어에 관한 것이다.[78] 메로에 왕국은 사실 당시 국력이 쇠퇴해 가던 북쪽의 이웃 나라인 이집트에 맞서 독립을 유지하고자 애썼으며, 이 노력은 어느 정도 성공을 거두었다.

앞서 살펴본 바에 따르면, 명문(銘文)이 새겨져 있거나, 더 일반적으로 말해 고고학적 묘비들, 그리고 특히 어느 정도 규모가 있는 해석 가능한 텍스트들이 남아 있어, 이 언어들의 구조를 복원할 수 있거나 적어도 이 언어들의 특징을 그려낼 수 있을 때, 언어들이 완전히 죽는 것이 아니라는 것을 볼 수 있다. 여하튼 여기에서는, 현대 그리스어와 비교하여 본 고대 그리스어의 경우와, 아랍어 전문가들이 오늘날의 방언들이 유래되었을 것으로 그들이 단언하는 고대 형태를 고전어에서

---

76) 쿠시어군(*Cushitic languages*). 에티오피아와 이에 인접한 남부·동부지역(소말리아, 탄자니아, 케냐 북동부)에서 사용하는 어군으로 함셈어족 5개 어군 가운데 하나다. 베자 하위어군은 쿠시어군의 5개 하위어군 가운데 하나다. 쿠시는 고대 아프리카 북동부에 있었던 누비아 지방의 남부지역을 말한다.

77) 누비아(Nubia). 나일 강 유역의 고대 흑인 기독교도 왕국. 누비아족은 아프리카 북동부 와디할파와 하르툼 사이에 사는 종족으로, 원래는 흑인계 인종이었으나 이집트인, 아랍인과의 혼혈로 유럽인과 같은 신체 특징을 갖게 되었다.

78) 메로에(Meroe). 고대 쿠시 왕국의 도시. 고대 이집트의 제25대 왕조인 에티오피아 왕조가 기원전 656년 이후 쿠시에 자리잡은 것으로 보이는데, 기원전 6세기 초 메로에 천도 후에는 메로에 왕국이라고도 부른다. 메로에어(*Meroitic*)는 고대 도시 메로에와 그 주변지역(지금의 수단 지역)에서 쓰던 언어다.

찾아보고자 하는 아랍어의 경우를 별도로 치면, 아직까지 살아 있는 직계(直系) 언어를 가지지 못한 언어들만이 문제가 된다. 그런데 이 두 경우는 지금까지 문제되지 않았으며 여기에서는 더 이상 다루어지지 않을 것이다. 왜냐하면 이 경우들, 곧 오늘날 살아 있는 언어들의 이전 상태에 해당하는 언어들의 경우는 정확히 말해 이 책의 계획에 들어 있지 않기 때문이다.

실제로, 연속선상에서 살펴본 중세 프랑스어, 영어 고어, 고지 독일어 고어, 러시아 고어, 고전 아르메니아어, 터키 고어, 고전 몽골어, 타밀 고어, 고전 티베트어, 카위어(옛 자바어), 일본 고어 따위 언어들은 엄밀한 의미에서 사어로 간주할 수 없다. 왜냐하면 현대어들은 이 모든 과거 언어들의 오늘날의 상태로서, 연속된 통시적 계통에 따라 과거의 언어들에서 비롯한 것이기 때문이다. 곧 세월의 흐름에 따라 일어나는 언어들의 변화는 언어들의 속성 자체에 새겨지는 자연적 현상인 것이다. 예컨대 전체적으로 살펴보면 중세 프랑스어는 프랑스어의 한 단계이며 프랑스어의 역사에 속한다. 반면에 라틴어는 프랑스어와 별개의 언어로, 프랑스어는 라틴어가 서로 점점 멀어지는 다섯 가지 언어로 분리된 변형의 결과들 가운데 하나인 것이다(또는 스페인어, 포르투갈어, 이탈리아어, 루마니아어와 프랑스어에, 국가를 이루지 못한 지역의 언어들, 간단히 말해 가스코뉴어와 오베르뉴어를 포함하는 오크어, 카탈루냐어, 갈리시아어, 레토로망스어, 코르시카어와 사르디니아어를 덧붙이면, 열한 가지로 볼 수 있다). 게다가 우리가 언급한 언어들이, 각각 기독교와 불교 성전들의 표현매체인 고전 아르메니아어와 고전 티베트어같이 흔히 화려한 자신들의 과거 상태와 맺는 관계는 또한 가지 사실에 의해 확대된다. 곧 과거의 언어들에서 유래한 현대어들은 나아가 그 언어들에서 학술적 차용을 많이 하거나, 그 언어들을 신어를 만들어 내는 원천으로 삼고 있다는 점이다.

따라서 이제 기술할 언어들의 소멸현상은 당연히 이 장에서 언급한 현상들과 매우 다른 것이다. 이는 아주 심각한 현상인데, 우리의 능력을 상당히 벗어나 전개되기 때문이다.

고전교육에서 갖가지 인류문화의 구성요소로 간직하는 고대 언어들은 이제 더 이상 문제삼지 않을 것이다. 또 여기저기에서 발굴되어 학자들이 그 흔적들을 연구하는 옛날 언어들도 마찬가지다. 이제 현대세계의 곳곳에서, 조금만 주의를 기울이면 죽음의 경계로 무리지어 나아가는 것을 볼 수 있는 언어들을 다루어 보자. 간단히 또 단도직입적으로 말해 오늘날 소멸의 위협을 받는 언어들을 살펴볼 것이다. 다음 장에서부터 보게 되겠지만, 이 쟁점은 가벼운 문제가 아니다. 이는 소멸위험에 처한 인간사회를 터전으로 삼는 문화들인 것이다.

제6장

소멸의 길

언어가 사라지는 세 가지 방식

변 형

하나의 언어는 세 가지 방식으로 사라질 수 있는 것으로 보인다. 첫 번째 방식은 변형이다. 이를테면 언어는 오랜 세월에 걸쳐 전개되는 과정을 거치면서, 어느 시점에는 새로운 언어가 나타났다고 말할 수 있을 정도로 상당히 심한 변형을 겪는다. 다양한 로망스 언어들로 변형된 라틴어의 역사를 보기로 들 수 있다. 다른 보기는 앞에서 러시아어, 터키어 등을 들어 밝혀 본 것으로, 일부 고전어에서 옛날 상태를 찾아볼 수 있는 현대어들의 경우이다. 여기에서는 역사적 연속성이 상당히 긴밀함을 볼 수 있었다. 따라서 이 경우에는 라틴어가 보여주는 경우와 마찬가지로 완전히 제거된다는 의미의 소멸에 해당한다고 엄밀하게 말할 수 없다. 포르투갈어는 라틴어와 전혀 다른 것이며, 현대 프랑스어가 중세 프랑스어와 아주 동떨어진 것이라는 점이 사실이라 하더라도 말이다. 따라서 여기에서는 변형을 한 언어의 죽음을 보여주는 적절한 경우로 고려하지 않을 것이다.

대 체

한 사회에서 유일하게 인정받던 언어가 외부에서 들어온 새로운 언어와 어느 기간 동안 공존하다가 이 언어에 흡수되었을 때, 새로운 언어는 기존언어를 대체한다고 말할 수 있다. 이는 점진적 융합과정으로 이 과정이 끝날 무렵에는 원래 언어의 구조나 단어들은 일반적으로 사용되지 않게 되며, 기껏해야 아주 적은 수의 용법에만 남아 있게 된다.

소 멸

사라짐의 개념보다 더 은유적인 소멸의 개념은, 이 현상이 뜻할 수 있는 것을 정확하게 생각할 수 있게 해준다. 이는 후손 없이 사라지는 마지막 사용자들이 물러나는 것과 동시에 일어나는 것으로, 무대에서 완전히 물러나는 것을 말한다. 따라서 한 언어의 소멸은 아직 그 언어를 더듬더듬 말하던 마지막 노인들의 소멸이나, 때로는 나이야 어떻든 그 언어를 사용하던 공동체 전부의 소멸인 것이다. 소멸은 아주 흔히 일어나는 것처럼, 후속 세대들이 문제의 언어를 완전히 버리고 다른 언어를 택할 때 대체(代替)로 마무리된다.

따라서 한 언어가 더 이상 '타고난 사용자'를 가지지 못할 때, 이 언어는 소멸했다고 말할 수 있다. '타고난 언어 사용자'는 곧 가족과 사회환경 안에서 어릴 때부터 이 언어를 배웠으며, 또 이 학습을 통해, '생득적(生得的) 능력'이라 부를 수 있는 언어능력을 획득한 사람이다. 이 생득적 능력은 한 언어를 일상생활의 모든 상황에 적합한 의사소통 수단으로 삼는 완벽한 언어지식과 본능적 언어 사용능력으로 정의된다. 이 같은 관점에서 볼 때, 활어(活語)는 타고난 언어사용자들이 계속하여 나타나는 공동체의 언어로 정의될 것이다. 그리고 굳이 이 용어를 쓰자면, 사어(死語)는 타고난 언어사용자들이 자신들의 지식을 불완전하게밖에 물려주지 못했고, 그들의 후손 역시 집단의 고유어를 말하고 이해하는, 갈수록 약해지는 능력을 물려주게 된다는 점에서, 생득적 능력이 완전히 사라진 공동체의 언어다.

이러한 정의들에서 두 가지 결과를 이끌어 낼 수 있다. 첫째, 여기에는 개인 차원의 죽음의 개념은 없다. 한 언어의 죽음은 분명 물리적 공동체의 죽음이 아니다. 한 언어를 버리고 다른 언어를 취하는 인간사회가 마찬가지로 죽는 것이 아니기 때문이다. 그러나 한 언어의 죽음은 집단적 현상이다. 바로 사회집단 전체가 이 언어를 사용하지 않게 되는 것이다. 마지막으로 남은 타고난 언어사용자들의 죽음이 개인적 현상인 것은 사실이지만, 그들과 함께 사라지는 언어의 소멸은 언어공동체의 소멸로 간주해야 한다.

둘째, 언어의 소멸과정은 마지막 타고난 언어 사용자들과 함께 시작되는데, 이들은 두 가지 상이한 상황에 처할 수 있다. 이를테면 그들은 한편으로 자신들이 사용하는 언어가 토착유산으로 사용되는 본고장에 거주하거나, 다른 한편으로 다른 지역에 이주하여 하나 또는 여러 개의 다른 언어들을 사용하는 환경에서 여전히 자신들의 언어를 보존하며 살기도 한다. 따라서 하나의 언어는 '본고장에서' 사라질 수 있지만, 민족의 이산상태에서 사라질 수도 있다. 이 마지막 경우는 한 세기 또는 그 이상 전부터 미국에 사는 노르웨이나 헝가리 출신의 이민공동체들이 보여주는 것인데, 이 공동체들에서 노르웨이어나 헝가리어는, 사용하는 개인들에 따라서 소멸했거나 소멸의 위협을 받고 있다.[1)]

---

1) 미국 내 노르웨이어의 상황에 대해서는 271~272쪽 및 299쪽 참조.

단계별 소멸

아래에서는 죽음을 종착점으로 삼는 언어의 변천과정을 구성하는 단계들을 규정해 보고자 한다. 초기단계들에 대해서는 '불안정화', 최종결말에 이르기 전의 단계들에 대해서는 '쇠퇴'라는 말을 쓸 것이다. 더 일반적으로 전체과정에 관련짓기 위해서 '쇠약'의 개념, 또는 지질학과 법학에서 은유적으로 택한 '침식'과 '상속자 부재'의 개념과 같은 다른 개념들을 사용할 것이다.

정상적 전달의 결여

토착어로 진행되는 교육이 전적으로 또는 부분적으로 결여되는 경우

언어는 자연적 삶의 조건들에서 전달되는 것이기 때문에, 한 언어가 아이들에게 더 이상 전달되지 않는다는 사실은 심각한 불안정화의 지표가 된다. 많은 경우에 부모들은 다음에 살펴보게 될 여러 가지 이유로, 다른 언어는 배제하고 그들 공동체의 언어를 아이들과 함께 말하는 것과 같은 간단한 방식으로, 아이들에게 공동체의 언어를 자발적으로 가르치려 하지 않는 경향이 있다. 그렇다고 그들이 교육의 범위 안에서 공동체의 언어를 쓰는 것을 전적으로 거부한다는 말은 아니다. 하지만 분명히 이 경우에 속하는 이들이 있는데, 이때 전달의 결여가 전적으로 일어난다고 말할 수 있다. 다른 가족들에서는 전달의 결여가 부분적으로만 일어나기도 한다. 그러나 한편으로 부모들이 가르치는 요소들은 충분하지 않다. 다른 한편으로 부모들은 보통 모든 활어에 대해 일어나는 것처럼 아주 어린 나이부터 시작되는 전달을 확실하게 실행하지 못한 채 아이들에게 언어지식을 물려주고, 아이들은 이 지식을 지속적으로 습득하지 못한다.

지속성이 결여되면, 언어의 어떤 양상들에 대해서는 습득이 너무 늦어져, 유년기와 사춘기 이전 사이의 나이에 습득이 이루어지는 결과를 초래한다. 그런데 이 나이에는 듣고 배우려는 갈망이 줄어들며, 주의를 기울이거나 동화하는 기능을 하는 일부 신경능력에 선별적 안정화, 아니면 경화증(硬化症)이 시작된다(Hagège, 1996a: 제 1, 2장 참조). 게다가 상황을 더욱 악화시키는 점은, 이 나이가 바로 아이들이 공동체의 언어가 아닌 다른 언어들, 곧 인접해 있거나 심지어는 멀리 떨어져 있는 환경에서 사용되는 언어들에 점점 더 관심을 가지게 되는 나이라는 것이다.

언어의 죽음을 예고하는 신호 : 언어사용자들 가운데 아이들이 없는 경우

아이들이 자기 공동체의 것이 아닌 하나 또는 여러 개의 언어들만을 아는 상황에서, 오직 공동체의 어른들만이 쓰는 언어는 당장에 소멸하거나 확실하게 소멸할 위기에 처하지는 않는다. 이 어른들 가운데 가장 젊은 층은 여전히, 원칙적으로는 죽을 때까지 그 언어를 사용할 것이다. 그리고 다른 한편으로 가정에서 언어를 배우지 못한 아이들이 그 언어를 공부할 수 있는 학교들을 설립하는 것도 항상 가능하다. 그럼에도 불구하고 잘 알려져 있는 대부분의 경우에, 이처럼 젊은 사용자들이 없다는 사실은 언어가 존속하는 데 어두운 예후로 고려해야 할 점이다(이 사실이 판별기준으로 사용되는 254쪽 참조).

불평등한 2개 국어 병용현상과 갈등 속의 언어들

불평등 상황에서 일어나는 접촉에 따른 피해

한 언어가 불안정하게 되는 과정에 전달의 결여에 이어 나타나는 단계는 사용자들에게 2개 국어 병용현상이 일반화되는 일이다. 그러나 특정 유형의 2개 국어 병용현상이 문제가 되는 것은 아니다. 접촉은 모든 인간공동체들의 역사를 만들며 반드시 유해한 것은 아니다. 두 언어가 접촉하고 있다는 것만으로, 그 가운데 한 언어의 죽음을 예견할 수 있다거나, 이 접촉이 밀접하게 일어나는 숱한 상황 속에서 한 언어가 다른 언어의 존재에 대해 위협이 된다고 말할 수는 없다. 실제로 여기에서 문제가 되는 것은, 우리가 다른 곳에서 불평등한 2개 국어 병용현상으로 불렀던 그것이다(Hagège, 1996: 제13장 참조). 두 언어 가운데 하나는 가공할 방식으로 다른 언어에 압력을 가하는데, 이 언어는 자신이 누리는 사회적 지위나, 국가 안에 또는 국제적으로 전파된 정도에 따라 훨씬 더 세력이 강한 위치에 자리잡는다(제7장 참조). 전달의 결여는 이렇게 정해진 틀 안에서 일어난다. 공동체의 언어를 사용하는 나이 든 사람들은 더 이상 다른 언어의 경쟁에 저항할 힘을 가지지 못하고, 이 언어를 후손에게 불완전하게 전달한다. 이 후손은 또 물려받은 언어를 후속 세대에 더 불완전하게 전달하거나 더 이상 전달하지 못하게 되는 것이다.

두 언어 사이에 일어나는 대립

마지막 언어 사용자들이, 전달이 중단된 언어로 손자들과 의사소통하는 것은 점점 더 불충분하거나 어려워진다. 그 결과 이 언어는 점점 더 버림받게 되고, 이로써 이 싸움에서 승리를 거둘 수 있는 언어는 더 유리한 자리에 오르게 된다. 대치하고 있는 두 언어는 실제 전쟁을 벌이기 때문이다. 각 언어가 사용하는 수단들은 다르다. 이는 더 이상 지배할 수 없게 된 언어와 새로 지배를 확장해 가는 언어 사이에 펼쳐지는, 대등하지 않은 무기들을 가지고 싸우는 투쟁인 것이다. 그러나 특히, 불평등한 2개 국어 병용현상은 특수한 유형의 언어사용자들을 만들어 내는데, 이제 이 점을 살펴보자.

하위 사용자들

실제로 이렇게 살펴본 불평등한 2개 국어 병용상황에서, 불가피한 소멸과정이 진행되는 가운데, 이제 쇠퇴가 시작되는 다른 단계로 나아간다. 이 단계를 특징짓기 위해, 앞서 생득적 능력이라 불렀던 능력을 지니지 못하고 상황에 따라 여러 가지 수준으로 그 언어를 사용하는 사람들을 특정 언어의 '하위 사용자'로 부를 것을 제안한다. 하위 사용자가 자기 공동체의 언어를 사용하는 방식은 이 언어가 위험한 상황에 처해 있음을 알리는 염려스러운 신호이며, 위험한 상황이 가장 심각하게 진행된 경우에는 언어의 사라짐이 임박했음을 알리는 명백한 징조인 것이다.

여러 연구자들이 특정 집단들을 대상으로 문제되는 언어의 상태를 연구했다. 특히 자신들이 원래 사용하던 언어를 점점 더 불안정하게 사용하는 사람들은 '반어(半語) 사용자'라 불렸다(Dorian, 1977). 또 내가 '이중 무능력'이라 지칭한 상황(Hagège, 1996a: 261~262)에 대해서는 '반어 사용'이라는 말도 사용되었다(Hansegård, 1968).[2] 이는 최근의 이민가족들이 처한 상황으로, 그들은 자신들의 고유어를 완벽하게 사용할 능력을 갖추지 못한 상태에서, 이주한 나라의 언어를 그릇되게 사용하는 것이다. 여기에서는, 상황들이 비슷하기는 하지만, 두 언어 가운데 한 언어에 대해 일어나는 쇠퇴현상이 문제되는 것이 아니라, 사회적·경제적으로 소외된 집단에 속한 개인들의 언어적 상실이 문제가 된다. 따라서 이 경우에는 소멸해 가는 여러 언어의 사용자들에 대해서처럼, 하위 사용자라는 말을 쓸 수 없다. 이러한 하위 사용자들이 생겨나는 과정은 뒤에 검토할 것인데, 이는 하위 사용자들의 개념이 담고 있는 내용을 분명하게 해줄 수 있을 것이다. 지금부터

2) 하위 사용자(*sous-usager*), 반어(半語) 사용자(*semi-locuteurs*), 이중 무능력(*double incompétence*), 반어 사용(*semi-linguisme*).

는 다만, 하위 사용자들은 수동적 능력을 갖춘 사용자들과 구분된다는 점을 분명히 해두자. 후자는 대개의 경우, 분명 연속된 언어표현을 산출하지 못하며, 온전한 능력을 지닌 사람들이 할 수 있는 것처럼 언어를 사용하지 못한다. 그러나 그들은 언어체계에 대한 지식은 상실하지 않았으며, 적어도 언어표현을 듣게 되면 원칙적으로 언어체계의 모든 특질을 식별할 수 있다. 이는 하위 사용자들의 경우는 아니다.

피지배 언어의 변질과 정당성의 부정

하위 사용자들이 초기 쇠퇴상황에서 사용하는 언어유형은 많은 보기를 들어 밝혀 볼 수 있다. 이 가운데 두 가지 보기를 들어보자.

스페인어에 직면한 볼리비아의 케추아어

첫 번째 보기는 볼리비아의 도시인 코차밤바의 도시지역과 계곡지역에서 찾아볼 수 있다(Calvet, 1987 참조). 케추아어[3]는 스페인 정복자들이 도착했을 때 잉카제국에서 사용하던 언어의 현대적 상태이다. 문화와 언어 차원에서 스페인화가 진행되었지만, 케추아어는 아메리카 대륙의 다른 많은 인디언 언어들이 처한 상황들과 같은 취약한 상황에 빠지지 않았다. 케추아어는 볼리비아 인구의 절반에 가까운 550만 명의 사람들이 사용하고 있다. 그러나 케추아어는 확실히 스페인어의 압박을 받고 있다. 도시지역(코차밤바 시와 인접지역)에서 상인들, 또 관공서, 미디어는 케추아어에 부정할 수 없는 위치를 부여하고 있지만, 그들이 사용하는 언어형태는 (코차밤바 계곡의) 농민들이 사용하는 언어 형태와 상당히 다르다.

---

3) 케추아어(*Quechua*). 잉카문명권의 공통언어. 케추아어족에는 45개 언어가 속해 있는데, 이 언어들은 아르헨티나, 볼리비아, 칠레, 에콰도르, 페루에서 천만 명 정도가 사용하고 있다(《에스놀로그》).

음운 차원에서 보면, 시골에서 사용하는 케추아어는 2개의 모음 i와 u를 가지고 있지만, e와 o로 발음될 수 있는 경우를 제외하고는 모음 e와 o는 가지고 있지 않다. 따라서 i는 때로 유사한 모음인 e로 발음될 수 있으며, u와 o의 관계도 마찬가지다. 이는 스페인어의 영향을 덜 받은 케추아어의 경우, 구성요소들이 전체적으로는 같으면서도 한 단어에는 i가 있고 다른 단어에는 e가 있거나, 한 단어에는 u가 있고 다른 단어에는 o가 있다는 사실에 의해서만 서로 대립하는 단어 쌍은 전혀 존재하지 않는다는 것을 의미한다. 반대로 스페인어에서 많은 것을 차용한 도시에서 사용하는 케추아어의 경우, 모음 e와 o는 정당한 자격을 가지는 음소(단어들을 구분해 주는 음성 특질들의 총체)들이다. 실제로 이 소리들은, 이 소리들을 담고 있는 스페인어 단어들과 함께, 도시에서 사용하는 케추아어에 도입되었다. 이처럼 2개의 별개 언어라고 말할 수 있을 정도로 코차밤바 지역의 도시 케추아어와 시골 케추아어의 음운체계는 상당히 다르다.

다른 사실들도 들 수 있다. 스페인어의 영향으로 도시 케추아어의 음운체계에 일어난 변화는 대량으로 이루어진 차용의 당연한 결과이며, 이는 어휘 차원의 한 현상임을 앞서 살펴보았다. 그러나 문법 역시 타격을 입었다. 문법 차원에서는, 시골사람들이 사용하는 더 보수적인 케추아어가 스페인어의 속성들과 아주 다른 속성들을 가지고 있다. 특히 동사는 대개 단문인 대부분의 문장들에서 마지막 자리에 놓인다. 프랑스어에서 ils ont leur maïs au marché vendu[4]처럼 말하지 않는 것과 마찬가지로, 스페인어에서 동사는 더 이상 마지막 자리에 놓이지 않는다. 따라서 스페인어의 영향이 보편적으로 미치게 되면서, 코차밤바의 도시지역에서 사용하는 케추아어는 대부분의 문장에서 동

---

4) 이 표현에서는 과거분사(*vendu*)가 마지막 위치에 놓여 있다. 올바른 표현은 ils ont vendu leur maïs au marché(그들은 시장에서 자기들의 옥수수를 팔았다)이다.

사를 마지막 자리가 아닌 곳에 두는 순서를 가지게 되었다.

언어들의 전쟁이 진행되는 아주 불평등한 환경에서는 경제적 '엘리트들'의 언어가 정당한 지위를 차지한다. 그런데 코차밤바에서 이 엘리트들은 바로, 점점 더 스페인어화한 케추아어를 사용하는 사람들의 공동체이다. 그리고 이 케추아어는 음운, 문법과 어휘 차원에서 스페인어의 흡수과정이 막바지에 이르게 되면 케추아어로서 소멸하게 되는 언어다. 따라서 그들이 원래 사용하던 언어가 무시당할 경우에라도, 이 반어 사용자들은 사회적으로 낙오하지는 않는다. 케추아어의 소멸과정은 과거의 정당성을 거부당한 한 언어의 소멸과정이다. 이제 이 과정은 바로 반어 사용자들이 차지하는 지위에 따라 정당화된다. 따라서 위협을 가하는 언어의 정당화와 위협을 당하는 언어의 지위박탈은 서로 굳게 연결되어 동일한 긍정의 과정에 속하는 것으로 볼 수 있다.

그러나 다른 범주의 하위 사용자들도 물론 많이 있다. 시골의 케추아어, 곧 진정한 케추아어를 사용하는 볼리비아 사회의 빈곤계층에 속하는 이 사람들은, '안데스 산맥의 스페인어'로 불리는 '불량' 스페인어라는 오명을 쓴 스페인어도 사용한다. 따라서 이들은 자신들의 지위를 사회적으로 상승시키고자 노력하면서, 도시의 하위 사용자들이 사용하는 한층 더 스페인어화한 케추아어를 모방하게 되는 것이다. 한편으로는 도시에서, 다른 한편으로는 시골에서 하위 사용자들의 수가 증가하는 과정이 한층 더 빨라진다면, 이 지역에서 케추아어의 쇠퇴, 나아가 케추아어의 소멸은 염려해야 할 일인 것이다.

카리브 제도에서 크리올어 사용권의 상황

다른 보기로 베네수엘라의 동쪽 해안 가까이에 있는, 앤틸리스 제도의 섬나라인 트리니다드 토바고에서 사용하는 언어들 가운데 하나를 들 수 있다. 영국연방의 회원국인 이 나라의 공용어는 영어이다. 대다수의 주민이 사용하는 언어는, 자메이카와 카리브 제도의 다른 섬들에서와 마찬가지로 영어를 바탕으로 만들어진 크리올어이다. 그러나 주민들의 절반은 마찬가지로 다른 언어도 가지고 있다. 이들은 사실 1838년에 노예제도가 폐지된 뒤, 1917년까지 사탕수수 대농장으로 밀려들어 온 노동자들의 후손이다. 이들은 보즈푸리어[5]가 사용되는 북부인도의 중동부에서 온 사람들인데, 보즈푸리어는 이 나라의 지배언어인 힌디어와 친족관계에 있는 언어로 7억 명에 가까운 인도인들이 이 언어의 방언들을 사용하고 있다. 따라서 트리니다드 토바고의 인디언들은 보즈푸리어의 지역적 변형어 또는 트리니다드 토바고의 보즈푸리어를 매개어로 사용한다.

하지만 트리니다드 토바고에서 보즈푸리어가 유지되는 정도를 확인하기 위해 몇 가지 기준을 적용해 보면, 인도에서 태어난 75세 이상의 화자들, 트리니다드에서 태어난 55~75세의 화자들, 마찬가지로 트리니다드에서 태어난 55세 미만의 화자들 사이에 뚜렷한 차이를 확인할 수 있다. 이 화자들을 대상으로 실시한 실험(Mohan et Zador, 1986 참조)에 따르면, 인도에서 사용되는 그대로의 보즈푸리어 고유의 것으로, 이 지역의 크리올어와 영어에는 없는 일부 요소들을 얼마나 바르게 또 자주 사용하는가의 정도를 판별기준으로 삼을 때, 보즈푸리어의 이해 정도는 제 1집단에서 제 2집단으로, 이어 제 2집단에서 제 3집단으로 갈수록 아주 현저하게 떨어진다. 이 요소들은 존칭 인칭대명사, 복합동사, 배분적 의미를 가지고 중복 사용된 명사와 동사들,[6] 메아리 형식들(두 번째 요소가 변화를 거쳐 첫 번째 요소 x를 다시 취하면서, 'x와 이 부류의 다른 것들'이라는 의미를 표현하는 2개의 요소로 이루어진

5) 보즈푸리어(*Bhojpuri*). 인도의 중북부와 동부지역에서 사용되는 아주 대중적인 지역언어로, 인도, 네팔, 모리셔스, 피지, 기아나, 트리니다드 토바고, 싱가포르, 미국, 영국 등의 나라에서 사용된다.

6) Redoublement. 한 단어나 단어의 형태소를 전체적 또는 부분적으로 반복함으로써 문법특질을 표현하거나, 파생에 의해 새로운 단어를 만들어 내는 형태론적 과정을 말한다.

형태들)과 같은 것들이다.

그런데 발화속도는 제1집단에서 제2집단으로, 이어 제2집단에서 제3집단으로 갈수록 뚜렷이 감소하며, 반대로 영어 차용비율은 같은 순서로 현저하게 높아진다. 이 점을 덧붙이면, 자신들의 언어능력을 불완전하게밖에 전달하지 못하는 나이 든 사람들과 대조적으로, 젊은 사람들이 조상들이 사용하던 이 인도 언어의 하위 사용자가 되었다고 결론을 맺어야 한다. 이와 관련하여, 이 하위 사용자들이 자신들이 이렇게 아주 불확실하게 사용하는 쇠퇴과정의 언어가 보즈푸리어에 속하는 것이라는 사실을 인식하지 못하고 있다는 것은 독특하다. 그들 자신의 자조적 표현에 따르면, 그들은 자신들이 '불량 힌디어'를 사용하고 있다고 생각한다. 트리니다드 토바고에서 보즈푸리어의 소멸은 더 이상 그리 멀지 않은 일이다.

차용에 의한 침략

차용에 직면한 중핵(中核)요소와 어휘

차용, 본질적으로 어휘의 차용, 곧 어휘를 구성하는 단어들의 차용은 언어들의 생존조건이다(Hagège, 1987: 75~79 참조). 거의 완전히 고립되어 사는 공동체들(다른 모든 지역과 아주 멀리 떨어져 있는 섬들, 이웃 주거지역들과 넘기 어려운 암벽들로 분리된 깊은 계곡 따위)이 사용하는 언어일지라도 하나 또는 여러 개의 다른 언어에서 차용하지 않는 언어는 없다.

언어들이 가지는 가장 조직화된 부분들을 중핵요소, 곧 시간의 흐름에 따른 노후화와 외국어의 영향에 가장 강하게 저항하는 언어 구성요소로 볼 수 있다. 음운과 문법이 이에 해당한다. 반대로 어휘(한 언어 역사의 한 시점에 사용가능한 단어들의 목록)는 덜 조직화되어 있고, 차용에 훨씬 더 열려 있는 영역이다. 이는 분명 일반적 경향에 해당하는 것일 뿐이며 여러 가지 반례를 만날 수밖에 없지만, 이 경향을 여러 현상들을 연구하는 틀로 받아들일 수 있다.

차용은 그 자체로는 언어들을 소멸하게 하는 '원인'이 아니라는 점을 지적하는 것이 중요하다. 이제 보게 되겠지만 차용이 확산되면서 어떤 영역도 원래 상태로 남아 있지 않게 될 때, 차용은 언어들의 소멸을 알려 주는 염려스러운 '징후'가 되는 것이다.

기호체계의 교대

고유어로 표현된 문장들에 다른 언어에서 들여 온 단어들이 가득 차게 되면, 말을 할 때 우선 어휘의 차용이 당연히 일어나게 된다. 이 현상은 같은 문장 안에서 일어나는 기호체계의 교대로 불린다. 기호체계의 교대가 항상 쇠약의 신호는 아니다. 이 현상은 대단히 널리 퍼져 있다. 대화의 장이 여러 언어를 사용하는 환경에서 펼쳐지기만 한다면, 꼭 직업적인 언어학자가 아니더라도 주의 깊게 듣는 사람이라면 모두 대화의 두 상대자가 하나의 문장 안에서 서로 다른 언어들을 섞어 쓰는 것을 들을 수 있다.

예컨대 파리의 카르티에 라텡[7]에서 아랍어 사용자들이 말하는 것을 듣게 될 때, 그들이 주로 아랍어로 이루어지는 것으로 보이는 대화 중간에 프랑스어 단어들, 나아가 온전한 프랑스어 표현들을 자주 섞어 가며 말하는 것을 알아차리지 못한 사람이 있을까? 캘리포니아, 텍사스 또는 미국 서부의 다른 지역들(미국은 이 지역들이 속해 있던 멕시코를 19세기에 무력으로 정복하였다.[8])에 정착한 많은 멕시코 출신들은 기호체계를 유사한 방식으로, 영어에서 스페인어로 또 역방향으로 줄곧 교

7) 카르티에 라텡(Quartier latin). 라틴가(街). 파리 시내의 대학가.

8) 미국의 뉴멕시코 주 지역을 말한다. 16세기 초 스페인 사람들이 이 지역을 지배하기 시작한 이래 멕시코 공화국의 일부가 되었으며, 멕시코 전쟁의 결과 1848년 미국에 할양되었다.

대해 가며 말한다. 교육받은 말레이시아인들도 말레이어로 나누는 대화에 영어단어들을 많이 섞어가면서 마찬가지의 현상을 보여준다.

이 모든 경우에 불평등한 2개 국어 병용현상이 문제되는 것은 아니다. 왜냐하면 언어들 가운데 하나(위에 인용한 두 가지 경우에 아랍어 사용자들에 대해서는 프랑스어, 스페인어나 말레이어에 대해서는 영어)가 화자들에게 대학교육이나 어떠한 사회·경제적 체계에서 높은 평가를 받는 부유한 나라를 구체적으로 보여준다 하더라도, 토착어 사용자들은 자신들의 언어를 거부함으로써 토착어에서 정당성을 앗아갈 수도 있을, 다른 언어를 이롭게 하는 태도는 취하지 않기 때문이다. 그리고 불평등한 상황이 아니거나, 높은 외국어 단어의 도입비율이 다양한 요소들로 상쇄될 때, 차용은 언어에 대한 위협을 드러내는 징후는 아니다.

불평등한 2개 국어 병용과 하위 사용자들에 의한 차용

차용한 담화표지, 어휘침략을 향한 전진행렬

이와 반대로 평등하지 않은 2개 국어 병용상황에서는, 특히 기호체계가 교대되며 사용될 때, 편리하게 쓸 수 있는 것인 만큼 두려운 존재가 될 수 있는 짤막한 말들이 늘어나면서 대량 차용이 용이해진다. 이는 담화표지들인데, 언어수행을 유기적으로 이어주거나, 대화상대자의 주의를 끌어당기고 그의 동의를 구하는, 또는 그에게 무엇인가를 확인해 주는 용어들이나 표현들이다. 예컨대 프랑스의 한 대학에서 아랍어를 사용하는 학생들이나 아프리카 출신 학생들 사이에 펼쳐지는 대화 가운데 삽입되어 감정을 표현하거나 은밀한 합의를 드러내는 tu vois?, c'est ça!, voilà! 또는 et alors[9] 같은 프랑스어 표현들이 그러

9) 이 표현들의 뜻은 다음과 같다. Tu vois?〔그렇지?(상대방의 주의를 끌기 위한 표현)〕, c'est ça!〔그렇다! 맞다!(동의하는 표현)〕, voilà!(예! 그렇지요!), et alors!〔물론 그렇지!(동의하는 표현, 논점의 강조)〕.

한 것들이다. 두 언어가 불평등하게 병용되는 상황에서, 피지배 언어로 전개되는 언어활동에 기호체계의 교대와 함께 도입된 지배언어의 담화표지들이 확산되면서 걷잡을 수 없는 어휘차용의 길이 열리는 것을 고려하면, 이는 어휘를 제공하는 언어가 이끄는 "어휘침략을 향한 전진행렬"(Tosco, 1992 참조) 이라고 말할 수 있다. 불평등한 2개 국어 병용현상의 최종단계에는 어휘를 제공하는 언어의 어휘가 원래 어휘를 대신하게 된다. 이 과정은 언어사용자들이 이를 의식조차 하지 못하는 사이에 매우 잘 전개될 수 있다.

차용과 대량 공격

차용이 허용한계를 넘어서면 한 언어는 곧바로 차용의 위험한 위력에 직면하게 된다. 이 위력에 밀린 언어가 흔히 이르게 되는 단계의 성격은 여러 가지 보기를 들어 규정할 수 있다. (미국의 '자유연합주'인) 캐롤라인 제도[10] 의 가장 동쪽 섬에서 사용되는 미크로네시아 언어인 쿠사이어의 경우, 미국 영어 차용어들이 범람하면서 어휘의 심한 서구화가 초래되었다. 따라서 쿠사이어 사용자들은 변질되기 이전의 언어로 달의 여러 가지 상(相) 을 가리키던 28개 정도의 어휘를 더 이상 거의 사용하지 못할 정도가 되었다. 이러한 어휘의 빈곤화는 풍습의 미국화와 함께 일어났는데, 예컨대 프로테스탄트 선교사들이 경악할 정도로, 성기를 가볍게 쓰다듬으면서 환영인사를 하는 풍습이 사라진 것을 들 수 있다. 이 악의 없는 광경에 직면하여 이 선교사들이 겪을 수도 있었던 졸도현상 같은 증상은, 그들이 미국적 환경에서 극도로 근엄함을 유지해야 하는 관계뿐만 아니라, 다른 사람들과 거리를 유지하는 데 익숙해져 있었다는 사실〔근접학의 창시자인 에드워드 홀이 연구(1966) 한 사실〕[11] 로 설명될 수 있었다. 대중토론이 쇠퇴하고 이를 대

---

10) 캐롤라인 제도(Caroline Islands). 미크로네시아 연방과 팔라우 공화국을 이루는 태평양 서부의 도서군.

신하는 대중매체가 확산되면서 변질된 사회적 언어수행 조건들이 바뀜에 따라 셀 수 없을 정도로 많은 단어들이 쿠사이어에서 사라졌다. 고유자원을 빼앗김으로써 빈약해지고 차용어들로 둘러싸인 이러한 어휘 상태는 언어의 불안정화 단계로 간주할 수 있다.[12)]

바로 이와 유사한 경우로, 티베트·버마어군에 속한 언어들 가운데 네팔과 타이에서 볼 수 있는 쇠퇴가 진행된 보기들을 들어보자. 해일처럼 밀려오는 네팔어 차용어들에 휩쓸려 쿠산다어는 사라졌고, 하유어는 거의 피할 수 없을 정도로 사라지고 있다.[13)] 한편 타이어 차용어들로 둘러싸인 우공어는 아주 빠른 속도로 소멸할 수도 있을 상황에 처해 있다.[14)] 이 타이어는 또한 타이에서 다른 언어들에 가공할 압력을 가한다. 예컨대 크무어군에 속하는 틴어와 음라브리어는 타이 동부 산악지대의 외딴 지역 부족들이 사용하는데, 이 언어들은 모두 타이어의 영향을 아주 강하게 받았다. 이렇게 접촉함으로써 원래 자연현상들을 가리키는 데 풍부하게 사용되었던 어휘가 빈약해지게 되었다. 음라브리족은 자신들이 인도차이나 반도를 가로질러 이주하면서 야기된 변화에 노출되어 있는 만큼, 그들의 언어인 음라브리어는 한층 더 불안정한 상황에 놓여 있다. 이들은 가정생활 외의 모든 일에 대거 타이어를 쓰고 있다. 음라브리어가 점점 더 혼합된 언어가 되고, 이로써 이 언어가 생존할 가능성이 있을지 모르지만, 짧은 기간 안에 그들의 언

---

11) 근접학(*Proxemics*)은 미국의 인류학자 에드워드 홀(Edward T. Hall)이 1966년에 소개한 개념이다. 인간, 동물, 개체들 사이에 필요한 공간 및 이 공간과 환경·문화의 관계를 연구하는 분야를 말한다.

12) 쿠사이어(*Kusaie*〔*Kosraean*〕). 사용자 수 6천 9백 명(2000년)으로, '매우 위험' 단계로 분류되어 있다.

13) 쿠산다어(*Kusanda*). 사용자 수 87명(2001년)으로, '소멸 직전' 단계로 분류되어 있다.
하유어(*Hayu*). 사용자 수 2백 명(1973년), 1,743명(2001년)으로, '소멸 직전' 단계로 분류되어 있다.

14) 우공어(*Ugong*)에 대해서는 제7장 주 136 참조.

어가 사라질 것이라고 예견할 수 있다(302~305쪽 참조).[15]

쇄도하는 차용의 파도 : 어휘에서 문법까지

위에서 보기로 든 언어들, 곧 코차밤바의 케추아어와 트리니다드 토바고의 보즈푸리어의 경우, 하나는 스페인어에서 다른 하나는 영어에서 단어들과 이 단어들이 사용되는 문장형식들이 차용되어 들어오면서 외국어 특질들이 도입되었다. 이 현상은 언어의 쇠퇴를 보여주는 중요한 지표인데, 곧 음운과 문법의 차용비율과 불안정화 정도의 상관관계를 볼 수 있다. 이러한 압박에 노출된 언어는 다른 체계들로 자신의 고유체계들을 대신하게 되는데, 다른 체계들은 점점 더 확산되면서 이 언어의 죽음을 예고한다. 오스트레일리아 토착어들의 쇠퇴도 마찬가지로 바로 이러한 방식으로 빨라진다. 예컨대 왈피리어는 원래 토착민들이 모르던 개념들에 대해서 많은 단어들을 영어에서 차용하였다. Turaki(*truck*, 화물자동차), pajikirli(*bicycle*, 자전거), lanji(*lunch*, 점심식사) 등을 보기로 들 수 있다. 그뿐만 아니라 현지의 토착적인 것들에 대해서조차 차용이 이루어졌다. 왈피리어는 karli와 wawirri 대신에 각각 boomerang과 kangaroo를 일상적으로 쓰는데, 제임스 쿡[16]이 1770년에 기록한 것처럼, 여기에서 순전히 매체기능을 하는 영어가 이 단어들을 다른 오스트레일리아 언어인 구구이미디르어[17]에서 차용한 것임을 알고 보면, 이 단어들의 침입은 모순이 아닐 수 없다. 어휘의

---

15) 틴어(*Tin*〔*Lua*〕). 사용자 수 6,280명으로, '위험' 단계로 분류되어 있다.
음라브리어(*Mlabri*). 사용자 수 149명으로, '위험' 단계로 분류되어 있다.

16) 제임스 쿡(James Cook, 1728~1779). 영국의 해군장교·탐험가·항해가. 세 차례에 걸쳐 태평양을 탐험했다.

17) 왈피리어(*Walpiri*). 사용자 수 3천 명(2005년)으로, '취약' 단계로 분류되어 있다.
구구이미디르어(*Guugu-yimidhirr*). 사용자 수 천 명(2001년)으로, '취약' 단계로 분류되어 있다.

침입흔적 안에서, 한 언어의 쇠퇴의 서막을 여는 중핵요소 자체의 침입을 곧 찾아볼 수 있는 것이다.

특히 고유의 어휘자산이 점점 쓰이지 않게 되는 언어에 대한 무관심은, 새로운 단어들이 활발하게 만들어지지 않는 현상과 상관관계가 있다. 하위 사용자들은 지배언어로 우월한 능력을 획득하고 나서, 이 언어에서 차용한 많은 수의 단어들을 자신들이 피지배 언어로 수행하는 언어활동에 도입한다. 이어서 이 단어들은 언어사용자들의 어휘목록에 통합되며, 언어활동의 우연성을 벗어나 사회체계의 필연성을 얻게 된다. 이와 함께, 도입된 단어들과 중복되는 토착어 단어들은 사라지기 시작한다.

형태적 모방도 마찬가지로 차용현상들의 특징이다. 아주 간단한 보기는 온타리오 주 웰랜드에서 볼 수 있는 프랑스어 보기인데(270쪽 참조), 이곳에서는 영어 the one, the ones를 모방하여 만든 표현들인 le celui, le celle, la celle, les ceux, les celles[18]을 사용하는 것을 듣게 된다(Mougeon et Beniak, 1989: 300 참조). 이 쓰임들에서는 이러한 형태적 영향에 노출되어 있지 않은 프랑스어와 비교하여 관사의 첨가와 성의 혼합을 볼 수 있다.

침식과정과 그 전개의 징후들

침식과정의 일반적 양상

상황의 다양성

언어의 침식과정은 아주 다양하며, 각 공동체가 처한 상황에 상당히 좌우된다. 예컨대 카유가어를 사용하는 이로쿼이 인디언은 자신들이

18) 정관사(남성단수형 le/여성단수형 la/복수형 les) + 지시대명사(남성단수형 celui/여성단수형 celle/남성복수형 ceux/여성복수형 celles)의 구조임.

살아오던 오대호 지역에서 강제 이주되어 오클라호마의 보호구역에 수용되었는데, 10여 년 전에 실시된 조사에 따르면, 이 언어의 마지막 사용자들은 수많은 동물들의 이름을 상실해 가는 중이었다. 하지만 그들은 일찍이 (카유가어를 더 잘 유지하는) 온타리오의 카유가족[19]과 같은 상태로 복합적인 형태론적 체계를 많이 보존하고 있었다(Mithun, 1989 참조). 이는 불안정화가 아직도 진정한 쇠퇴상태로 이어지지 않고 있었음을 암시하는 것이다. 또한 다양한 요인들과 결부되어 있으며 때로 자기들끼리 상충되기도 하는, 언어들이 처하는 소멸상황들의 복잡하고 다양한 속성을 보여주는 것이다. 케냐 해안 지방의 쿠시어인 다할로어[20]에 관해 말하자면, 이 언어는 2개 국어를 병용하는 다수의 다할로족 사람들이 스와힐리어를 지배적으로 쓰는 라무 같은 도시들의 거센 압력을 받게 되었다. 그런데 이 지역들은 옛날에는 하나의 언어, 다할로어만 사용하던 곳이었다. 다할로어는 분명 자음들을 풍부하게 보존하고 있었는데, 이 가운데 (음성학자들이 양순연구개설측마찰음으로 부르는 자음인 /ɬw/같은) 어떤 자음들은 상당히 드문 것들이다. 그러니 이 언어는 성의 대립관계가 쿠시어에 아주 깊게 뿌리박고 있는 것인데도 불구하고 이 대립을 상실하였다. 마찬가지로 쿠시어에 깊이 뿌리내리고 있는 또 다른 특질, 곧 여러 차례의 반복과 교체로 특징지어지는 아주 다양한 복수표지들도 상실하였다.

---

19) 카유가족(*Cayuga*). 이로쿼이 연맹을 구성하던 북아메리카 인디언. 원래는 지금의 뉴욕 주 카유가 호 주변에 살았다. 미국 혁명 초기에 영국을 지지했던 카유가족의 대부분은 캐나다로 이주했다. 현재는 6부족연합보호구역에 약 천5백 명이 고유의 언어와 생활방식을 보존하며 살고 있다. 캐나다 지역 카유가어는 '소멸 직전' 단계로 분류되어 있으며, 오클라호마 지역 카유가어는 소멸했다.

20) 다할로어(*Dahalo*). 다할로족의 언어. 사용자 수 4백 명(1992년)으로, '매우 위험' 단계로 분류되어 있다.

중핵요소의 변질

그러나 상당히 다양한 특수한 사례들에 국한하지 않고, 침식과정과 한 언어의 상이한 구성요소들이 영향을 받게 되는 방식의 일반적 양상을 보고자 한다면, 대부분의 경우에 언어의 기저구조가 어휘보다 더 오랫동안 저항한다는 것을 다시 생각해 볼 수 있다. 이제 이 부분들이 침해받게 되면, 문법이 먼저 사라지게 된다. 특히 음운조직의 가장 특수한 양상들을 이루는 본질적인 음운대립 관계들이 사라지고, 형태론 영역에서는 형태들 사이에서 생겨나는 변이가 크게 줄어들게 된다. 소멸과정에 놓여 있는 언어의 주요 특질들은 문법범주들의 체계, 문장구성, 어순과 종속관계 구조에서 마찬가지로 침해받는다. 격(格) 어미를 가지는 언어들의 경우 이러한 어미구분 및 동사들의 시제, 상과 법의 구분은 사라지게 된다. 일반적인 단어생성 규칙들이 중요한 생산성을 발휘하는 언어들에서 이 규칙들은 이제 조어(造語) 능력을 발휘하지 못한다. 또한 소수의 드문 규칙들도 몇몇 언어들의 다양한 형태들과 마찬가지로 사라지게 되는 것이다.

예컨대 제2차 세계대전 끝 무렵에 스웨덴에 이주해 온 약 2만 6천 명의 이주자들과, 특히 그들의 자녀들이 사용하는 에스토니아어는 스웨덴어를 모델삼아, 대상을 가리키는 표지들로서 주격, 속격과 부분격의 구분을 상실했으며, 이 기능들을 나타내는 일은 어순이 맡게 되었다. 케냐의 북쪽 해안 맞은편의 라무 섬에 사는 수백 명 가량의 한 마사이 부족의 언어인 코레어는 지역의 매개어들인 스와힐리어와 소말리어와 접촉함으로써 성의 구분, 동사들의 시제와 상을 나타내는 대부분의 형태소들, 또한 인칭표시들의 조어적 쓰임 등 많은 특질들을 상실하였다. 마찬가지로 에티오피아의 쿠시어인 케만트어의 풍부한 동사형태의 상실을 지적할 수 있다.[21] 이는 곤데르[22]의 마지막 노인들이 이

---

21) 코레어(*Kore*). 1992년 기준 '소멸' 언어로 분류되어 있다. 마지막 사용자는 라무 섬에 살고 있었다.

형태를 보존하는 것만큼이나 눈길을 끄는, 하위 사용자들이 보여주는 특질이다. 하지만 여기에서는 일반적 경향을 언급하는 것일 뿐이며, 케만트어의 경우와 상반된 보기들도 있다. 어떤 언어들은 쇠퇴과정에 놓여 있음에도 불구하고 오랫동안 문법의 상당부분을 보존하고 있다.

열성(劣性) 특질들의 상실

그러나 사실 열성적 특질들, 곧 인류의 언어 전체에서 수적으로 드물고, 아주 특유한 세계의 구조에 밀접하게 연결되어 있는 특질들을 상실하는 경향이 있다. 이를테면 뉴기니에서 사용되는 파푸아 언어들인 부나어, 무리크어, 아라페쉬어는 명사분류의 복합체계를 25년 또는 30년 만에 상실하였음을 관찰할 수 있었다. 이 체계는 그 언어들을 특징지어 주고, 그것들이 가리키는 세상의 사물에 상응하는 명사들의 부류를 구분해 주는 12개 남짓 되는 일련의 표지들로 이루어진 것이었다(Laycock, 1973 참조).[23)][24)]

다른 파푸아 언어인 키와이어는 거의 같은 기간 동안에 단수, 쌍수, 삼수와 복수[25)] 사이의 구분을 상실하였다.[26)] 또 이 언어는 일찍이 두

케만트어(*Kemant*). 사용자 수 천5백 명(2004)으로, '매우 위험' 단계로 분류되어 있다.

22) 곤데르(Gonder). 에티오피아 북서부 곤데르 주의 주도. 1632~1855년에 에티오피아의 수도였다.

23) 다니엘 네틀과 수잔 로메인은 부나어(*Buna*)에 대해 같은 성격의 언급을 하고 있다. "1936년에 보고된 바에 따르면 뉴기니 북부의 토리첼리어족의 파푸아어인 부나어는 고도로 복잡한 명사체계를 가진 것으로 나타났다. 그러나 1975년에 현지조사를 실시한 레이콕은 가장 나이가 많은 사람들에게서조차 그런 흔적을 전혀 찾아내지 못했다"(《사라져 가는 목소리들》, 119쪽). 네틀과 로메인에 따르면 1936년의 보고와 1975년의 현지조사 사이, 불과 40년 사이에 일어난 변화이다. 2003년 기준 사용자 수는 750명이다.

24) 무리크어(*Murik*)는 사용자 수 1,256명(1990년)으로, '취약' 단계로 분류되어 있다.
아라페쉬어(*Arapesh*)의 사용자수는 4,340명(2003년)이다.

종류의 과거시제와 세 종류의 미래시제를 가지고 있었는데, 현재, 과거와 미래시제만이 남게 되었다. 파리에 좀더 가까운 곳의 경우를 보면, 퐁-라베와 트레고르의 브르타뉴어 방언들은, 지소(指小) 표지 -ig가 붙은 명사들에 복수어미를 두 번 붙여 쓰던 아주 독창적인 특질을 상실하였다. 예컨대 paotr(소년)를 바탕으로 paotr-ed-ig-où(작은 소년들)를 만들어 내는 방식이었는데, 이 표현에서는 생명체에 붙는 복수표지 -ed와, 다른 복수표지 -où를 붙인 접미사 -ig를 명사에 함께 붙여 쓰게 된 것이다(Dressler, 1981: 8 참조).

파리에서 떨어진 곳의 경우를 보면, 솔로몬 제도 동쪽 끝의 산타크루스 열도의 언어인 아이우오어의 경우, 바로 위에 인용한 언어들의 명사부류와 같은 유형의 16개의 명사부류가, 20년 간격으로 두 차례의 조사가 진행되는 사이에 모두 또는 거의 사라졌다. 나이 든 사람들은 옛 체계의 흔적만을 보여주고 있으며, 젊은 사람들은 이러한 언어요소를 완전히 상실하였다.[27] 오늘날 빈사상태에 처해 있는, 뉴사우스웨일스 중북부의 오스트레일리아 언어인 카밀라로이어[28]는, 일출에서 일몰까지 일어나는 사건의 배경이 되는 하루의 여러 시점들 사이에 동사체계가 실행하던 세밀한 구분을 거의 상실하였다.

가장 빠르게 상실한 열성 특질들 가운데 하나는, 신체의 부분을 이용하여 사물의 수를 세던 사람들이 사용하는 언어들이 가지고 있던,

---

25) 쌍수(雙數). 2개 또는 한 쌍의 것을 이르는 문법용어. 고대 영어, 아라비아어 등에서 '둘, 한 쌍'을 나타내는 데 쓰인다. 라틴어 ambo(두 사람, 두 가지), 영어 both of us, neither of us, wit(옛 영어) (=*we two*) 따위.
삼수(三數). 3개의 단위를 한 쌍으로 가리키는 데 쓰인다. 오스트레일리아와 오스트로네시아 언어들에서 사용된다.

26) 키와이어(*Kiwai*)의 사용자 수는 북동부지역 4천 4백 명(1986년), 남부지역 9천 7백 명(1975년)이다.

27) 아이우오어(*Aiwo*)의 사용자 수는 8천 4백 명(1999년)이다.

28) 카밀라로이어(*Kamilaroi*). 카밀라로이족의 언어. 사용자 수 5명(2005년 추정치)으로, '소멸 직전' 단계로 분류되어 있다.

대체로 독창적인 기수법(記數法) 체계이다. 이를테면 손 하나는 '5', 두 손은 '10', 사람 한 명(=두 손과 두 발)은 '20'을 가리키는 것이었다. 그뿐만 아니라 이리안자야의 파푸아 언어인 왐본어[29]에서처럼 신체의 각 부위에 할당된 수치들을, 관습에 따라 취하는 일련의 신체지표들을 들 수 있다(Hagège, 1998: 51 참조).

유추에 따른 균등화, 이완된 표현형식

흔히 볼 수 있는 경우에, 하위 사용자들이 쇠퇴하는 언어에 대하여 가지게 되는 인식의 유형은 두 가지 특징으로 규정할 수 있다. 한편으로는 유추에 따른 균등화로 불규칙성들을 제거하는 것이며, 다른 한편으로는 이 하위 사용자들이, 적합한 단어나 표현을 만들어 내는 규칙을 더 이상 사용하지 못하고 에둘러 말하는 많은 경우에, 압축된 표현구조를 상실하고 이완된 표현형식들로 대신하는 것이다. 피노아메리카어의 하위 사용자들이 '벽난로'라는 말을 하기 위해, 자신들이 더 이상 알지 못하는 핀란드어 takka라는 단어를 영어 fireplace의 직역어인 tuli-paikka라는 말로 대신하는 것처럼, 적절한 토착어 단어가 없을 때는 직역어도 사용한다(이는 언어가 생겨난 '본고장'〔핀란드〕을 벗어나 미국에 분산되어 있는 상태에서 소멸이 진행되는 핀란드어에 관한 것이다). 유추에 따른 균등화의 한 가지 보기로, 아일랜드어 사용자가 '90'이라는 말을 하기 위해 deich is cheithre fichid(10과 80) 대신에, fiche(20)에서 유추하여 nócha라는 형식을 사용하는 경우를 들 수 있다. 그는 프랑스의 프랑스어 단어 quatre-vingt-dix(90)에 살아남아 있는 옛날의 이십진법 셈법을 더 이상 사용하지 않는데, 이는 프랑스어를 사용하는 벨기에인들이 nonante(90)라고 말하는 것과 같은 것이다.

---

29) 왐본어(*Wambon*)의 사용자 수는 3천 명(1987년)이다.

어휘반복법[30])의 경우와 표현범위의 축소

어휘반복법은 외국어로 넘어가는 과정에 있는 2개 국어 병용자들에게 때로 나타나는 것으로 언어의 쇠퇴가 진행되었음을 보여주는 한 가지 현상이다. 여기에서는 이 고전 수사학 용어를 같은 문장 안에서 지배언어의 단어와 이 단어의 토착어 상당어가 바로 이어져 쓰이는 현상을 가리키기 위해 사용하였다. 도니골 군(郡)[31])의 어느 정보 제공자가 영어로 오염된 아일랜드어로 bhí sé black dubh(*était il noir noir*, 그것은 온통 검었다)[32])라고 말하는 것과 같은 것이다(Watson, 1989: 50 참조). 이러한 쓰임들은 표현력의 결핍을 보여주는 것으로 해석할 수 있다. 왜냐하면 하나의 의미를 강화하기 위해 같은 뜻을 가진 2개의 단어, 곧 토착어와 차용어를 붙여 쓰는 것은 원래 이 표현방식이 의미를 강화시키기 위해 사용된 방식들이었음을 잊어버렸다는 것을 전제하기 때문이다. 이처럼 언어의 쇠퇴를 보여주는 또 다른 표지가 하위 사용자들에게 나타나는 것이다. 이 표지는 앞에서 언급한 표지들의 당연한 결과로서, 표현범위의 축소에 해당한다.

층(層)들의 존속

언어들이 뒤섞이는 과정을 한 차례 거친 뒤 하나의 언어가 다른 언어의 압박에 눌려 사라지는 경우에, 소멸하는 언어의 것으로 볼 수 있는 특질들의 층들이 더러 살아남게 된다. 이처럼 소멸언어의 층들이 남게 되는 현상은 별다른 결정이나 선택 없이 일어나는 소멸의 한 징후로 간주해야 한다. 그 밖의 모든 것들은 층으로 남지 못한 채 언어는

---

30) (동일) 어휘반복법(*Expolition*)은 원래 한 가지 생각을 더욱 생생하고, 분명하게 다시 제시하는 방식의 (수사학과 문체론의) 문채(文彩)로, 생각이나 단어들을 다른 형식으로 되풀이하는 현상을 말한다.

31) 도니골(Donegal). 아일랜드의 가장 북부에 있는 군.

32) 이 표현에서는 같은 뜻의 어휘(*black*과 *dubh*)를 반복하고 있다.

휩쓸려 사라지기 때문이다. 예컨대 케냐 남동부 지역에서 사용되는 언어들인 붐바어와 치푼디어는 오늘날 이 언어들을 흡수한 스와힐리어의 방언들로 간주되고 있다. 그런데 사실 이 언어들은 다른 하위 언어집단에 속하는 것이며, 이 언어들에서는 특히 음운체계에서 이 언어집단의 몇 가지 흔적들을 불안정하기는 하지만 분명하게 식별할 수 있다.

변 동

언어 침식과정의 마지막 단계들에서 하나의 현상에서 다른 현상으로, 하나의 형태에서 다른 형태로 변동이 지속적으로 일어나는 것을 볼 수 있다. 모든 규칙은 임의로 선택할 수 있는 것으로 보이며, 도처에서 자유로운 변동이 진행된다. 이 과정에 각자는 언어표현을 하면서, 언어가 아니라 혼란스러운 흐름을 더 이상 전혀 제어할 수 없는 표류하는 물체들과 함께하는 것처럼, 자신에게 남아 있는 언어능력의 파편들에 따라 흘러가게 된다. 보기를 하나만 들어보자. 뉴펀들랜드에 남아 있는 프랑스어의 흔적을 연구한 전문가들(270~271쪽 참조)은, 1980년대 중엽에 복수 대명사를 주어로 가지는 동사가 복수로 일치하는가 아니면 단수로 일치하는가를 결정할 수 있게 해주는 어떠한 규칙도 더 이상 존재하지 않았다고 지적한다. 특히 당시 생존해 있던, 하나의 언어만 사용하는 대여섯 명의 80대 노인들은 여전히 il allont à la côte à tous les matins(동사 일치 안 됨)과 ya des gars qui va pas à la côte(관계절에 동사 일치 안 됨)[33] 두 표현을 대조적으로 사용하는 한편, 다른 화자들은 지적할 만한 어떠한 규칙성도 없이 일치시키거나 일치시키지 않고 있었다(King, 1989: 142 참조).

---

33) 두 표현 모두 표준 프랑스어의 쓰임에서 벗어나 있다. 동사의 수의 일치문제만을 지적해 보면, 첫 표현(그는 아침마다 해변에 간다/갔다)은 il va(현재 단수 일치) / allait(과거 단수 일치) à la côte à tous les matins, 두 번째 표현(해변에 가지 않는 소년들이 있다)은 ya des gars qui vont(복수 일치) pas à la côte로 고쳐 쓸 수 있다.

형식적으로 나타나는 대립요소들에 쓸데없이 매달리기를 좋아하는 언어학자들은 이러한 불안정한 변동이라는 요소에 걸려들 수 있다. 그들은 이 속성들에 대해 이론적 관심을 표명하며, 하나의 언어에서 적응성과 개인적 변이라는 아주 드문 속성들을 찾아냈다고 믿게 될 수 있다. 또는 흔하게 보이는 변동의 겉모습 위로 드러날 수도 있는 잠재된 불변요인들을 집요하게 추구하려 시도할 수도 있다. 그러나 그들이 알아채지 못하고 있지만, 이것은 실제로는 죽어 가는 한 언어에 관계되는 것이다. 그렇기 때문에 하위 사용자들의 불완전한 언어능력은 심지어는 전문가의 눈까지도 속일 가능성이 있는 것이다.

사용되는 언어들에서 일반적으로 발견되는 다양화 현상들은 사회언어학 연구들에서 잘 분석된, 성별, 연령, 직업, 인종적 소속 같은 변수들과 상관관계가 있다. 거의 마지막 침식단계에 놓여 있는 언어들에서는 이와 유사한 것을 전혀 찾아볼 수 없다.

말을 하지 못하는 노인들

마지막 단계는 언어학자가 나이 든 사람들의 최후의 증언을 기록하기 위해 질문하게 되는 나이 든 정보 제공자들이 처한 단계이다. 이들은 젊은 시절에는 자신들의 언어를 유창하게 사용했지만, 이제는 이 언어를 정말로 잊어버린 사람들이다. 자주 일어나는 이 현상을 보여주는 예시들 가운데, 마르세유나 프랑스의 다른 도시에 사는 나이 든 아르메니아인들을 보기로 들 수 있다. 그들은 더 이상 아르메니아어로 일관성 있게 이야기할 수 없으며, 간신히 이해할 수 있을 정도의, 감정을 설명하기에 충분하지 않은 말마디들을 중얼거릴 따름이다(말리언-사무엘리언 부인의 증언).

더 이상 자신의 언어를 기억하지 못하고 일관성이 없는 언어조각들을 중얼거리는 것밖에 하지 못하기 때문에 벙어리로 소개된 노인을 마주하는 것은, 몇몇 언어학자들이 뜻하지 않게 경험한 일이다. 우리가 이해할 수 없는 사람들에게 이렇게 무언증(無言症)의 책임을 전가하는 것은 아주 오래전부터, 대화가 더 이상 진행되지 않을 때 취해 온 거리두기의 표시들 가운데 하나다. 이를테면 게르만 민족들은 여러 슬라브 민족들에게 '벙어리'로 불렸다(그리고 현대 슬라브 언어들은 아직도 독일인들을 이렇게 지칭하고 있다. '독일의'라는 말은 체크어로 německý라 일컬어지고, '벙어리'는 němý라 불린다). 왜냐하면 슬라브 민족들은 게르만 민족들이 하는 말에서 의미가 없는 알아들을 수 없는 소리만을 들었기 때문이다. 그러나 여기에서는 전혀 다른 무언증이 문제가 된다. 베르너 헤르초크의 영화 〈개미들이 꿈을 꾸는 나라〉[34]의 한 장면에서는, 애처롭게도 말을 하지 못하는 한 오스트레일리아 노인을 볼 수 있다(알바냐크 부인이 제공한 정보임). 여기에서 언어로 입은 상처는 극적 순환성의 양상을 띤다. 사용자는 아마 아직도 약간의 추억을 가지고 있을 테지만, 그 언어를 함께 사용할 사람이 없기 때문에 그의 언어는 거의 파괴된 것이다. 그의 언어표현이 거의 자발적 의지 없이 수동적 형태를 띠게 되는 것은 바로 자신의 언어활동이 충분하지 못하다고 인식하기 때문이며, 바로 이러한 인식에서 오는 말과 침묵 사이의 어중간한 상태는 소멸 직전에 놓여 있는 언어에게는 죽음의 징후인 것이다.

피진어들의 경우와 비교하기

물려받는 사람이 없이 버려진 언어들의 특질들 가운데 어떤 것들은 불규칙성과 형식의 수를 줄여 가면서 투명성을 높여 가는 것처럼 보인다. 투명성은 또한 피진어들이 가지는 한 가지 특성인 만큼(431~438쪽 참조), 피진어들과 소멸 직전 언어들을 비교해볼 수 있다. 실제로 몇 가지 특성들은 이 두 상황에 공통되는 것들인데, 표현의 일관성과

34) 제1장 주 3 참조. 〈Das Land, wo die Ameisen träumen〉.

분석적 표현을 지향하고, 열성 특질들보다 언어들에 보편적으로 반복되는 특질들의 사용을 지향하는 경향이 그것이다. 소멸과정에 있는 언어들과 피진어들에 공통된 다른 특질은, 두 경우 모두 젊은 화자들이 성인들의 규범적 간섭에 따르지 않는다는 것이다. 이 간섭은 언어습득의 조정장치로 작용하면서, 관용어법을 침해하는 유추적 구성과 또한 다른 모든 일탈 표현형식들을 거부하도록 권장하는 것이다. 실제로 이 두 유형의 상황은 큰 폭의 언어변이와 고정된 규범의 부재로 특징지을 수 있는데, 한 경우(피진어의 경우)에는 아직 규범이 확립되지 않았고, 다른 경우(쇠퇴과정에 있는 언어들의 경우)에는 규범이 침식당했기 때문이다.

하지만 피진어들과 버려진 언어들을 구분해 주는 다른 특질들이 있다. 특히 하위 사용자들이 언어의 쇠퇴가 진행되는 과정의 한가운데에서 살아남은 잔재이자 기능이나 명확한 의미도 없는 요소들을 사용하고 있음을 흔히 볼 수 있다는 점에서, 사라지는 언어에 영향을 미치는 예측할 수 없는 파괴적 특성이 나타난다. 이 현상은 모든 요소가 각각 분명한 기능을 수행하는 피진어들에서는 특별히 나타나지 않았다.

또 다른 특질들이 피진어들과 소멸 일보 직전의 언어들 사이의 중요한 차이점들을 드러내 준다. 예컨대 앞서 아일랜드어와 관련하여 언급했던 어휘반복법의 과정(142쪽 참조)은 역시 (톡피신어로 불리는) 뉴기니의 피진어의 경우와 같은 몇몇 피진어의 문어체 안에서 볼 수 있다. 뉴기니에서는 포트모르즈비[35]에서 발행되는 신문들의 기사에서, 한 문장 안에 영어단어들을 섞어 쓰고, 바로 번역을 덧붙이는 것을 역시 최근에 받아들였다(Hagège, 1993: 30 참조). 하지만 여기에서는, 소멸하는 언어들의 경우와 반대로 오염의 문제가 생기지는 않는다. 곧 피진어는 제대로 살아 있으며, 이 신문을 읽는 사람들은 흔히 영어를

35) 포트모르즈비(Port-Moresby). 파푸아뉴기니의 수도.

모르기 때문에, 여기저기에 사용된 차용어들을 번역해 주어야 할 필요가 있는 것이다.

침식의 속도와 화자들의 의식

파괴되는 언어가 겪는 변화들은 쇠퇴에 노출되지 않은 언어들이 겪는 아주 일상적인 변화들보다 훨씬 더 빠르다. 하위 사용자들은 자신들의 언어가 분해되는 속도가 현기증이 날 정도로 빠를 때라도 그 속도를 항상 의식할 수 있는 것은 아니다. 이 언어가 소멸하기 직전에 놓여 있음에도 불구하고, 그들은 자신들이 아직도 정상적 언어를 쓰고 있다고 확신한다. 계속하여 사용되는 듯한 착각을 일으키는 형태들은 대개의 경우, 전적인 소멸의 전주곡으로, 이미 자리를 잡아가는 다른 체계의 형태들이다.

살아 있는 듯한 착각

언어들이 쇠퇴하기 시작한 여러 곳에서 진행되는 연구들에 따르면, 소멸의 예상을 부인하는 것처럼 보이지만 가까이에서 보면 이 예상을 확인해 주는 현상들을 볼 수 있다. 이 유형에 속하는 세 가지 현상을 들어보자.

은밀한 합의의 말들

대거 다른 언어로 건너가는 중인 공동체들 안에서, 몇몇 사용자들이 말을 주고받을 때 지역 고유어를 사용하는 것을 들을 수 있는 여러 경우가 보고되었다. 이 사용자들은 이로써 말을 이해할 수 있는 대화상대들과 은밀한 합의관계를 맺고자 한다. 예컨대 한 연구(Mertz, 1989)에서는, 캐나다의 대서양쪽 지방인 노바스코샤에 속하는 케이프브레턴섬의 영어 사용자들의 경우가 언급되고 있다(이곳은 과거에는 프랑스어 사용자들이 많이 살았으나, 영어를 사용하는 캐나다의 환경에서 프랑스어가 점점 사라지면서 오늘날에는 프랑스어 사용자들이 5%밖에 되지 않는다). 이 섬에 사는 많은 수의 스코틀랜드 후손들이 20세기 초엽에 여전히 사용하던 스코틀랜드 게일어[36]는, 같은 세기 40년대부터 오직 영어만을 위해 전개된 언어 제거과정을 겪었다. 이 제거과정은 옛날에는 2개의 언어를 사용하던 이 공동체의 구성원들을 하나의 언어를 사용하는 사람들로 바꾸어 놓았다.

그렇지만 이 언어가 완전히 쓰이지 않게 된 것은 아니었다. 장년층 이상의 사람들이 감탄사나 짧은 문장형식으로 게일어를 사용하는 것을 들을 수 있다. 이는 대화상대자에게 건넨 말들, 일반적 생각, 또는 감정, 단호한 동의나 익살스러운 대꾸를 표현하는 말들, 인사나 추잡한 말, 또는 단편적인 옛 전설들에 관한 것이다. 이 말들 가운데 어떤 것들은 화자 자신을 대화상대로 삼는다. 이처럼 혼잣말을 하는 것은 분명 아직도 이 언어와 유지되는 내적 관계를 드러내 줄 수 있다. 하지만 이러한 점이 언어를 진정으로 유지하는 데 유리하게 작용하는 진지한 논거를 제공할 수는 없다. 우리가 이러한 상황들에서 말하는 것을 들어 본 화자들은 다른 상황에서는 거의 영어만을 사용하기 때문이다.

나이 든 사람들, 그리고 때로는 젊은이들 사이에서, 다른 종족을 배제하면서 특정 입문자들끼리 은밀한 합의에 따라 비밀스러운 언어로 사용되는 데 대해서도 마찬가지로 말할 수 있다. 특정 집단에 속해 있음을 드러내 주는 표지로서 이 유령 같은 언어가 한 집단의 소속 표지로 사용되면서 발휘하는 통합기능은 스페인어만을 사용하는 일부 공동체들에서 찾아볼 수 있으며, 또한 멕시코의 나와틀어(아스텍어)[37]와

---

36) 게일어(*Gaelic*). 스코틀랜드·아일랜드에 사는 켈트족인 게일족의 언어. 제7장 주 129 참조.

37) 나와틀어(*Nahuatl*). 멕시코 남부와 중앙아메리카 일부 지방의 원주민인 나와틀족이 사용하는 언어. 유토·아스텍어족에 속하는 여러 방언을 총칭하여 부르는 이름이다. 적어도 7세기부터 현재의 멕시코 중부에서 사용되었으며, 스

마찬가지로 리마의 케추아어가 보여주는 상황에서도 관찰할 수 있다. 한편 이 두 언어는 대부분의 2개 국어 병용공동체들에서, 그리고 물론 그 언어들 가운데 한 가지를 사용하는, 시골지역의 단일언어 공동체들에서도 건재를 과시하고 있다.

하위 사용자들이 발휘하는 창조력

풍부한 창의력

우리는 소멸이 예고된 몇 가지 경우에 하위 사용자들이 놀라운 창조력을 발휘한다는 것을 관찰하였다. 적어도 20세기 초부터, 오스트리아 동부의 헝가리어는 곧 소멸할 위기에 처해 있었다고 단언할 수 있다. 예컨대 헝가리와 국경이 12㎞도 떨어져 있지 않은 오버바르트라는 작은 마을에서는 전체 주민의 3분의 1에 해당하는 2천 명이 오래전부터 2개의 언어를 사용하는 것을 멈추고, 조상의 언어인 헝가리어 대신 부르겐란트[38]의 독일어만을 사용해야 할 형편이었다. 그런데 전적으로 독일어를 사용하는 환경이 헝가리어가 존속하는 데 불리한 것이었음에도 불구하고 헝가리어는 계속 살아남았다. 그렇지만 그 생존방식은 상당히 특이하다.

1974년에서 1983년 사이에 진행된 한 조사에 따르면(Gal, 1989), 아주 나이가 많은 사람들을 포함한 다수의 오버바르트 주민들은 헝가리어 규범에서 입증되지 않은 요소들을 가지고 명사와 동사들을 만들어 냈다. 또는 현재 통용되는 단어들을 더 이상 알지 못한 채, 자신들이 잊어버렸던 단어들과 구조상 가까운 새로운 단어들을 만들어 냈다.

페인의 멕시코 정복 시기인 16세기에는 아스텍 제국의 공용어로 쓰이고 있었다. 아스텍 제국의 확장에 의해 나와틀어는 지역의 지배적 언어로 사용되었다. 여섯 가지 방언의 전체 사용자 수는 94만 4천 명 정도로, 방언에 따라 '취약' 단계부터 '소멸 직전' 단계에까지 걸쳐 있다.

38) 부르겐란트(Burgenland). 오스트리아 동부의 주.

물론 이 단어들은 헝가리어에는 존재하지 않는 것들이다. 또한 새로운 의미들을 표현하기에 적합한 다른 단어를 알지 못했기 때문에, 자신들의 어휘목록에 여전히 남아 있던 단어들에 이 새로운 의미들을 부여하였다. 또 헝가리어 규범에서는 경우에 따라 결합하거나 결합하지 않는 요소들을 가지고 복합동사들을 만들어 냈다. 그리고 그들은 몇몇 메커니즘은 더 이상 활성화할 줄 몰랐다. 예컨대 이 조사에서는, 하위 사용자들 가운데 한 사람이, '가르치다'라는 뜻으로 이 경우에 유일하게 적합한 동사인 사역동사 tánit(배우게 하다) 대신에 tanult nekem(공부하다~3인칭 단수~과거~나에게)(그는 나에게 〔무엇을〕 가르쳤다)으로 말하는 것이 눈에 띄었다. 따라서 이 하위 사용자들의 어휘에는, 헝가리에 사는 헝가리인들이 쉽게 이해할 수 있는 신조어가 많이 있는데, 이 헝가리인들은 곧바로 그 단어들을 헝가리어에 대한 지식이 충분하지 않은 화자들에게 당연한 것으로 여기면서 쉽게 이해하는 것이다.

하위 사용자들이 발휘하는 창조성에 대한 다른 보기들은 많이 있다. 특히 비잔틴 제국[39] 말에 알바니아 식민자들이 그리스의 북서부에 들여 온 남부알바니아 방언인 아르바니티카어의 보기를 들어보자. 오스만족의 지배에 항거한 1821년의 혁명 후 그리스 민족이 출현하고 이어 한 국가가 등장하면서,[40] 알바니아는 다른 나라들에 둘러싸여 소수문화의 장(場)으로 약화되었다. 이 과정은 그리스어가 교육과 행정영역에 일반적으로 보급되면서 더 심해졌다. 아르바니티카어의 하위 사용자들은 오늘날 어휘와, 심지어는 문법 차원에서 심하게 그리스어화한 한 종류의 알바니아어를 쓰고 있다(Tsitsipis, 1989 참조). 그들이 계속하여 쇠퇴해 가는 언어자원을 가지고 가장 적절하게 표현하는 방법에

---

39) 비잔틴 제국. 서로마 제국이 멸망한 뒤에 약 천 년 동안 존속했던 동로마 제국(~1453).

40) 그리스 왕국을 말함. 그리스인들이 오스만 제국에 대항하여 일으킨 그리스독립전쟁(1821~1832) 뒤에 그리스 왕국이 출현하였다.

주의를 기울이는 것은, 모든 것으로 미루어 예상할 수 있는 소멸에 이르기까지 이 언어에 아직 남아 있는 시간이 짐작건대 짧음을 나타내 주는 징후인 것이다.[41]

타고난 언어 사용자들과 하위 사용자들

위의 보기는 세계 곳곳에서 찾아볼 수 있는 같은 유형의 다른 보기들과 함께, 하위 사용자들이 창의력을 갖추고 있는 것처럼 보이게 한다고 여길 수 있을 것이다. 그들이 언어를 대하는 태도는 지역 고유어에 부여된 가치와 함께, 그 언어가 가공할 경쟁에 휘말려 제거될 것이라는 것을 깨닫고 그 언어를 장려하고자 하는 의식적 욕구로 설명된다. 덧붙여 하위 사용자들의 언어수행은 그것이 흔히 기존용법을 거스르는 것일지라도, 언어를 잘못 배웠거나 또는 학습 초기단계에 있을 수도 있는 외국인 화자들의 언어수행과 동일시할 수 없다. 여기저기에서 언급되듯이, 그들의 언어수행은 나아가 아이들이 모국어를 배우는 초기단계들에서 보여주는 언어수행과 가까운 것으로 볼 수도 없다. 예컨대 프랑스어를 사용하는 다섯 살 이하의 아이들이 il a mouru 또는 i sontaient pas là[42] 같은 유형의 유추적 확대에 의해 자신들의 결함을 보완하는 방법들은, 죽음에 임박한 것은 아니지만 적어도 쇠퇴단계에 처한 하위 사용자들이 사용하는 방법들보다 더 빈약한 것이다.

따라서 하위 사용자들이 앞서 규정한 생득적 능력을 갖추고 있지는

---

41) 아르바니티카어(*Arvanitika*). 사용자 수는 5만 명(1991년)으로, '매우 위험' 단계로 분류되어 있다.

42) il a mouru: il est mort(그는 죽었다)로 표현해야 하지만, 프랑스어 복합과거시제 표현의 조동사의 선택(*être* 대신 *avoir*)과 과거분사의 형태에서 유추(*mort* 대신 *mouru*)를 통해 오류를 범하고 있다.
i sontaient pas là: (그들은 그곳에 없었다) 동사 être의 현재 3인칭 복수 변화형 sont과 반과거 3인칭 복수 변화형 étaient를 혼합함으로써 오류를 범하고 있다.

않지만, 그럼에도 불구하고 그들은 어떤 능력을 가지고 있다고 할 수 있다. 곧 요소들을 비교적 쉽게 만들고 결합하여, 일반적 용법으로 받아들여지지 않는 표현들을 만들어 내는 능력은 타고난 언어 사용자들의 능력과 외국인들의 능력 사이의 중간적 능력을 드러내 보여준다. 실제로 한 언어를 완전히 숙달하지는 못했지만, 자신들의 불충분한 지식을 깊이 있게 활용할 수 있을 정도로 상당한 재치를 가진 외국인들의 특질은, 그들이 알지 못하는 단어 하나만으로 더 빠르게 말할 수도 있을 것을 풀어서 말하는 방식인 우회적 표현을 늘려가는 데 있다. 그렇지만 오버바르트의 헝가리인들과 같은 경우들에 따라, 삶과 죽음이라는 말로 지나치게 단순화한 처리방식에 미묘한 변화를 주고 또 타고난 언어사용자와 타고난 능력이라는 개념들을 세분하게 만든다 할지라도, 이 창조적 하위 사용자들의 태도는 그들의 언어지식이 극도로 빈약해져 있음을 드러내고 있다는 것을 인정해야 한다. 그들은 창의력을 발휘하고 또 이해할 수는 있지만 그릇된 표현들을 사용하면서, 다른 언어의 압박을 받으며 본고장 밖에서 사라져 가는 언어에 대해 갈수록 커지는 그들의 무지상태를 피해 나가야 할 처지에 놓여 있다.

순수주의를 지향하는 엄격함과 관용주의적 변동

쇠퇴하는 과정에 처한 언어를 사용하는 공동체들은 흔히 이 상태에 대해 두 가지 무의식적 징후를 제공한다. 한편으로는 관용적 표현에 대해 기울이는 관심이고, 다른 한편으로는 순수주의를 지향하는 엄격함으로, 이는 모순되게도 언어는 모든 규범에서 벗어나 동시에 변동상태에 놓일 수도 있다는 것을 배제하지 않는 것이다.

의례적 용법들의 보존

한 언어가 공·사적 생활에서 일상적으로 쓰이지 않게 되는 현상은 흔히, 침식과정의 마지막 단계들에서 이 언어가 전적으로 의례적으로

만 사용되는 현상을 동반하거나, 이 현상으로 나타난다. 이러한 의례적 쓰임에 나타나는 고상한 문체는 일상 언어 문체와 강하게 대립한다. 예컨대 1989년의 한 연구(Campbell et Muntzel 참조)에 따르면, 멕시코 치아파스 주의 오토망게어족 언어인 치아파넥어43)의 마지막 사용자는, 당시 이 언어의 단어들을 몇 개밖에 알지 못하면서도, 엄숙한 음송에 쓰이는 종교적 텍스트는 거의 유일하게 기억하고 있었다. 아프리카 (나이저 강 하류 유역의) 조상들에게 물려받은 요루바어44)가 사라져 가는 트리니다드 토바고 섬의 주민들(위에서 언급했던 인디언들과 다른 사람들)은 이 언어로 되어 있는 몇 가지 전통적 노래들만을 알고 있을 뿐이다. 케만트어의 마지막 사용자들은, 앞서 살펴본 것처럼 이 언어의 아주 다양한 동사형태들을 상실하였을 뿐만 아니라, 자신들의 언어능력을 남들이 착각하게 할 정도로 이 언어의 고어형으로 기도문을 낭송할 수 있었다는 점에서, 이 언어의 임박한 소멸상태의 징후를 보여주고 있었다.

아직도 기억되는 텍스트들은 오래전의 것일 수 있다. 이를테면 멕시코 남동부의 방언으로, 옛날에 치아파스 주에서 일반적으로 사용되던 첼탈어45) (마야 언어) 방언의 현존하는 유일한 '사용자들'은 몇 가지 기도문을 음송할 수 있었다. 그 가운데 하나는 은유가 풍부한 대칭 시절들로 이루어진 것으로 그들의 문화에서 중요한 것인데, 유지상태가 양호한 다른 마야 언어인 토홀라발어46) 사용자들과 함께 공유하는 기도

43) 치아파넥어(*Chiapanec*). 사용자 수는 17명(1990년)으로, 소멸이 임박한 언어로 분류되어 있다.

44) 요루바어(*Yoruba*). 서아프리카 나이지리아 남서부 기니 만에 사는 원주민인 요루바족의 언어.

45) 첼탈어(*Tzeltal*). 멕시코 남동부 치아파스 주에 사는 마야 인디언인 첼탈족의 언어.

46) 토홀라발어(*Tojolabal*). 과테말라 국경 근처에 있는 치아파스 주에 사는 마야 인디언인 토홀라발족의 언어.

문이다. 여하튼 이 용례는 모든 자연적 쓰임을 배제하고 의례화한 문체로 작성된 성스러운 어법이 실제로 표현된 유일한 보기로, 언어가 박물관에 진열된 화석의 상태에 처해 있음을 보여준다.

능력이 부족한 이들의 순수주의

대부분의 사회에서는, 공권력의 말에 따르거나 권위가 인정된 전문가들의 말에 따라 언어규범이 결정된다. 이 사회들은 적응하는 여러 정도에 따라 언어규범을 구상할 수 있다. 규범적 모델을 가장 까다롭게 옹호하는 사람들은 때로, 언어가 쇠퇴상태에 놓여 있는 공동체들에서 그 언어를 가장 불안정하게 사용하는 사람들이라고 말할 수 있다. 예컨대 나와틀어가 지역에 따라 잘 유지되고 있거나 유지되지 않고 있는 멕시코에서, 쇠퇴하는 나와틀 방언들을 사용하는 마지막 하위 사용자들은 엄격한 규범을 설정한다(Hill, 1987 참조). 그들은 예컨대 다른 사람들이 소유표현을 하기 위해 스페인어 구조를 사용한다고 비난한다. 또한 마지막 음절에 강세를 주어 발음하는 것이 스페인어에서 규범으로 되어 있는 경우에조차도, 스페인어 차용어들을 그렇게 강세를 주어 발음한다고 비난한다. 끝에서 두 번째 음절에 강세를 주는 나와틀어의 강세방식을 준수할 것을 규정하면서, 그들은 예컨대 ciúdad(도시)와 lúgar(장소)로 발음할 것을 요구하고 있다.

그런데 이러한 규범을 요구하는 사람들은 그들이 사용하는 언어가 와해상태에 놓인 바로 그 사람들이다. 그들은 오래전에 나와틀어의 가장 전형적인 문법 특질들 가운데 일부를 상실하였다. 이를테면 명사포합[47] 동사들(보기: 고기를 먹는 사람을 가리키기 위해 사용하는 'je

---

47) 포합어(抱合語). 형태론적 특징에서 본 한 유형. 동사를 중심으로 그 앞뒤에 인칭접사나 목적을 나타내는 말을 결합, 또는 삽입하여 한 단어로서 한 문장과 같은 형태를 가지는 언어인데, 아메리카 인디언의 말, 에스키모어, 아이누어, 바스크어 따위가 이에 해당한다.

viande-mange'〔나는 고기-먹는다〕) 이나 종속절들의 구성이 그것이다. 나와틀어의 열렬한 옹호자들이 내세우는 옹호적 순수주의가 여기에서는 그들의 언어지식이 침식당하고 있음을 보여주는 지표로 작용한다. 순수주의는 분명 언어를 잘 아는, 나아가 아주 잘 아는 사람들이 아주 강하게 권장할 수 있는 것이다. 그러나 이는 다른 상황들에 관련된 것이다. 우리가 관심을 가지는 이 경우에, 이 태도는 쇠퇴를 보여주는 전형적인 것으로, 마치 반어 사용자들이 마지막 이전 단계에서 삶의 실상과 대립하는 하나의 엄격한 규범을 인위적으로 유지하면서 스스로 완전한 능력을 지녔다는 환상을 가지고자 하는 것과 같다.

과잉 정정

하위 사용자들의 침식당한 언어가 보여주는 특성들 가운데, 언어의 재생요소로 보이는 징후들을 따로 모아 정리한 목록에 포함해야 할 한 가지가 있는데, 이 특성은 사실상 임박한 죽음을 가리키는 것이다. 이는 과잉 정정, 또는 좁은 영역에 규칙을 너무 넓게 적용하거나 사라진 옛날 용법을 현대언어에 인위적으로 연장함으로써 그릇되게 쓰이는 경우를 말한다. 예컨대 아직도 일부 노인들은 알고 있겠지만, 오늘날에는 십중팔구 사라진 언어들인 (과테말라 남동부의) 싱카어와 (아스텍어족에 속하는, 살바도르의) 피필어[48]의 경우, 1975년에서 1985년 사이에 실시된 조사들에서, 복잡한 조음을 거쳐 생성되는 몇몇 자음들이, 규범에 따르면 일부 환경에서만 나타나도록 철저하게 제한되어 있음에도 불구하고 모든 맥락에서 쓰이고 있다는 점이 발견되었다. 과잉 정정은 양호한 상태의 언어들에서도 알려져 있다. 예컨대 현대 프랑스어

48) 싱카어(*Xinka*). 과테말라 남부 원주민인 싱카족이 사용하는 언어. 사용자 수 1,283명(2002년)으로 '소멸 직전' 단계(《위기언어지도》), '소멸' 언어(《에스놀로그》)로 분류되어 있다.
피필어(*Pipil*). 엘살바도르 서부의 원주민인 피필족이 사용하는 언어. 사용자 수 2백 명(2008년)으로, '소멸 직전' 단계로 분류되어 있다.

에서 고전적 용법을 되살려 j'y pense(여기에서 y는 사람을 가리킨다), 또는 je n'ai pu m'empêcher de le vous déclarer[49] 라고 말하는 것은 과잉 정정에 해당한다. 그러나 변화가 정상적으로 진행될 때, 과잉 정정은 여기에 인용된 것과 같은 경우들에서 볼 수 있는 정도로 자주 나타나지는 않는다.

이 현상들의 주요 특질은 실제로 불안정성이다. 과잉 정정에는 식별할 수 있는 한계선이 없고, 과잉 정정을 분류하여 체계화할 규칙도 없다. 또한 순수주의 처방이 적용되어야 할 영역들의 범위가 정확하지도 않고 제대로 합의되어 있지도 않다. 정반대로 반어 사용자들에게는 규범을 옹호함으로써 얻게 될 것에 대한 일관된 시각이 매우 결여되어 있다. 순수주의적 충동이 존재할 때, 우리가 몇 가지 나와틀 방언들에 대해서 살펴본 것처럼, 이 충동은 일반적 옹호의도를 실행하기 위한 것이 아니라 단지 시대의 흐름에 역행하는 것으로 전개될 뿐이다.

49) '나는 그를 생각한다.' 현대 프랑스어에서는 대명사 y는 사람을 가리키지 못한다. 여기에서는 'Je pense à lui.'로 말해야 한다. 따라서 이 표현은 '나는 그것을 생각한다'라는 뜻을 가지게 된다. 두 번째 표현의 경우 현대 프랑스어 쓰임에 따라 목적보어의 순서를 고쳐 쓰면 je n'ai pu m'empêcher de vous le déclarer(나는 당신에게 그것을 표명하지 않을 수 없었다)가 된다.

제7장

많은 원인들

세 갈래의 주요 원인들

물리적 원인들

언어의 갑작스러운 죽음

언어사용자들이 모두 사라짐에 따라 : 자연재해, 민족말살, 전염병, 이주

조심스럽기는 하지만, 이는 언어사용자들을 사라지게 하는 가장 간단한 경우로 볼 수 있다. 이 경우 언어가 이방인들에게조차 전혀 전달되지 않은 채, 언어사용자들이 모두 사라진다. 이는 자연재해와 관계될 수 있는데, 인도네시아의 자바 섬과 티모르 섬 사이의 작은 섬들로 이루어진 순다 열도에서, 1815년 숨바와 섬의 주민인 탐보라족 전부를 죽음으로 몰아넣었던 화산폭발[1]과 같은 재해를 들 수 있다. 탐보라어

1) 탐보라 산(Tambora). 인도네시아의 숨바와 섬 북쪽 해안에 있는 휴화산. 1815년 4월 10일에 일어난 대분화로 약 5만 명이 사망한 것으로 집계되었다. 인류가 겪은 최악의 화산재해로 기록되고 있으며, 고고학계에서는 베수비오 화산폭발로 묻힌 이탈리아 폼페이에 빗대 이곳을 '동방의 폼페이'라고 부른다. 2006년 미국과 인도네시아 발굴팀이 이 화산에서 서쪽으로 24㎞ 떨어진 정글에서 잃어버린 탐보라 문명의 흔적을 발견하기도 하였다.

의 흔적으로는 19세기 초에 영국 여행가[2]가 작성한 짧은 어휘목록밖에 남아 있지 않다. 현재 이리안자야[3]의 골리앗 산맥에 사는 소규모 부족들과, 보르네오 섬에서 사용되는 거의 모든 언어들처럼 다양하고 잘 알려져 있지 않은 그들의 언어들은 아직 파괴되지는 않았지만, 이 지역에 특히 자주 일어나는 산사태와 지진의 위협 아래 놓여 있다(Dixon, 1991 참조).

언어들이 사라지는 현상은 또한 문화와 언어를 지니고 있는 사람들을 대량으로 살육하지 않고서도 이 문화와 언어를 제거하는 민족문화말살과 함께 일어날 수 있다. 그러나 이는 또한 민족의 말살과 관계될 수도 있다. 예컨대 1226년에 칭기즈칸이 이끄는 몽골인들은, 찬란한 문화를 이루었으며 독창적인 표의문자를 고안해 냈던 중국 서부(오늘날 간쑤에 해당)의 티베트·버마족인 서하(西夏)족(또는 탕구트족)[4]을

---

2) 토머스 래플스 경(Sir Thomas Raffles)으로 알려져 있다(다니엘 네틀·수잔 로메인, 《사라져 가는 목소리들》, 94쪽 참조).

3) 이리안자야(Irian Jaya, 옛 이름은 Irian Barat). 인도네시아의 주. 뉴기니 섬의 서반부와 그 앞바다의 섬들 및 스호우텐 제도, 라자암파트 제도로 이루어져 있다. 지역에 따라 수많은 종류의 언어가 쓰이는데, 겨우 몇 사람만이 사용하는 말도 있다.
한편 데이비드 크리스털은 이리안자야 주의 경우를 보기로 들어, 지구상의 언어가 모두 '발견된' 것은 아니므로 숫자가 늘어날 소지가 있으며, 따라서 세계 언어의 수를 추정하는 것이 쉽지 않다고 말한다. 그에 따르면, 1998년 6월 자카르타 동쪽 3,900㎞ 이리안자야 주의 맘베라모 강 유역에서 방랑생활을 하는 두 부족(바후다테족과 아우케다테족으로, 각각 20세대와 33세대로 구성되어 있었다)이 발견되었다. 이 지역은 지형이 험하여 알려지지 않은 부족들이 감추어져 있을 수 있고, 이들이 사용하는 말은 새로운 언어로 간주할 수 있을 정도로 다른 공동체의 언어와 다를 가능성이 크다는 것이다(《언어의 죽음》, 20~21쪽 참조).

4) 서하(西夏, Xixia). 11세기에 건립되어 13세기 초까지 번영을 누린 티베트계 탕구트족(*Tangut*)의 왕국. 중국 북서부의 간쑤 성, 산시 성에 위치했던 나라이다. 탕구트족은 중앙아시아와 서양 간의 교역로가 지나가는 지역을 차지하고 있었다.

전멸시켰다. 서하족의 언어는 그들과 함께 산산조각이 났다. 또 1621년에 네덜란드인들은 몰루카 제도 한가운데의 반다 군도[5]의 주민을 학살함으로써, 이곳의 주민의 수가 감소하게 되었다. 마찬가지로 우리는 태즈메이니아 섬[6]에서 사용되던 언어(또는 언어들)의 어떠한 흔적도 더 이상 가지고 있지 않다. 섬의 원주민들이 모두 사라졌기 때문이다.

1932년 살바도르에서 대학살(주민들에게는 '그란마탄사'로 기억되고 있다)[7]이 일어났는데, 2만 5천 명 이상의 인디언들이 희생되었다. 그들이 사용하던 카카오페라어와 렌카어도 그들과 함께 완전히 사라지고 말았다. 콜롬비아 동남부와 브라질 북서부 아마존 지역 부족인 안도케족[8]은 20세기 동안에 야생고무를 채취하는 회사들이 자행한 일련의 잔혹행위들로 말미암아 많은 사람들이 목숨을 잃었다(Landaburu, 1979 참조). 또 콜롬비아에서 20세기에 인종 대학살 사건들이 여러 차례 일어났다. 1982년과 1995년에 페루와 에콰도르 사이에 일어난 국경분쟁[9]은 두 나라의 많은 인디언 부족들을 소멸 일보 직전으로 내몰았

---

5) 몰루카 제도(Moluccas). 말레이 제도에 속하는 인도네시아의 제도. 서쪽으로 셀레베스 섬, 동쪽으로 뉴기니 섬, 남쪽으로 아라푸라 해와 티모르 섬, 북쪽으로 필리핀, 필리핀 해, 태평양과 이웃한다.
반다 군도(Banda Islands). 인도네시아 말루쿠 주에 있는 군도. 반다 해에 속한 도서 군이다.

6) 태즈메이니아 섬(Tasmania). 오스트레일리아 대륙 남동쪽에 있는 섬. 원주민들은 1877년까지 태즈메이니아어군의 언어를 사용했으나, 이 언어는 오늘날 사어가 되었으며, 이 언어를 사용하던 원주민들도 절멸하였다.

7) 그란마탄사(*Gran matanza*). '대학살'의 뜻. 1932년 1월 22일~7월 11일 사이에 엘살바도르 서부 주들에서 인디언 소작농들이 주도하여 일으킨 반란 때 정부군에 의해 자행된 대학살 사건을 말한다.

8) 안도케족(*Andoke*). 아메리카 인디언으로, 그들이 사용하는 안도케어는 사용자 수 370명(2007년)으로, '매우 위험' 단계로 분류되어 있다.

9) 페루-에콰도르 국경분쟁. 국경선이 확정되지 않은 상태에 있는 산맥지역의 귀속문제를 둘러싸고 일어난 분쟁으로, 1978년, 1981년, 1995년에 전면전을 벌이는 등 이 분쟁은 60여 년 동안 계속되었다.

고, 지난 십 년 동안, 페루의 안데스 산맥 고원지대에서 이른바 '빛나는 길'[10] 이라는 조직이 자행한 폭력행위들도 마찬가지다. 1933년에서 1945년 사이에 히틀러 조직이 자행한 유럽 유대인들의 계획적 학살은 이디시어와 유데즈모어[11] 에 큰 영향을 미쳤다(274~275쪽 참조). 유사한 멸종계획이 보헤미아어 사용자들에게 적용되어 대부분의 사용자들을 앗아가버렸다.

대학살의 경우 외에, 아무도 살아남을 수 없는 전염병의 창궐과 같은 결과를 초래하는 파괴적인 전쟁들이 또한 문제가 될 수 있다. 하지만 원인들이 단순하고 단일한 경우는 드물다. 이를테면 16세기 후반 멕시코에서는 이 요인들이 결합되면서 비극적 결과를 초래하였다. 유럽인들과 원주민들이 접촉하게 되자마자, 상상할 수 있듯이 사람들을 몰살시키는 무서운 병을 일으키는 모든 종류의 박테리아와 병원균은 면역방어체제를 전혀 가지지 못하고 항체를 갖추지 못한 주민들에게 큰 재앙을 불러왔다. 그러나 여기에 분명히 해로운 또 다른 요인들이 있었다. 이를테면 농업과 관계된 영역에서 일어난 급격한 변화, 농민들이 자신들의 땅을 점거한 스페인인들에 의해 비옥한 땅에서 쫓겨나 거의 불모의 땅으로 이주한 일이 그것이다.

자기들의 전통, 재산과 문명을 빼앗기고, 자신들의 신에게 버림받았다는 감정에 사로잡힌 많은 인디언들은 살맛을 잃어버리게 되었다. 여기에서 성적 금욕, 낙태와 자살이 비롯되었으며, 이는 아주 많은 수의 부족언어들이 사라지게 된 것을 설명해 준다. 바로 이 모든 요인들에

---

10) 빛나는 길(Sendero Luminoso). 페루의 정치조직. 원 명칭은 Partido Comunista del Peru Sendero Luminoso(빛나는 길 페루 공산당). 페루 공산당이 여러 분파로 분열되어 있던 1970년, 아야쿠초대학의 레이노소(Reynoso) 교수가 창립하였다. 안데스 산맥의 외곽지역과 리마 등 도시지역에서 다양한 테러활동을 벌였다.

11) 유대계 독일어와 유대계 스페인어. 이디시어(*Yidiche*)에 관해서는 제 10~11장 참조. 유데즈모어(*Judezmo*)에 관해서는 제 10장 참조.

대량살육이라는 요인이 추가되었는데, 인간의 죽음은 이 살육과정을 통해 언어의 죽음을 야기한 근본적이고 끔찍한 원인이 되었다. 오스트레일리아 원주민들이 겪은 경우도 멕시코의 인디언 종족들이 겪었던 사건들의 실상과 크게 다르지 않다. 그들은 매독, 천연두, 유행성 감기 등의 질병으로 황폐화되었으며, (자신들이 내쫓았던 원주민들이 다시 돌아온 사냥터를 폭력으로써 지킨) 백인들이 휘두른 폭력으로 많은 사람들이 죽었던 것이다.

끝으로, 하나의 언어는 그 언어의 사용자들이 자신들 고유의 삶의 터전이 아닌 다른 땅으로 떠나감으로써 사라질 수 있다. 흔히 전통적 활동이 쇠퇴해 가고, 생존을 위한 일거리를 다른 곳에서 찾는 공동체들이 문제가 된다. 그래서 이 공동체들은 이주한 곳의 언어를 선택하는 것이다. 이 과정은 느린 속도로 진행될 수 있다. 또 작은 섬들을 떠나 대륙에 정착하여 그곳에서 사용되는 강한 확장력을 가진 언어의 영향을 받게 되는 주민들의 경우에서 보듯이, 이 과정은 빠른 속도로 진행될 수도 있다.

언어를 전달하지 못한 채 마지막 사용자들이 사라짐에 따라

한 언어의 소멸은 마찬가지로 종족 전체가 사라지는 것이 아니라, 최후의 사용자들, 곧 집단의 언어를 아직도 아는 노인들이 이 언어를 습득한 후손을 남기지 못한 채 사라지는 순전히 물리적 죽음에 연결될 수 있다. 여러 연구에서는 많은 언어들, 특히 아메리카 인디언 언어들의 마지막 사용자들의 이름을 들고 있는데, 이들은 각기 한 개의 언어만을 사용하던 사람들이었다.[12] 이 언어들을 자기들끼리 익숙하게 사용하던 사람들이 죽게 되면서, 이 언어들은 더 살아남지 못하고 그들과 함께 사라졌던 것이다.[13]

---

12) 다니엘 네틀 · 수잔 로메인, 《사라져 가는 목소리들》에는 몇 가지 보기들이 제시되어 있다. 특히 제 1장 "그 많던 언어들은 모두 어디로 갔을까?" 참조.

생존전략에 따라 자신을 숨기기

여기에서 문제되는 것은 물리적 소멸은 아니지만, 주민들이 처한 압제나 위기상황들은 적어도 간접적인 물리적 원인들 탓으로 돌릴 수 있다. 한 공동체는 심각한 위험, 견딜 수 없는 박해, 또는 죽음을 피하기 위해 자신의 언어를 갑자기 포기할 수 있다. 이는 자신들의 언어를 고집한 사람들이 겪은 비극적 운명을 대하면서, 언어사용자로 나서지 않고 자신을 숨기는 소극적 방어행위라는 생존전략에 따른 것이다. 그런 식으로 피필어 사용자들은 앞에서 언급한 1932년 살바도르의 대학살 때, 동족의 대부분이 카카오페라족과 렌카족과 같은 운명을 겪는 것을 보고 자신들의 언어를 갑자기 포기해버렸던 것이다. 피필어는 그 뒤 몇 년 사이에 빈사상태에 놓이게 되었으며, 아마도 지금은 사라지고 없을 것이다.[14]

강제 이주

이 경우에도 물리적 소멸과 관계되는 것은 아니다. 하지만 강제이주는 여러 가지 결과를 초래하는 물리적 제약이다. 오스트레일리아, 미국, 캐나다에서 많은 공동체들이 조상 대대로 살아오던 땅에서 쫓겨나 자신들의 의지와 무관하게 다른 곳으로 이주해야 했다. 이러한 폭력이 언어에 초래한 결과는 쉽게 이해할 수 있다. 강제이주된 부족들은 어디에서든, 서로를 알지 못하며 또 상대방이 사용하는 언어 또한 알지 못하는, 역시 강제로 이주된 다른 부족들과 뒤섞인다. 이 경우 압제자

---

13) 루이-장 칼베가 아프리카의 구승(口承) 문명에 대해 말하면서 언급하는 '도서관의 기능을 하는 기억'과, 그가 인용하는 함파테 바(Hampate Bâ)의 '아프리카에서 죽어 가는 각각의 노인은 불타고 있는 하나의 도서관'이라는 말은 기억의 중요성을 잘 보여준다(《언어와 식민주의》, 171쪽 참조). 이 기억의 개념은 한 언어의 마지막 사용자들의 사멸에 관한 이 대목에 적절하게 적용될 수 있다.

14) 피필어(*Pipil*)의 현 상황에 대해서는 제6장 주 48 참조.

들의 언어나 이러한 상황에서 긴급히 필요하게 되는 임시변통의 은어들이 유일한 의사소통 수단이 된다.[15] 일차적으로 가족끼리만 쓰는 말로 전락한 부족언어들은, 주민들이 새로운 생활에 직면하고 그들이 서로간에 밀접한 관계를 맺기 시작한다는 점에서 점점 더 존재이유를 잃게 된다. 이 언어들은 대개의 경우 사라지게 된다. 이것이 2백 년 전부터, 많은 오스트레일리아 언어들의 역사와 미국에서 오클라호마에 강제로 이주당한 공동체들의 언어의 역사를 지배해 온 시나리오이다.

경제적 · 사회적 요인들

더욱 강력한 경제적 압박

1623년에서 1664년까지 '뉴네덜란드'[16]의 식민지배자들이 소유하던 뉴욕 주, 델라웨어 주와 뉴저지 주에서 네덜란드어가 왜 유지되지 못했는지, 메인 주에 아카디아의 프랑스어를 사용하는 이주자가 많았음에도[17] 불구하고 프랑스어가 메인 주에서 왜 사라졌는지, 끝으로 아프리카 언어들이 미국의 흑인공동체들 안에서 왜 살아남지 못했는지 의아하게 생각할 수 있을 것이다(Mufwene, 1999 참조). 이에 대한 답은 그렇게 먼 곳에서 찾을 일은 아니다. 식민지배 시대와 그후 시대의 경

---

15) 이러한 상황은 앤틸리스 제도의 크리올어 같은 언어들의 생성배경이 되었다. 서로 말이 통하지 않는 부족들을 섞어 수용함으로써 서로 다른 언어로 말을 주고받을 수 없게 만들어 지배를 쉽게 하고자 했던 것이다.

16) 뉴네덜란드(New Netherlands). 1614년부터 지금의 뉴욕 부근에 형성된 네덜란드령 북아메리카 식민지. 항해법에 의해 중계무역을 압박당한 네덜란드와 영국이 아메리카 식민지와 아시아 무역을 둘러싸고 벌인 세 차례의 전쟁(1652~1674) 이후 네덜란드의 해상권이 쇠퇴하고 영국의 해외진출이 활발해졌다. 제 2차 전쟁(1665~1667)으로 영국은 뉴네덜란드를 할양받았다.

17) 아카디아(Acadia). 노바스코샤를 중심으로 한 북아메리카 대륙 대서양 연안 지역으로 17~18세기에 프랑스령이었다. 영국과 프랑스가 서로 아카디아의 소유권을 주장하여 두 나라간의 분쟁이 계속되었다.

제조직과, 이에 따른 행정구조들은 하나의 표현수단, 곧 영어라는 단 하나의 표현수단을 가지고 있었다. 물론 이러한 우월성이 곧바로 나타난 것은 아니다. 이를테면 식민지배자들은 빠르게 농업을 지배했지만, 영국에서 18세기 초반부터 시작된 산업혁명은 미국에서는 더 늦게 시작되었다. 미국은 정치구조를 수립하고 남북전쟁의 피해를 복구해야 했던 것이다. 그러나 19세기 말엽부터 영어는 다른 언어들을 제치고 경제발전의 언어적 매체, 나아가 경제발전의 표시수단들 가운데 하나가 되었고, 또 점점 그렇게 되고 있었다.

아메리카 인디언 언어들의 쇠퇴도 같은 이유로 설명할 수 있을 것이다. 이를테면 자기 고유의 영토에서 소수로 전락하여 지배를 받는 인디언들은 새로운 체제와 실질적 관계를 맺고, 그 안에서 직업을 갖기 위해 끼어들 공간을 찾고자 한다. 이에 따라 영어지식은 다수가 된 영어 사용 주민들이 수립한 경제구조 안에서 인디언들에게 점점 더 필수적인 것이 되었던 것이다. 그때부터, 분명 비판을 받아 마땅한 것이지만 공동체들에 일반적으로 퍼져 있는 논리에 따르면, 2개 국어 병용 능력을 유지하는 것은 점점 더 정당화할 수 없는 것이 되었다. 이 공동체들 안에서 대다수의 부모들은 비용과 생산성이라는 말을 앞세워 언어학습의 문제를 제기한다. 이를테면 점점 더 설득력을 얻어가는 논리에 따라, 인디언 언어들을 전달하는 것은 아이들이 이 언어들을 습득함으로써 직업을 얻고 사회에 통합되어 얻을 수 있는 이익에 비추어, 비용이 너무 많이 드는 것으로 간주되는 경향이 있었던 것이다.

사회 상류계급의 수립

한 공동체에는 흔히 지배력을 확보하기 위해 외부 모델들을 본받는 집단이 형성된다. 이 집단의 존재가 인정받게 되고 그 규모가 커지면, 이 집단은 경제력을 가진 집단이 사용하는 언어라는 이유를 들어 다른 집단의 언어를 선택하게 되고, 이 언어는 그 지방 고유어에 압력을 행사할 수 있게 된다. 외부에서 들어온 이 언어에 타고난 사용자가 나타나면서 지지기반이 조금이라도 확대되기만 하면, 이 언어의 압력은 한층 더 강해진다.

브르타뉴어와 아일랜드어를 포함하는 다른 주요 켈트 언어들이 처한 불안정한 상황과 비교해 볼 때 웨일스어는 겉으로는 문제가 없는 것처럼 보이지만, 웨일스 지방에서 웨일스어의 쇠퇴에 주요 원인으로 작용하는 과정은 일반적으로 이러한 것이다. 사실 튜더왕조 시대부터 정치적 지배계급인 상류층이 웨일스 지방에 형성되었다. 이 계급은 점점 더 런던 쪽으로 이끌려, 런던의 경제적·문화적 영향을 받게 되었다. 18세기 후반 이러한 상황에서 야기되기 시작한 웨일스어의 쇠퇴는, 웨일스 지역 남동부의 탄광지대에 영어를 사용하는 사람들이 이주해 오면서 더욱 가속화되었다.

사실 뚜렷한 반례들도 찾아볼 수 있다. 왜냐하면 인간을 움직이게 하는 언어현상들은 예외 없이, 더욱이 경제적·사회적 요인들과 같은 외직 요인들이 개입할 때, 예측할 수 있는 성실의 것이 아니기 때문이다. 예컨대 (북해의, 슐레스비히홀슈타인[18]의 동부 해안 앞바다에 있는) 푀르 섬과 암룸 섬에서 사용되는 프리지아 방언[19]의 경우를 들 수 있다(Poulsen, 1981). 전통적 청어낚시가 쇠퇴한 뒤, 이 섬들에 사는 소년들에게 항해술을 가르치기 위해 16세기에 학교가 설립되었다. 그리고 이 소년들은 바다를 누비고 다니는 대형 선박들을 소유한 네덜란드 회사들에서 일자리를 얻게 되었다. 위에서 언급한 프리지아 방언을 말할 수 있는 능력은 이점으로 작용했으며, 이주민들은 상당히 폐쇄적인 선원세계의 일원이 되기 위해서는 이 말을 배우는 것이 바람직하였다. 이는 앞서 소멸위험에 처한 방언을 유지해 준 주요 요인들 가운데 하

---

18) 슐레스비히홀슈타인(Schlesvig-Holstein). 독일에서 가장 북서쪽에 있는 주.

19) 이 방언은 북(北)프리지아어에 해당한다. 영어와 가장 밀접한 관계를 가진 서(西)게르만어인 프리지아어는 동·서·북프리지아어의 세 갈래로 나뉜다.

나였다. 하지만 한편으로 이러한 유형의 반례는 상당히 드물다. 다른 한편으로 이는 소규모의 경제조직과 제한된 직업환경의 경우에 해당하는 것으로, 지배언어와 맞서는 큰 공동체에 대해서는 상상할 수 없는 일이다.

지배언어와 피지배언어. 사회·경제적 모델들의 생태학적 해석

앞서 문제가 된 현상들을 생태학적 용어로 해석할 수 있다. 이전에 제안했던 '생태언어학'[20]의 개념을 확대하면(Hagège, 1985: 246~247 참조), 계속 정상적 삶을 영위하면서 살아남기 위해서는, 언어들도 생태언어학적 환경의 새로운 여건에 적응해야 한다고 말할 수 있다. 그때까지 알려져 있지 않았던 생태언어학적 환경이 행사하는 압력이 너무 강해져서, 완전히 새로운 생활방식에 직면한 공동체들은 그들의 언어를 적응시키면서 이 환경에 대처할 수 있는 수단과 시간을 가질 수 없게 된다. 이 언어들을 더 강한 경제·사회적 위상을 가지는 다른 언어들로 대체하는 행위는 그들이 보기에 이러한 상황의 결과로 나타나는 것이다. 달리 말하면, 토착어를 거부하고 언어가치의 거래시장에서 가장 강한 것으로 보이는 언어를 선택하는 것은 경제적 향상과 사회적 상승을 꾀하는 수단들처럼 보이는 것이다.

여기에서 지배언어와 피지배언어가 서로 대립한다. 지배언어는 공격자의 위치에 자리잡는다. 지배언어는 정복해야 하고 다른 언어는 지켜야 하는 영토는 개발가능한 진정한 보고(寶庫)이며, 바로 이 영토는 피지배언어로 전락한 원래 언어를 중심으로 형성된 언어공동체인 것이

20) 생태언어학적 관점에 따르면, 자연의 생태학적 다양성을 보호할 필요가 있는 것처럼 언어의 다양성도 보호할 필요가 있다. 언어는 지금 이 순간에도 죽어 가고 있기 때문에 '새로운 녹색 아이디어로 가득한 생태언어학', 곧 '녹색언어학'에 깊은 관심을 기울이고 적극적으로 지원해야 할 때인 것이다(데이비드 크리스털, 《언어의 죽음》, 11, 57쪽 참조).

다. 의사소통 수단으로서 경쟁언어의 생산성이 확대됨에 따라 피지배언어의 생산성은 대칭적으로 계속 감소한다는 의미에서, 경제적 습성의 순환과 결부된, 피지배언어의 함수적(函數的) '침식'이라는 말을 할 수 있다.

자연 도태

경제적으로 더 강한 힘을 가진 집단의 언어가 힘이 약한 집단의 언어를 위협하는 경향을 보여주는 현상은 자연도태라는 다윈식의 용어로 마찬가지로 해석할 수 있다. 그러나 이제 경제체제들의 대립을 자연과 환경조건들에 따라 생성된 세력들이 경합하는 무대로 고려해야 한다. 이러한 접근은 납득할 만하다. 물론 인간사회와 동물사회는 경제적 지배를 만들어 내는 의지에 따라 근본적으로 구별된다. 언어가 가지는 많은 양상들로 보아 자연적 종(種)인 언어(제 2장 참조)는 또한, 한편으로는 타고난 인지능력의 산물이며, 다른 한편으로는 사회적 제도라는 것을 잊어서는 안 된다. 그러나 지배관계들은 그 자체로, 사회적 여건들을 은유적으로 보여주는 자연적 여건들임을 인정할 수 있다. 언어들의 생존경쟁이 펼쳐지는 과정에, 이 언어들 가운데 일부는 여러 요소들에 의해 지배언어가 된다. 이제 아프리카에서 택한 다른 보기를 통해 볼 수 있듯이, 이 점은 어느 곳에서나 또 모든 층위에 적용된다.

수렵-채집 생활자들과 가축 사육자-농민들

수렵-채집 생활자들이 사용하는 언어는 특히 위험에 노출되어 있다. 이 현상을 특별히 살펴볼 수 있는 곳은 동부아프리카 지역으로, 대개 빈곤한 소규모 집단들이 이에 해당한다. 이들은 가축 사육자들과 농민들에게 전통적으로 평판이 좋지 않은데, 사냥감과 초목을 찾아다니며 비위생적으로 살아가는 그들의 유목생활이 짐승들의 그것과 비슷한 것으로 여겨졌기 때문이다. 이 집단들이 자신들의 생활조건을 바꾸기 위해 내리는 결정에 따라 상황이 달라지기는 하지만, 그들의 사회적 지위는 상당히 낮다. 따라서 그들은 자신들의 생활수준을 더 높여 주고, 동시에 사회적으로 더 나은 지위를 가질 수 있게 하는 농목(農牧) 생활을 지향하는 아주 심한 압박감을 받게 되는 것이다.

결과적으로 수렵-채집 생활자들은 경제·사회적인 이유로, 자신들이 합류하고자 하는 집단의 언어를 받아들이기 위해 자신들의 언어를 포기하기에 이른다. 이러한 상황을 보여주는 보기들은 상당히 많은데, 그 가운데 두 가지만 들어보자. 에티오피아 남서부의 오모 강을 따라 자리잡고 있는 가난한 촌락들에 일부 정착생활을 하는 퀘구족은 아주 작은 규모의 옥수수 수경재배를 한다. 그러나 그들은 특히 하마사냥과 양봉으로 생활하는데, 그들은 에티오피아 고원지대에서 인기가 있는 취하게 하는 벌꿀 물을 팔지만, 고기는 자신들이 먹기 위해 남겨 놓는다. 왜냐하면 그들의 이웃인 무르시족과 보디족은 여러 동물들의 고기를 금기시하기 때문이다.

퀘구족은 자기들의 이익을 지키는 데 신경을 쓰는 이 이웃 부족들과 보호관계를 유지하는데, 그들은 많은 가축을 소유하게 될 희망을 가지고 이 이웃의 짐승들을 지켜준다. 그리고 그들은 흔히 자기들의 보호자의 딸과 혼인한다. 이렇게 결합한 부부들은 자식들에게 퀘구어를 물려주고자 하는 자극을 덜 받게 되는데, 이는 어머니들이 퀘구어를 사용하지 않을 뿐만 아니라, 또한 퀘구어가 나일·사하라어족에 속하는 무르시어 및 보디어와 많은 공통점을 가지고 있음에도 불구하고 퀘구어를 어렵게 여기기 때문이다. 그리고 특히 불평등한 2개 국어 병용현상이 일반화됨에 따라 사회·경제적 가치를 가지지 못한 언어인 퀘구어는 불리한 처지에 놓이게 된다.[21] 마찬가지로 아프리카에서 볼 수

---

21) 무르시어(*Mursi*). 사용자 수 3,278명(1998년)으로, '취약' 단계로 분류되어 있다.
퀘구어(*Kwegu*). 사용자 수 103명(1998년)으로, '소멸 직전' 단계로 분류되어

있는 다른 경우는 수백 명 정도의 수렵-채집 생활자들로 이루어진 다할로족의 보기이다. 다할로족은 라무 섬 맞은편 케냐의 해안지방에 사는데, 이 부족의 언어는 도시주민들의 대다수가 사용하는 스와힐리어의 압박에 눌려 심하게 침식당했음은 앞서 살펴보았다(137쪽 참조).

가축 사육자나 농민으로 살고 싶은 수렵-채집 생활자들은 한동안 특정 민족의 소속감을 간직한다. 그러나 부족간 혼인이 이루어지고 피보호와 보호의 관계가 지속됨에 따라, 그들은 자신들의 생존방식을 버리고 사회적 지위를 변화시키면서 또한 자신들의 언어사용과 결부된 문화활동과 전통들도 버리게 된다. 이렇게 포기함으로써 이 부족은 자신들의 언어 자체를 희생시키는 데까지 이르게 된다. 따라서 확실하게 구분되는 진정한 정체성을 유지하고자 하는 희망은, 그것을 강하게 원한다 할지라도 아주 헛된 것이 되고 만다. 어부들의 사회와 같은, 다른 사회들에 대해서도 마찬가지다. 여기에서 보기를 하나만 더 들어보자. 케냐의 투르카나 호수 남쪽 연안의 어부들이었던 엘몰로족은 그들이 경세적·문화적으로 동화된 나일 빈족인 삼부루족의 언어를 사용하면서 자신들의 (쿠시어군의) 언어를 거의 잊어버렸다.[22]

농촌생활의 쇠퇴

수렵 및 채집 생활자들과 어부들이 농민들과 가축 사육자들이 누리는 우월한 지위를 얻기 위해 그들에 동화되는 것과 마찬가지로, 농민들도 흔히 더 나은 경제적 상황을 찾고자 도시생활에 마음이 끌리게 된다. 여기에서도 역시 언어는 어느 정도 짧은 기간 안에 소멸이라는 결말에 이르게 된다. 이 현상은 나일·사하라어족의 언어로서 이집트와 수단에서 이론상으로는 아직도 20만 명이 사용하는 누비아어가, 적

있다.

22) 엘몰로어(*Elmolo*)는 사용자 수를 파악할 수 없으며(1992년 기준), '소멸' 언어로 분류되어 있다.

어도 도시에서 겪을 수도 있는 것이다. 이집트에서 젊은 층의 누비아인들은, 그들이 보기에 도시가 제공하는 것으로 보이는 최상의 일자리 전망에 마음이 끌려 카이로나 알렉산드리아로 많이 이주하고 있다. 전기를 쓸 수 있고 따라서 라디오와 텔레비전을 사용할 수 있다는 사실은, 그들이 아랍어를 더 사용하게 만드는 많은 기능을 한다. 이런 식으로 남자들이 아랍어 사용의 매체가 되고 있다. 왜냐하면 그들은 시골에 비해 집에서 더 가까운 곳에 일자리를 가지고 있으므로 더 긴 시간을 집에서 보낼 수 있고, 자기 자녀들에게 아랍어로 말하는 경향이 있기 때문이다. 아직은 농촌지역의 누비아어만이 도시지역에서 언어를 위협하는 쇠퇴현상에서 벗어나 있다.

이러한 도식은 약간 예외적인 몇 가지 경우를 제외하면, 모든 곳에 적용된다고 볼 수도 있을 것이다. 프랑스에서 지역언어, 방언과 사투리 등의 쇠퇴는 농촌의 공동화(空洞化)와 직업적 유동성, 도시생활이 제공하는 (상대적) 안락함의 유혹과 연결되어 있었다. 어떤 견해에 따르면, 오직 국가의 언어만을 보급해야 하는 임무를 띤 교사들의 구박을 받고 자신들의 지역언어를 포기하는 것과는 달리, 일부 프랑스 농민들은 자기 의지에 따라 이 언어를 포기한 것으로 볼 수 있다. 이를테면 그들은 진보, 또는 그렇게 일컫는 것에 끌렸던 것이다. 하지만 그들은 생활방식의 빠른 변화 때문에 언어를 선택해야 할 처지에 놓였던 것인가?

전통적 활동의 포기

한 집단이 경제적·사회적 이유로 자신의 생활방식을 포기할 때, 이 선택이 초래하는 결과들 가운데 하나는 이 집단이 자신들의 과거 활동들을 축소하고, 곧이어 버리게 되는 현상이다. 그런데 이 활동들이 표현되었던 언어는, 민족의 존재를 인식하게 해주는 문화적 상징의 총체인 전통의 언어였다. 따라서 민족의 언어는 자신이 매개하던 문화와 함께 사라질 운명에 처하게 되는 것이다. 이러한 과정을 보여주는 보기들 가운데, 오스트레일리아 원주민들의 언어를 들 수 있다. 대부분의 집단에서 사냥과 어업은 사라졌거나 작은 규모로만 이루어지고 있다. '코로보리'[23]라 불리는 야간축제들에 대해서도 마찬가지다(서부 오스트레일리아의 북부지방에서 아직도 쓰이는 우남발어[24]로 아마도 '춤'을 뜻하는 단어 korobra를, 가장 근접한 것으로 보이지만 의미상 유사점은 전혀 없는 영어단어〔*to corroborate*〕에 따라 재해석한 것이다). 어느 부족의 승리나 다른 어떤 길한 일을 기념하는 이 축하행사 동안에 사람들은 춤을 추고, 당연히 지역의 고유어로 이야기하였다. 원주민들은 처음에는 개인생활과 가정생활에 관련된 모든 상황에서 자신들의 언어를 사용하고, 직업활동과 백인들과 맺는 관계를 위해서는 영어를 사용하였다. 그러나 동화가 진행되면서 관습이 쇠퇴함에 따라, 그들은 자신들의 관습을 지켜나가는 데 들이는 시간을 점점 줄이게 되었다. 이어서 그들은 자신들의 관습의 버팀대였던 언어들의 사용을 점차 줄이고, 영어를 더 사용하게 되었다. 바로 이러한 방식으로 문화적 지표의 변화가 언어들의 죽음을 야기할 수 있는 것이다.

전통적 활동의 쇠퇴와 문법체계의 침식 사이에 직접적 관계가 있는 경우들까지 볼 수 있다. 예컨대 1970년대에 실시한 마지막 조사에 따르면, 카밀라로이어의 마지막 사용자들이 하나의 행위가 이루어지는 하루 중의 여러 시점들을 동사들의 형태를 다르게 하여 구분할 수 있었던 아주 정교한 문법체계를 왜 상실(139~141쪽 참조)했는지 이해할 수 있다. 이 문법체계의 문화적 중요성은 여기에 달려 있는데, 곧 이 체계는 카밀라로이족이 일찍이 사냥하곤 했던 동물들이 취했던 행동주

---

23) 코로보리(*Corroborees*). (오스트레일리아 원주민의) 종교적·호전적 집회. (잔치 또는 전투 전날 밤의) 코로보리 춤과 노래를 말한다.

24) 우남발어(*Wunambal*). 사용자 수 5명(2005년)으로, '소멸 직전' 단계로 분류되어 있다.

기에 바탕을 두고 있었던 것이다. 정확히 말하면, 부족의 마지막 노인들은 상당히 오래전부터 사냥활동을 전혀 하지 않았으며, 젊은 구성원들은 이러한 환경과 관계를 맺는 전통적 방식과 결별하였던 것이다.

정치적 원인들

국가의 제단(祭壇)에 희생된 언어들

국가들과 다언어 사용

자신들의 세력권에 들어 있는 것으로 보이는 전 지역에 지배를 확대하고자 하는 중앙집중화된 정치권력을 확립하는 일과, 광대한 영토에 흩어져 있는 군소민족들을 유지하는 일은 항상 양립할 수 있는 것은 아니다. 자신들의 정치적 영향력을 의식하는 국가들이 발전하면서 흔히 이 군소민족들에게 특히 해로운 조치들이 뒤따르게 마련이다. 곧 주거지의 파괴, 산림파괴, 주민들의 이주, 강제동화가 그것이다. 예컨대 중앙·남아메리카에서 전개된 스페인 식민지배의 역사와, 북아메리카에서 진행된 영국과 이어 미국의 식민지배의 역사가 그러한 것이다. 포르투갈, 네덜란드, 프랑스 같은 다른 나라들의 식민정책들도 이러한 도식과 크게 다르지 않다.

이러한 역학관계가 언어에 초래한 결과들은 쉽게 감지할 수 있다. 한 민족의 지배를 중심으로 수립된 국가들의 이데올로기는, 언어의 수가 늘어나고 이에 따라 언어가 널리 확산되는 움직임에 그다지 유리하게 작용하지 않는다. 지역언어들의 계속된 기능축소는 공화정에서와 마찬가지로 군주정하에서 프랑스의 언어정책이 야기한 결과들 가운데 가장 명백한 것이다. '빌레르-코트레 칙령'[25] 은 루이 11세의 통치 이전

25) 빌레르-코트레 칙령(*Ordonnance de Villers-Cotterêts*). 프랑스 국왕 프랑수아 1세가 1539년에 반포한 것으로, 국민이 행정 및 사법문서를 제대로 이해하도

부터, 라틴어의 지위와 또 당연히 지역언어들의 지위를 축소하고 국가언어의 확장만을 의도했던 일련의 칙령을 1539년에 정리한 것일 뿐이다.[26] 프랑스 혁명기에, 유일한 언어의 필요성을 내세웠던 그레구아르 신부[27]의 말은 의미심장하다. 이 언어 없이는 온 나라에서 서로를 이해할 수 없으며, 결과적으로 상품의 유통과 사상의 전파를 보장할 수 없다는 것이다.

이 정책은 오늘날의 프랑스에서 방언들과 사투리들과 함께 지역언어들이 쇠퇴하게 된 (유일한 것은 아니지만) 여러 가지 이유 가운데 하나다(Hagège, 1987 및 1996b 참조). 프랑스의 경우가 특수한 것은 전혀 아니다. 언어의 통일을 바탕으로 국가통일의 기반을 세우는 것은, 국가를 수립한 대부분의 사회들이 국가통일의 바탕으로 삼은 개념의 근본적 특질이다. 인도, 태국, 말레이시아와 또 어느 정도는 중국에서도 찾아볼 수 있는 다언어 사용에 대한 더 유연한 태도로 판단하건대, 언어통일과 연결되어 있는 것으로서 국가적 단결의 개념은 특히 유럽과

록 하기 위해 프랑스어로 문서를 작성하도록 하였다. 이로써 프랑스어는 행정과 사법분야의 공식언어가 되었다. 이 칙령은 특히 공적 생활과 관련된 문서에 프랑스어의 우위와 배타적 권리를 인정한 기본문서로 알려져 있다.

26) 빌레르-코트레 칙령은 프랑스에서 수세기 전부터 진행되어 온 언어의 중앙집중화 움직임을 뒷받침한 것이다. 따라서 이 칙령은 이전의 칙령들과 함께 프랑스어가 라틴어 및 다른 로망스 언어들을 점차 대치해 가는 과정을 보여준다. 이전의 칙령들은 1454년 샤를 7세의 몽티-레-투르(훗날 루이 11세 때 플레시스-레-투르로 바뀜) 칙령, 1490년 샤를 8세의 물렝 칙령, 1510년 루이 12세의 리옹 칙령, 1535년 프랑수아 1세의 이스-쉬르-티유 칙령 등이다.

27) 그레구아르 신부(Abbé Grégoire〔Henri Grégoire〕, 1750~1831). 프랑스의 성직자·주교. 1789년 프랑스 혁명기에 삼부회의 성직자 의원, 국민의회 의원으로 활동했다. 의회에서 흑인 노예제 폐지를 주장하기도 했으며, '프랑스 학사원'의 창립에 관여했다. 그는 특히 프랑스 혁명기에 프랑스어 사용을 보편화하는 데 기여했는데, 1794년 '사투리를 없애고 프랑스어의 사용을 보편화할 필요성과 수단들에 대한 보고서', 곧 '그레구아르 보고서'를 국민의회에 제출했다. 그는 국가의 언어통일을 이루어야 하며, 유일 불가분의 공화국(프랑스 제1공화국을 이름) 안에서 자유의 언어의 위상을 확고히 해야 한다고 주장했다.

아메리카에서 널리 확산된 것으로 보인다(Fodor et Hagège, 1983~1994 참조).

국가와 언어말살

정치권력은 소수언어들의 사용을 제한하는 조치들로 만족하지 않는다. 흔히 정치권력은 모든 점에서 확실시되는 언어의 죽음을 막기 위한 조치를 전혀 취하지 않는다. 그러나 이 권력은 때로 이보다 더한 일을 한다. 언어사용자들을 없애지는 않은 채로 언어들을 추방하기도 하는 것이다. 국가의 언어말살, 곧 명백한 정치적 조치들을 취함으로써 하나 또는 여러 개의 언어를 계획적으로 제거하는 일은 특히, 20세기 전반 수십 년 동안 미국이 미크로네시아의 여러 섬에서 사용되는 언어들을 대상으로 전개한 전쟁으로 나타났다. 이는 사이판, 로타, 티니언, 파간, 아나타한과 알라마간에서와 마찬가지로 괌[28]에서 차모로어(또는 과메뇨어)가 겪은 것과 같은 것이다. 미국 세력은, 이전의 스페인 세력보다 더, 아주 엄격한 행정조치들을 취함으로써 차모로어를 없애려 애썼으며, 이 언어사용자의 수는 현저히 줄어들게 되었다. 그렇지만 이 언어가 사라진 것 같지는 않다.[29]

잘 알려져 있는 보기를 같은 지역에서 또 찾아볼 수 있다. 미국 통치당국은 필리핀에서, 1898년에서 1901년 사이에 스페인을 축출한 뒤 20세기 초기부터 산골마을에까지 영어를 사용하는 임시교사들을 파견

---

28) 미국령 마리아나 제도의 섬들이다. 포르투갈의 마젤란이 1521년 괌에 도착한 이래, 괌은 스페인의 해외 전초기지로 사용되었다. 1898년 미국-스페인 전쟁의 결과(파리조약), 아메리카 대륙에서 스페인의 식민통치가 종식되었으며, 미국은 태평양 연안 서부지역과 라틴아메리카 지역의 영토를 획득하였다. 괌은 이때 푸에르토리코와 함께 이 전쟁의 전리품으로 미국에 할양되었다.

29) 차모로어(*Chamorro*). 괌의 원주민인 차모로족이 사용하는 언어. 미크로네시아 방언이 아니라 독자적 어휘와 문법을 지닌 별개의 언어로, 괌과 북(北)마리아나 제도에서 사용된다. 사용자 수 6만 2천5백 명(1991년)으로, '취약' 단계로 분류되어 있다.

하여 스페인어를 완전히 뿌리 뽑고자 했다.[30] 물론 17세기 초부터 오랫동안 전개된 일련의 반란에 의해 문제시되기는 했지만, 스페인어는 식민지배세력이 5백 년 가까운 세월 동안 엘리트들 사이에 확실하게 주입한 언어였다.

때로 언어의 말살 시도는 원래 그 언어를 사용하던 주민들에 속하는 지배집단에 의해 자행되기도 하였다. 예컨대 1616년에 스코틀랜드 의회가 채택한 교육법령은 각 지방 행정구의 학교에서 영어사용을 전면적으로 확대하고, 모든 야만성의 원천으로 기술된 스코틀랜드 게일어를 축출해야 하며, 따라서 모든 교육에서 '폐지하고 제거해야' 할 것이라고 규정하고 있다.

시간이 걸리는 언어 말살도구들

국가에 의해 사용금지된 언어들에 대해, 국가는 언어 말살계획에 명시적으로 맞추어진 행정조치들을 물론 억지로 취할 필요는 없다. 국가는 또한, 더 느린 속도로 진행되는 것이기에 그만큼 더 효과적인 언어 말살도구를 가지고 있다. 이 도구들은 잘 알려져 있는 것인 만큼, 여기에서는 다만 짤막하게 언급하고자 한다. 이는 군대, 미디어와 학교이다. 여기에서는 군대와 미디어에 대해서만 언급하고, 학교의 영향력은 좀더 뒤에서 검토해 보기로 한다.

---

30) 미국은 1898년 미국-스페인 전쟁의 결과 스페인으로부터 필리핀 통치권을 넘겨받았다. 미국은 교육정책을 통해 필리핀 식민통치를 구체화하였는데, 50여 년에 걸쳐 미국의 교육제도·언어·문학·예술 및 과학 등이 필리핀에 도입되고 교육되었다. 특히 1901년 1월의 필리핀 관련 학교 교육기본법에 명시한 대로 영어를 교육 및 일반 공용어로 채택한 것이 가장 큰 변화를 가져온 교육정책이다. 미국은 식민지 교육제도를 효과적으로 운영하기 위해 본토에서 수백 명의 교사들을 초빙해 오기도 했는데, 1901년 8월 6백여 명의 미국인 교사들이 마닐라에 도착하였다. 양승윤 외 지음, 《필리핀》(한국외국어대학 출판부, 2006), 49~51쪽 참조.

군 대

프랑스에서는 제1공화국 때부터, 아니면 제3공화국하에서 혁명정부가 국경지역의 위험에 맞서기 위해 대규모로 징집했을 때, 여러 지역 출신의 신병(新兵)들이 뒤섞이게 되었다.[31] 이때 지역언어, 방언과 사투리의 지위가 사생활에서 사용하는 관용어(慣用語)로 축소되었는데, 이는 프랑스어가 널리 확산되는 계기들 가운데 하나가 되었음은 잘 알려져 있다. 러시아어는 20세기에 제정 러시아의 군대와, 특히 카프카스 출신이든 중앙아시아의 여러 이슬람 공화국 출신이든, 터키, 몽골 또는 퉁구스 민족들이 흩어져 사는 동부 시베리아 여러 지역의 출신이든 또는 다른 곳 출신이든 간에 소비에트 군대의 병사들이 사용하는 수많은 언어에 대해 유사한 기능을 하였다. 연방언어의 사명을 가진 가장 강한 언어인 러시아어는 이 나라의 전역에서 다른 언어들을 모두 흡수하게 되었다.

미디어

세계적으로 보급되어 있는 몇 가지 언어들(영어, 스페인어, 프랑스어, 포르투갈어) 가운데 한 언어로 진행되는 라디오와 텔레비전 방송이 대중을 상대로 퍼붓는 폭격은, 이 언어들에서 제외된 일부 청취자와 시청자의 언어들인 부족언어들과 지역언어들에 해롭게 작용할 따름이다. 제대로 유지되지 못한 언어들이 사라지는 명백한 이유를 굳이 강조할 필요는 없다. 접근하기 힘든 오지에 사는 외딴 부족들 가운데, 라디오나 텔레비전이 없어 이 일상적 공격을 피할 수 있는 부족의 수가 갈수록 줄어든다는 것을 상기시키는 것으로 만족할 것이다. 이러한

---

31) 프랑스 제1공화국(1792~1804). 프랑스 혁명기인 1792년 국민공회가 왕정을 폐지하고 수립한 정치체제.
프랑스 제3공화국(1871~1940). 1871년 프랑스-프러시아 전쟁 이후부터 1940년 제2차 세계대전 때 독일군에게 점령당하고 해방될 때까지의 프랑스 정부를 말한다.

공격에 가장 노출되어 있는 사람들은, 언어들을 살아남게 하는 열쇠들임에도 불구하고 여전히 가장 지식을 갖추지 못한 사람들이며, 불안정해진 언어들의 전달은 이들에게서 점점 더 어려워진다는 것을 강조할 필요가 있다. 바로 그들은 영어가 지배하는 매체들이 전달하는 (돈벌이가 되는!) 숭배대상, 특히 대중음악, 유행과 스포츠의 대량보급을 위한 완벽한 시장인 신세대들이다.

영어 제국주의

언어들의 위계

영어 제국주의는 오늘날 언어들의 소멸요인들 가운데 으뜸가는 자리를 차지하고 있다. 경제적 · 사회적 원인들은 분명 다른 모든 원인들에 앞서 고려해야 할 요소들이다. 그러나 영어는 가장 산업화한 사회들에서 사용하는 언어로 자리잡고 있다. 따라서 영어는 한 공동체가 다른 공동체보다 경제적으로 더 강할 때 공동체들 사이에 일어나는 대립의 주요 수혜자이며, 바로 이 주도권에 의하여, 자신의 압력을 확대해 가는 한층 더 강한 정치적 영향력을 가지게 된다. 미국 영어는, 오늘날 세계에서 사적 관계에 사용되는 현지언어와, 대규모 무역거래의 매체로 정치적 · 문화적 이데올로기의 매체기능도 해야 하는 사명을 가진 국제언어 사이에 점점 더 가파르게 진행되는, 거의 위계적 대립에서 얻을 수 있는 모든 이익을 누리고 있다.

단일 언어 사용과 단일 언어 중심 사고방식의 장려

이러한 상황에서는 결과적으로 한 가지 언어만을 사용하는 사람들이 주도권을 가지게 되며, 그들은 이 유일한 언어와 유대를 맺음으로써 특혜를 누리게 된다. 이러한 단일 언어 사용과 단일 언어 중심 사고방식의 장려는 영어에 유리하게 진행된다. 여러 가지 언어를 사용하는 사람들의 능력은, 이 능력의 실체, 곧 풍부함 때문에 높은 평가를 받기는커녕 오히려 불리한 조건으로 저평가된다. 영어에 유리하게 전개되는 단일 언어 사용은 모더니즘과 진보의 보증으로, 아니면 필요조건으로 간주된다. 반면에 다언어 병용은 경제적·사회적 그리고 정치적인 저개발과 후진성과 결부되어 있거나, 단지 영어에 이르게 되는 과정의 부정적이고 짧은 한 단계로 간주된다. 언어사용자들은 은연중에 선택해야 할 상황에 놓이게 된다. 곧 이 선택은 소수의 언어, 또는 다수일 경우에도 정치적으로 중요성이 없는 자신의 모국어를 간직하고, 그때부터 영어를 정확하게 배우지 않거나, 또는 영어를 배우고 따라서 자신의 모국어는 간직하지 않거나 하는 것이다. 다양한 연구작업들(특히 Lambert, 1967 참조)에서, 수많은 공동체들, 예컨대 퀘벡 외의 캐나다 여러 지방에서 이주공동체들이 이러한 선택을 해야 할 기로에 놓여 있음을 볼 수 있다. 2개 국어 병용의 가치가 이렇게 떨어지게 되면서, 앞서 사용하던 언어를 포기하지 않고서도 하나의 언어를 배울 수 있다는 것을 잊어버리는 상황에까지 이르게 되는 것이다.

물론 타고난 영어 사용자들은 근본적으로 불평등한 이러한 상황에서 아무것도 잃지 않는다. 왜냐하면 그들로서는 오히려 자신들의 원래 언어에 아무런 해도 입히지 않으면서 다른 언어를 습득하는 것이 가능하다고 생각하기 때문이다. 당연한 말이지만, 이는 학습은 추가하는 것이지 대체하는 것이 아니라는 것을 뜻한다. 반면에 다른 사람들에게는 대체가 문제가 된다. 왜냐하면 2개 국어 병용은 비용이 많이 드는 사치이며 지배언어만이 만족감을 주고 수지가 맞는 결과를 가져다주기 때문에, 이 언어만이 학습의 투자가치가 있다는 것을 그들에게 납득시키는 데 모든 것의 초점이 맞추어져 있기 때문이다. 그런데 이 명백한 압박이 항상 필요한 것은 아니었다. 말하자면 토착어는 모든 여건상 더욱 위세 있는 것으로 보이는 경제적·사회적 모델에 직면해 있기에, 대부분의 피지배민들에게 나타나는 불평등한 2개 국어 병용현상은 스스로 토착어를 평가절하하고 이 언어에 형을 선고하기에 이르기 때문이다.

인디언 언어들에게 죽음의 장치인 북아메리카의 영어사용 학교

국가가 하나 또는 여러 개의 언어를 전적으로 축출하기 위해 학교교육 관련 조치를 취할 수 있음을 보았다. 언어의 폐지나 장려를 위해 마련되는 명백한 조치들은 언어들의 소멸과정에 학교가 행하는 기능의 양상들 가운데 하나일 뿐이다. 더욱이 학교는 오랜 시간에 걸쳐 공격이 진행되는 곳이며, 그 공격의 수단인 것이다.

미국에서와 마찬가지로 캐나다에서, 연방정부들은 19세기 말부터 영어를 사용하는 학교를 통하여 인디언 공동체들을 통합하는 정책을 펼쳤다. 인디언 아이들을 '문명화'하는 유일한 수단은, 그들을 자신들의 마을에서 멀리 떨어진 기숙사에 옮겨 지내게 함으로써 그들이 타고난 환경의 '야만적' 영향에서 벗어나게 하는 것이라는 점이 분명하게 언급되었다(Zepeda et Hill, 1991 참조). 이 분리작업은 때로는 강세로 실행되었다. 가족들은 너무 가난하여 여름방학 때조차도 자기 아이들을 집에 돌아오게 할 수 없을 정도였다. 연방학교든 지방행정구의 학교든, 또는 마을의 지역 차원의 2차 교육기관이든 간에, 모든 학교에서 아메리카 인디언 언어를 사용하는 것은 절대 금지되었다. 모든 위반행위는 아직 아주 어린 아이들일지라도 모욕적이고 또한 엄하게 처벌되었다. 이 제도는 일부 지역에서 1970년대 초까지도 존속되었다.[32]

다른 곳에서는 이 제도를 유지할 필요가 없었다. 자기들의 모국어를

---

32) 캐나다 정부는 동화정책을 내세워 1874년부터 원주민 자녀 15만 명을 기독교회가 운영하는 기숙학교에 강제로 입학시켰다. 원주민 자녀들은 10여 년 동안 가족과 떨어져 학교에서 생활해야 했다. 기숙학교는 1970년대 들어서 대부분 폐쇄됐고, 마지막 학교가 1996년 폐교된 것으로 알려져 있다. 원주민의 고유문화와 영적 신념이 열등하다는 것을 전제한 이 동화정책은 사실 원주민을 말살하기 위한 것이었다.

여전히 용감하게 사용한 인디언 아이들에게 가한 신체적·도덕적 가혹 행위가 그 만큼 효과적이었기 때문이다. 틀링깃족과 하이다족[33]의 언어들은 알래스카의 동남부에서 오래전에 사용되었으나 지금은 소멸 직전에 놓여 있는데, 이 부족 노인들은 아직도 자기들끼리 자신들의 공동체 언어로 말하게 될 때면 이 기억이 떠올라 전율하게 된다고 분명하게 말한다. 인디언 문화에 대한 모든 집착을 근절하고, 인디언 언어들을 악마의 창조물로 보이게 하며 공포심을 주어, 이 언어들을 사용하고자 하는 모든 생각을 몰아내기 위해 찌푸린 형상들과 소름끼치게 하는 인물들을 등장시킨 교묘한 연출이 아메리카 학교에서 사용되었다. 그들에게 모든 일에서 복종하도록 가르치는 그들의 신이 인디언 언어들을 좋아하지 않는다고 교사들이 단정하는 것을 들으면서도, 여전히 자기들의 언어에 대해 약간의 희망을 간직하는 것이 가능했을까?

보기를 한 가지만 들어보자. 알래스카에서 예수회 선교사들, 모라비아 교회(모라비아에 설립된 후스파 수도회)[34] 선교사들과 정교회 선교사들이 운영하는 학교들을 들 수 있다. 20세기 초엽까지(Krauss, 1992

---

33) 틀링깃족(*Tlingit*). 야쿠트 만에서 폭스 곶에 이르는 알래스카 남부 해안과 섬들에 거주하는 북아메리카 인디언. 틀링깃어의 사용자 수는 55명(2001년, 캐나다 지역), 3백 명(2000년, 미국 지역)으로, 모두 '소멸 직전' 단계로 분류되어 있다.
하이다족(*Haida*). 퀸샬럿 제도, 브리티시컬럼비아, 프린스오브웨일스 섬 남부, 알래스카 등지에 사는 인디언. 하이다어의 사용자 수는 북부 하이다어의 경우 알 수 없으며, 남부 하이다어의 경우 사용자 수 55명(2001년)으로, 모두 '소멸 직전' 단계로 분류되어 있다.

34) 예수회. 성 이그나티우스 로욜라(San Ignacio de Loyola)가 1540년에 세운 로마 가톨릭 수도회. 교육·선교·박애활동을 펼친 것으로 유명하다.
후스파(*Hussite*). 종교개혁자인 얀 후스(Jan Hus, 1372/73~1415)의 추종자들을 말한다. 후스는 체크(보헤미아)의 종교개혁자·순교자로 중세에서 종교개혁기로 넘어가는 전환기에 활동했으며, 그의 활동은 루터의 종교개혁을 한 세기 앞서 예고한 것이었다. 모라비아 교회는 18세기에 창설된 기독교의 한 교파이다.

참조) 이 학교들에서는 에스키모·알류트어족[35]의 언어들인 알류트어, 센트럴유피크어와, 또한 아타파스카어족의 여러 언어로 작성된 교재들을 사용하여 인디언 아이들을 자기들 고유의 지역언어들로 교육하였다. 그러나 1912년경, 마지막 알류트 종교학교가 문을 닫았다. 엄격한 정책이 수립되었는데, 이 정책에 따라 교육영역에서 인디언 언어들을 사용하는 모든 행위는 절대 금지되었다. 이 단호한 배척조치는 60년 동안 시행되었다.

이 정책은 인디언 집단들에게, 그들이 사용하는 지역언어에는 어떠한 미래도 없으며, 따라서 부족언어로 이루어지는 교육은 그들의 아이들에게 해가 될 뿐이라고 여기게 만들었다. 이에 따라 인디언 언어들이 황폐해지는 결과가 초래되었던 것이다. 곧 1979년에 알래스카 동남부에는 단 하나의 아타파스카 언어인 쿠친어(또는 당시 매킨지 강 하류와 유콘 강 중류를 따라 사용된 루쇠어)와 아직도 나이 어린 사용자들이 있는 단 하나의 알류트공동체[36]만이 남게 되었다. 에스키모 언어들인 유피크어와 이누피악어에 관해 살펴보면, 이 언어들은 해제과정에 놓여 있었다. 최근의 조사들에 따르면, 이 언어들이 처한 상황이 악화되어 이 언어들은 소멸 일보 직전으로 다가가고 있음을 알 수 있다.[37]

---

35) 에스키모·알류트어족(*Eskimo-Aleut languages*). 그린란드·캐나다 알래스카·시베리아 동부지역의 에스키모와 알류트족이 사용하는 언어들(에스키모어는 시베리아와 알래스카 남서부에서 쓰이는 유크〔유피크〕어군과 알래스카 북부와 캐나다 및 그린란드에서 쓰이는 이누크〔이누피크〕어군으로 이루어져 있다).

36) 쿠친어(*Kutchin*〔루쇠어, *Loucheux*〕). 알래스카의 유콘 강, 필 강 유역과 유콘 준주(準州)에 사는 북아메리카 인디언인 쿠친족〔루쇠족〕이 사용하는 언어. 이 언어는 사용자 수 150명으로, '소멸 직전' 단계로 분류되어 있다. 루쇠는 쿠친의 프랑스어 이름이다.
알류트족(*Aleut*). 알류산 열도와 커맨더 제도 등 알래스카 반도 서부지역의 원주민. 알류트족의 일부가 사용하는 알류트어는 에스키모·알류트어족의 한 갈래로 분류된다.

37) 유피크어(*Yupik*)는 사용되는 지역에 따라 네 종류로 구분되는데, 2000년을 전후하여 각기 70~1만 7천 명의 사용자가 있었다. 한편 알래스카와 연안 섬 지

오스트레일리아에서 볼 수 있는 마찬가지의 행위와 결과

앞서 언급한 내용은 영어를 사용하는 학교의 희생물인 아메리카 인디언 언어들에 관한 것이지만, 전혀 다른 지역의 언어들, 이를테면 오스트레일리아 원주민의 언어들에도 마찬가지로 또 거의 같은 방식으로 적용된다. 이 언어들 또한 모든 영역에서, 특히 학교에서 영어의 압박에 눌려 소멸 일보 직전에 몰려 있다. 원주민 아이들은 이미 1814년부터 거의 한 세기 동안 강제로 가족들과 떨어져 지냈는데, 원주민 아이들의 30%에 해당하는 수만 명의 아이들이 영어 외의 다른 언어를 사용하는 것이 당연히 엄격하게 금지되어 있는 백인 가정에, 고아원에, 또는 간단히 말해 감옥 같은 기숙학교에 보내져 수용되었다. 오스트레일리아 정부는 너무 늦기는 했지만 1960년대 말이 되어서야 비로소 토착어들을 완전히 뿌리 뽑는다는 정책을 수정하였다.[38)] [39)]

영어 외의 다른 언어들이 '소규모' 언어들에 행사한 정치적 압력

프랑스와, 더 작은 규모로는 포르투갈이 각자의 식민제국들에서 펼친 학교교육정책은 동화정책이었다(라틴아메리카에서 볼 수 있는 스페인의 경우는 다른 것이다). 이 동화정책이 대중에게는 부정적 영향을 미

역에서 사용되는 이누피악어(*Inupiaq*)는 일곱 종류로 구분되는데, 2000년경 한 종류는 '소멸'했으며, 세 종류는 '소멸 직전', 세 종류는 '매우 위험' 단계로 분류되어 있다.

38) 오스트레일리아 정부의 이러한 '동화정책'은 1916년부터 1969년까지 시행되었다. 한편 2008년, 캐나다, 오스트레일리아 정부 및 의회는 이러한 동화정책에 따라 진행된 원주민 차별과 탄압에 대해 '역사적 사죄'를 하고 원주민을 인정하는 조치를 공식 발표했다.

39) 《에스놀로그》에 따르면 오스트레일리아에서 사용되는 언어는 207개(토착어 161개, 이입언어 46개)(2009년판)이다. 한편 《에스놀로그》 2005년판은 오스트레일리아의 언어 수를 275개(토착어 231개, 이입언어 44개)로 제시하는데, 4년 사이에 토착어의 수가 70개 급감한 점은 특기할 만하다.

치지 않았다 하더라도, 특정 유럽언어에 유리하게 작용하는 단일 언어 사용의 유혹에 때로 사로잡힌 엘리트들에서는 사정이 다르다.

게다가 일부 국가에서 공용어의 지위를 차지한, 영어 외의 다른 언어들은 소수민족 언어들에 가공할 압력을 행사한다. 이러한 상황을 분명하게 보여주는 예시를 아프리카에서 찾아볼 수 있다. 우리가 때로 생각하는 것과 달리, 북부아시아(러시아어), 중앙·남아메리카(스페인어), 북아메리카(영어), 오스트레일리아(영어)의 경우 지역·부족언어들에 대한 위험은 분명 유럽언어들에서 비롯되는 데 반해, 아프리카의 지역·부족언어들에 대한 위험은 오늘날에는 더 이상 유럽언어들에서 비롯되지 않는다. 아프리카에서, 유럽언어들은 식민지배 시기에 압력을 행사할 수 있었지만 지금은 특권층에 국한되어 사용되고 있다. 이로써 이 언어들과 함께 아프리카의 민족정체성과 소규모 언어들이 유지될 수 있는 것이다. 오히려 진정한 위험은, 널리 보급되어 있고 연방언어로 쓰이게 되는 아프리카 언어들에서 비롯되는데, 이 언어들을 장려하는 것은 국가의 조직을 장려하는 것과 일치한다. 탄자니아에서 스와힐리어의 경우가 그러하다. 스와힐리어는 국가통일을 확고하게 해주는 공용어로 지위가 격상되면서 가지게 된 권위 덕분에 차용의 원천으로 자리잡고 있다. 반투어족 안에서 스와힐리어와 같은 계통의 집단에 속하는 언어들은 스와힐리어의 파생특성들과 동일한 파생특성들을 가지고 있기 때문에 필요한 어휘들을 쉽게 만들어 쓸 수 있는데도, 이 언어들마저 스와힐리어에서 많은 신어(新語)들을 끌어올 정도이다.

여기에서 한 가지 모순이 나타날 수 있다. 영국과 프랑스의 과거 아프리카 식민지가 독립을 획득한 뒤 독립 초기의 정부들은 여러 해 동안 영어나 프랑스어를 공용어로 채택하는 외래 언어 사용정책을 펼쳤다. 이 정책은 아프리카를 특징짓고 있는 언어적 이질성을 드러내지 않고, 이로써 분리주의 유혹을 일으키지 않으면서 국가통일을 지키는 수단으로 제시되었다. 그런데 실제로, 아프리카가 처한 상황에서는 외래 언어의 선택이 지역언어들에 유리하게 작용한다. 사실 지도층과 유산계급만이 유럽언어들을 잘 알고 있으며, 대중은 자신들의 지역언어에 애착을 가지고 있다. 반대로 정치권력이 특정 아프리카 언어를 국가의 대표성을 표명하는 것으로 여기면서 이 언어를 장려할 수 있다. 이 경우에 그 언어는 학교 교육수단들과 미디어라는 원군을 업고 있기 때문에, 그 언어와 경쟁할 수 없는 소수가 사용하는 지역언어들은 위험에 빠지게 된다. 만일 이 언어들의 사용자들이 사회적으로 지위가 격상된 언어로 대거 옮겨 간다면, 소수가 사용하는 이 지역언어들은 위협을 받게 되는 것이다.

이 상황은 오늘날 탄자니아와, 그리고 어느 정도는 케냐에 있는 많은 언어들이 처한 상황이다. 그런데 이 두 경우는 모두 스와힐리어에 유리하게 작용하는 상황이다. 많은 사람들이 사용하는 두 가지 다른 언어에 유리하게 전개되는 비슷한 상황도 예상할 수 있다. 곧 세네갈에서 차드까지 그리고 중앙아프리카공화국에 이르기까지, 중앙아프리카의 거의 모든 나라에 분포되어 있는 페울어와, 광대한 지역에서 페울어와 마찬가지로 이슬람의 전달매체로 사용된 하우사어가 그 언어들이다. (지역적 변이형이나 디아마레[40]에서 사용되는 풀풀데어로서) 페울어가 다른 언어들에 가하는 압력은 특히 카메룬의 북부지역에서 현저하게 나타난다. 한편 하우사어의 압력은 나이지리아 북부에서 똑같이 나타난다. 각자의 나라에서 이 두 언어의 장래는, 스와힐리어에 약속된 것으로 보이는 장래와 마찬가지로 빛나게 될 것인가? 탄자니아에서, 스와힐리어가 거둔 성공은 영어 자체에도 불확실한 운명을 예고한다. 이밖에 링갈라어는 유사한 과정에 따라 킨샤사에서, 그리고 콩고공화국 북부의 일부 지역에서 프랑스어의 지위를 빼앗고 있음을 지적해 두자. 그런데 이 현상은 이 나라의 군소언어들에 꼭 이롭게 작용하

40) 디아마레(Diamaré). 카메룬 북부지역.

는 것은 아니다.

다양한 대체

스스로를 지킬 수 있는 유용한 수단들을 빼앗긴 언어는 모든 종류의 공격을 받게 된다. 이 공격들이 공통적으로 낳게 되는 결과는, 이 언어가 자신을 완전히 대신하게 되는 다른 언어로 대체된다는 것이다. 그러나 이 언어는 단 하나가 아니라 여러 언어의 공격을 받을 수도 있다. 이 경우, 공격을 당한 언어는 여러 수준에서 대처해야 하며 동시에 흔히 사라질 수밖에 없게 된다. 이러한 상황을 보여주는 보기를 서부아프리카에서 들 수 있다. 밧사리어 사용자들은 대부분 세네갈과 기니 사이의 국경지방에 거주하는데, 이 언어는 세네갈에서 지역, 지방과 국가 차원의 세 가지 결합된 압박에 노출되어 있다. 지역 차원에서 볼 때 밧사리어는 페울어와 이웃하는데, 밧사리족 여인은 흔히 풀베족(페울족)과 혼인하며 이 결합에서 태어난 아이들은 신분과 언어상 풀베족이 된다는 것을 차치하고라도, 밧사리어 사용자들은 페울어로 상거래를 계속하고 있다. 지방 차원에서 볼 때 밧사리어는 말린케어에 비해 불리한 위치에 놓여 있다. 말린케어는 세네갈 동남부 지역에서 공식적 지위를 가지고 있으며, 이로써 교육에 사용되는 문어로 지위가 현저하게 격상되어 미디어에서 사용되고 학교에서 교육되고 있다. 국가적 차원에서 보면, 전통적 활동이 아닌 다른 활동들을 하고자 하는 세네갈인은 월로프어와 프랑스어를 아는 것이 바람직하다. 월로프어는 국가의 모든 도시지역에서 사용되고 있고, 대다수 세네갈인들이 알고 있는 만큼 이 나라의 진정한 국어라 할 수 있으며, 프랑스어는 고등교육과 권력을 향한 길에서 두루 쓰이기 때문이다.

그렇지만 밧사리어도 세네갈을 벗어나면, 페울어와 말린케어가 똑같이 지배적으로 사용되는 기니에서 토착어들을 장려했던 세쿠 투레[41] 치하에서 상당한 장려책을 누리기도 했다. 그러나 1984년 세쿠 투레 사후 그 뒤를 이은 군사정권은 이 나라가 교육과 경제 영역에서 겪는 재난의 책임이 이 현지 우선주의에 있는 것으로 여기고, 이 정책을 완전히 폐지하였다. 이처럼 밧사리어는 자신의 존재를 인정받기 위해 자신보다 더 잘 무장한 언어들과 무서운 경쟁을 해야 하는 상황에 놓여 있으며, 세네갈 안팎에서 같은 상황이 전개되고 있다. 밧사리어의 소멸은 충분히 예상할 수 있는 일이다.[42)]

침략당한 침략자들

침략자들은 자신들이 정복한 곳에 국가조직을 수립하여 정치적 압력을 행사한다. 현지 언어들은 이 우월한 세력의 압력을 받으며 소멸하게 되는데, 이 일반적 언어소멸 도식에는 흥미롭게 검토해 볼 만한 몇 가지 뚜렷한 예외가 들어 있다. 프랑크족은 자신들이 정복한 갈로로망인[43)]들에게 자신들의 언어를 강요하지 않았다는 것은 알려져 있다. 또한 클로비스의 메로빙거 왕조에서 카롤링거 왕조에 이르기까지 갈리아 지방은 미래의 프랑스어가 생성되는 무대였다. 이 언어는 음성표현이나 어휘 면에서 프랑크족과의 접촉에서 비롯한 게르만어 요소들을 가지고 있기는 하지만 본질적으로 로망스어로 불리는 새로운 언어였다.

덴마크 수장 롤로(롤프)[44)]의 전사(戰士)들에 관해 살펴보면, 9세기

---

41) 아메드 세쿠 투레(Ahmed Sékou Touré, 1922~1984). 기니의 독립운동가·초대 대통령. 사회주의자인 그는 대통령이 된 뒤 공화국을 선포해, '족쇄로부터의 자유와 가난으로부터의 자유'라는 슬로건을 내걸고 독립을 선언했다. 이로써 기니는 프랑스와 관계가 악화되었으며, 소비에트 연방과 동조하여 사회주의 방침을 택했다.

42) 밧사리어(*Basaari*). 사용자 수 17,910명(2002년)으로, '취약' 단계로 분류되어 있다.

43) 로마의 지배를 받는 갈리아 지방 사람들을 이름. 로마인들은 기원전 2세기경부터 갈리아 지방을 침입하기 시작하여, 기원전 1세기경부터 기원후 4세기 중반 게르만족이 이 지방을 침입할 때까지 지배하였다.

44) 롤로(Rollo〔롤프, Rohlf〕, 860?~932?). 노르망디 공작령을 세운 스칸디나비

말에서 10세기 초 사이에 갈리아 지방을 약탈하여 갈리아인들을 오랫동안 두려움에 떨게 했던 이 바이킹족은, 프랑크족 왕인 단순왕 샤를[45]에게 여전히 '북쪽 사람들'(노르만족)이라는 이름을 간직하고 있는 지방을 받았다. 그러나 그들은 그곳에 정주하면서 그 나라의 관습과 언어(형성되고 있던 프랑스어의 노르만 변이형)까지 택하였다. 롤로의 아들인 장검왕(長劍王) 기욤 1세가 자신의 조상들이 사용하던 고(古) 노르드어 방언을 배우도록 하기 위해, 스칸디나비아 학교가 유지되었던 바이외[46]에 자신의 아들을 보내는 등 노력을 기울였음에도 불구하고, 그들은 그곳에 자기들의 언어를 뿌리내리기는커녕 보전조차 하지 못했던 것이다(Hagège, 1996b 참조). 이처럼 바이킹족은 자신들이 정복한 또 다른 나라인 시칠리아의 로망스어를 택한 것과 같은 방식으로 오늘날의 노르망디에 융합되었다. 다른 곳에서 진행된 상황을 보면, 바이킹의 일족인 바레그족이 9세기 말 키예프러시아[47]의 기원을 이루는 첫 번째 슬라브 국가를 수립한 뒤 문화적으로 또 언어적으로 슬라브화하는 과정도 이와 다르지 않다. 유사한 다른 경우들도 있다. 그 가운데

아 바이킹 지도자.

45) 샤를 3세(Charles III, 879~929). 프랑스(또는 서프랑키아) 왕(893~922 재위). 그는 로렌을 복속시켰으며 노르망디에 노르만족을 정착시켰다. 911년의 생클레르쉬르레프트 조약에 따라, 오늘날의 노르망디 지역을 바이킹 지도자 롤로에게 넘겨주었고 그 대신 롤로는 기독교를 받아들이고 샤를의 봉신이 되었다.

46) 기욤 1세(Guillaume I, ?~942). 노르망디 공작 2세.
바이외(Bayeux). 프랑스 북서부 바스노르망디 지방의 도시. 노르망디 공작가(家)의 중심지였다. 골족의 본거지이며 로마인의 주요 도시였으나, 880년 바이킹 두목 롤로가 점령한 뒤로 노르만인들의 요새가 되었다. 루앙에서 프랑스어를 사용하게 된 뒤에도 바이외에서는 여전히 노르웨이어를 사용하였다. 고(古) 노르드어 방언은 고대 스칸디나비아어를 말한다.

47) 키예프러시아. 또는 키예프 공국. 880년경부터 12세기 중반까지 현 우크라이나의 키예프를 중심으로 존재한 고대국가. 한편 바레그족(*Varegues*)은 루시(*Rus'*)로도 불리는데, 동쪽으로 진출한 바이킹족에 붙여진 이름이다. 덴마크인들, 특히 스칸디나비아로부터 동쪽으로 진출한 스웨덴 사람들이었다.

투치족의 경우를 보면, 그들은 나일 강 유역에 거주하는 민족으로 전원에서 목축을 하며 확보한 경제력을 바탕으로 자기들의 주인인 후투족을 희생시키고 세력을 잡았지만, 그곳에 정착하면서 후투족의 반투 언어인 키룬디어와 키냐르완다어를 택하였다(Mufwene, 1998 참조).[48]

그럼에도 불구하고 이 침략자들의 정치적·군사적 힘은 자신들이 정복한 민족들의 언어를 소멸시키는 요인이 되지 않았을까? 두 가지 필연적 이유로 상황이 그렇지 않았음을 볼 수 있다. 첫 번째 이유는 프랑크족, 노르만족과 바레그족은 그 수가 많지 않았으며, 하여튼 자신들이 침략한 집단들보다는 수가 훨씬 적었다는 점이다. 그러나 그것으로 충분하지 않다. 왜냐하면 스페인 정복자들이 잔인하기까지 하고 과도하게 무장했다 해도, 그들은 현지주민들과 연합하여 일시적으로 그 수가 늘어난 소수의 전사집단에 불과했기 때문에, 카스티야어의 침입이 많은 수의 아메리카 인디언 언어들에 대해 그토록 위협적일 수 있었는지를 어떻게 설명할 것인가 하는 문제가 제기되기 때문이다. 사실 선교사들을 거느린 스페인 정복자들은 그저 품행이 거친 탐욕스럽고 굶주린 방문객들이 아니었기 때문이다. 그들은 세속적이고 종교적인 오만한 이데올로기를 가지고 있었으며, 자신들의 이데올로기가 다른 모든 이데올로기보다 우월하다고 확신한 사람들이었다.

침략자들의 언어가 정복당한 민족의 언어를 지배하고 또 사라지게 하는 데까지 이르기 위해서는, 그 언어가 스스로에 대해 제대로 의식하는 문화를 반영할 수 있어야 한다는 결론을 여기에서 끌어낼 수 있다. 그렇지 않으면 정착생활을 하는 공동체 사이에 갑자기 나타나 무력으로 그 공동체를 해체하는 소규모 유목민족들은, 그 공동체처럼 정착하여 그 공동체에 흡수되고 그 공동체의 언어까지 택하게 되는 운명을 보통 겪게 된다. 훨씬 더 멀리 떨어진 지역인 아시아 대륙 동부에

48) 투치족(*Tutsis*), 후투족(*Hutus*). 아프리카의 르완다와 부룬디에 사는 종족.

서, 중국을 침략했던 원나라 사람들(몽골족)에게 일어난 일도 같은 것이다. 그리고 더 뒤에, 몽골족이 겪은 운명과 똑같이, 오래된 중국문화의 흡수력은 1911년 여제(女帝) 서태후(西太后)[49]가 죽을 때까지 지속된 청 왕조(만주족)를 전체적인 중국화 속에 삼켜버렸다. 어느 것도 몽골족이든 만주족이든, 그들을 한, 당, 송, 명 등 순수한 중국 왕조들에서 더 이상 구별해 내지 못했다. 만주어는 명의 마지막 황제가 베이징에서 쫓겨난 해인 1644년에 여전히 외교언어였으며 공문서에 사용되는 언어였다. 그렇지만 새로 들어온 이방인들은 중국문명에 매료되었으며 중국 관화(官話)[50]에 대해 존경심을 품게 되었다. 따라서 그들은 조상의 언어를 이 표준 중국어로 대체하기에 이르렀다. 오늘날 만주어는 중국에 살고 있으며 오래전부터 중국식 이름을 가지고 있는 만주 출신의 4백만 중국인들 사이에서 이미 사라진 것이나 다름없다.

아랍인들의 언어가 이와 같은 운명을 겪지 않았던 것은, 아랍인들이 스페인 사람들처럼 자신의 존재를 확신하는 종교적 이데올로기, 또한 정복자의 이데올로기를 갖춘 투사들이었기 때문이다. 이 이데올로기가 아랍인들이 아주 짧은 기간에 서쪽으로는 모로코의 대서양 연안까지, 동쪽으로는 카프카스와 신드[51]까지 이슬람교를 전파하도록 이끌었던 것이다. 그들은 특히 3명의 첫 칼리프들과, 이어 우마이야 왕조 통치하에서 스페인, 북아프리카, 시리아, 메소포타미아, 페르시아, 이집트, 트란속사니아[52]를 지배하기에 이르렀다. 이 지배는 10세기 말 터

49) 서태후(西太后). 중국 청나라 함풍제(咸豐帝)의 황후(1835~1908). 함풍제가 죽자 아들 동치제(同治帝)와 양아들 광서제(光緒帝)의 섭정을 하였다. 무술정변을 탄압하였고, 1900년 의화단 운동이 일어나자 이를 선동하여 배외(排外)정책을 펼쳤다. 청나라는 1911년에 망하였다.

50) 표준 중국어를 말함.

51) 신드(Sind). 파키스탄의 인더스 강 하류지역. 파키스탄 남동부의 주.

52) 칼리프(*caliph*). 마호메트 후계자로서 이슬람교 국가의 교주 겸 군주〔술탄〕의 칭호. 632년 마호메트가 죽자 아부 바크르 앗 시디크가 그의 후계자가 되었

키인들이 이슬람교를 더 멀리 전파하려 하고, 14세기 초에 이슬람교가 말레이시아에까지 침투해 들어갈 때까지 계속되었다.

그런데 중세에 세계의 가장 찬란했던 문명들 가운데 하나를 이루었던 아랍어가 왜, 아랍세력에 의해 정복당한 나라들의 언어들이 소멸할 때까지 이 언어들을 지배하지 못했는가? 이에 대한 대답은 간단하다. 곧 이 언어들이 대부분 오래된 문화를 가지고 있었고, 이슬람화는 이 문화들을 표현하는 언어들이 각자의 찬란함을 잃지 않도록 하면서 서로를 풍요롭게 하는 과정이었던 것이다. 이러한 문화적 공생을 보여주는 많은 보기들 가운데 한 가지만 들어보자. 8세기에서 11세기 사이에, 언어고찰의 역사에서 가장 괄목할 만한 장(章)들 가운데 하나를 이루는 날카로운 아랍어 분석들을 펴낸 위대한 문법학자들은 실제로 아랍계 페르시아인들이었다는 점을 들 수 있다. 그리고 스페인 같은 기독교 국가들에서, 종교에 대한 애착과 자기 종교의 우월성에 대해 가지고 있던 확신은 대개의 경우 이슬람화의 거부와, 따라서 이슬람화의 매체였던 아랍어의 거부라는 결과를 낳았다. 더 뒤에, 정복지 발칸 반도에서, 터키어에서 어휘들을 차용하였지만 터키어로 대체되지는 않은 그리스어, 불가리아어와 세르비아어에 맞서 터키어가 겪었던 상황을 유사한 상황으로 들 수 있다.[53]

다. 아부 바크르와 그의 뒤를 이은 3명의 후계자들은 '완전한' 혹은 '올바르게 인도를 받는' 칼리프들(정통 칼리프들)로 알려져 있다.

우마이야 왕조(*Umayyad dynasty*). 다마스를 수도로 삼아 칼리프 제국(이슬람 세계)을 통치한 첫 번째 이슬람 칼리프 왕조(661~750).

트란속사니아(Transoxania). 대체로 오늘날의 우즈베키스탄, 투르크메니스탄과 카자흐스탄 남서부 지역에 해당하는 지역. 트란속사니아는 중세에는 이슬람 문명의 중심지로 15세기에 티무르 제국의 중심부였다.

53) 오스만투르크 제국은 14세기에 발칸 반도를 공격하기 시작하여, 15세기 말 일부 해안지역을 제외하고 반도 전체를 점령하였다. 18세기 들어 투르크 세력은 쇠퇴하기 시작했으며, 발칸 반도의 지배권은 여러 국가들간에 분할되었다. 제1차 발칸전쟁(1912~1913) 때 발칸동맹(그리스·세르비아·불가리아·몬테네그로로 구성됨)은 터키를 공격하여 승리를 거두었으며, 이로써 오스만 제국의

위세의 상실과 언어들의 죽음

위세의 상실이 언어의 죽음에 직접적 원인으로 작용하는 것 같지는 않다. 결정적 힘을 가지는 경제적, 사회적 그리고 정치적 요인들이 작용하지 않는 이상, 특별한 명성을 가지지 못한 언어들이라도 용이하게 유지된다. 위세의 상실은 사실 이 요인들이 낳게 되는 공통적 결과들 가운데 하나다. 서로 대립하는 집단들의 위세가 균등하지 않을 때, 그 위세는 언어가치의 교환이 이루어지는 시장에서 거래되는 일종의 교환 화폐처럼 나타난다. 반대로 집단들의 위세가 균등하여 각기 위세를 요구하는 집단들 사이에 경쟁이 펼쳐질 때, 그 위세는 집단적 압력이 언어들의 생명에 가하는 파괴적 영향력을 감소시킬 수 있다.

위세, 언어시장에서 사용되는 교환화폐

위세와 언어들

속성의 전이

한 언어가 가지는 위세를 그 언어에 내재된 속성으로 보는 것은 착각이다. 언어는 인간의 인지발달에 본질적 기능을 하며, 또 인간의 의사소통 과정에 사용되는 변화하는 구조들의 복합체이다. 한 언어의 음운, 형태, 구문 또는 어휘에는, 자신의 안에 위세를 담고 있는 그 무엇도 없다. 위세, 곧 가치와 명성에 대한 평판은, 이 개념들이 내포하는 것에 비추어 볼 때, 사람들에게 달려 있을 뿐이다. 따라서 한 언어가 위세를 갖추었다고 말할 때, 이는 사실 이 언어를 말하는 사람들이

발칸 반도 지배는 사실상 종식되었다.

나 이 언어로 쓰인 책들에 관계되는 것이다. 한 공동체 또는 그 공동체가 이루어 낸 것이 불러일으키는 존경이나 감탄은, 세계와 또 이 세계에 부여하는 가치들과 맺는 관계에서 일반적으로 나타나는 전이과정에 의해, 공동체의 속성에 대한 것으로 넘어간다. 그런데 언어는 모든 인간공동체의 주요 속성들 가운데 하나인 것이다.

골어의 소멸

위세는 분명 상황과 장소에 달려 있다. 골어[54]는 서기(西紀) 초에 사라졌는데, 사회 상류계급들이 자신들의 문화와 마찬가지로 자신들의 언어에서 멀어지면서 로마화하였기 때문이다. 이는 카이사르 시대에 번창하였으나, 훗날 고립된 시골의 깊숙한 곳으로 밀려나 마법사들처럼 활동한다는 추락한 이미지를 가지게 된 드루이드교[55]의 역사가 증언하는 것과 같다(Vendryes, 1934 참조). 라틴어는 3세기경 나라의 중앙 산림지역에 여전히 존속하던, 마지막으로 남은 골어의 작은 지역들을 휩쓸어버렸다.

아일랜드어와 스코틀랜드어의 쇠퇴

17세기 초에, 스코틀랜드와 아일랜드 사람들이 사용하던 켈트어들은 오래전부터 영국의 섬들에서 눈에 띄게 쇠퇴하고 있었으며, 따라서 그 위세도 추락하고 있었다. 곧 이 언어들은 대중문화와 민속행사에 연결되어 있었을 뿐, 인간과 제도와 문학작품들을 표현하고 학교교육을 수행하는 국가 차원의 중요성을 가진 수단들은 아니었던 것이다. 이 언어들의 쇠퇴는 18세기에 영어를 전달매체로 삼은 산업혁명과, 그 뒤 19세기 중엽에 아일랜드에서 심각한 인명손실을 야기한 대기근[56]

---

54) 골어(*Gaulish*). 제5장 주 53 참조.

55) 드루이드교(*Druid*)는 켈트 다신교로서 고대 켈트족의 종교적 믿음과 풍속을 뜻한다. 드루이드는 고대 켈트족의 지식층을 일컫는다.

때문에 더욱 심화되었다. 그러나 스코틀랜드와 아일랜드 사람들은 아메리카 대륙에 이주하여, 대개의 경우 인디언들을 희생시키고 이들의 땅을 점령하여 영국인들과 함께 개척했는데, 그들은 신세계를 점탈하면서 영어를 사용하였다. 19세기 말부터, 인디언 공동체들의 학살에서 살아남은 이들에게 식민지배자들의 위세는 곧 영어의 위세가 되었다. 마찬가지로 아메리카의 나머지 모든 지역에서, 정복자들, 선교사들, 아주 부유한 사람들과 아주 강한 사람들의 언어인 카스티야어(이 지역들에서 옛날에 스페인어를 지칭하던 말로 오늘날에도 여전히 자주 사용되는 표현)는 16세기부터 폭력행위, 학살행위, 토지의 몰수에도 불구하고 (또는 그 때문에) 위세를 가진 언어가 되었다. 그리고 포르투갈어는 브라질에서 위세를 가지게 되었다.

위세와 언어 증권시장

이처럼 언어가 가지는 위세는, 초기에는 그 언어의 사용자들이 누리는 위세 바로 그것이었다. 이 위세 그 자체는 경제적, 사회적이고 정치적인 요인들의 토대 위에 자리잡고 있다. 그러나 이 위세는 언어에 전이되면서, 각 언어의 가치가 측정되는 척도에 따라 일종의 지불수단이 된다. 증권시장에서 가장 수익성이 높은 주식들이 그러하듯이 가장 위세 있는 언어들은 가장 수요가 많은 언어들이다. 위세를 갖추지 못한 언어들은 그다지 유익하게 보이지 않으며 적은 수요만을 불러일으킬 뿐이다. 이렇게 하여 원래 이 언어들을 사용하던 사람들은 자신들의 언어에서 떨어져 나가기에 이르고, 자신들의 언어를 후속 세대에

---

56) 아일랜드 대기근. 1847년 아일랜드 전역에 감자마름병이 발생하면서, 아일랜드인의 주식인 감자생산이 줄어들고 대기근이 일어났다. 여기에 아일랜드인을 소작농으로 부리던 영국인 지주들의 강제수탈이 더해져 기근이 더욱 심해졌다. 이로써 8백여만 명의 아일랜드 인구 중 2백여만 명이 사망하고 2백여만 명이 해외로 이주하여 아일랜드의 인구가 절반으로 감소하였으며, 전 국토가 황폐화되었다.

물려주는 것을 거의 수익성이 없는 것으로 판단하기에 이른다. 따라서 언어가치 시장에서 사용되는 교환화폐로서 위세는 언어들의 운명을 결정하는 것처럼 보인다.

위세상실의 척도

언어의 위세는 객관적이거나 쉽게 측정할 수 있는 요소가 아니다. 이 위세는 표상의 차원에 속하는 것이다. 따라서 한 언어가 가지는 위세는 이 상징적 관념이 이루어질 때 기준이 되는 가치들의 척도에 의해서만 평가할 수 있다. 이러한 관념의 구성은 언어들 사이의 관계를 자신들의 마음속에 내면화한 그대로, 곧 긍정적으로 체험하거나, 또는 위기를 야기하는 것으로 체험한 언어사용자들에게서 볼 수 있는 것이다. 이 마지막 경우에 언어는 위세를 상실함으로써 사라지게 된다.

시골생활 및 과거와 결합하기

많은 언어들이 사용자들에 의해 시골생활이나 과거와 결합된다. 언어사용자들은 이 언어들을, 그들이 보기에 도시의 산업노동과 미래와 연결되어 있기 때문에 자기들이 중시하는 다른 언어들과 대립시킨다. 예컨대 오버바르트의 오스트리아 마을에서 독일어와 헝가리어를 맞서게 하는 유형의 대립이 그것이다(149~151쪽 참조). 소수의 헝가리어 사용자들은 독일어를 정치권력, 현대적 교육과, 농업보다 힘은 덜 들면서도 더 많은 수입을 올릴 수 있는 직업들에 쉽게 접근할 수 있게 하는 유동성과 결부시킨다. 이 모든 점에서 헝가리어는 퇴보하는 것으로 판단되며, 이는 헝가리어에서 모든 위세를 빼앗고, 헝가리어를 쓸모없는 것으로 보이게까지 한다.

되돌아오는 이민자들에 대한 모방충동

전통적 생활을 유지하고 있지만, 일부 구성원들이 도시나 외국으로 떠났다가 돌아오는 공동체들에서는, 그들이 가지고 돌아오는 새로운 것들을 모방하려는 충동이 젊은 층에서 아주 강하게 나타난다. 이곳에서 위세는 혁신적 형식들에 따라, 또 옛날의 형식들에서 벗어난 정도에 따라 정해진다. 말하는 방식은 이러한 사고와 행동도식에서 으뜸가는 자리를 차지한다. 모든 사람이 돈과 새로운 경험이나 이야기를 가지고 돌아오는 이들과 같은 방식으로 표현하고자 한다. 예컨대 뉴기니의 고원지대에서는, 연안지역 도시들과 특히 수도인 포트모르즈비에서 사용되는 피진 영어가 자신들의 고지대 마을을 떠났던 점점 그 수가 많아진 파푸아인들에 의해 채택되었다. 그들이 고향마을에 돌아오면서, 피진어는 과거의 도식들과 이 도식들의 매체기능을 하는 현지 언어들을 해체하는 새로운 사고도식들을 도입하는 매개수단이 되었다. 이는 제1차 세계대전에 참전했던 트레기예, 피니스테르, 반[57] 출신 병사들이 종선 후 고향에 돌아오면서 브르타뉴어에 영향을 미쳤던 것과 유사한 과정이다. 전쟁은 그들이 자신들의 관심을 끌었던 신기술들을 프랑스어로 지칭하는 것을 배우게 되는 계기였던 것이다.

민족의식의 결여

한 공동체가 자신의 민족정체성을 인정하지 않을 경우, 이 공동체는 자신의 언어에는 상징적 가치가 전혀 없는 것으로 여기게 된다. 이 공동체는, 자기들보다 우월해 보이는 다른 공동체와 조금이라도 이웃하여 살게 되면, 극단적인 경우 집단으로서 자신을 부정할 정도로 그 공동체와 자신들을 동일시하게 된다. 이는 카프카스 산맥 지역의 스반

57) 트레기예(Tréguier) : 프랑스 서부 브르타뉴 지방 코트다르모르 주의 소도시. 피니스테르(Finistère) : 브르타뉴 지방의 주. 반(Vannes) : 브르타뉴 지방 모르비앙 주의 주도.

족[58]에게서 관찰할 수 있는 것인데, 그들은 수가 더 많고 세력이 더 강한 이웃 그루지야족에게 이끌려 자기들 고유의 정체성을 거부하고, 스반어와 계통적으로 가깝긴 하지만 상당히 다른 언어인 그루지야어[59]를 자기들의 언어로 부르면서 그루지야인 행세를 하기에 이른다. 젊은 스반족 사람들은 조상들의 언어를 배우기를 거부한다.

문학적 전통의 부재

지배를 받고 있는 언어의 사용자들은, 자신들이 문학적 소양이 거의 없을 때라도 자신들의 언어에서 벗어나기 위한 최상의 이유들을 대기라도 하듯이, 흔히 다음과 같이 주장한다. 곧 위대한 작가들이 문학작품을 쓰는 데 자신들의 언어를 선택하지 않았으며, 또 누구나 알고 있고 인용할 수 있는 훌륭한 책들을 이 언어로 펴내지 못하게 되면서 자신들의 언어가 결국 위세를 전혀 가지지 못하게 되었다는 것이다.

수치심의 흔적들

부적합하다고 여기는 착각

양호한 상태의 언어를 사용하는 사람들은 보통 자신들의 언어의 가치를 인정한다. 그들은 이 언어를 아름답고 풍요로우며 정확한 것으로 여기는데, 이는 그들이 2개 국어를 완벽하게 병용하지 못하면서 자신들의 언어를 다른 어떤 언어보다 더 잘 알고 있을 때, 단지 이 언어로

58) 스반족(*Svans*). 그루지야인의 한 갈래로 카프카스 산맥의 엘부르 산 남부 스바네티 산악지대에 사는 민족. 스반어는 사용자 수 8만 명(2005년 추정)으로, '위험' 단계로 분류되어 있다.

59) 그루지야어(*Georgian*). 그루지야의 공용어. 주로 동그루지야어와 서그루지야어로 나뉜다. 고(古)그루지야어는 19세기 초까지 종교적 목적으로 쓰였다. 신(新)그루지야 문어는 동그루지야 방언에 기초를 둔 것으로 19세기 중엽에 완전히 정착했다.

만 자신을 적절하게 표현할 수 있기 때문이다. 반대로 다른 언어에 관심을 가지는 사람들은 더 이상 자신들의 언어에 높은 가치를 부여하지 않고, 심지어 그 언어에 대해 수치심을 가지기 시작한다. 이로써 그들은 위의 경우와 반대로 자기들의 언어를 버리게 되는 것이다. 더 이상 인정받지 못하는 언어를 아직도 사용하고 있다는 생각에, 일종의 불안감이 그들을 괴롭힌다. 그리고 이 언어는 그들이 벗어나기 위해서는 큰 고통을 겪어야 하는 모든 종류의 부정적 결합의 장(場)이 된다. 그들은 특히 어느 언어든지 신어를 만들어 내려는 시도를 하기만 하면 바로 이러한 힘을 가질 수 있다는 것을 분명하게 인식하지 못한 채, 이 언어가 현대성을 표현하는 데 적합하지 않으며 추상개념들을 표현할 수 없다고 믿는다.

천하게 보이는 언어의 포기

현장에서 활동하는 연구자들이 예컨대 알래스카 동남부에서, 틀링깃 공동체를 관찰한 뒤 가지게 된 생각은 다음과 같다. 어린 시절에 자기들의 언어를 버리는 경험을 했던(179~180쪽 참조) 틀링깃 부모들은 아직도 틀링깃어로 말하는 것은 우둔한 사람이나 천박한 사람으로 보이게 할 위험이 있다고 생각하기까지 한다. 그리고 그들은 이 언어를 아이들에게 교육함으로써 아이들이 영어를 배우게 되는 시기를 늦출 뿐만 아니라, 아이들의 지적 발전도 더디게 하지 않을까 염려한다. 그들은 또한 틀링깃어 교육이, 어떤 수치스러운 흔적에서 벗어나듯이 그들이 벗어나고 싶어 하는 부족 재래의 믿음을 지속시키지나 않을까 두려워한다. 거의 비슷한 생각에서, 라마족(니카라과)은 라마어가 '추한' 것으로 '그것은 언어가 아니며', 라마어를 말하는 것은 수치스러운 일이라고 말한다(Craig, 1992 참조).[60] 다른 보기로 가장 도시화된 누

60) 라마족(*Rama*). 니카라과 동북부의 강을 낀 분지와 카리브 해 연안지역에 사는 아메리카 인디언. 라마족이 사용하는 언어인 치브차어족의 라마어는 사용자

비아족 젊은이들의 경우를 들 수 있다. 그들은 실제로 다양한 연령층의 시골사람들이 아직도 누비아어를 사용하고 있음에도 불구하고, 누비아어는 아랍어와 달리 '문자로 쓰이지 않기 때문에' 언어가 아니며, 시대에 뒤떨어진 노인들만이 이 언어를 사용한다고 단언한다.

위세의 상실에 따른 갑작스러운 결과 : 자발적 포기

야아쿠족의 공적 결정

위세를 상실함에 따라, 낮은 평가를 받는 언어가 단계적으로 소멸해 가는 대신에, 어느 한 시점에 집단이 이 언어를 포기하는 결정을 내리게 되는 경우가 있다. 몇 가지 보기가 눈길을 끄는데, 야아쿠족의 경우가 가장 잘 알려져 있다. 케냐의 북·중부 지방에 거주하는 이들은 쿠시어군의 동부계열에 속하는 한 언어를 사용하고 있었다. 야아쿠족은 채집, 사냥과 고기잡이로 생활하고 있었으며, 본래 이러한 방식으로 생계를 유지하는 유목민들이 보통 그러하듯이 상당히 가난하게 살고 있었다. 그들은 자신들의 생활을 개선하기 위하여, 많은 남자들이 이웃한 마사이족[61]의 거주지에서 그들의 짐승을 돌보는 일을 하며 열심히 생활하였다. 마사이 문화와 언어가 야아쿠족에게 미치는 영향이 점점 커졌다. 그들은 과거의 엄격한 족내혼(族內婚) 습관을 버렸다. 두 종족간의 혼인이 점점 더 흔해졌고, 가축을 가지게 된 야아쿠족이 목축경제활동을 하게 되면서 자신들의 생활방식을 바꾸기 시작하였다. 다른 수렵·채집 생활자들에게 나타나는 것과 같은 과정이 전개되었다(167~169쪽 참조). 이를테면 야아쿠족 여인들이 마사이족 출신 남편

수 30명(추정치)으로, '소멸 직전' 단계로 분류되어 있다. 322쪽 참조.

61) 마사이족(*Masai*). 동아프리카의 유목부족. 케냐와 탄자니아에 걸쳐 있는 그레이트리프트밸리 지역의 유목 마사이족, 케냐의 삼부루족, 탄자니아에서 반(半)유목생활을 하는 아루샤족·바라구유족이 여기에 속한다.

들의 언어를 택했다 하더라도, 마사이족 여인들은 야아쿠족 출신 남편들의 언어를 택하지 않았다. 이로써 야아쿠어를 말할 수 있는 아이들의 수가 줄어들게 된 것이다.

이러한 변화들이 빠른 속도로 깊숙이 진행된 결과, 1930년대에 야아쿠족의 모든 유력자들이 함께하는 공공집회가 소집되었다. 이 집회가 진행되는 가운데, 사람들은 마사이족의 언어와 풍습이 야아쿠족의 언어와 풍습보다 더 품위가 있으며, 특히 어휘가 사냥영역에 편중되어 있는 야아쿠어는 가축을 치며 생활하는 사회에는 부적합하다고 주장하였다. 그 결과 야아쿠족 아이들에게 그들의 장래에 별로 도움이 되지 않는 언어를 물려줄 수 없으며, 따라서 그 후로 모든 영역에서 종족의 표현수단으로서 마사이어를 권장하고, 야아쿠어는 버리기로 결정하였다.[62]

다른 부정의 경우들

위의 경우보다 규모가 작은 유사한 경우들을 확인할 수 있다. 피요르드 해안을 따라 사는 여러 세임 공동체들(라플란드 공동체)은 세임어[63]를 자기 아이들에게 물려주기를 거부하고, 그들에게 노르웨이어를 가르쳤다. 또 다른 보기는 남아프리카의 코이산어족[64]에 속하는 코

62) 야아쿠어(*Yaaku*). 사용자 수를 파악할 수 없으며(1990년), '소멸' 언어로 분류되어 있다. 자신들의 수렵·채집 생활보다, 마사이족의 생활방식을 우월한 것으로 여겼던 야아쿠족은 1925~1936년 사이에 자신들의 쿠시어 계열의 야아쿠어를 거의 포기하고 동부 닐로틱 마사이어(*Eastern Nilotic Masai*)를 사용하게 되었다. 이러한 소수부족의 언어교체 현상(케냐의 경우)에 대해서는 한국외국어대학교 외국학종합연구센터 편, 《세계인의 의식구조》 II, "아주·중동 및 아프리카 지역", 181~200쪽 참조.

63) 세임어(*Same*). 피노·우그리아어족에 속한 언어. 라플란드에 대해서는 제 4장 주 7 참조.
브록-유튼은 세임어의 경우에 대해 언급하면서, 흔히 노르웨이를 제국주의 세력으로 간주하지 않지만, 세임족에 대한 노르웨이의 지배방식은 다른 식민 열강의 통치방식과 다를 게 없었음을 지적하고 있다〔Birgit BROCK-UTNE, *Whose education for all?*(Africana Books, 2006), pp. 133~134 및 주 121 참조〕.

이코이어 같은 일부 언어들의 경우이다. 이 언어들을 사용하던 사람들은 18세기 초, 자신들을 노예로 지배한 식민자들의 언어로서, 이에 따라 당연히 최고의 위세를 가지게 된 네덜란드어를 사용하기로 결정하였다. 아프리카에서 한 민족 전체가 자발적으로 유럽언어로 옮겨 간 다른 경우는 알 수 없다.

운명의 급변 : 아스텍족과 잉카족의 언어들, 또는 위세에서 몰락으로

위세와 그 쇠퇴의 역학은 냉혹한 것이다. 타르페이아의 바위는 카피톨리누스 가까이에 있다.[65] 쇠퇴의 동기들이 명백하게 작동하고 위세의 상실이 곧바로 일어나기 시작하면, 옛날의 영광에 대한 추억으로 지나간 광채를 되살릴 수는 없다. 한 세기 앞서 건설된 아스텍 제국의 수도 테노치티틀란(오늘날의 멕시코), 텍스코코 주 정부들과 틀라코판 사이에 삼각동맹이 1429년에 결성된 이후, 아스텍족[66]은 자신들의 제국을 아주 멀리까지 확장하였다. 그들은 이 동맹에서 재빠르게 지배적

---

64) 코이산어족(*Khoisan languages*). 아프리카 남부에 사는 코이코이족과 산족 및 그 밖에 반투족이 아닌 여러 부족이 사용하는 어족으로 구어로만 쓰인다. 코이코이어군(*Khoikhoin languages*)은 코이산어족에 속하는 어군이다.

65) 카피톨리누스(Capitolinus)는 로마의 일곱 언덕 가운데 하나다. 이 언덕 남서쪽 끝에 있는 암벽인 타르페이아(Tarpeia)의 바위는 로마 공화정 말까지 죄수, 살인자와 배반자들을 내던져 사형을 집행하던 절벽이었다. '타르페이아의 바위'의 이름은 로물루스 시대의 로마 신화에서, 사비니 전쟁 때 카피톨리누스를 지휘했던 지휘관의 딸인 타르페이아에서 따온 것이다. 타르페이아는 사비니 사람들이 왼팔에 두르고 있는 팔찌를 자기에게 주면 자기 성을 배반하고 성문을 열어주겠다고 제의했다. 사비니 사람들은 서로 약속을 하고서 팔찌를 주는 대신 각자 왼손에 들고 있던 방패를 던져 타르페이아를 압사시켰다. 여기에서 'Arx tarpeia Capitoli proxima'라는 표현이 나왔는데, 이는 "영광에 이어 곧바로 쇠락이 올 수 있다"라는 뜻으로 사용된다.

66) 아스텍족(*Aztec*). 나와틀어를 쓰는 종족. 15세기부터 16세기 초까지 지금의 멕시코 중부와 남부지역을 지배했다. 아스텍족은 텍스코코 호에 있는 여러 섬에 정착한 뒤, 1325년 중심도시인 테노치티틀란을 세웠다. 또한 제 8장 주 27 참조.

위치를 차지하였다. 그들은 정복활동을 펼친 덕분에, 16세기 초에 대서양 쪽으로는 훗날의 베라크루스 북쪽에서부터 태평양 연안의 오늘날의 게레로 주[67] 에 해당하는 지역까지, 또 남쪽으로는 테우안테펙 지협(地峽) 에 이르는 넓은 영토를 지배하였다. 그들은 이 영토 전역에서, 자신들의 언어인 나와틀어에 이러한 정치적 · 군사적 지배와 연결된 위세를 가진 지위를 부여하였다. 그들이 정복당한 민족들을 '이해할 수 없는' 포폴로카, '이방인' 촌탈, '시골뜨기' 토토낙[68] (Heath, 1972: 3 참조) 으로 부를 정도로, 정복당한 민족들에 부여한 이름들마저도 그들이 피정복민들을 얼마나 거만하게 바라보았으며, 나와틀어의 지배적 지위가 나와틀어에 얼마나 큰 힘을 부여했는지를 알 수 있다.

그런데 아스텍 역사의 바로 이 시점에, 곧 그들의 세력과 번영이 정점에 이른 바로 그 시점에, 스페인 사람들이 아스텍 제국의 수평선 위로 운명적으로 나타났다. 그들이 몰아온 이 갑작스러운 충격이 시작됨과 거의 동시에 극단적 폭력에 따른 황폐화가 초래되었다. 코르테스[69] 와 그의 군대는 실제로는 대수롭지 않은 역경들을 겪기는 했지만, 놀라울 정도로 짧은 기간에 아스텍 제국을 멸망시켰다. 이는 최고의 성능을 가진 무기들(화포들) 로 무장하고 당시 아메리카 대륙에는 알려져 있지 않았던 기마장비를 갖추었으며, 도처에 자중지란을 일으키는 술책을 펼쳤다는 것을 고려하더라도 놀라운 일이다. 터무니없는 협잡과 '콘키스타도르'[70] 들이 자행한 문화적 침략이 언어에 미친 결과는, 잘 알려

---

67) 베라크루스(Veracruz), 게레로(Guerrero). 멕시코 중동부와 남서부의 주.

68) 포폴로카족(*Popoloca*), 촌탈족(*Chontal*), 토토낙족(*Totonac*). 멕시코 중부 · 남동부 · 중동부에 사는 중앙아메리카 인디언.

69) 헤르난 코르테스(Hernan Cortez, 1485~1547). 스페인 정복자의 한 사람. 1519~1521년에 아스텍 문명을 정복하여 멕시코 일대의 스페인 식민지화를 추진하였다. 1523년에 총독이 되었다.

70) 콘키스타도르(*Conquistador*). 스페인어로 '정복자'의 뜻. 16세기 초 멕시코 · 페루를 정복한 스페인 정복자들을 일컬음.

져 있는 것처럼 대재앙의 수준이었다. 이를테면 16세기 전반부터 많은 언어들이 대다수의 사용자들과 함께 갑작스럽게 사라진 것이다.

나와틀어에 대해 살펴보면, 이 언어의 지위는 상당한 시간이 흐른 뒤 정복자의 언어에서 피정복자의 언어로 그 지위가 바뀌었다. 나와틀어는 그때까지 큰 위세를 떨치고 있었다. 이를테면, 코르테스의 정부이며 통역이었던 라말린찐이 유카탄 반도에 포로로 붙잡혀 있었을 때, 마야유카텍어[71]를 아직 배우지 않았는데도, 자신의 언어로 어려움 없이 마야유카텍어를 사용하는 주민들과 대화를 나눈 아스텍 공주였다고 주장하는 전승(傳承)에 따르면, 확장된 아스텍 영토의 외부에 살고 있던 마야족들까지 나와틀어를 알고 있었던 것이다. 그 뒤 스페인어가 지배언어가 되었으며, 나와틀어는 오늘날에도 여전히 피지배언어가 된 고통을 겪고 있다. 이렇듯이 언어가치 시장에서, 한 언어에 매겨지는 값은 이 언어의 사용자들이 위세의 층위에서 차지하는 위치에 밀접하게 연결되어 있는 것이 사실이다.

잉카족 또한 15세기 말엽부터 쿠스코 계곡에서부터 아주 넓은 지역에 걸쳐, 곧 북쪽으로는 키토[72] 지역까지, 그리고 남쪽으로는 오늘날

---

71) (라)말린찐(Malintzin〔La Malinche〕). 1519년 코르테스는 베라크루스에서 멕시코 정복을 시작하였다. 첫 전투에서 패한 인디언 부족은 스페인 정복자들에게 여자들을 바쳤는데, 그 가운데 말린찐 또는 말린체로 불리는 여인이 있었다. 말린찐은 나와틀어와 마야어, 그리고 스페인어도 배워서 코르테스의 정부 겸 통역으로 스페인의 아메리카 정복에 큰 도움을 주었다.
마야유카텍어(*Maya Yucatec*). 중앙아메리카 인디언의 마야어족에 속하는 유카텍어군에서 가장 중요한 언어로, 멕시코 남동부의 유카탄 반도와 북부 과테말라, 벨리즈에서 쓰인다.

72) 잉카족(*Inca*). 남아메리카 인디언. 1532년 스페인인들에게 정복되어 1535년 멸망했다. 잉카족의 후손은 케추아어를 쓰는 농민으로 현재 안데스 산맥에서 살고 있다.
쿠스코(Cuzco). 페루 남부에 있는 주 및 그 주의 주도. 옛 잉카제국의 심장부에 위치하고 있으며, 고고학적 유적들이 많이 있다. 키토(Quito)는 에콰도르의 수도로서, 고대에 최대 인디언 종족 연합체인 키투 왕국의 중심지였는데,

볼리비아의 넓은 지역과, 칠레와 아르헨티나의 북쪽 부분에 해당하는 지역들 너머로, 그들의 제국을 확장하였다. 이러한 영토확장과 함께 제국의 공식언어가 된 케추아어는 안데스 산맥 지역의 언어들과 경쟁하면서, 시간이 부족하여 그 언어들을 대체하는 데까지는 이르지 못했지만, 널리 보급되기 시작하였다. 1527년 잉카의 마지막 황제가 죽은 뒤, 그의 두 아들 사이에 전개된 내전으로 피사로[73]의 정복이 분명 수월하게 되었다. 이 정복은 멕시코에서 진행된 것과 마찬가지로 격렬하였으며 아주 빠르게 진행되었다. 스페인어는 세력을 떨치던 케추아어를 대신하였다. 그럼에도 불구하고, 케추아어는 훨씬 더 심한 지배를 받고 있는 소규모 부족들의 고유어를 희생시키는 기능을 했으며 또 계속하고 있다. 스페인어는 케추아어가 이 기능을 수행하는 것을 막기는 커녕, 뒤에 이 점을 보게 될 텐데, 오히려 그 기능을 수행할 수단들을 제공하였다.

매개어들의 장려

링구아 프랑카[74]

다른 공동체와 그 공동체가 사용하는 언어의 지배를 받음으로써 위세를 잃게 된 언어들이 항상 이러한 경쟁에만 노출되어 있는 것은 아니다. 이 언어들의 입지는 또한, 다양한 상황들에 따라 매개어의 지위

1487년에 도시들이 잉카제국에 통합되면서 쇠퇴하였다.

73) 피사로(Gonzalo Pizarro, 1502?~1548). 스페인의 정복자·탐험가. 스페인 왕이 아메리카 대륙 정복자의 권한을 제한하고 인디언들의 권리를 보호하는 법령을 제정하자, 정복자 세력이 이에 대항하여 페루에서 일으킨 반군을 이끌었다.

74) 링구아 프랑카(*lingua franca*). 국제 혼종어로서 공통언어가 없는 집단이 서로 의사를 전달하기 위해 쓰는 보조언어를 말한다. 링구아 프랑카가 어떤 언어공동체에서 원래 쓰던 언어를 밀어내고 그 자리를 차지하게 될 때 그 언어는 크리올어가 된다.

에 올라간 다른 몇몇 언어들이 보급됨에 따라서 줄어든다. 그러나 매개어의 지위를 확보한 이 언어들이 모두 마찬가지로 해로운 것은 아니다. 사실 문제가 되는 것은 각자 대화상대가 이해하기 힘든 언어를 사용하는 두 사람 사이에 기본적 관계를 유지할 수 있게 하는 기능만을 가지는 임시변통의 간단한 은어들이다. 십자군 원정[75] 시대부터 이슬람교도와 유럽인들 사이에 의사소통 수단으로 사용되었던 언어형태는 역사에서 찾아볼 수 있는 이러한 은어들 가운데 한 가지이다. 그런데 이 유럽인들은 클로비스의 메로빙거 왕조 후예들과 732년에 푸아티에[76]에서 포로로 잡힌 아랍군대간의 충돌이 벌어진 이후로 프랑크족으로 불린 사람들이었다. 여기에서 이 언어가 가지게 된 '링구아 프랑카'라는 이름이 나왔다.

'링구아 프랑카'는 중세시대와 고전주의 시대를 거쳐 19세기 초까지, 이탈리아, 프랑스, 스페인과 마그레브의 해안지역을 포함하는 지중해 연안의 넓은 지역에서, 알제르와 튀니스의 군주들, 또 상인들과 여행자들, 군인들과 선원들이 프랑스인들과 가졌던 통상, 정치, 외교 또는 군대관계들에서 사용되었다. 꽤 불안정한 이 관계들이 가지는 역동성과, 또한 아마도 잡다한 기원의 단어들(특히 이탈리아어, 또한 프로방스어, 카탈루냐어, 카스티야어, 프랑스어, 그리스어, 터키어와 아랍어 단어들)이 뒤섞여 있는 혼종어의 생기 넘치고 생동감 있는 성격은 '링구아 프랑카'를 창조적인 문학적 상상력의 소재로 만들었다. 이 점은 골도니, 칼데론의 극작품들과, 몰리에르[77]의 《부르주아 장티옴》의 한 장

---

75) 십자군 원정. 유럽 기독교인들이 이슬람교도들을 상대로 8차(1095~1270)에 걸쳐 벌인 일련의 군사원정을 말한다.

76) 푸아티에(Poitiers) 전투. 프랑크 왕국 카롤링거 왕조의 궁재이자 사실상의 지배자였던 카알 마르텔이 732년 스페인으로부터 쳐들어 온 이슬람교도들에게 승리를 거둔 전투를 말한다. 이 전투를 끝으로 프랑크 왕국에 대한 이슬람교도들의 침공은 더 이상 없었다.

77) 골도니(Carlo Goldoni, 1707~1793). 이탈리아의 극작가.

면에서 볼 수 있는 잘 알려진 터키풍 취향에서 찾아볼 수 있는 것이다.

자연발생적인 상업적 장려

'링구아 프랑카'는 특별한 위세는 가지고 있지 않았으며, 반대로 조롱거리가 될 수는 있었다. 그러나 '링구아 프랑카'는 언어적으로 이질적인 공동체들 사이에서 접촉이 이루어짐으로써 생겨날 수 있는 그대로의 매개어의 속성들을 가지고 있었다. 매개어는 은어가 아니라, 여러 언어가 사용되는 지역에 자리잡고 있는 고유어들 가운데 하나로, 의사소통과 통상관계들을 가능하게 하는 언어다. 따라서 다른 언어보다 오히려 매개어가 장려되고 이 지역 주민들이 대부분 매개어를 사용하는 습관을 가짐으로써, 이 언어는 마침내 일종의 우월성을 얻을 수 있게 된다. 물론 이러한 상황들은 변할 수 있으며, 이 과정을 바꿀 수 있는 많은 요소들이 개입함으로써 위세를 가진 특정 언어가 나타나지 않을 수도 있다.

예컨대 미국의 북서쪽 해안과, 워싱턴 주와 오리건 주의 일부 내륙 지역에서는, 원래 컬럼비아 강 계곡에 살던 치누크족[78]이 19세기 초까지 인구통계상 그 수가 가장 많은 토착민족이었으며, 상업 차원에서 가장 역동적인 종족들 가운데 하나였다. 그들이 사용하는 언어의 방언들 가운데 하나인 '하류의 치누크어'(*lower Chinook*)는 '치누크 통상 언어'(*Chinook jargon*)라는 이름으로, 많은 인디언 부족들 사이에 상품의 유통

칼데론(Pedro Calderón de la Barca, 1600~1681). 스페인 극작가·시인. 몰리에르(Jean-Baptiste Poquelin Molière, 1622~1713). 프랑스의 희극작가·배우.

78) 치누크족(*Chinook*). 북아메리카의 북대서양 연안의 인디언. 북서부 연안에서 사용되던 치누크족의 통상 언어는 치누크족을 비롯한 인디언의 말, 영어, 프랑스어가 혼합된 것이었다. 이 언어의 사용자는 소수이며 '소멸 직전' 단계로 분류되어 있다. 한편 Kikshtㅡ로 불리는 '상류의 치누크어'(*Upper Chinook*)도 '소멸 직전' 단계(사용자 수 7명)로 분류되어 있다.

을 용이하게 하면서 이들 사이에 확산되었다. 이 확산은 한쪽으로는 캘리포니아 북부까지, 다른 쪽으로는 알래스카 남부까지 진행되었다.

세계의 다른 많은 지역에서 유사한 상황들이 아주 다양한 수준에서 전개되는 것을 볼 수 있다. 예컨대 인도네시아 열도의 동쪽 끝에 있는 티모르 섬에서는 최근에 오스트로네시아어족[79]의 언어인 테툼어에서 나온 한 언어가, 상이한 언어들을 사용하는 사람들 사이에서, 상거래와, 더 넓게는 사회적 관계 속에서 의사소통 수단으로 쓰이고 있다. 이 언어는 아직도 상처투성이인 이 나라에서 일종의 국어로 자리잡았을 정도이다(436~438쪽 참조).

의도적인 정치적 장려

매개어의 장려는 단지 지역주민들이 실생활에서 갖게 된 익숙함의 결과만이 아니라, 외국인들의 대량이입에서 비롯된 결과일 수 있다. 예컨대 아라우칸어를 사용하는 마푸체족[80](252쪽 참조)이 안데스 산맥을 넘어 칠레 남부지역 민족들의 영토에 들어와 정착하게 되자, 아라우칸어는 테우엘체족[81]과 칠레의 다른 민족들의 매개어, 나아가 모국어가 되었다. 테우엘체족의 언어는 이렇게 하여 사라졌다(Clairis, 1991: 4~5쪽 참조).

---

79) 오스트로네시아어족(*Austronesian languages*). 말레이폴리네시아어족이라고도 함. 말레이시아와 인도네시아 열도의 대부분 지역, 필리핀 전역, 베트남, 캄보디아, 타이완, 마다가스카르의 일부 지역, 오스트레일리아와 뉴기니의 대부분 지역을 제외한 중앙 태평양과 남태평양의 주요 섬들에서 사용하는 어족이다. 이 어족은 약 5백 개 정도의 언어로 이루어져 있다.

80) 마푸체족(*Mapuches*). 아라우칸어를 사용하는 남아메리카 인디언 가운데 규모가 가장 큰 부족. 20세기 후반에 보호구역에 사는 마푸체족의 수는 25만~30만 명에 달했으며, 수많은 마푸체족이 칠레와 아르헨티나의 도시에 살고 있다.

81) 테우엘체족(*Tehuelches*). 마젤란 해협에서 네그로 강에 이르는 파타고니아 평원에 살았던 남아메리카 인디언. 테우엘체족은 유럽인들에게 정복되어 그들의 문화에 동화되었다.

다른 경우들에는, 정책기관이 지지하는 공적 선택에 따라 특정 매개어가 장려되며, 이어 위세의 효과가 나타나게 된다. 중앙아프리카공화국에서 국어로 인정된 상고어에 대해서도 이렇게 말할 수 있다(432~433쪽 참조). 이처럼 특정 언어를 장려할 때, 이 장려책에 따라 위축되는 언어들이 받게 되는 영향은 예상할 수 있는 것이며, 장려된 언어는 틀림없이 특권적 지위를 가지게 된다.

중앙아프리카공화국에서 상고어가 처한 상황과 스페인인들이 나타나기 전 잉카제국에서 케추아어가 처해 있던 상황은 유사하다. 앞서 살펴본 것처럼, 케추아어는 정복이 진행되면서 15세기 말에 쓰이던 형태로 쿠스코 지역에서 보급되기 시작한 것으로 보인다. 오늘날 이 현상을 보여주는 증거는 정확히 말해, 7개국[82]에서 사용되는 케추아어의 방언적 다양성이다. 이 다양성은 콜롬비아에서 아르헨티나까지 광범한 지역에 걸쳐 수세기 동안 독자적으로 진행된 변화의 결과이다. 그러나 이어 살펴보게 될 다른 요인이, 전 세계에서 다른 언어들에 일어난 것과 마찬가지로, 불리한 처지에 놓인 고유어들을 희생시키고 케추아어에 한층 더 큰 명성을 주었음에 틀림없다.

정복자들과 선교교회가 내린 결정들

코르테스 군대가 멕시코 시의 아스텍 지역을 정복한 지 2년 뒤인 1523년에 이 도시에 도착한 프란체스코수도회[83] 선교사들은, 당시의 언어상황이 아주 다양함을 즉시 확인하였다. 이 다양함은 아마도 그들에게는 분열상태와 같아 보였을 것이다. 이러한 까닭에 선교사들은 이 수많은 토착어들이 복음화에 대한 장애물, 마찬가지로 교회의 지배에

82) 남아메리카 서부의 콜롬비아, 에콰도르, 페루, 볼리비아, 파라과이, 칠레, 아르헨티나의 7개국을 말한다.

83) 프란체스코수도회. 13세기 초 아시시의 성 프란키스쿠스〔프란체스코〕가 세운 탁발 수도회. 프란체스코수도회는 해외선교를 활발하게 해왔으며, 교육과 학문분야에 많은 기여를 했다.

대한 장애가 된다고 판단하고, 이 언어들 가운데 몇 가지를 매개어로 장려하기로 했다. 선교사들은 이를 위해, 언어의 사용자 수나 이미 진행된 보급 정도로 보아 추천할 만한 것으로 보이는 언어들을 선택하였다. 그들은 남아메리카의 일부 언어에 대해 주목할 만한 연구작업들을 이루었다. 이를테면 프란체스코수도회가 자리잡고 있었던 60년 동안, 문법서, 어휘집, 교리문답서 등 80권 이상의 서적이 나왔다. 이 가운데에는 안드레스 데 올모스(1547년)와 알론소 데 몰리나(1555년)[84]가 나와틀어에 대해 기술한 유명한 책들도 있다.

이 저술들은 당대의 관례에 따라 라틴어 규범체계를 학습의 틀로 정하였다. 스페인의 가톨릭 엘리트들에게는 라틴어의 위세가 대단하여(92쪽 참조), 프란체스코회 수도사들은 인디언 기독교 신자들 가운데 재능 있는 몇 사람들에게 라틴 시를 쓰는 기술을 가르치기까지 하였다(de Pury Toumi, 1994: 492 참조)! 라틴어 체계를 바탕으로 만든 나와틀어 문법서들은 오늘날에는 받아들일 수 없는 것일 것이다. 그렇지만 이 저술들은 16세기 말 나와틀어의 모습을 분명하게 개괄적으로 이해할 수 있게 해준다. 다른 선교사들이 같은 시대에 페루와 브라질에서 케추아어와 투피어에 대해 펴낸 책들, 또는 17세기 초와 중반에 각각 볼리비아(당시 '고지 페루')에서 아이마라어에 대해, 파라과이에서 과라니어[85]에 대해 기술된 책들에 대해서도 마찬가지로 말할 수 있다.

---

84) 안드레스 데 올모스(Andrés de Olmos, 1485?~1571). 프란체스코수도회 신부. 멕시코 인디언을 연구한 문법가·민족역사학자로서, 최초의 고전 나와틀어 문법인 《멕시코어학습기법》으로 알려져 있다.
알론소 데 몰리나(Alonso de Molina, 1513/14~1579). 프란체스코수도회 신부·문법가. 1555~1571년 사이에 유명한 나와틀어 사전(《카스티야어와 멕시코어 사전》)을 집필·출판하였다. 이 사전은 '신대륙'에서 인쇄된 첫 번째 사전으로 올모스의 작업과 함께 아메리카 원주민 언어를 체계적으로 다룬 최초의 작업이다.

85) 투피족(*Tupi*). 투피어족에 속하는 언어를 사용하는 남아메리카 인디언. 투피어를 쓰는 원주민들은 아마존 강에서 라플라타 강까지 대서양 연안과 내륙에

그렇지만 멕시코에서는, 한편으로 프란체스코회 선교사들과, 다른 한편으로 정복자들과 총독들의 관계가 재속(在俗) 성직자의 위계처럼 항상 단순한 것은 아니었다. 16세기에 스페인 정복자들은 미초아칸 왕국[86]에 타라스코어가 보급되어 있으며, 멕시코 중앙 고원의 일부 지역에는 오토미어[87]가 보급되어 있음을 확인하였다. 그들은 또한, 이 지역이 연합을 이루지 못했거나 현지의 동맹관계로 맺어진 도시국가들로 분산되어 있었음에도 불구하고 마야 언어들이 유카탄 반도에서 오늘날의 과테말라 남부에 이르기까지 한층 더 멀리 확산되어 있음을 주목했는데, 바로 이 점이 1511년부터 스페인의 정복을 용이하게 했던 것이다. 스페인 정복자들은, 아스텍인들이 한 세기 앞서 정복활동을 통하여 많은 지역에 나와틀어를 도입하기 시작한 이래, 이 세 언어집단이 원래 사용하던 사람들의 거주지역을 넘어 확산된 거의 유일한 언어들이었음을 확인하였다. 코르테스와 그의 후계자들은, 이러한 언어적 주도권이 주는 의사소통의 통일성과 용이함에 따라 이 주도권이 그들의 지배계획에 도움을 줄 수 있음을 빠르게 이해하였다.

그렇지만 그들은 동시에, 카스티야어가 언젠가 나와틀어를 대신할

널리 분포했다.

아이마라족(*Aymara*). 페루와 볼리비아에 속한 안데스 산맥 중부, 티티카카 고원에 사는 남아메리카 인디언. 고대부터 볼리비아 남부, 칠레 북부, 페루 남부지역 일부에서 사용되던 아이마라어를 쓰고 있다.

과라니족(*Guarani*). 투피어를 쓰는 남아메리카 인디언. 원래 파라과이 동부와 브라질, 아르헨티나 부근에서 살았다. 14~15세기에 투피어를 쓰는 사람들끼리 라플라타 강 쪽 내륙으로 옮겨가서 파라과이의 과라니족이 되었다.

86) 미초아칸(Michoacán). 멕시코 중서부의 주. 1530년대에 도미니카 사람인 바스코 데 키로가는 최초의 성공적 설교단을 설립했다.

87) 타라스코족(*Tarasco*). 멕시코 중부 미초아칸 주 북부에 사는 인디언. 멕시코 주류 문화인 메스티소 문화에 동화되고 있지만, 일부는 아직도 타라스코어를 주로 쓰며 문화적으로 보수적인 성향을 띠고 있다.

오토미족(*Otomi*). 멕시코 중앙 고원에 사는 중부 아메리카 인디언. 오토미어로 통칭되는 네 가지의 유사한 언어를 사용한다.

수 있도록 하기 위해 카스티야어를 확산시키기 시작하였다. 그러나 그들은 스페인 정권의 지원을 받고 있었음에도 불구하고, 카스티야어화 대신에 인디언들을 기독교도로 개종시키는 것을 자신들의 임무로 삼은 프란체스코회 선교사들의 의지와 충돌하였다. 1550년 카를 5세[88]는 법령을 통해, 인디언 귀족계급의 복음화와 교육이 실행되기 시작한 만큼 이들의 복음화와 교육에서뿐만 아니라 모든 인디언에게 스페인어가 보편적으로 사용되도록 권고하였다. 그럼에도 불구하고 멕시코에서는, 식민지배를 수월하게 하기 위해 스페인어를 강요하고자 하는 이들과 몇몇 대규모 인디언 언어를 장려하고자 하는 이들 사이에 충돌이 여전히 오랫동안 계속되었다. 이러한 대립은 예수회 수도사들이 도착하면서 비로소 종지부를 찍었는데, 이들은 아스텍어에 매우 감탄했지만, 자기들보다 앞선 프란체스코회 수도사들과 반대로 카스티야어로 복음화 사업을 펼쳤다. 왜냐하면 이제는 더 이상 프란체스코회 수도사들의 시대처럼 단순히 정복당한 민족의 문제가 아니라, 이미 식민지배를 받고 있는 민족의 문제가 되었던 것이다. 따라서 프란체스코회 수도사들이 바랐던 것과 반대로(de Pury Toumi, 1994 참조), 투피어가 브라질의 일부 지역에서 그러했던 것처럼(이하 참조), 나와틀어는 '보편적 언어'가 되지 못했다. 그렇지만 예수회 수도사들은 유럽에서는 아메리카 토착 언어들의 처지를 옹호하였다.

스페인 선교사들의 언어정책은 페루에서 더 큰 성공을 거두었다. 케추아어는 이 수도사들의 활동상황을 보여주는 전형적인 보기이다. 카스티야의 침략자들이 제국을 점령했을 때 안데스 산맥의 많은 언어들은 케추아어에 아직 밀려나지 않고 있었는데, 이 언어들은 역설적으로 가톨릭 사제들이 케추아어를 복음화의 언어로 삼고 모든 개종자들에게

88) 카를 5세(Karl V, 1500~1558). 신성로마제국의 황제(1519~1556 재위). 스페인의 왕·스페인령 아메리카의 왕(카를로스 1세, 1516~1556 재위), 오스트리아의 대공(카를 1세, 1519~1521 재위).

이 복음화의 언어를 쓰게 함으로써 희생되었다. 이리하여 사실상 위세를 얻은 특정 매개어의 장려는 푸루아어, 카냐리어, 카칸어, 쿨리어, 우루-푸키나어[89] 와 다른 많은 언어들의 위축으로 이어졌다. 이 움직임은 20세기까지 연장되었는데, 이를테면 에콰도르 서부 저지대의 사파로족[90] 은 당시 대거 케추아어로 옮겨갔다. 복음 전도사들은 잉카의 정복이 미치지 못했던 지역들, 곧 오늘날 아르헨티나 지방인 산티아고델에스테로의 지방과, 또는 현재의 콜롬비아 남서부의 카케타 강 상류와 푸투마요 강[91] 상류지역들에 케추아어를 도입하기에 이르렀다.

안데스 산맥의 다른 언어, 곧 페루와 볼리비아에서 150만 명 이상이

---

89) 이 언어들을 사용하던 민족이나 지역은 다음과 같다.
푸루아어(*Puruhá*). 스페인 정복기에 안데스 산맥에 살던 에콰도르 인디언인 푸루아족이 사용한 언어. 소멸한 언어이며 그 기록도 남아 있지 않다. 이 지역에는 푸루아족 또한 존재하지 않는다.
카냐리어(*Cañari*). 에콰도르 중앙 고지대에 있는 지역인 카냐르에서 사용한 언어다. 카냐르는 식민지 시대 이전 잉카제국 북부지방의 중심지였다.
카칸어(*Kakán*). 독립적 민속집단인 디아귀타족(*Diaguitas*)이 사용한 언어로 소멸하였다.
쿨리어(*Culle*). 페루 북부, 라리베르타드, 카하밤바, 팔라스카 지역에서 사용된 언어로 20세기 중반 소멸하였다.
우루어(*Uru*), 푸키나어(*Pukina*). 우루어는 페루 티티카카 호의 부도(浮島)에 살던 민족인 우로족이 사용하던 언어다. 우로족은 1950년대 완전히 소멸하였다. 우루어는 치파야어(*Chipaya*)와 아주 밀접하여 이 두 언어는 우루-치파야어(*Uru-Chipaya*)라는 한 언어의 두 가지 변이형으로 여겨지기도 한다. 한편 우루-치파야어는 흔히 푸키나어로 불린다.

90) 사파로족(*Zaparos*). 페루와 에콰도르에 사는 아마존 원주민 부족. 소멸위험에 처한 어족인 사파로 계열 언어를 사용한다. 유럽인들과 처음으로 접촉하게 된 17세기 말에는 10만 명이 넘었으나, '고무 열기'로 불리는 천연고무의 채취경쟁을 둘러싸고 벌어진 가혹행위 등으로 한 세기 뒤 2만 명으로 줄었다. 이어 전염병, 노예생활, 고무농장의 강제노동, 전쟁 등으로 많은 사람이 죽었으며, 에콰도르에서는 1990년대 초 공식적으로 사라진 것으로 확인되었다.

91) 산티아고델에스테로(Santiago del Estero). 아르헨티나 중북부에 있는 주. 카케타(Caquetá). 콜롬비아 남동부에 있는 주. 푸투마요(Putumayo). 콜롬비아 남부의 행정구.

사용하는 아이마라어 또한 선교사들에 의해 교리문답의 도구로 장려되었다. 이 수치는 16세기 초의 사용자 수보다 더 많은 것으로 보이는데, 왜냐하면 이 시기부터 오늘날까지 많은 수의 인디언 공동체들이 자신들의 언어를 잃고 아미마라어를 택하였기 때문이다.

또 남아메리카의 경우를 보면, 브라질 남부와 파라과이에 속해 있는 지역에서 선교사들은 친족관계의 투피어와 과라니어를 대규모로 사용하였다. 그런데 이 언어들은 아주 많은 수의 인디언들이 사용하는 만큼 이미 유력한 언어들이었다. 1768년 추방될 때까지 파라과이를 다스리고 복음을 전파했던 예수회 수도사들은 과라니어의 보급을 위해 많은 일을 하였다(313~318쪽 참조). 라틴어식 개요라는 시대에 뒤진 성격에도 불구하고 오늘날에도 여전히 사용할 수 있는 가장 유명한 과라니어 기술서는 바로 예수회 수도사 안토니오 뤼즈 데 몬토야[92]가 저술한 것이다. 그리고 식민지배 시대의 브라질에서, 연안지방의 투피어는 '링구아 제랄'[93](보편언어)이라는 이름으로 아마존 하류의 지역들과 남동부에서 의사소통 언어로 쓰였다. 앞서 들었던 보기들에서처럼, 매개어라는 선택된 지위는 다양한 부족언어들이 소멸한 요인들 가운데 하나였는데, 이 부족언어들은 고유어들이 자연적으로 보급되고 그 사용자 수가 늘면서 강해진 압박에 저항하지 못한 언어들이었다.

앞서 말한 모든 내용을 통하여, 라틴아메리카에서 펼쳐진 식민정책의 진정한 수혜자들은 결국 유럽 언어, 곧 스페인어와 포르투갈어였음을 무시할 수 없다. 어떤 이들은 특히, 그토록 광대한 지역에 보급되어 있으며, 오늘날 스페인어에 의해 문화적으로 통합된 그렇게 많은

92) 안토니오 뤼즈 데 몬토야(Antonio Ruiz de Montoya, 1585~1652). 《과라니어 어휘집》(1639). 《과라니어 기법》(1640)을 저술하였다.

93) 링구아 제랄(*língua geral*). 16~17세기에 포르투갈의 세력권에 있던 브라질에서 유럽인과 인디언 사이 및 서로 다른 언어를 사용하는 인디언 사이에 의사전달 수단으로 개발한 링구아 프랑카를 말한다. 링구아 제랄은 투피남바 인디언어를 변용하여 만들었다.

나라들에 널리 보급되어 있는 스페인어의 놀랄 만한 역사에 감탄할 것이다. 그렇다. 그러나 이 성공을 위하여 치러야 했던 대가는 아주 많은 수의 인디언 언어들의 죽음이었다.

러시아어, 소비에트 연방의 매개어

실질적 언어정책을 가지지 못했던 제정 러시아 체제와 반대로, 소비에트 연방은 거대한 영토에 산재한 수많은 민족들이 사용하는 언어들에, 민족적 실체를 규정하는 주된 요소라는 중요한 지위를 부여하였다. 20세기 들어 1930년대 초까지, 사전과 입문서가 많이 나오게 되면서 이 언어들은 분명 상서로운 시기를 맞았다. 그럼에도 불구하고 러시아어가 당시의 공식적 용어로 '공통언어' 또는 '국제어', 심지어 '제 2모국어'라고 불렸음은 의미심장한 일이다. 130개 이상의 언어들이 사용되던 제국 안에서, 이러한 지위는 당연한 필요성에 거의 부응하는 것처럼 보였다. 부모들이 교육언어를 선택할 수 있게 한 1958년의 중요한 학교 교육개혁은, 러시아어가 의도와 효과에 모두 상응하는 위세를 갖춘 언어로 널리 사용되는 결과를 가져왔다. 왜냐하면 이러한 러시아어의 사용촉진은 사회주의의 촉진일 뿐만 아니라, 공장의 일자리를 늘리고 과학적 · 경제적 진보를 촉진하는 것이었기 때문이다(Hagège, 1994: 220~238, 255~264 참조).

러시아 공화국 외의 대부분 공화국들은 1988년부터, 곧 소비에트 연방이 아직 해체되지는 않았지만 점점 더 심각한 분열을 겪기 시작한 시점에 언어 관련 법률들을 제정하였다. 이 법률들은 러시아어에 '여러 민족들간의 관계를 맺어 주는 언어'로 명시적으로 지칭되는 매개어의 지위를 인정하였다. 그러나 이 법률들은 또한 다른 언어들도 옹호하였는데, 그 가운데 다수는 현대생활을 반영하는 모든 어휘영역에서 러시아어를 많이 차용함으로써 불안정해진 언어들이었다. 한편 많은 수의 자치공화국, 자치주나 자치관구에서는 많은 사람들이 러시아어를 사용하고 있으며 그들은 대개 사회의 다수를 이루고 있다. 또한 소비에트 사회주의연방(URSS)의 많은 언어는 심한 방언적 세분화라는 특징을 보여주고 있다. 이러한 점을 아울러 고려하면, 그렇게 많은 민족들 사이에 일상적 관계의 도구로 쓰이는 위세언어가 가지는 지위가, 아주 드물게 나타나는 일부 경우들을 제외할 때, 저항하며 맞설 수단들을 전혀 가지지 못한 우랄, 터키, 몽골, 퉁구스, 시베리아 지역 방언들이 소멸하는 데 한몫을 하였음을 이해할 수 있다.

영어 선택의 영향과 결과

많은 고유어들이 특정 매개어와 이 언어가 대규모 의사소통을 위해 내세우는 효율성에 직면하여 위세를 상실하게 된다. 그런데 이러한 위세상실은 문제의 언어가 미국 영어일 경우 이 언어들이 현대세계에서 살아남는 데 한층 더 가공할 요소로 작용한다. 우선 합의에 따라 이루어진 것으로 보이는 언어적 교환수단의 선택은 언어의 위세를 더욱 강화해 주는데, 사실 이제 문제되는 것은 약간의 명성을 가지는 단순한 언어적 교환수단이 아니다. 이 유형의 모든 언어들은 지역적으로만 보급되는 것이기 때문이다. 우리가 조금 전에 살펴본 것처럼, 러시아어도 분명 소비에트 연방에서 강한 압력을 행사하였으나, 영토가 아주 넓었음에도 불구하고 이 현상은 지역적인 것으로 그쳤다.

반대로, 영어를 매개어로 택하는 것은 단지 여러 가지 언어를 사용하는 환경에서 관계들을 용이하게 해준다는 것만을 뜻하지는 않는다. 이는 경제, 정치, 과학 그리고 문화 등의 영역에서 세계 최강의 국가들에 속하는 국가의 국민들이 타고난 언어 사용자로서 속해 있는 언어적 공간에 통합되는 것을 말한다. 십중팔구 이러한 생각이, 소멸하는 과정에 놓여 있거나 이미 소멸한 그토록 많은 아메리카 인디언 언어들 또는 오스트레일리아 언어들을 사용하는 사람들의 의식에서 결정적으로 작용하지는 않았을 것이다. 이 사용자들은 '단지' 자신들의 일터와

주위환경에 자리잡고 있으며, 부족언어들이 증식함으로써 생겨나는 것처럼 보이는 언어장벽을 없애 줄 수 있는 지배적 사회의 언어를 선택했을 뿐이다. 하지만 19세기 중반부터 전개된 세계의 상황들을 보건대, 미국 영어를 선택하는 것은 순수한 행위가 아닐 수 있다. 어디에서나 힘과 돈의 언어이기도 한 매개어는 중립적 의사전달 수단이 아닌 것이다.

위세경쟁과 이 경쟁이 언어들의 운명에 미치는 영향

모든 것을 잘 갖춘 것으로 보이는 언어는 지배를 확보하기 위해 다른 언어 사용자들을 포위하게 되는데, 이 사용자들이 침입자에게 항상 양보하는 것은 아니다. 언어사용자들은 적어도 두 경우에, 자신들이 원래 사용하던 언어의 위세와 이 언어가 지니고 있는 문화적 가치들을 계속하여 신뢰하며, 결과적으로 이 언어는 이 대결에서 해를 입지 않고 빠져나올 수 있다. 첫 번째 경우는 날카로운 민족의식이 적절하게 조합된 대량차용의 경우이다. 두 번째 경우는 2개의 국어를 병용하는 엘리트들의 경우이다.

대량차용이 언어의 흡수로 이어지지 않을 때

2개 국어 병용이 불평등하게 진행되지 않는다면, 차용하는 언어가 차용해 주는 언어에 흡수되어 사라지게 되는 징조가 전혀 나타나지 않으면서 어휘의 대량차용이 이루어질 수 있다. 여기에서는 세 가지 경우를 들어 볼 만하다. 한 가지 경우는 영국에서, 다른 하나는 이슬람권 동양에서, 마지막 하나는 동부·동남아시아에서 볼 수 있는 것이다.

앵글로노르만어와 영어의 완강함

노르망디 공작 기욤이 1066년에 영국 땅을 정복한 뒤, 정복자들은 자신들이 사용하는 피카르디어가 섞인 노르만어를 영국에 들여왔다. 이 노르만어는 새로운 모양의 언어로 바뀌었으며, 이 변화한 언어형태를 언어학자들은 앵글로노르만어로 부른다.[94] 이 언어형태는 12세기에 수많은 상인들이 도착하면서 앙주 지방의 요소들을 대량으로 취하고 이어 일드프랑스 지방의 영향을 받은 형태이다.[95] 서부 프랑스의 이 로망스어 사용자들이, 그들 가운데 일부는 프랑스 궁정과 지속적 관계를 맺고 있었는데, 프랑스 궁정을 중심으로 생성되고 통일되어 가던 문어 프랑스어의 형식을 강력하게 주장했다는 사실로 볼 때, 프랑스어의 영향은 한층 더 커졌다. 그러나 실제로 그 사용자들은 소수였다. 단지 궁정, 봉건귀족, 부유한 상인들, 주교들, 사제들과 그 밖의 다른 특권층들만이 생성단계에 있던 이 프랑스어 노르만 변이형을 사용하고 있었다.

---

94) 앵글로노르만어(*Anglo-Normand*). 중세에 영국 상류층에서 쓰였던 프랑스어를 말한다.
북유럽의 바이킹족 일파가 9세기경 프랑스를 자주 침범하여 약탈하게 되자, 당시 프랑스 왕 샤를 3세는 911년 이들 노르만인들에게 땅을 주고 족장 롤로를 노르망디 공작에 봉했다. 노르망디에 정착한 이들은 프랑스와 로마 문화의 영향을 받아 점차 자신들의 언어인 스칸디나비아어를 버리고 프랑스어를 일상어로 사용하게 되었다. 이들이 사용한 프랑스어는 지역 방언인 노르만프랑스어였다. 이어 이들은 1066년 영국 땅을 침범, 헤이스팅스 전투에서 잉글랜드의 해럴드 2세를 상대로 승리하면서 이른바 노르만인의 영국 정복이 펼쳐지게 되었으며, 이들과 함께 앵글로노르만어가 자리잡게 되었다. 앞의 주 45, 46 참조.

95) 앙주(Anjou)는 프랑스 서부 멘에루아르 도(道)를 둘러싼 역사적·문화적 지역이며, 일드프랑스(Île de France)는 파리를 중심으로 한 프랑스 중북부의 도들로 이루어진 지방을 말한다. 앙주 지방을 두고 영국과 프랑스가 대립하였으며, 프랑스 왕위계승권을 둘러싸고 벌어진 백년전쟁(1337~1453)에 이르기까지 두 나라 사이에 일련의 갈등상황이 계속되었고 이와 함께 교류가 이루어졌다.

대다수 주민들에 관해 말하자면, 그들은 영어만을 사용하고 있었다(Hagège, 1996b: 32~36 참조). 하지만 그들은 시대에 따라 프랑스어의 다양한 형태들을 대규모로 차용하였다. 이러한 대량차용에 따라 영어는 프랑스어 사용자가 보기에, 게르만어가 라틴어화한 아주 독특한 모습을 가지게 되었다. 이는 6세기에, 곧 영어의 모태인 게르만어의 초기 사용자들인 주트족,[96] 앵글로족, 색슨족이 원주민인 켈트족을 서쪽으로 밀어내고 정착한 지 얼마 지나지 않아, 지역이 기독교화되면서 시작되었던 라틴화의 또 다른 단계일 뿐이다. 따라서 앵글로노르만 어휘가 많이 도입된 것은 훨씬 앞서 시작된 라틴어화 혼종(混種) 과정에 이어 일어난 당연한 과정인 것이다. 잘 알려져 있는 몇 가지 경우만 들어보면, 프랑스에서는 오늘날 이 의미를 찾아볼 수 없지만, 앵글로·노르만 차용 어휘들의 옛 의미가 보존된 경우와 다른 단어들에서 볼 수 있는 의미변질(동형이의어〔同型異義語〕,[97] 77쪽 참조)의 경우, 그리고 to remember(상기하다), mischief(심술궂음, 장난치기 좋아하는 성격) 또는 random(우연) 등 현대 프랑스어에는 더 이상 존재하지 않는 중세 어휘들이 영어에서 유지되는 경우를 볼 수 있다(Hagège, 1994: 36 참조).

정복자들의 언어를 동화하는 방식에서 볼 수 있는 이러한 자율적 성격은 영어가 전개한 저항역량을 보여주고 설명해 준다. 1204년에 존엄왕 필리프가 노르망디를 병합함으로써 잉글랜드는 대륙으로부터 고립되었으며, 이 일은 영국 국민의식이 출현하는 계기가 되었다. 이 국민의식은 실지왕(失地王) 존의 아들인 헨리 3세[98] 치하에서 특히 대외

96) 주트족(*Jutes*). 5세기에 잉글랜드를 침입한 게르만족의 한 부족.

97) 여기에서는 서로 어형이 닮았으나 뜻이 다른 외국어 어휘를 말한다.

98) 존엄왕 필리프(Philippe Auguste, 1165~1223). 카페 왕조의 왕(1179~1223 재위)으로, 잉글랜드 왕들이 차지하던 프랑스 영토를 차츰 되찾았으며, 북쪽의 플랑드르와 남쪽의 랑그도크까지 영토를 넓혔다. 1191년의 제3차 십자군의 주요 인물이다.

개방정책에 대한 비판을 통해 민족주의적 압력을 행사하게 된다. 13세기 말부터 부르주아 계급이 형성되기 시작하여 14세기에 그 존재가 점점 더 뚜렷하게 드러나게 되었다. 그런데 영어를 사용하는 이 부르주아 계급은 지도층이 사용하는 프랑스어 변이형에 맞서 전혀 고분고분하지 않았다. 정복자의 후손들이 사용하는 이 외국어는, 그들에게는 굴종의 상징이었으며 따라서 부르주아 진영을 갈수록 참을 수 없게 만들었다. 이 부르주아 계급은 강제로 영어를 쓰도록 할 것을 요구했으며, 영어를 더 이상 학교교육을 거의 받지 못한 대중의 언어로 간주해서는 안 된다는 것을 알리고자 했다.

이리하여 1362년에 처음으로 수상이 런던 의회에서 영어로 연설하게 되었다. 14세기 말 프랑스어는 교육영역에서 특권적 지위를 상실하였다. 초서[99]를 비롯한 작가들은 영어로만 글을 썼다. 1399년에 헨리 4세[100]가 즉위함으로써 영어를 모국어로 사용하는 최초의 군주가 나타나게 되었다. 따라서 노르만 귀족계급은 자기 조상들이 10세기에 프랑스에서 겪었던 운명을 영국 땅에서 똑같은 방식으로 겪게 되었다. 그들의 조상들은 프랑스어화하였으며, 이 노르만 귀족계급은 영어화하였던 것이다. 노르만 제후들의 후손은 영국 땅에 프랑스어를 결정적으로 뿌리내리기는커녕 노르망디 지역의 기반을 상실하였으며, 노르만 여인

실지왕(失地王) 존(John Lackland, 1167~1216). 잉글랜드의 왕(1199~1216 재위). 프랑스 왕 필리프 2세와 전쟁을 벌여 노르망디를 비롯하여 프랑스에 가지고 있던 그의 영지를 대부분 잃었다.

헨리 3세(Henry III, 1207~1272). 잉글랜드의 왕(1216~1272 재위). 실지왕 존의 큰 아들이며 후계자이다.

99) 초서(Geoffrey Chaucer, 1340?~1400). 영국의 가장 위대한 시인. 보카치오 등과 교류하면서 이탈리아 르네상스의 영향을 받았다. 당시 런던 방언이던 영어로 집필하여 영국 국민문학의 시조로 꼽힌다. 대표작으로 《켄터베리 이야기》가 있다.

100) 헨리 4세(Henry IV, 1366~1413). 15세기에 잉글랜드를 다스린 랭카스터 왕가 최초의 잉글랜드 왕.

들이 수적으로 부족하여 현지 귀족계급의 여인들과 혼인하면서, 3세기 만에 결국 영어 사용자가 되었다. 게다가 이 혼인은, 일찍이 폭력적 침략으로, 특히 자신들의 언어에 애착이 강한 주민들과 충돌함으로써 획득한 지배력에 어느 정도의 정당성을 주는 데 유리하게 작용했다.

따라서 영국에서 진행된 프랑스어의 지배는 영어에 전혀 해를 입히지 않았으며, 더욱이 영어를 쇠퇴의 길로 이끌지도 않았다. 프랑스어의 노르만 변이형은 봉건사회의 구조 때문에 소수의 특권층 밖에서는 인정받지 못했다. 그때부터 일반대중 출신의 영어를 사용하는 토착 상업계층은 자신의 존재를 뚜렷하게 내세울 수 있었으며, 엄청나게 많은 차용어들을 흡수하면서 현대영어의 초기 형태를 만들어 낼 수 있었다. 중세 영국인들은 앵글로노르만어가 초기에 위세를 누렸음에도 불구하고, 자신들의 언어가 전혀 위세를 갖추지 못한 것으로 볼 어떠한 이유도 없었던 만큼 프랑스어의 충격을 아주 잘 소화해냈다.

아랍어를 견뎌 낸 페르시아어와 터키어

페르시아가 634년에서 644년 사이에, 제 2대 칼리프 오마르에게 정복되어 이슬람화되었으며, 후에 터키인들이 자신들과 상거래를 하던 이슬람교 이란인들에 의해 점차적으로 이슬람화되었음은 알려져 있다. 아바스 왕조에 고용된 터키 용병들인 맘루크[101] 노예 군인들의 이슬람화에 대해서 살펴보면, 그들 가운데 하나인 알프 타긴이 962년 최초의 이슬람 투르크 제국인 가즈나 제국을 건설하기에 이르렀다. 수세기에

101) 아바스 왕조(Abbasid dynasty, 750~1258). 이슬람 제국을 통치한 2개의 큰 칼리프 왕조 가운데 두 번째. 이라크를 중심으로 서아시아를 지배하였으며 동서문화가 융합된 이슬람 문화의 황금기를 이룩하였다.
맘루크(*Mamluk*). 맘루크라는 이름은 '노예'를 뜻하는 아랍어에서 나왔다. 중세 때 여러 이슬람 국가들의 통제권을 장악했던 노예군단의 병사를 말한다. 아이유브 술탄국 때 맘루크 장군들은 권력을 장악하여 1250~1517년 사이에 이집트를 통치한 이슬람 왕조를 세웠다.

걸쳐 진행된 과정에 따라, 페르시아어와 터키어는 아랍어에서 수천 개의 단어를 차용하게 된다. 페르시아어의 경우, 아랍어와 천 년 가까이 밀접한 공생관계를 유지함으로써 언어의 중핵(中核) 요소까지 침투당하는 결과를 낳았다. 이 아랍어는 이란인들 거의 전부가 택한 이슬람교의 시아파 계열 언어이며, 또한 과학분야와 또 다른 이슬람 세계와 맺는 국제관계들에 사용된 언어였다. 이를테면 인도·유럽어족 언어인 페르시아어는 계통적으로 같은 어족에 속하는 다른 언어들과 마찬가지로 접사첨가와 합성과정을 거쳐 단어들을 만들어 내는 통상적 방식들을 갖고 있었다. 그러나 페르시아어는 여기에 동일계통의 모든 단어영역에서 아랍어 단어들을 차용하면서, 3개의 자음으로 이루어진 어근을 바탕으로 다양한 파생을 하는 셈어식(式) 과정을 덧붙였다. 또 페르시아어의 문장과 음운 자체도 아랍어의 영향을 받게 되었다.

그러나 가장 심각하게 부각되는 것은 분명 어휘영역이다. 페르시아어는 수세기 동안 모든 영역에 걸쳐 엄청나게 많은 어휘를 아랍어에서 차용하였다. 그렇지만 한편으로는 4세기에 사산 왕조 통치하에 체계화되었으나 구어로서는 오래전에 사라진, 페르시아어의 조어(祖語)인 아베스타어[102]의 어휘창고와, 다른 한편으로는 아랍인의 정복 때 사용되던 중기 페르시아어[103]인 팔레비어의 어휘창고에서 어휘를 끌어오기

102) 사산 왕조(*Sasanian dynasty*). 아르다시스 1세가 세운 고대 이란 왕조로 아랍인들에 의해 멸망했다〔208(~224) ~637(~651)〕. 이 왕조 통치하에서 이란의 민족주의가 부활하였으며 조로아스터교가 국교로 인정되었다. 이 시기에 이란 예술이 다양하게 발전했으며 동·서양에서 들여온 책들이 이 왕조의 언어인 팔라비어로 번역되었다.
아베스타(*Avesta*). 기원전 6세기에 이란의 예언자·종교개혁가인 자라투스트라가 창시한 조로아스터교 본래의 경전으로, 아베스타어로 불리는 고대 이란어로 기록되었다.

103) 이란의 공용어로서 인도·이란어족의 이란어군에 속하는 페르시아어의 시대 구분은 다음과 같다.
① 고대 페르시아어: 기원전 3세기까지 사용되었으며 설형문자로 기록됨.
② 중기 페르시아어: 기원전 3세기~기원후 9세기에 사용되었으며 아람문

도 했다. 그럼에도 불구하고 아랍어가 가지는 높은 지위는 페르시아어가 위세를 잃게 할 정도의 힘은 가지지 못했다. 입헌정부에 호의적으로 전개된 1906년의 혁명은 고대 페르시아의 영광을 고양하고자 하는 동시에 현대화를 권장하는 국민적 운동으로 이어졌다.[104] 이 현대화 양상들 가운데 하나는, 1920년부터 전개된 논쟁으로 서구세계의 새로움에 적응하는 데 요구되는 신어를 만들어 내기 위해 아랍어 단어들과 순수한 페르시아어 단어들의 가치를 비교해 보는 것이었다. 이를테면 페르시아어를 옹호하는 지지자들은 특히, 페르시아어는 도시문화의 언어이며, 반면에 아랍어는 찬란한 이란문화와 풍요로운 관계를 맺기에 앞서 사막생활에 맞추어져 있다고 단언했다. 게다가 아랍어의 어휘 생성방식은 페르시아어의 어휘 생성방식만큼 분명하지 않다고 말했다 (Jazayery, 1983 참조).

또한 케말 정권이 취한 놀라운 조치들은 바로 20세기 초의 군사적 패배를 계기로 일어난 터키 국민의식의 자각으로 설명할 수 있다.[105] 이슬람 신정(神政) 국가인 오스만 제국의 지도층은 수세기 전부터 강한 아랍-페르시아 언어 변용을 겪었다. 이 변용은 대중이 접근할 수 없는 식자(識者) 언어로 바꾸어 놓을 정도로 문어를 침해했으며, 순전히 문

자로 기록됨.

③ 근대 페르시아어: 아랍문자로 기록됨. 아랍어 차용어가 많으며 폭넓은 문학을 보유하고 있음.

104) 1906년에 시작되어 1909년 11월에 막을 내린 이란 입헌혁명을 말한다. 점점 대외에 종속되던 카자르 왕조에 대하여 민중이 일으킨 혁명으로 이란 역사상 최초로 의회와 헌법을 탄생시켰다. 이 혁명은 페르시아 입헌문학에 지대한 영향을 미쳤으며 입헌문학은 이러한 시대상황의 산물이다. 김영애 외 지음, 《아시아 아프리카 문학》(한국외국어대학 출판부, 2009), 236쪽 참조.

105) 케말 아타튀르크(Kemal Atatürk〔Kemal Pasha〕, 1881~1938). 터키 초대 대통령(1923~1938). 청년터키당을 이끌고 민족운동에 힘썼으며, 대국민의회를 소집하여 공화제를 수립하였다. 1923년 대통령 취임 후 정교분리, 신분제도 철폐, 로마자 채용 등 근대화 정책을 추진하였다. 또한 앞의 주 53 참조.

법적 기능을 하는 연결어[106]들만이 터키어에 속하는 것으로 간주되었다. 그러므로 1928년에 아타튀르크가 아랍문자를 로마자로 대치한다고 발표했을 때, 겉으로는 순전히 기술적 차원의 변화로 보였지만 이는 하나의 혁명이었다. 왜냐하면 지난 오스만 정권이 사용하던 언어는 아랍문자로 표기되었으며, 반면에 대중이 사용하는 언어는 로마자로 표기되었기 때문이다(이는 유럽 기독교 사회에서 구어들이 확립되기 이전에 로마자가 라틴어를 표기하는 데 사용되었던 것과 반대되는 것이다).

케말주의 혁명은 민중주의와 민족주의적 영감을 지닌 것이다. 이 혁명은 표기체계의 변경으로 만족하지 않았다. 이후로는 새로운 단어들을 만들어 내기 위해서 오스만 터키어와 그 밖의 다른 튀르크 언어들의 어휘자산을 이용하게 되었다. 또한 아주 오래전부터 이 이슬람 땅에서 오스만 공용어보다는 훨씬 덜하지만, 많은 아랍어와 페르시아어 단어들을 동화해 온 대중언어 또한 이용하게 되었다. 학교에서 허용되지 않던 터키어는 아랍어와 페르시아어의 자리를 차지하게 되었으며, 마침내 불필요해 보이는 아랍-페르시아어 요소들의 추방에 착수하였다. 그토록 먼 옛날부터 진행되어 온 침투 정도를 고려할 때, 이 작업은 엄청난 것이었다. 사람들은 말한다. 이 작업은 오늘도 계속될 것이라고….

이처럼 이슬람화의 깊이와 지속기간에도 불구하고, 페르시아어도 터키어도 아랍어에 융합되어 사라지지 않았다. 페르시아와 오스만 제국이, 특히 후자가 오랫동안 이슬람 세력 자체를 구현한 바로 그때에, 이러한 보존이 가능했던 것은 유목민들의 후손이기도 한 터키인들의 경우를 포함하여 자신들의 문화에 대해 뿌리 깊은 인식을 유지한 덕분이 아니라면, 이를 가능하게 한 것은 무엇인가?

또 다른 언어들은 언어사용자들이 마찬가지로 이슬람화하면서, 그

106) 접속사, 전치사 등을 말한다.

렇다고 해서 이 모험의 길에서 용해되어버리지는 않았지만, 아랍어 단어들이 대량유입되는 상황에 노출되어 있었다. 그러나 이 언어들에는, 터키어와 페르시아어에서처럼 차용이 많지 않았던 것이 사실이다. 알려져 있는 것처럼 말레이어에는 특히 하드라마우트[107] 지역에서 유래한 아랍어 층(層)이 있다. 힌두스탄어의 경우, 오늘날에는 영어단어들이 많이 도입되었음에도 불구하고, 힌두스탄어에 제대로 동화된 상당수의 아랍어-페르시아어 용어들이 구어에서 계속하여 아주 널리 사용되고 있다(여기에서 힌두스탄어라는 용어는 산스크리트화된 힌디어나 페르시아어화된 우르두어를 가리키지 않으며, 이 언어들에 공통된 언어기반을 가리키기 위해 사용한 것이다).

동부 아시아의 문화적 모태인 중국어의 압박에 직면한 일본어, 한국어와 베트남어의 건재 확인

일본어, 한국어와 베트남어 어휘의 많은 부분은 중국어 차용어들로 이루어져 있다. 이 중국어 차용의 규모는, 이 차용어들이 구성하는 어휘요소들이 각각 중국어계 일본어, 중국어계 한국어와 중국어계 베트남어로 불릴 정도로 막대하다. 이 어휘 구성요소들은 중국 표기체계의 표의문자들을 차용한 흔적으로 층층이 쌓여 남아 있다. 안남[108]에서는 1651년에야 비로소 한자사용을 포기했는데, 예수회 신부 알렉상드르 드 로드[109]가 로마자 표기법에 따라 편찬한 첫 베트남어 사전이 출판된 것도 그때이다. 북한에서는 1949년에 이 표의문자들의 사용이 공식적으로 금지되었으며, 남한에서는 일련의 상반되는 조치들이 시행된

107) 하드라마우트(Hadramaout). 아덴 만과 오만 해에 면한 예멘의 산악지대.

108) 안남(Annam). 프랑스 지배하의 베트남. 19세기 프랑스 식민지로 삼분된 베트남의 중부지방을 말한다.

109) 알렉상드르 드 로드(Alexandre de Rhodes, 1591~1660). 프랑스 신부 · 예수회 선교사. 최초로 로마자 표기법에 따라 베트남어 발음표기를 시도했으며, 《베트남어-포르투갈어-라틴어 사전》을 펴냈다.

뒤, 1974년의 법령에 따라 중등교육 과정에서 배우게 되는 '기초성격'의 한자를 천 8백 자로 제한하였다. 일본어에 관해 말하자면, 일본어는 사실 15세기 이상 전부터 요컨대 토착 음절문자와 결합된 중국문자로 계속 표기되었다.

표기체계의 문제는 중요한 것이다. 터키에서는 아랍문자를 추방함으로써 아랍문자로 기록된 아랍어 단어들을 추방하고, 필연적으로 아랍어 단어들을 터키어 단어들로 대치하기에 이르렀다. 이와 똑같이 안남에서 중국문자를 포기한 것은 중국어 자체를 겨냥한 것이었다. 안남어는 특히 중국어의 영향에 노출되어 있었다. 왜냐하면 기원전 2세기에 중국에 정복된 안남은 10세기에 들어서야 비로소 독립하게 되었기 때문이다. 하지만 이 시기 이후에도 이 나라는 유교적 윤리에 깊이 젖어 있었는데, 이 윤리는 사회를 각자에게 어울리는 자리가 정해져 있다고 간주되는 계급체계로 이해함으로써 안남 왕들의 이익에 기여하였던 것이다. 따라서 중국어는 유명한 고급관리 선발시험의 언어로 자리잡아 오다가 1919년에야 폐지되었다. 제 2차 세계대전 동안에 프랑스인들은 일본인들로 대체되었는데, 프랑스인들은 앞서 자신들이 만들어 낸 식민논리를 앞세워 프랑스어가 중국어를 대신할 수 있도록 시도하였다. 또한 1945년에 베트남어를 교육언어로 장려했음에도 불구하고, 어느 것도 중국어의 중요성을 실질적으로 위축시키지는 못했다. 중국어 차용은 특히 남베트남에서는 공용어와 신문 · 잡지 용어에서, 북베트남에서는 마르크스주의 정치용어에서 계속하여 급증하였다. 그렇지만 베트남인들은 강한 국민의식에 힘입어 자기들의 언어에 여전히 믿음을 가질 수 있었으며, 이 언어는 결코 자신의 위세를 상실하지 않았다.

조선의 왕 세종이 1446년에, 오늘날 여전히 사용되는 한국어 문자를 고안한 때부터, 중국어계 한국어 단어들을 표의문자로 표기하는 일은 중단되었다. 그러나 이 단어들의 비율이 높고(어휘의 60%), 이 단어들이 아주 확고하게 자리잡고 있었던 만큼(중국문화와 조선 땅에 있던 옛 나라의 접촉은 기원전 1000년까지 거슬러 올라간다), 이 단어들을 대체하고자 하는 시도는 없었다. 어떤 단어들은 중국어계 일본어에서 차용한 것으로, 이 단어들은 중국어계 한국어 단어들과 함께 다수의 합성어 구성체계를 이루고 있다. 오랫동안 북한정권의 수반으로서 어휘를 한국어화하기 위해 많은 시도를 했으며, 자신이 보기에 지나치게 일본화・미국화되어 있는 남한 사람을 경멸했던 김일성도 이 합성어들은 제거하지 못했다. 어쨌든 옛날의 중국어 차용도, 오늘날의 영어 차용도 한국어를 뿌리 뽑지 못했으며, 양식 있는 사용자들의 문화적 민족주의는 결과적으로 '침입한' 언어들에 맞서 이 언어의 위세를 유지하게 되었다.

일본어에 대해서도 마찬가지로 말할 수 있는데, 일본어에서는 중국어 단어들이 대량으로 유입된 데 이어, 오늘날에는 미국 영어단어들이 해일처럼 밀려들고 있는 것을 볼 수 있다. 그러나 일본어는 한국어에 비해 영어의 영향을 더 받고 있으며, 표기체계를 로마자화하려는 시도가 몇 차례 있었음에도 불구하고 중국문자를 유지하였다. 이 중국문자는 프랑스어 전문어들의 그리스어 또는 라틴어 어근에 해당하는 것으로, 학술용어들에 넘쳐나는 단어들뿐만 아니라 단순히 대부분의 일상적 어휘를 표기하는 데도 쓰이고 있다. 페르시아어, 터키어, 베트남어, 한국어에서와 마찬가지로 일본어에서는 토착어 기반의 동사 '하다'를 차용어에 덧붙여 활용하여 합성어들을 계속 만들어 낸다. 이러한 과정들은 오래된 것이다. 차용은 언어사용자들이 자신들의 문화를 확실하게 인식하는 데 전혀 장애가 되지 않는다. 그들의 언어는 수세기 전부터 위세를 가진 여러 언어에서 다양한 요소들을 가져오고 있지만, 그렇다고 해서 자신의 위세를 전혀 잃어버리지 않는다. 일본어는 아주 양호한 상태에 있다.

2개 국어 병용현상이 엘리트들에만 관련될 때 : 키케로 시대에 로마에서 사용되던 그리스어

카이사르의 두 가지 유명한 말에 대하여

라틴어반(班) 졸업생들이 즐겨 쓰는 교양 있는 기성(旣成) 표현들에는 카이사르가 자기 일생의 결정적 두 순간에 말한 것으로 간주되는 두 가지 유명한 말이 들어 있다. 카이사르가 기원전 49년에 갈리아 지방을 점령하고 돌아올 때, 원로원의 지시와 관습을 어기고 루비콘 강을 건너면서[110] 그는 이렇게 말했을 수도 있다. Alea jacta est(주사위가 던져졌다)! 그리고 사람들은 카이사르가 자신이 암살당한 날인 기원전 44년 3월 15일에, 자신에게 최후의 단도공격을 한 브루투스에게 다음과 같이 말하는 것을 들었을 수도 있다. 곧 tu quoque, mi fili(너 또한, 내 아들)![111] 사실 카이사르는 이 두 가지 '역사적 말들' 가운데 어느 말도 하지 않았다. 그가 이러한 말들을 했다 하더라도, 그는 라틴어가 아니라 그리스어로 했을 것이라는 간단한 이유에서다. 카이사르의 마지막 말들에 관해서, 수에토니우스[112]는 다음과 같이 분명히 말하고 있다. "자신을 치려고 하는 브루투스를 보면서, 그는 그리스어로 '그리고 너 또한, 내 아들!'이라고 외쳤을 것이라고들 말한다"(《열두 황제의 생애, 율리우스 카이사르》, 79). 디온 카시우스[113]는 이 증언을

---

110) 루비콘 강(Rubicon). 이탈리아 북부 리미니 부근에서 아드리아 해로 흘러드는 작은 강으로 로마 공화정 시대에 이탈리아와 갈리아의 경계였다. 당시 로마제국의 관습으로는 무장을 하거나 병사를 이끌고 루비콘 강을 건널 수 없었으며, 이곳에서 군대의 지휘권을 포기해야 했다. 따라서 카이사르가 군대를 이끌고 루비콘 강을 건넌 것은 로마에 대한 반역을 뜻하는 것이었다.

111) 흔히 '브루투스, 너마저'로 표현되고 있다.

112) 수에토니우스(Gaius Tranquillus Suetonius, 69?~122 이후). 로마 제정 시기의 전기작가·전통문화 연구가. 카이사르에서 도미티아누스까지 12황제의 전기를 썼다.

113) 디온〔디오〕 카시우스(Dion Cassius, 150?~235). 로마의 관리·역사가. 로

뒷받침하고 있다(XLIV, 19, 5). 그러므로 카이사르는 καὶ σύ, τέκνον〔kai su teknon〕이라고 말했다. 곧 한마디씩 옮기면 '너 또한, 아들'이 된다. 어느 곳에서나 반복되고 있지만 옛날의 어떤 텍스트에도 나타나지 않는 tu quoque, mi fili는 로몽[114]의 《위인전》에서 되풀이되는, 르네상스 시대 문법가들의 번역인 것이다(Dubuisson, 1980 참조).

게다가 이 번역은 부정확하다. 왜냐하면 καὶ σύ(너 또한!)는 사실은 저주의 표현이었고, 카이사르가 말하고 싶었던 것은 그가 친아들로 여겨 온, 자신의 정부(情婦) 세르빌리아의 아들이 그를 죽이기 위해 단검을 들고 달려드는 것을 보면서 가지게 되는 고통스러운 확인이 아니라, 분명 저주였기 때문이다. 그는 죽어가면서 브루투스에게 "네게도 똑같은 일이 일어나길!"이라고 말한다. 카이사르가 루비콘 강을 건너면서 한 말에 관해 말하자면, 이 말도 마찬가지로 그리스어로 표현되었음이 확실하다. ἀνερρίφθω κύβος〔anerríphthô kúbos〕(Dubisson, 앞의 책 참조), 곧 문자 그대로 보면 "주사위(=운명)가 던져졌길!"이라는 뜻이다. 과감한 결정을 내릴 때 사용되는 프랑스어 표현 le sort en est jeté(주사위가 던져진다)에 해당하는, 권위 있는 라틴어 번역은 앞의 경우보다 한층 더 부정확한 것이다. 왜냐하면 ἀνερρίφθω는 고대 그리스어에서 수동완료 명령법이기 때문이다. 따라서 한 행위의 결과를 가리키는 소급명령에 관계되는 것이다. 잘 알려져 있는 이 그리스어 경구를 라틴어로 옮기기 위해서는 alea jacta est가 실제로는 "주사위가 던져졌다"를 뜻한다는 것은 고려할 것 없이, 에라스무스[115]가 수

마 공화정 말기와 제정 초기를 이해하는 데 가장 중요한 근거가 되는 《로마사》를 그리스어로 썼다.

114) 로몽(Charles François Lhomond, 1727~1794). 프랑스의 인문주의자·교육가·문법가.

115) 에라스무스(Desiderius Erasmus, 1469~1536). 네덜란드의 인문학자. 가톨릭교회 제도를 비판하고 성경을 교정하였다. 저서에 《우신예찬》, 《자유의지론》 등이 있다.

정한 표현 jacta alea esto[116]를 택하는 것이 적절할 것이다. 라틴어 완료시제는 과거에 관계되는 것이지 그리스어 완료시제처럼 막 끝마친 행위가 여전히 현실에 미치는 결과에 관계되는 것이 아니기 때문에, alea jacta est라는 말은 이상한 것이다.

로마 세습귀족들의 제1언어인 그리스어

카이사르는 자신의 감정이 격해 있던 두 상황에, 곧 한편으로는 아주 과감한 선택을 할 때, 다른 한편으로는 자신이 죽음에 빠진다는 것을 느낄 때, 왜 그리스어로 말했는가? 이는 분명 그리스어가 어린 시절부터 배웠던 언어로, 고통이 절정에 달하고 자제력이 가장 약한 순간에 나타나는 것이었기 때문이다.

로마의 특권층 아이들을 교육하는 과정에서 그리스어가 누리는 지위에 대해서는, 모든 텍스트들이 아주 분명하게 말하고 있다. 가장 유명한 텍스트들 가운데 하나는 퀸틸리아누스의 《웅변교수론》 제1권의 텍스트이다. 퀸틸리아누스는 키케로가 죽은 뒤 한 세기 이상 지난 시점에, 여전히 다음과 같이 말하고 있다.

> 나는 아이들이 그리스어 학습부터 시작했으면 좋겠다. 왜냐하면 라틴어는 더 많이 사용되고 있어 어쨌든 우리는 라틴어의 영향을 받을 것이기 때문이다. 〔…〕 그렇지만 나는 아이들이 대부분 그러하듯이 너무 오랫동안 그리스어만을 말하거나 배우는 것을 〔…〕 바라지 않는다. 이 습관은 수많은 발음오류, 〔…〕 또한 언어의 부정확함을 초래하기 때문이다.

이러한 상황은 어디에서 비롯한 것인가? 우리는 호라티우스[117]의

---

116) “주사위가 던져졌길!”의 뜻.

117) 호라티우스(Quintus Horatius Flaccus, B.C. 65~B.C. 8). 아우구스투스 황제 시대에 로마에서 활동한 뛰어난 서정시인·풍자작가. 그의 《시론》은 아

"Graecia capta ferum victorem cepit"(정복당한 그리스는 자신의 야만스러운 정복자를 정복하였다)라는 말을 알고 있다. 사실 로마가 기원전 146년에 그리스를 정복하여 자신들이 통치하는 한 지방으로 삼은 이래, 로마인들이 발견하게 된 눈부신 그리스 문명은 로마의 엘리트들 사이에 열등감을 불러일으켰다. 이 열등감은 키케로 시대에는 더욱더 심해졌다. 오래지 않아 그들에게는 그리스어를 배우는 것이 세련됨과 단 하나뿐인 진정한 문화를 배우는 것처럼 보이게 되었다. 또 그리스어를 모르는 것은 천박한 사람이라는 것을 드러내는 것으로 보이거나, 전형적 상류계급에게는 이상한 일로 보이게 되었다. 문법가 바로는 라틴어가 그리스어에서 유래했다는 혼란스러운 이론을 주장하기까지 하였다. 이는 라틴어의 위세를 드높이려는 것이었던 만큼 오늘날 우리를 납득시키거나, 분명 스스로를 설득할 만한 어떠한 논증도 물론 없었다(Dubuisson, 1981 참조). 로마 귀족계급의 그리스화는 더 깊이 감추어진 양상들을 지니고 있었다. 아테네 수사학의 구사는 그들의 웅변술을 향상시킴으로써, 그들에게 권력의 쟁취와 유지에 유용한 하나의 수단을 제공했다는 점에서, 그리스어 지식은 지배계급 사이에서 정치적 관건이 되었던 것이다. 기원전 2세기 말부터는 라틴어 수사학 학교의 설립을 막기 위한 조치들을 취하기까지 하였다.

(공화국 말기와 제국 초기) 로마의 2개 국어 병용의 모호성

1세기 말에 시인 유베날리스[118]는 자신의 《풍자시집》의 한 부분에서 (유복한 계층의) 일부 로마 여인들이 속내 이야기까지 그리스어로

리스토텔레스의 《시학》과 함께 후세에 큰 영향을 주었다.

118) 유베날리스(Decimus Junius Juvenalis). 1세기 말~2세기 초의 로마 풍자시인으로, 16편의 풍자시집을 펴냈으며(90~127년) 로마의 모든 풍자시인 가운데 가장 큰 영향력을 발휘하였다. 로마를 증오하였으며, 자신의 동시대인들에 대해 신랄한 비판을 가하였다. 후세의 니콜라 부알로, 바이런 등 풍자작가들의 모델이 되었다.

하는 것을 비난하였다. 그리스어가 이렇게 부유한 사람들의 사생활에까지 스며들었다고 말할 수 있는 것은 아마도 많은 식자들 사이에 널리 퍼져 있는, 라틴어가 그리스어에 비해 열등하다는 생각과 무관하지 않다. 기원전 1세기에 루크레티우스는 《사물의 본성에 관하여》를 쓰면서, 에피쿠로스주의[119]를 설명하는 데 제기되는 '우리 조상의 언어의 빈곤함'(*patrii sermonis egestas*)을 한탄하였다. 2개 국어 병용자인 다른 많은 지식인들과 마찬가지로, 키케로는 공개적으로 반(反) 그리스적인 민족적 태도를 취하였다. 그는 루크레티우스의 말을 인정하기를 거부하고, 라틴어가 그리스어보다 더 풍부하다고 대담하게 단언하였다. 그는 세네카[120]와 퀸틸리아누스에 앞서, 라틴어가 그리스어의 섬세함과 우아함에 비하여 설득력에서 강한 힘과 진지함을 가지고 있다고 인정하였다. 하지만 적합한 라틴어 표현을 찾지 못할 때면 그의 편지는 으레 아주 자연스럽게 그리스어를 빌려 쓰고 있다.

엘리트들의 2개 국어 병용과, 로마의 공적 생활까지 영향을 미친 그리스어의 강력한 존재가 상당히 강한 반작용을 야기하지 않은 것은 아니었다. 티베리우스와 같은 시대 사람인 발레리우스 막시무스[121]는 로

---

119) 루크레티우스(Titus Lucretius Carus, ?~?). 기원전 1세기에 활동한 고대 로마의 시인·철학자. 그의 유일한 장편시 《사물의 본성에 관하여》는 그리스의 철학자 에피쿠로스의 자연학을 가장 완벽하게 보존하는 작품으로 에피쿠로스의 윤리학설과 논리설에 대해서도 언급하고 있다.
에피쿠로스주의. 개인적·감성적 쾌락의 추구를 인생 최대의 목적으로 하는 주의. 그리스 철학자 에피쿠로스(Epikouros, B.C. 341~B.C. 270)가 창시한 고대 그리스의 쾌락주의 사상을 대표하는 에피쿠로스학파의 이념을 말한다.

120) 세네카(Lucius Annaeus Seneca, B.C. 4?~A.D. 65). 스페인 태생의 로마 철학자·정치가·연설가·비극작가. 1세기 중엽 로마의 지도적 지성인이었고, 네로 황제 재위 초기인 54~62년에 동료들과 함께 로마를 실질적으로 통치하였다. 스토아학파 철학자로, 네로의 스승이 되었지만 후에 반역혐의를 받고 자결하였다.

121) 티베리우스(Tiberius Caesar Augustus, B.C. 42~A.D. 37). 제2대 로마 황제(14~37 재위). 아우구스투스의 양자로 그가 이룩한 제국의 제도와 영토

마인들이 자기들의 언어를 옹호했던 시대를 그리워한다.

> 과거의 사법관들은 자신의 존엄성과 로마 민족의 존엄성을 〔…〕 지키기 위해 애썼다. 〔…〕 그들이 그리스인들에게 라틴어 외에 다른 언어로 답변하는 것을 결코 허락하지 않는 지속적 관심을 보여준 것을 들 수 있다. 게다가 그리스인들이 통역을 이용하도록 강제함으로써, 그들에게 유리하게 작용하는 요소인 달변(達辯)을 제거하였다. 이는 물론 라틴어의 명예를 더욱 존중할 만한 것으로 만들고 이 명예를 모든 민족들에게 확산시키기 위해서, 로마에서뿐만 아니라 그리스와 아시아에서도 행해진 것이다. 그렇다고 해서 이들이 교양이 없었던 것은 아니지만, 그들은 그리스의 망토를 토가[122]보다 아래에 두어야 한다고 생각했다. 그들에 따르면, 문학의 매력과 마력에 권력의 힘과 권위를 부여하는 것은 부당한 일이었기 때문이다.

"그리스어로 발언함으로써 쿠리아[123]를 압도하지" 않았다고 열렬한 칭송을 받은 마리우스에 대한 찬사가 뒤이었다. 이 찬사에 따르면, 마리우스는 그리스어를 아주 잘 알고 있었으면서도, 로마인들이 노예로 삼았던 민족의 문학을 배우는 것을 (사회적으로 더 높은 계층 출신인 자신의 맞수 술라와 반대로)[124] 어리석은 일로 여겼던 것으로 알려져 있

를 보존하기 위해 노력했다. 황제가 된 뒤 로마의 재정과 권력을 안정시켰으나 말년에 공포정치를 실시했다.

발레리우스 막시무스(Valerius Maximus, ?~?). 서기 20년경에 활동한 로마의 역사가·도덕주의자. 역사적 일화를 모은 책을 써서 수사학에 도움을 주었다. 그는 제국의 체제를 옹호했으며, 당시의 로마인들은 그들의 조상보다 열등하지만 당대의 다른 민족들보다는 월등하게 우수하다는 생각을 전반적으로 표현했다.

122) 토가(*toga*). 고대 로마인이 입었던 길고 펑퍼짐한 겉옷.

123) 쿠리아(*curia*). 고대 로마에서 사람들을 정치적으로 구분한 단위. 또는 쿠리아의 집회소, 민회, 원로원 등을 말한다.

124) 가이우스 마리우스(Gaius Marius, B.C. 156~B.C. 86). 고대 로마의 장군·정치가. 평민당(平民黨)의 영수로 유구르타 전쟁과 게르만의 침입을 막

다. 세련된 언어의 사용이 자유를 얻고자 하는 사람들에게 정작 자유를 주지 못했기 때문이다. 또한 발레리우스 막시무스는 그리스어에 맞서 라틴어를 옹호했던 로마인들, 특히 카토[125]의 의견을 은연중에 따르고 있다. 기원전 191년에 군단 사령관 자격으로 아테네에 온 카토는, 그와 같은 세습귀족들은 당시에 이미 그리스어로 자신의 생각을 표현할 수 있었음에도 불구하고, 통역의 도움을 받아 대중에게 라틴어로 연설할 결심을 하였다. 따라서 발레리우스 막시무스가 요구하는 것은, 그리스어에 과한 지위를 부여하는 것으로 보이는 2개 국어 병용현상에 맞서 라틴어를 보호하기 위한 실질적 조치인 것이다.

그가 내세우는 옛날의 전범(典範)들은 한 세기 후에는 더 이상 지속될 수 없는 것이었는데, 많은 보기들 가운데, 키케로가 기원전 70년에 시라쿠사[126]의 원로원에서 자신의 적들이 분노하는 가운데 그리스어로 연설하기로 한 것을 들 수 있다. 한편 티베리우스 황제는 그리스어를 배우며 성장했으며 이 언어를 완벽하게 구사하였다(그는 시를 쓸 때도 그리스어를 사용하였다). 그러나 그는 원로원에서 단 몇 마디일지라도 그리스어로 연설하기를 거부했으며, 교양 있는 로마인들이 젖어 있는 헬레니즘과 라틴어에 그리스어 차용이 눈에 띌 정도로 과도한 데

아 큰 공을 세웠다. 7회에 걸쳐 집정관을 지내고 병제개혁을 단행하였으며, 한때는 부민당(富民黨)의 술라와 다투어 승리하였으나 그가 죽은 뒤 평민당이 패하였다.

루키우스 술라(Lucius Cornelius Sulla〔Felix〕, B.C. 138~B.C. 78). 고대 로마의 장군·정치가. 공포·반동정치를 펴 정적을 축출했으며, '국가 재건을 위한' 독재관이 되어 호민관 및 민회의 권한을 축소하고 원로원 지배체제의 회복을 위한 각종 개혁을 단행하였다.

125) 마르쿠스 포르키우스 카토(Marcus Porcius Cato, B.C. 234~B.C. 149). 로마의 정치가·웅변가·감찰관. 헬레니즘 문화·풍습과 싸우면서 보수적·반(反)그리스적 정책을 주장한 것으로 유명하다. 중요한 의미를 지닌 최초 라틴어 산문작가로서 라틴문학의 발전에 지대한 영향을 끼쳤다.

126) 시라쿠사(Siracusa). 도리아 계의 코린트인이 시칠리아 섬 동쪽 해안에 건설한 도시.

맞서 준엄한 순수주의를 보여주었다. 클라우디우스 황제[127]의 경우도 마찬가지였다.

이처럼 공화국 말 수세기 동안과 제국 초기에 로마에서 2개 국어 병용현상은 사생활에서는 일반화되어 있었으며, 동시에 흔히 공직자들에게 공개적으로 지탄을 받았다. 형용사 bilinguis는 고전 라틴어로 언어들의 뒤섞임이라는 경멸적 수식임을 지적해 두는 것이 좋겠다. 또 마치 두 가지 언어를 사용하는 사람은 위선적인 사람이 될 수밖에 없는 것처럼, 이 어휘의 한 가지 의미는 정직함을 요구하는 로마인들이 기피했던 이중성격과, 중세 프랑스어에서 이 어휘를 계승한 어휘가 가리키는 것과 마찬가지로 비방과 거짓말까지를 가리킨다. 이는 아주 어릴 때 배운 그리스어가 행사한 마력의 한편에 자리잡고 있는, 이 언어가 불러일으킨 불신감을 충분히 보여주는 것이다. 아우구스투스가 베르길리우스[128]와 티투스 리비우스로 하여금 그들의 대표적 저술들을 쓸 수 있도록 용기를 북돋아 주었던 것은, 무엇보다도 위대한 그리스어 작품들의 영향력과 균형을 맞추기 위해 로마에서도 고귀한 시 작품과 역사서를 가지고자 했기 때문이었다. 그는 라틴어가 이제 지중해 연안 국가들의 주요 매개어라는 지위와, 위세를 가진 문화의 도구라는 위상을 그리스어에만 내맡겨서는 안 된다고 생각했던 것이다.

---

127) 클라우디우스(Tiberius Claudius Caesar Augustus Germanicus, B.C. 10~A.D. 54). 로마의 황제(41~54 재위). 로마의 통치를 북아프리카로 확대하고 브리타니아〔브리튼〕를 속주로 만들었다.

128) 베르길리우스(Publius Vergilius Maro, B.C. 70~B.C. 19). 로마의 가장 위대한 시인. 서사시 《아이네이스》로 잘 알려져 있다. 《아이네이스》는 로마의 이상과 성취를 대변하고, 경지 높은 시 예술(구성·어법·운율 등)을 구현하여 로마인들의 찬탄을 받았다.

그리스어와 로마 대중

하지만 라틴어를 보호하기 위해 그렇게 많은 조치들이 필요하고, 그렇게 심하게 위축되고 두려워할 필요는 없는 것이었다. 그리스어는 결코 귀족사회 너머에까지 침투하지 못하였다. 평민은 그리스어를 사용하는 가정교사들을 고용할 수단을 가지지 못했기 때문이다. 그런데 평민사회에 진정으로 뿌리를 내리는 것만이, 그리스어가 라틴어와 경쟁하기에 충분히 강한 위상을 가질 수 있는 일이었을 것이다. 달리 말하면, 침입해 온 언어는 공동체의 엘리트들만이 아니라 공동체 전체와 관계를 맺을 때에야 비로소 확고하고 깊이 있게 자리잡게 된다. 오늘날 그리스어는 4백 년 가까운 세월 동안 오스만 제국의 지배를 받았던 유럽의 작은 나라의 언어로 남아 있다. 반면에 서양에서 아주 오랜 세월에 걸쳐 전개된 라틴어의 흥망성쇠는(84~93쪽 참조) 고전 시대에 로마 귀족계급의 2개 국어 사용이 속편(續篇)이 없는 한 편의 이야기에 지나지 않았다는 것을 보여주었다. 그리스어의 위세는 교양 있는 로마인들에게 콤플렉스를 주었지만 라틴어의 위세를 꺾지는 못하였다. 아주 큰 위세를 가진 다른 언어와 경쟁하고 있더라도, 자신의 위세를 다치지 않고 유지하는 언어는 절대 불안정한 상황에 빠지지 않는 것이다.

그러나 위세를 상실하게 되면, 이 상실이 초래하는 심각한 위험들에 다른 상황들이 덧붙게 된다. 앞서 살펴본 것들과 같은 요인들이 그 정도로도 언어의 저항력을 무디게 하는 것이라면, 다음 상황들은 이 저항력을 한층 더 약화시키는 것들이다. 이제 이 상황들을 검토해 보자.

언어들의 소멸을 '촉진하는' 몇 가지 상황에 대하여

한편으로는 방어적 순수주의와 표준화의 부재, 다른 한편으로는 문자의 결여, 그리고 소수집단이라는 사실을, 언어들이 사라지는 데 직접적 원인으로 작용하지는 않지만 이에 관여하는 상황들 가운데 분류할 수 있다.

언어 순수주의와 표준화의 결여

언어 순수주의의 논리적 궁지

토착 어휘 기반의 강화

지나친 순수주의 자세나 규정은 침체된 언어의 불안정화 과정을 촉진할 수 있다. 겉보기에 모순되어 보이는 경우들에서 이 현상의 서로 비슷한 결과들을 찾아볼 수 있다. 어떤 이들은 아주 오래전부터 더 이상 아무도 사용하지 않는 지역 고유어의 단어들을 지키기 위해 차용어들을 배척한다. 예컨대 아일랜드어[129] 처럼 불안정한 상태에 놓여 있는 켈트 언어들의 경우, 일부 나이 든 화자들은 완전히 고어(古語)로서 상대방은 알지 못하는 토착어 어휘들을 사용한다. 이 경우 여전히 아일랜드어를 사용하는 사람들이 쓰는 유일한 차용어들은 오래전부터 통합되어 쓰이는 영어 기원의 단어들이다. 또 다른 이들은 통용되지 않는 형식이나 구문에 까다롭고 완고하게 집착하면서 이러한 태도를 문법에 적용한다. 특히 나와틀어가 스페인어와 대립하면서 위협을 받고 있는 멕시코의 여러 지역에서, 나와틀어의 고어규범을 옹호하는 순수주의자들의 경우가 이에 해당한다. 우리는 제 6장에서, 이것이 언어들의 쇠퇴를 보여주는 여러 표시들 가운데 하나임을 보았다. 바른 용법을 내세우는 이 사람들은 엄격한 규범을 억지로 고집하면서, 자신들의

129) 아일랜드어(*Irish*). 인도·유럽어족 켈트어파의 겔릭어군에 속하는 언어로서 아일랜드공화국에서 영어와 함께 공용어로 쓰이고 있다. 아일랜드 게일어(*Irish Gaelic*)는 사용자 수 4만 4천 명(2007년)으로, '위험' 단계로 분류되어 있다. 북아일랜드에서는 제 1언어로서는 소멸하였으며 제 2언어로 학습되고 있다.

언어가 쇠퇴하고 있다는 것을 받아들이려 하지 않고 그들 자신의 언어 능력을 확신하고자 하는데, 순수주의를 언어의 적으로 여기는 사람들은 때로 이들을 조롱한다.

차용의 거부와 그 역효과 : 포기

그러나 또 다른 형태의 순수주의가 위험하게 작용할 수 있다. 이는 차용함으로써 언어가 변질된다는 이유를 들어, 현대세계 및 기술의 실재와 관계를 맺는 데 필요한 외국어 단어들의 차용을 거부하는 화자들의 태도이다. 물론 언어사용자들에게 전문적 언어학자가 되라고 요구할 수는 없다. 그러나 차용이 어느 한도 안에서 이루어진다면, 자연스럽고 그다지 해롭지 않은 차용 같은 현상을 완고하게 거부하는 행위는, 언어들의 삶을 이루는 것에 대해 무지함을 드러낸다. 이러한 무지는, 다른 나와틀어 공동체들의 경우에 대해 지적했던 것과 같은 결과를 낳게 될 때 해로운 것이 된다. 곧 나와틀어가 필요한 용어들을 만들어 내지 못했기 때문에 이러한 용어들을 가지지 못하게 되자, 나와틀어 표현 안에 스페인어 용어들을 차용하는 것은 받아들일 수 없다고 판단한 순수주의자들은, 별 조건 없이 자신들의 언어사용을 포기하고 스페인어로 넘어가는 것이다!

순수주의 주장의 순환논법적 성격

끝으로 이상한 순환논법적 성격을 관찰할 수 있다. 언어사용자들은 위세를 가진 언어들에서 차용을 늘리는 일부터 하기 시작하는데, 그 뒤 그들은 자기 자신들이 내부 붕괴를 초래한 언어를 오염되었다고 선언한다! 23년 전에 수집된 증언에 따르면(Hill et Hill, 1977), 가장 높은 스페인어 차용비율을 보여준 사람들은 바로, 그 정도로 오염된 나와틀어는 수치심을 낳고 더 오랫동안 보존할 가치가 없다고 단정한 이 사람들이었다!

나와틀어가 잘 유지되는 아스텍 공동체들의 경우, 그 구성원들은 스페인어 차용어들을 동화하였으며, 필요한 경우 불만 없이 이 어휘들을 사용하고 있지만, 이러한 태도들이 보편화되면 조상에게 물려받은 언어가 더 빠른 속도로 소멸할 수 있다.

표준화되지 않은 기호체계들의 혼란

여기에서 한 가지 놀라운 모순을 볼 수 있다. 차용어를 지나치게 많이 도입해야 할 언어를 차라리 포기하고자 한 바로 이 사람들이, 이 차용어의 수를 분명히 줄일 수 있게 해줄 일을 하는 데는 관심을 가지지 않았다는 것이다. 그런데 그들이 필요성을 인식하지 못한 이러한 시도는 수많은 언어들의 어휘를 만드는 데 기여한 시도이다. 프랑스어를 포함하여, 여러 외국어들의 보기를 들자면 헝가리어, 핀어, 터키어, 에스토니아어와 이밖에 많은 언어들이 여기에 해당한다(Fodor et Hagège, 1983~1994 참조). 문제되는 것은 표준화, 또는 공권력이 보증하거나, 아니면 공권력의 요청을 받은 전문가들이 한 언어의 어휘를 기술과 지식, 그리고 관습의 변화에 적응시키기 위하여 이 언어에 대해 수행하는 의식적 행위이다. 언어들의 역사가 전개되어 온 여러 시대에 맞추어 언어들을 조정하는 것은, 여러 연구들 가운데 특히 위에 언급한 언어들에 대한 연구가 명료하게 보여주는 것처럼, 대체로 언어들을 변화에 적응시키는 데 효과적 요인이었다. 어휘영역에서, 언어 개혁자들은 흔히 국가 차원의 해결책들(옛날의 어휘기반에서 파생된 단어들, 따라서 기본적으로는 유연적〔有緣的〕인 단어들)을 국제적 차원의 해결책들(직접적 차용, 따라서 언어 사용 지역의 속성으로 포장되어 있다 해도 불투명한 차용[130])보다 선호하였다.

그런데 표준화가 되지 않아 언어의 힘이 오랜 세월에 걸쳐 서서히

---

130) 형태로는 의미를 알 수 없는 무연적(無緣的) 의미의 단어를 말함.

떨어진 경우, 개입하기에 너무 늦을 수 있다. 켈트어들의 경우가 여기에 해당한다. 아일랜드 정부는 1958년부터 몇 가지 현대적 변이형에 기초한 특정 문어형식을 장려하였다. 정부는 모든 수준의 교육과정에서 이 문어형식을 가르치도록 편성하고 아일랜드어판을 영어판과 나란히 쓰도록 권고하는 한편, 행정과 공문서에서 이 형식을 사용하면서, 이 문어형식에 실질적 권위를 부여하기 위해 노력하였다. 그러나 이러한 시도가, 아일랜드어가 영어와 경쟁하면서 150년 이상 전부터 겪고 있는 쇠퇴를 늦추어 준 것 같지는 않다. 왜냐하면 아일랜드 서부의 여러 주에서 아일랜드어를 여전히 자연스럽게 사용하는 소수의 사람들만이, 인위적으로 만들어 낸 것보다 더 많은 현실성을 가지고 생생한 현실을 반영하는 방언 변이형들을 사용하고 있기 때문이다.

이 점은 브르타뉴어에 더 잘 들어맞는다. 적어도 아일랜드어는 하나의 규범을 실질적으로 장려하는 국법에 의해 공적 지위를 누리고 있다. 그러나 장려하고자 하는 초(超)방언적 언어가 지역 차원의 지위를 가지는 데 그칠 때, 지역 변이형들을 사용하는 사람들은 더 많은 이유를 들어, 이 언어를 부자연스러운 것으로 여기고 그것을 사용하기를 원하지 않게 된다. 사람들이 장려하고자 하는 통일 브르타뉴어는 존재할 만한 가치가 있으며, 분명 언어의 재생을 가능하게 해줄 것이다. 그러나 방언을 사용하는 사람들은 흔히, 그 누구의 모국어도 아니며 만들어진 브르타뉴어를 여전히 불신하고 있다. 그렇다고 해서 브르타뉴어가 여러 개의 방언으로 분산되어 있다는 것을 과장할 필요는 없다. 모든 브르타뉴 사람들이 저마다 자신들의 지역 방언을 사용하면서 서로 이해할 수 있다는 것은 경험으로 입증되어 있기 때문이다. 통일 브르타뉴어가 분명 문제로 제기되기는 하지만, 브르타뉴어의 쇠퇴는 또한 이러한 연합규범의 부재 외의 다른 원인들에 의해 설명된다.

하나의 언어가 보급되어 있는 지역에서 사용되는 방언들이 처해 있는 한계상황은 언어의 표준화 노력에 찬물을 끼얹을 수 있다. 이 표준화 노력을 기울이는 공동체들이, 지역적으로나 국제적으로 널리 퍼져 있으며 강한 흡수력을 가진 한 언어에 직면해 있을 때 특히 그러하다. 예컨대 이미 러시아어가 지배하는 광대한 지역으로 둘러싸여 있는 러시아의 우랄, 알타이 또는 시베리아 지역의 언어들은, 고립된 이 지역에서 여전히 존속하고는 있지만 이 언어들이 할 수 있는 일은 무엇인가? 이 언어들이 처한 고립상황과 학교 교육정책과 언론의 편집방침에서 노출되는 문화적 의지의 결핍은, 이 언어들의 심한 방언적 차이점들에서 통일된 규범을 이끌어 내려는 모든 시도에 찬물을 끼얹는다. 그 징후를 알아차리지 못하는 사이에 다행스럽게 상황이 급변하는 경우가 있을지도 모르지만, 에네트어(타이미르 반도), 유카기르어(야쿠티야), 니브흐어(사할린 섬)[131]와 이밖에 많은 언어들이 이런 식으로 곧 소멸할 위기에 처해 있는 것으로 보인다.[132] 그러나 표준화의 부재가 그 자체로 충분한 원인은 아니며, 이 현상이 다른 원인들에 추가되

---

131) 타이미르(Taimyr) 반도. 러시아연방 시베리아 중북부에 있는 유라시아 대륙 최북단의 반도.
유카기르족(*Yukaghir*). 레나 강 동쪽 북극권 시베리아의 툰드라와 관목지대에 사는 고대 종족의 후손들이다. 외부인의 약탈, 침략과 전염병으로 인구가 급격히 줄어들었다.
야쿠티야(Yakoutia). 러시아연방 시베리아 북동부에 있는 공화국. 야쿠티야의 주요 종족은 야쿠트족으로 이들은 튀르크 언어들(알타이어족의 한 갈래)에 속하는 야쿠트어를 사용한다.
니브흐족(*Nivkh*). 사할린의 타라이카 만 북부 및 아무르 강 하류 지역에 사는 고(古)아시아 민족에 속하는 종족의 하나. 예전에는 길랴크라고 불렸다.

132) 이 언어들의 상황은 다음과 같다.
에네트어(*Enets*): 툰드라 에네트어: 사용자 수 10명(2005년), '소멸 직전' 단계, 삼림지대 에네트어: 사용자 수 20명(2005년), '소멸 직전' 단계.
유카기르어(*Yukaghir*): 툰드라 유카기르어: 사용자 수 150명(1987년), 90명(1995년), '소멸 직전' 단계, 삼림지대 유카기르어: 사용자 수 50명(1987년), 30명(1995년), '소멸 직전' 단계.
니브흐어(*Nivkh*): 사할린 니브흐어: 사용자 수 688명(2002년), '매우 위험' 단계', 아무르 니브흐어: 사용자 수 파악할 수 없음, '소멸 직전' 단계.

면서 상황을 악화시킬 따름이라는 것을 다시 말해 두어야 한다.

문자의 부재

문자의 부재도 그 자체로는 언어를 소멸하게 하는 직접적 원인은 아니다. 문명언어들이 이루어 온 역사에서 문자가 중요한 기능을 수행하기는 했지만, 문자는 언어 내적 속성들에 속하는 것으로 볼 수 없으며, 훗날에 사람들이 고안해 낸 외적 포장의 문제인 것이다. 문자의 존재가 일찍이 위세를 갖추고 널리 퍼져 있던 언어들을 소멸하지 않도록 해주지는 못했다. 역으로 오늘날의 세계에는, 특히 아프리카와 오세아니아에 많은 수의 피진어가 있는데, 이 피진어들이 글로 기록되는 것은 아니지만 짧은 기간 안에 사라질 운명에 처한 것으로 보이지는 않는다.[133] 여기에서 피진어들은 의사소통 수단으로 이 언어들을 사용하는 사람들에게 상당한 도움을 주면서 아주 잘 유지되고 있다.

그런데 다른 판별기준에 따르면, 같은 쇠퇴위험에 처한 것으로 볼 수 있는 두 가지 언어 가운데, 일반적으로 표기체계를 갖춘 언어가 그렇지 않은 언어보다 더 큰 저항력을 가질 수 있다. 여기에서 문제되는 것은 유지요인들도 투쟁수단들도 아니다. 그보다 (전부는 아니지만) 대부분의 사회에서 문자 표기법이 언어에 부여하는 우월한 위세와, 한 언어가 실제대화가 이루어지는 현장 너머에까지 언어표현을 재현하여 전달할 수 있도록 해주는 힘에 따라 제공되는 근본적 도움이 문제가 되는 것이다. 또한 문자가 존재함으로써 언어를 확고하게 해주는 네 가지 다른 시도가 가능해진다. 이를테면 구체적 표현매체로 보존을 용이하게 하고, 구전문학처럼 단지 기억에만 의존하지 않고 글로 기록된 문학, 학교교육, 인쇄물의 보급과 표준화가 그것이다. 이 마지막 요소

133) 이러한 문제와 관련한 유네스코의 위기언어 보호사업에 대해서는 제8장 주 45 참조.

에 대해서는 한 가지 중요한 점을 상기해 보자. 곧 많은 언어들이 '방언'으로 불리는 것은 이 언어들이 문자를 갖추지 못했기 때문이다. 또 이 '방언'이라는 용어는 대다수 사람들에게, 언어학자들이 이 용어에서 고려하는 순전히 전문적인 실재를 환기시키는 것이 아니라(245쪽 참조), 평가절하되거나 경멸당하는 표현방식을 환기시킨다. 따라서 이 용어는 사용자 자신들에게 반대로 영향을 미쳐, 이들이 자신들의 고유어에 대해 가질 수 있는 존중심의 결여를 두드러지게 드러낸다.

소수민족의 상태

단일민족들 사이에 끼여 있는 소수집단들의 지위

몇몇 사회에서는 소수집단들이 상처를 입는다. 언어에 대해 말하자면, 한 언어를 사용하는 사람들의 수가 적다는 사실 자체는, 다른 요인들을 강화하면서 이 언어를 취약한 상황에 빠뜨릴 수 있다. 그들이 자기 정체성을 잘 자각하는 단일공동체로 구성된 환경에 처해 있을 때 특히 그러하다. 타이인들은 이러한 유형의 공동체를 보여주는 경우이다. 그들의 민족적 자부심은, 몬족과 크메르족[134]과 같은 대규모 집단들을 지배하면서 형성된 5백 년 동안의 동질성에 의해 이루어진 것이었다. 타이인들(적어도 시암[135]의 타이인들)은 아시아 민족에게도 유럽 국가에게도 결코 식민지배를 받은 적이 없다. 군주정체와 소승불교는 민족의식과 함께 타이 정체성의 지주를 이룬다(Bradley, 1989 참조). 결과적으로 일찍이 정복당하거나 주변민족으로 머물러 있던 집단의 후

134) 몬족(*Mon*). 미얀마 동부 삼각주 지역과 타이 중서부 지역에 사는 종족. 몬족은 미얀마에 문자(팔리어)와 불교를 전해주었다.
크메르족(*Khmer*). 캄보디아 인구의 대다수를 차지하는 민족 언어 집단. 타이 동남부와 베트남 남부의 메콩 강 삼각주에 거주한다. 오스트로아시아어족에 속하는 몬·크메르어 계열의 언어를 사용한다.

135) 시암(Siam). 타이의 옛 이름.

손들인, 타이족이 아닌 소수집단들은 그들이 공식적으로 인정받고 있음에도 불구하고, 고립된 소규모 집단들이라는 이유로 타이에서 반감이 섞인 취급을 받고 있다. 몇몇 소수민족은 자신들이 처한 고립상태에서 벗어나기 위해, 혼인을 통해 동화하려고 시도한다. 우공족의 경우가 그러하다. 여기에서 비롯되는 결과는 그들이 사용하는 언어의 소멸위협이다.[136]

소수라는 부정적 효과를 상쇄하는 정체성의 의식

개인적 특성들을 약화시키는 대규모 상품 유통과정에서 떨어져 살더라도, 소수부족들이 문화적으로 또 언어적으로 그들 자신으로만 남아있기는 어렵다. 이 점은 콜롬비아 아마존 지역의 안도케족에게 일어난 것과 마찬가지로(159쪽 참조), 소수부족들이 개척자들과 상인들의 탐욕스러움에 노출되어 있을 때는 훨씬 더 두드러지게 나타난다. 하지만 소수라는 요인은 강한 정체성 의식으로 상쇄될 수도 있다. 따라서 이 요인은 더 이상 언어의 불안정성을 야기하는 요인들 가운데 하나가 아닐 수 있다. 예컨대 에티오피아 남부지역의 동부 쿠시어인 바이소어[137]는 사용자 수가 항상 적었지만(1990년에 5백 명), 자신을 둘러싸고 있으며 더 널리 보급된 여러 언어들과 벌인 경쟁을 천 년에 걸쳐 견뎌냈던 것이다.

마찬가지로 히누크어(카프카스의 북동부 지역 언어)와 네기달어[138]

---

136) 우공족(*Ugong*). 타이 서부지역에 거주하는 종족으로서 그들의 언어인 우공어는 1960년대에 이미 빈사상태에 빠진 것으로 조사되었다. 1970년대 후반 태국전력공사는 콰에노이 강의 두 지류에 수력발전용 댐을 세웠으며, 우공족 마을 두 곳이 침수되어 이들은 다른 지역으로 이주할 수밖에 없었다. 이로써 우공어는 문자 그대로 '침몰'하였다(다니엘 네틀 · 수잔 로메인, 《사라져 가는 목소리들》, 26~27쪽 참조). 우공어는 사용자 수 80명(2008년)으로, '매우 위험' 단계로 분류되어 있다.

137) 바이소어(*Bayso*). 사용자 수 2천 명(1995년)으로, '위험' 단계로 분류되어 있다.

138) 히누크족(*Hinukh*). 러시아 다게스탄 공화국의 카프카스 산맥(그루지야 접경

(하바로프스크 지역의 퉁구스어)가 의미심장하게 대비되는 것을 볼 수 있다. 이 언어들도 사용자들이 각각 2백 명 정도에 지나지 않는다. 그러나 첫 번째 언어는, 두 번째 언어의 경우와 달리 강한 정체성 의식 위에 자리잡고 있다. 히누크족은 강한 정체성 인식이 이민족 연합체가 가지는 효과를 약화시키는 힘을 가진다는 증거까지 제공한다. 히누크족 남자들은 디도어[139]를 사용하는 이웃마을의 여인들과 혼인하고, 히누크족 여인들 역시 다른 민족 출신 남자들과 혼인하여 공동체를 떠난다(Kibrik, 1991: 259 참조). 그럼에도 불구하고 민족의식이 아주 깊이 뿌리내린 만큼, 이러한 결합에서도 이 의식은 사라지지 않는다.

따라서 상반되는 상황들에서도 생존의지와 정체성의 열정은 언어를 소멸상태에서 구할 수 있는 것이다.

지역)에 거주하는 소수민족. 히누크어는 사용자 수 548명(2002년)으로, '위험' 단계로 분류되어 있다.

네기달족(*Negidal*). 하바로프스크 지역에 거주하는 민족으로, 아무르 지역의 울치족, 나나이족, 니브흐족과 접촉 및 통혼이 이루어졌다. 네기달어는 사용자 수 147명(2002년)으로, '소멸 직전' 단계로 분류되어 있다.

139) 디도족(*Dido*). 러시아 다게스탄 공화국에 거주하는 히누크족과 이웃하는 민족. 디도어는 사용자 수 15,356명(2002년)으로, '위험' 단계로 분류되어 있다.

제8장

종합 검토

여러 가지 정의와 기준

세계에서 사용되는 언어 수의 측정

언어들의 죽음에 대하여 종합적 검토를 하기에 앞서, 살아 있는 언어들의 수를 대략 알아볼 필요가 있다. 이 측정치는 무엇을 언어로 볼 수 있는가를 결정하기 위해 택하는 기준에 따라 상당히 달라질 수 있다. 이러한 차이를 낳는 원인들 가운데 하나는, 국어만을 고려하고자 한다면 방언은 배제해야 할 것이라는 것이다. 그런데 특정 공동체가 사용하는 고유어에 이 두 가지 위상 가운데 어느 것을 부여할 것인지는 언어학자에 따라 달라진다. 또 가장 단순해 보이는 다음과 같은 정의에 모든 이들이 동의하는 것은 아니다. 이 정의에 따르면 (특정 시점에) 대치하는 방언들 가운데 하나를, 정부당국이 공권력을 행사하여 특정지역에 확립하는 것이 국어라는 것이다. 행정적·문학적 기능을 하는 표기체계가 있다면, 그것은 바로 이 방언을 위한 것일 것이다.

언어학자들이 모두 이러한 정의를 제시하는 것은 아니다. 따라서 어떤 고유어가 방언인지 국어인지를 결정하는 데 사용하는 판별기준들에 따라 모든 이들이 같은 수치들을 제시하지는 않을 것이다. 제시된 수치들에서 나타나는 차이의 다른 원인은 단기간 또는 길지 않은 기간에 존속이 보장되지 않는 언어들 가운데 적어도 일부를 이 수치에 포함할 것인가 아닌가에 대해 내리는 결정에 달려 있다. 위의 원인과 연관된 마지막 원인은 일부 학자들이 권장하는 것으로, 어른들뿐만 아니라 아이들까지 함께 사용하는 언어들만을 계산해야 한다는 것이다. 실제로 한 공동체에서 아이들은 모두 모르고 있으며 어른들만이 아는 언어는 소멸과정에 들어선 것으로 간주해야 한다.

이처럼 합의에 이르기에 어려운 점들을 고려하면, 여러 언어학자들이 1990년대 초에 제시한 언어의 수는 4천5백 개에서 6천 개 사이를 오르내린다. 5천 개를 합리적 수치로 간주할 수 있으며, 이 수치를 기준으로 언어들의 현재 소멸 정도를 측정할 수 있는 근거로 삼을 수 있다. 세계에서 사용되는 언어의 수는 아마도 16세기 초에 최고조에 달했으며, 이 무렵부터 감소하기 시작했다는 점을 덧붙여 두자. 이러한 언어 수의 감소는 스페인인들의 남아메리카 정복에 관계된 것이든, 자기들의 고향에서 쫓겨난 아프리카인들 가운데 노예인력을 확보하는 일에 관계된 것이든, 또는 비슷한 규모의 다른 폭력행위에 관계된 것이든 간에 특히 유럽세력이 팽창하면서 지배력이 강화되고, 이와 함께 가혹행위가 자행되는 가운데 진행되었다. 북아메리카와 오스트레일리아에서는 이러한 폭력행위가 좀더 늦게 시작되었다. 그러나 이 폭력행위는 19세기 말까지 계속하여 자행되면서, 언어들이 이렇게 희생되는 과정에 마찬가지로 효과적으로 작용하였다.

위협받는 언어의 상태와 여러 가지 요인들의 관계

위험에 빠진 언어들과 위협받는 언어들

우리는 수많은 징후들을 통해 소멸이 임박했다고 여겨지는 언어들을 '위험에 빠진 언어들'로 부를 것이다. 또 최대한으로 보아도 인간의 수명 정도에 해당하는, 예측가능한 가까운 미래에 위험에 빠지게 될 언어들에 대해 '위협받는 언어들'이라는 말을 쓸 것이다. 현재 사건들의 전개속도로 미루어 다양한 상황전개와 빠른 변화가 촉진될 것으로 보이는 만큼, 이러한 구분을 엄격하게 유지하는 것이 항상 쉬운 일은 아니다. 그러나 연구를 더 분명하게 하기 위해 적어도 이 구분을 전체적 틀로서 유지할 수 있다. 여기에서는 위험에 빠진 언어들의 더 극단적인 경우까지 포함하는 넓은 의미의 범주로 위협받는 언어들이라는 표현을 쓰고자 한다.

위협받는 언어들과 저개발의 관계,
또 위협받는 언어들과 언어 수의 관계

위협받는 언어들이 저개발 상태의 지역들에 가장 많이 집중되어 있음을 1990년에 작성된 수치들을 바탕으로(Krauss, 1992 참조) 확인할 수 있다.

우리는 마찬가지로, 어떤 언어들은 승자가 되고 다른 언어들은 패자가 되어 나오는 생존경쟁의 관계가 어떤 단계에서부터는 마치 언어의 수에 좌우되는 것처럼, 위협받는 언어들의 수와 전체 언어들의 수 사이에 상관관계가 있음을 확인할 수 있다.

언어의 수와 저개발의 관계

(정치적으로 다른 어떤 나라에도 종속되지 않고, 또 국제적으로 인정받은 합법적 자주 독립체를 구성하는) 주권국가로 간주할 수 있는 170개국가 가운데 다수는, 공용어가 단 하나뿐이거나 그보다 많거나 간에, 사용자 수로 볼 때 세계에서 가장 많이 쓰이는 언어들에 속하는 다음 언어들 가운데 하나를 공용어로 가지고 있다. 곧 영어, 프랑스어, 스페인어, 아랍어, 포르투갈어가 그것들이다. 달리 말하면, 가장 널리 확산된 언어들은 또한 가장 잘 조직된 정치적 독립체들에 속하는 언어들이다.

약간 오래된 자료로서(Fishman, 1968 참조) 오늘날에는 분명히 상향조정해야 할 측정에 따르면, 언어적으로 균질한 국가들에서 일인당 국민총소득은 1960년대 중반에 적어도 평균 3백 달러에 달했다. 반면에 언어적으로 이질적인 국가들에서는 이 지수가 낮은 수준부터 아주 낮은 수준에까지 걸쳐 있는데, 이는 오늘날 더 뚜렷하게 드러나는 저개발 국가들의 속성을 보여준다. 다양한 경제적 번영의 정도는 다양한 위세의 정도를 결정하며, 그 결과 이주해 가거나 이주해 오는 움직임을 불러일으킨다. 또 앞서 지적한 것처럼, 이 상황은 가난한 민족들이 사용하는 언어들의 유지나 소멸에 영향을 미치게 되는 것이다.

따라서 한 나라에서 사용되는 언어의 수와 국민의 생활수준은 반비례하는 경향이 있다. 이러한 진단은 눈여겨보아야 한다. 세계에서 가장 많은 언어가 쓰이는 나라, 바로 파푸아뉴기니에서 언어적 다양성의 지지자들과 반대자들이 장기간에 걸쳐 논쟁을 벌이며 대립하였다(Dixon, 1991: 247 참조).[1] 언어적 다양성을 지지하는 사람들은 이러한 다양성이 건전한 것이라고 주장하였다. 왜냐하면 이 다양성은 세상에 대해 가질 수 있는 관점들을 풍부하게 하고, 이로써 개인적, 사회적이고 기술적인 문제들을 해결할 수 있도록 도와주기 때문이다. 반대자들은 언어의 수가 증가하는 것은 쓸모가 없으며 오히려 해로운 분열 가능성을 유발한다고 주장하였다. 그들은 저개발과 언어적 다양성 사이에 직접적 상관관계를 설정하였다. 한편 파푸아뉴기니 정부는 초등학교 이전 교육을 지역의 고유어들을 바탕으로 하여 시행할 것임을 결정하였다. 이 결정은 다행스러운 것이었다. 그러나 이 결정을 실행에 옮기기 위해서는 얼마나 많은 양의 교재들이 필요할 것이며, 궁극적으로 많은 수가 아직 기술조차 되지 않은 파푸아 언어들에 대하여 해야 할 일이 아직도 얼마나 많을 것인지는 상상할 수 있다.

---

1) 《에스놀로그》(2009년판)에 따르면 파푸아뉴기니의 언어 수는 830개이다. 《에스놀로그》 2005년판에 제시된 수치는 820개였다.

언어의 건강상태와 사용자 수의 관계

앞서 현대세계에 존재하는 언어의 수로 가장 가능해 보이는 수치로 제시했던 약 5천 개의 언어들 가운데 6백 개, 곧 1/8이 조금 안 되는 수의 언어들은 10만 명 이상의 화자들이 사용한다. 반대로 5백 개의 언어들은 100명 미만의 사람들이 사용하고 있다.[2] 게다가 지구상의 언어들의 90%는 전 세계 인구의 약 5%에 의해 사용된다.[3] 이러한 괴리는 히누크어와 바이소어가 보여주는 사례(242~243쪽 참조)와 같은 경우들에 의해 조금 상쇄될 뿐이다. 이제 일반적으로 적용될 수 있는 의미를 지니는 두 가지 상관관계를 검토해 보자.

적은 인구수와 불량한 언어상태의 상관관계

사용자의 수가 적다는 것은, 특히 이 수가 계속하여 줄어들 때, 일반적인 것은 아니지만 흔히 언어의 쇠퇴와 그 언어를 짓누르는 위협들을 드러내 주는 표지들 가운데 하나로 간주할 수 있다. 이 수치 자체는 제 7장에서 살펴보았던 원인들에 기인한 것이다. 사용자의 수는 항상 측정하기 쉬운 것은 아니다. 문화를 상실해 가는 많은 민족들의 경우, 그들과 같은 민족에 속하는 것으로 주장하는 집단의 구성원들이

---

2) 《에스놀로그》가 제시한 구체적 수치에 따르면, 세계 전체 언어 6,909개 가운데 사용자가 10만 명 이상인 언어는 1,284개(18.6%), 100명 미만인 언어는 472개(6.8%)이다. 또 사용자 수가 밝혀지지 않은 언어는 277개인데, 이 언어들은 아주 작은 규모의 언어들로 대부분 사용자가 100명 미만인 언어에 포함하여도 무방할 것으로 보인다. 이 경우 사용자가 100명 미만인 언어는 749개(10.8%)에 이를 것이다.

3) 이 점과 관련하여 일반적으로 제시되는 수치들은 다음과 같다. 유네스코에 따르면 세계 인구의 97%가 세계 언어의 단 4%를 사용하고 있으며, 세계 언어의 96%는 세계 인구의 단 3%에 의해 사용되고 있다(《언어들의 생명력과 소멸》). 《에스놀로그》가 제시한 자료에서 산출할 수 있는 비율도 이와 크게 다르지 않다. 곧 세계 인구의 94%가 세계 언어의 약 5%에 해당하는 언어를 사용하고 있으며, 세계 언어의 나머지 95%는 세계 인구의 단 6%가 사용하고 있음을 볼 수 있다.

반드시 모두 토착어를 사용하는 사람들은 아니기 때문이다. 예컨대 1989년에 러시아에 약 2천 5백 명의 이텔멘족[4]이 있었는데, 그 가운데 천 4백 명은 전통적으로 살아 온 땅인 캄차카에 살고 있었다[그들의 이웃 역시 그 수가 적고, 흩어져 살면서 같은 언어집단에 속하는 다른 언어들을 사용하는 사람들이었다. 러시아 연구자들은 이 언어들을 '고(古)아시아어' 또는 '고(古)시베리아어'로 부르는데, 모두 위험에 빠져 있는 지역 고유어들인 길랴크어, 케트어, 유카기르어, 추크치어[5]가 이에 해당한다]. 그러나 이텔멘족의 80% 이상은 모국어로 러시아어를 꼽았다. 이텔멘어는 오늘날 모두 두 가지 언어(이텔멘어와 러시아어)를 쓰는 2백~3백 명 사이의 사람들이 쓰고 있을 따름이다.[6]

---

4) 이텔멘족(*Itelmen*). 캄차달족(*Kamchadal*)의 현지 이름. 캄차카 반도 남부에 사는 민족. '이텔멘'족은 17세기에 러시아인들과 접촉하기 시작하였으며, 이후 질병과 러시아의 강제적 동화정책으로 그 수가 급감하였다.

5) 길랴크족(*Gilyak*). 길랴크어는 니브흐어(*Nivkh*)로도 불리며, 사할린 섬, 아무르 강 유역 등에서 사용된다. 제 7장 주 131 및 132 참조.
케트족(*Ket*). 시베리아 중부 예니세이 강 유역의 원주민. 인구는 1,494명. 이들의 언어인 케트어는 그 지역에서 사용되는 예니세이어 가운데 유일하게 남아 있는 언어다. 케트어는 사용자 수 150명(2005년)으로, '매우 위험' 단계로 분류되어 있다.
추크치족(*Chukchi*). 러시아연방 시베리아 북동쪽 끝에 있는 추크치 자치관구에 사는 종족. 인구는 약 1만 5천 명(2002년). 추크치어는 사용자 수 7,742명(2002년)으로, '매우 위험' 단계로 분류되어 있다.

6) 이텔멘어[캄차달어, *Kamchadal*]. 캄차카 반도에서 캄차달족(이텔멘족)이 사용하는 언어. 사용자 수 100명(1991년)으로, '소멸 직전' 단계로 분류되어 있다. 한편 이텔멘 언어와 문화를 되살리고자 하는 계획에 따라(1993~2001년), 이텔멘어 책과 시디롬 같은 교재들이 개발되었다. 이 계획은 지역의 고유문화, 예컨대 환경생태 등과 관련된 고유지식을 보호하고 구체화하여, 이텔멘어의 보존 및 문서자료화를 꾀하는 것이었다. 이렇게 개발된 교재들은 학교밖에도 보급되어 모든 연령층에서 이텔멘어 사용능력을 향상시키는 데 기여했다. 이 점은 유네스코가 언어보호활동의 양호한 사례로 들고 있는 경우이다(유네스코는 세계 전역에서 진행되는 언어보호활동들 가운데 경과가 양호한 사례들을 모아 지역별로 제시하고 있다. UNESCO Register of Good Practices in Language Preservation, http://www.unesco.org '무형문화유산' 관련 사이

한 민족구성원의 수와 실제 언어사용자의 수 사이에 자주 나타나는 이러한 불일치와 무관하게, 중요한 것은 적은 수의 사용자들과 그들의 언어가 처한 위험한 상태의 상관관계이다. 북아메리카에서, 이 대륙(한편으로는 캐나다와 다른 한편으로는 알래스카를 포함한 미국)의 모든 언어들을 광범위하게 비교해 보면, 가장 큰 생명력을 보여주는 언어인 나바호어[7]는 또한 약 14만 명의 가장 많은 사용자를 갖는 언어임을 확인할 수 있다. 물론 이들이 모두 이 언어를 사용한다거나, 적어도 타고난 사용자들에게는 당연한 것이기 때문에 모두 이 언어를 사용한다고 확실하게 말할 수는 없다. 하지만 나바호어 자체는 나와틀어보다 분명히 더 불안정한 상황에 놓여 있다. 따라서 이 사실을 역시 수의 차원에서, 다른 언어와 서로 관련지어 보지 않을 수 없다. 이를테면 이미 살펴본 것처럼, 나와틀어는 어디에서도 멕시코에서만큼 건재함을 보여주지 못하고 있지만, 어찌 되었든 현재 140만 명의 사용자들을 가지고 있다.

이러한 상관관계는 다른 데서도 찾아볼 수 있다. 케추아어, 아이마라어와 과라니어는 나와틀어보다 더 나은 상황에 놓여 있다. 정확히 말해서, 이 세 언어 모두 나와틀어 사용자보다 더 많은 수의 화자들이 사용하고 있다. 특히 지금으로서는 양호한 상황의 과라니어는 파라과이 현 인구(3백만 명)의 4분의 3, 곧 225만 명이 사용하고 있다.[8] 마찬가지로 브라질 남부와 아르헨티나 북동부에서 더 적은 수의 사람들

트 참조).

7) 나바호족(*Navajo*). 북아메리카 애리조나 주, 뉴멕시코 주, 콜로라도 주, 유타 주에 사는 인디언 원주민. 인구수는 18만 명가량(2000년)으로 미국의 인디언 부족 가운데 인구가 가장 많다. 그들이 사용하는 나바호어는 아타바스카어족에 속하는 언어로서, 사용자 수 12만 명(1991년)으로 '취약' 단계로 분류되어 있다.

8) 오늘날 파라과이의 인구는 680만 명 정도(2008년 기준)이다. 한편 《에스놀로그》는 파라과이 과라니어 사용자 수를 465만 명(1995년 기준)으로 제시하고 있다.

이 과라니어를 사용하고 있다. 칠레에서는 마푸체족 언어인 아라우칸어 또는 마푸둥구어[9]를 살펴보아야 한다. 이 언어의 사용자 수는 산출 근거와 추산에 따라 15만 명에서 100만 명까지 엄청나게 달라진다. 이 나라에 확고하게 자리잡은 마푸체어는, 모두 이 언어를 사용하는 것은 아니지만(Clairis, 1991에는 40만 명이라는 낙관적 평가가 제시되고 있다), 사용자들의 강력한 옹호를 받고 있다. 따라서 대칭적으로 생각해보면, 한 공동체의 인구수가 적다는 것은 이 공동체 언어의 불안정화가 진행되는 일반적 과정의 여러 국면들 가운데 하나임은 부정할 수 없다.

그렇지만 사용자가 비교적 많아 겉으로는 문제가 없어 보일지라도 언어의 전달이 잘 이루어지지 않으면, 사용자 수가 언어를 유지하는 힘을 가지지는 못한다. 이러한 경우는 아주 흔하게 일어난다. 멕시코에서 푸르에페차어(또는 타라스코어)[10]의 경우를 들 수 있는데, 이 언어는 미초아칸 주에서 약 9만 명이 사용하고 있다. 그런데 산악지방에서는 거의 항상 그렇듯이 더 보수적이며 아이들이 한 가지 언어만을

---

9) 아라우칸인(*Araucanian*). 칠레 중부의 비옥한 계곡과 분지에 사는 인디언. 스페인인들은 이들을 북부의 피쿤체, 중부의 마푸체, 남부의 우이이체 등 3개의 지리적 집단으로 구분했다. 오늘날에는 '아라우칸인'이라는 말은 마푸체족과 동의어로 쓰이고 있다.
마푸둥구어(*Mapudungu*〔마푸체어, 아라우칸어〕). 칠레 중부와 아르헨티나 중서부 파타고니아 지역에서 사용되는 언어. 아르헨티나 마푸체어: 사용자 수 10만 명, '매우 위험' 단계. 칠레 마푸체어: 사용자 수 40만 명(이 수치는 23만~100만 명까지 다르게 나타난다), '위험' 단계. 칠레 남부의 마푸체 지역에서 교육여건을 개선하는 등 마푸체어가 처한 상황을 개선하려는 노력에도 불구하고 실질적인 언어 보호·장려책이 결여되어 있다.

10) 푸르에페차족(*Phurhepecha*〔타라스코족, *Tarascan*〕). 멕시코 미초아칸 주의 북서부 지역, 특히 우루아판과 파츠콰로 지역에 거주하는 원주민이다. 그들이 사용하는 푸르에페차어(또는 타라스코어)는 사용자 수 10만 2,988명(2000년)으로 '취약' 단계로 분류되어 있다. 근래 지역의 교육과정에 이 언어를 포함하려는 시도가 있었다.

사용하고 있어 언어전달에 문제가 없는 반면에, 파츠콰로 호수 지역에서는 아이들에게 언어전달이 이루어지지 않았다(Chamoreau, 1999 참조). 따라서 푸르에페차어를 위협받는 언어로 간주해야 한다.

위협받는 언어들의 수와 규모가 축소된 공동체들의 수의 상호관계

이 상호관계는 특정지역에 대하여, 우리가 위에서 인구의 규모와 언어의 상태 사이에 설정한 관계를 확실하게 해준다. 이 점에 대하여, 인구가 적다는 바로 그 사실 때문에 위협을 받는 것으로 느끼는 일부 집단은, 규모가 더 큰 집단과 통합을 추구하면서 이 문제를 자발적으로 해결한다. 이러한 과정에서 비롯한 결과들은 언어들에 이로운 것일 수 있다. 예컨대 가이아나(과거 영국령 가이아나)에서 아라와크족의 일족인 마피디안족과 여러 대재앙으로 많은 사람들이 죽은 타루마족은 수가 더 많은 카리브 부족인 와이와이족[11]의 보호를 받게 되었다. 이 새로운 틀 안에서, 그들은 여러 세대에 걸쳐 자신들의 언어를 보호할 수 있게 된 것이다.

11) 아라와크족(*Arawaks*). 대(大) 앤틸리스 제도와 남아메리카에 사는 인디언. 아라와크어군의 말을 사용한다.
마피디안족(*Mapidian*). 브라질과 가이아나에 거주하는 소(小) 부족. 마피디안어(또는 마와야나어, *mawayana*)는 사용자 수 10명(브라질)으로, '소멸 직전' 단계로 분류되어 있다.
타루마족(*Taruma*). 브라질의 원주민. 타루마는 현재 브라질 상파울루 주의 도시 지역이다.
와이와이족(*Waiwai*). 가이아나와 브라질 북부에 거주하는 부족. 와이아나어의 상황도 좋지 않다. 브라질 지역 사용자 수 2,916명(2000년)으로 '취약' 단계, 가이아나 지역 240명으로 '취약' 단계, 수리남 지역 750명으로 '소멸 직전' 단계로 분류되어 있다.

언어사용자 수를 판별기준으로 활용하는 일

우리가 사용하는 통계는, 언어의 활력에 대하여, 또 역으로 언어의 존속에 대한 위협에 대하여 일반적으로 신뢰할 만한 지표로 보이는 언어사용자의 수에 대해 정보를 제공한다. 어떤 연구자들은 한 언어를 사용하는 아이들의 수를 이 나라의 지배언어를 사용하는 아이들의 수로 나누어 얻게 되는 언어의 역동성 지수를 계산(T. Smith Stark, 1995에서 멕시코에 대해 사용된 방법)하여, 이 지표의 가치를 체계화한다. 이러한 산출방식은 아주 유동적인 현실세계에 비하여 조금 경직된 것임을 볼 수 있다. 그러나 아이들에 관계될 때 사용자 수가 가지는 지수가치는 확실하다. 이러한 까닭에, 이 점과 관련된 수치들이 있다면, 이 수치들은 아래 이어지는 논의에서 특정 언어가 처한 것으로 보이는 언어의 운명단계를 일러주는 지표로 사용할 수 있을 것이다. 이제 여러 요소들을 종합적으로 검토해 볼 필요가 있다.

세계 각지 언어들의 소멸에 대한 수치자료

일반적 자료

다언어 사용 국가의 언어들

22개 국가가 현재 사용되고 있거나, 1990년대 초반에도 여전히 사용되었던 많은 수의 언어들로 특히 뚜렷하게 부각된다(Krauss, 1992 참조). 이 나라들 가운데, 9개국은 각기 2백 개 이상의 언어들을 가지고 있다. 이를테면 파푸아뉴기니에는 850개, 인도네시아에는 670개의 언어가 있다. 이어 나이지리아(410개)와 인도(380개)가 뒤를 잇고, 그 뒤를 카메룬(270개), 멕시코(240개), 콩고공화국(210개), 오스트레일리아(2백 개)와 브라질(2백 개)이 따르고 있다. 다른 13개국은 각각

100개에서 160개 사이의 언어들을 가지고 있다. 언어의 수가 많은 곳부터 차례로 나열해 보면, 필리핀, 러시아, 미국, 말레이시아, 중국, 수단, 탄자니아, 에티오피아, 차드, 바누아투(옛 뉴헤브리디스),[12] 중앙아프리카공화국, 버마와 네팔 등이 이에 해당한다.[13]

이 나라들의 대다수에서 사용되는 아주 많은 언어들 가운데 다수는 위협을 받고 있으며, 나아가 위에서 제시한 정의들에 따르면, 많은 경우 위험에 빠져 있다. 실제로 이 언어들은 모두, 또는 거의 모두, 앞 장에서 검토했던 속성들을 소멸원인으로 가지고 있다. 우리가 위에서 제시한 수치들은 분명 낙관적인 것이다. 이 계산에는, 최근에 현지에서 실시된 조사들에 언급된 대로, 이 언어들 가운데 하나를 아직도 쓸 줄 아는 한 명 또는 몇 명의 노인이 있다는 이유로 완전히 소멸한 것으로 인정되지 않은 언어들이 포함되어 있다. 그러나 1992년 이래로 이 마지막 사용자들 가운데 많은 이들이 사라졌는데, 그들의 죽음과 함께 이 언어들의 어휘를 말할 수 있는 능력도 함께 사라졌다. 게다가 이 언어들에 나이 어린 사용자들이 없다는 점은 채택된 기준들을 엄격히

12) 뉴헤브리디스는 1980년 '조국이여 영원하라'는 뜻의 바누아투공화국으로 독립하였다.

13) 여기에서 최근의 국가별 언어현황을 살펴보자. 《에스놀로그》(2009년판)를 기준으로 국가별 언어 수가 70개 이상인 35개 국가만 정리해 보았다(괄호 안의 수치는 '전체 언어 수, 토착어 수'를 가리킴). 파푸아뉴기니(830, 830), 인도네시아(722, 719), 나이지리아(521, 514), 인도(445, 438), 미국(364, 176), 멕시코(297, 291), 중국(296, 292), 카메룬(279, 278), 콩고공화국(217, 215), 오스트레일리아(207, 161), 브라질(193, 181), 필리핀(181, 171), 캐나다(169, 86), 말레이시아(145, 137), 러시아(135, 100), 수단(134, 133), 차드(133, 131), 탄자니아(129, 128), 네팔(127, 124), 버마(116, 111), 바누아투(114, 108), 베트남(108, 106), 페루(93, 92), 코트디부아르(93, 77), 라오스(89, 84), 에티오피아(88, 85), 타이(85, 74), 가나(84, 79), 콜롬비아(83, 80), 중앙아프리카공화국(82, 71), 이란(79, 75), 파키스탄(77, 72), 케냐(74, 69), 사모아제도(71, 71), 부르키나파소(70, 68).

적용할 때, 이 언어들을 제외하게 만드는 요인이 될 것이다.

유일한 지배언어를 가지는 국가들의 특수사례

러시아, 중국, 브라질, 미국, 오스트레일리아, 멕시코는 앞에 제시한 목록에 들어 있다. 그러나 이 나라들은 모두 정치권력이 여러 가지 수단을 통해 아주 강력하게 장려하는 공용어를 하나씩 가지고 있다. 그리고 결과적으로 이 나라들에서 위협을 받는 언어들은 많은 소수민족의 언어들이다. 물론 이 언어들은 사람들이 언어사용을 자발적으로 포기하는 것을 어떤 방식으로든 상쇄해 줄 만한 장려책을 전혀 누리지 못한다. 나머지 국가들, 곧 앞서 언급한 22개국 가운데 16개국은 하나 또는 그 이상의 공용어를 가지고 있다. 그러나 이 공용어가 과거의 식민지배자의 언어든 경제적·정치적으로 지배하는 공동체의 언어든 간에 한 가지 사실이 남는다. 곧 이 언어는 어떤 경우에도 합병된 다른 모든 민족들의 구성원 수보다 그 수가 더 많은 민족의 지역 고유어는 아니라는 것이다. 그럼에도 불구하고, 이 16개국과 또 다른 많은 나라들에서 집권층이 속한 집단이 사용하는 언어를 장려하는 것은, 특히 공용어가 외국어가 아니고 다른 집단들이 이 언어를 거부하지 않을 때, 소수민족들의 언어에 역시 전적으로 위험한 것이다.

이와 같이, 위험에 빠져 있는 언어들은, 이미 국제적으로 광범위하게 확산되어 있으며 아직도 그 범위를 넓혀 가는 완벽한 상태의 언어들의 압박을 받고 있다. 이 언어들은 또한 지역 차원에서 강력한 힘을 가지고 있으며 많은 수단을 통해 장려되는 언어들의 압박도 받고 있다. 이제 이러한 상황에서 비롯되는 결과들을 살펴보자.

개별자료들 : '본고장에서' 언어들이 소멸하는 경우

물론 여기에서, 막 사라졌거나 짧은 기간 안에 사라질 위험에 놓여 있는 언어들의 목록을 제시하려는 것은 아니다. 일반적으로 적용될 수 있는 교훈을 이끌어낼 수 있는 가장 특징적인 현상들만을 언급할 것이다.

소멸한 언어들은 모두 진정으로 소멸한 것인가

많은 경우 언어 소유자들이 언어를 전혀 전달하지 못한 채 사망하고, 사람들이 주위 또는 공동체 밖 어디에서도 이 언어를 더 이상 들을 수 없을 때 상황은 아주 분명해 보인다. 하지만 이러한 경우에도, 어느 누구도 가정에서 사적으로 어떤 언어가 사용되는지는 알 수 없다. 하물며 완전히 소멸하기 일보직전에 놓여 있다 하더라도, 진정으로 죽은 것인지 확신할 수 없는 언어들에 대해서 서둘러 매장을 결정해서는 안 된다. 페루지역 안데스 산맥의 동쪽 기슭에 있는 우알라가 강 유역이 케추아어군 언어인 촐론어는 소멸한 것으로 간주되려던 시점에 몇몇 가정에서 여전히 사용되는 것으로 밝혀졌다(Cerrón-Palomino, 1987 참조).[14] 이러한 까닭에, 아래에 제시하는 자료들은 이 상황들의 복합성에서 비롯되는 미묘한 차이들과 함께 파악해야 한다.

아프리카

이 글을 쓰는 시점(2000년 7월)에, 적어도 2백 개의 언어들이 아프리카에서 사라져 가고 있거나 이미 사라졌다. 언어학자들이 코이족과 산족[15]으로 부르는, 남아프리카에서 사용되는 어족들 같은 일부 어족

---

14) 촐론어(*Cholón*)는 2000년에 소멸하였으며, 촐론어 사용자들은 케추아어로 옮겨 갔다(《위기언어지도》 및 《에스놀로그》).

15) 줄여서 코이산(*Khoisan*)으로 불린다. 산족(*San*, 부시맨족)은 코이코이족〔호텐토트족〕과 관련이 있는 아프리카 남부의 원주민으로, 주로 보츠와나, 나미비아, 남아프리카의 북서부에 산다. 일부 산족은 코이어(*khoi*)를 사용한다.

들은 특히 위협을 받고 있다.

탄자니아에는 이 현상들이 모두 요약되어 나타난다. 실제로 탄자니아는 수적으로 가장 우세한 모든 아프리카 어족들이 나타나는 유일한 국가이다. 또한 모든 곳에서 소규모 민족의 언어들이 죽어 가는 나라이기도 하다. 우리는 각각의 특수한 경우에 대해 전적으로 신뢰할 만한 자료들이나, 특정 언어가 이미 완전히 사라졌는지 또는 아직 존속하는 경우 그 언어에 어느 정도의 생존가능 시간을 줄 수 있는지를 정확하게 일러 줄 충분한 요소들을 가지고 있지 않다. 그러나 한 가지 사실은 분명하다. 스와힐리어[16]가 지배언어라는 사실이다. 분명 이 나라를 특징짓는 보편화된 2개 국어 병용현상이 완전한 것은 아니며, 다른 언어들의 타고난 사용자들이 항상 스와힐리어를 완벽하게 구사하는 것은 아니다. 하지만 스와힐리어는 어디에서든 이해된다. 스와힐리어는 일찍이 서구교육을 받았던 특권계급들 사이에서 식민지배 시대의 영어를 대신하였다고 볼 수 있다. 이는 그리 놀라운 일은 아니다. 게다가 스와힐리어는 아주 많은 다른 언어들에 압박을 가하고 있다. 가장 유명한 탄자니아 정치인들 가운데 한 사람으로 전 대통령인 줄리어스 니에레레[17]는 1984년에, 스와힐리어가 탄자니아에서 확산되는 것은 자연스러운 현상이라고 천명하였다. 스와힐리어는 2개 국어를 병용하는 소규모 공동체들에서까지 매개어로 유용하게 사용되면서 상당한 대중성을 누리게 되고, 또 공동체의 언어를 직접적으로 위험에 빠뜨린다. 스와힐리어가 공용어의 지위를 확보한 대규모 아프리카 언어로서 가지는 권위에 이러한 사실이 추가되면서, 스와힐리어의 영향력은 더

---

16) 스와힐리어(*Swahili*〔키스와힐리어, *Kiswahili*〕). 주로 아프리카 동부 해안 및 섬 주민들이 모국어나 제 2언어로 사용하는 반투어. 스와힐리어는 아랍어의 영향을 많이 받았으며, 아랍어에서 많은 단어들이 차용되었다.

17) 줄리어스 니에레레(Julius Kambarage Nyerere, 1922~1999). 탄자니아의 초대 대통령. 독립국 탄자니아의 초대 총리를 지냈으며, 아프리카통일기구(OAU)의 핵심인물이었다. 사회주의적 발전정책을 꾸준히 추진했다.

욱더 가공할 만한 것이 되었다.

이러한 상황의 결과로 단지 네댓 개의 언어들, 곧 수쿠마어, 니암웨지어, 마콘데어, 샴발라어[18]와, 특히 마사이어가 어느 정도 지역적 위세를 누리고 있다고 볼 수 있다. 소규모 민족들의 고유어들에 작용하였거나 아직도 작용하는 마사이어의 강력하고 해로운 흡수력은 앞서 살펴보았다.[19] 마찬가지로 탄자니아에는 지역적 차원에서만 '위세'를 가지는 언어들이 있다. 그 밖에 다른 모든 언어는 어떤 위세도 가지지 못한다. 예상할 수 있듯이, 모든 사용자들이 2개의 언어를 병용하는 경우의 민족언어들은 단일언어 사용자들의 언어들보다 더 위협받고 있다. 게다가 소규모 민족들의 고유어에 대해서는 학교 교육정책이나 문해교육에 의한 공식적 지원이 전혀 없다. 그럼에도 불구하고 이 나라에서는 지역의식이 확산되는 것을 볼 수 있다. 지역의식이, 이미 매우 진행된 언어들의 염려스러운 소멸과정을 어떤 식으로든 또 어느 정도의 기간 동안 늦추는 결과를 낳을 가능성도 배제할 수 없다.

라틴 · 북아메리카

라틴아메리카

여기에서 볼 수 있는 상황은 고유어와 지역에 따라 매우 다르게 나타난다. 우리는 한 언어가 불안정화에 저항하는 정도와 그 사용자 수의 상관관계를 수립할 것을 제안하였다. 이와 함께 나와틀어, 더욱이 케추아어와 아이마라어, 특히 과라니어 등은 다른 많은 아메리카 인디언 언어들과 비교해 볼 때 많은 수의 사용자를 가지고 있음을 보았다. 대규모 마야어족에 속하는 언어들의 경우, 이 언어들을 전체적으로 고려해 볼 때 한층 더 많은 사람들이 사용하고 있다. 과테말라에만 이

18) 탄자니아에서 사용되는 반투어 계열의 언어들이다.

19) 198~199쪽 참조.

언어들을 사용하는 사람들이 6백만 명 이상 된다. 그리고 유카탄, 킨타나로오, 치아파스, 타바스코, 캄페체, 산루이스포토시 등의 멕시코 주들에서 의미심장한 수치를 찾아볼 수 있다. 위험에 가장 적게 노출된 두 가지 마야 언어인 (멕시코의 유카탄 반도에서 사용되는) 유카텍어와 (과테말라에서 사용되는) 키체어는 두 언어 모두 50만 명 이상이 사용하고 있다. 1993년의 인구조사에 따르면, 100만 명 이상의 화자들이 키체어를 쓰고 있는 것으로 보인다. 다른 세 가지 마야 언어들, 케크치어, 칵치켈어와 맘어는 40만 명에서 70만 명 사이의 사람들이 사용하고 있다.

우리는 이 다양한 언어들이 비교적 긴 세월 동안 여전히 잘 유지될 것으로 기대할 수 있다. 하지만 이 언어들은 스페인어와 위험한 경쟁관계에 놓여 있다. 이 점은 다른 마야 언어들에서 한층 더 확실하게 나타난다. 이를테면 이 언어들을 사용하는 사람들의 수는 집단에 따라 10만 명에서 100명 사이인데, 이 언어들 가운데 네 가지는 단 한 곳의 지방행정구역에서 사용되고 있다. 아이들은 이 언어들을 더 이상 제1언어로 배우지 않는다. 또 이 언어들은 거의 몇 안 되는 시골학교에서만 교육되고 있거나, 특히 사람들이 도시에 이끌려 이 언어들이 가장 잘 보존되는 농촌공동체들을 떠나가면서 사용자들을 계속 잃어 가고 있다.

이제 여기에서는, 지금으로서는 아주 심각한 소멸위기로부터 비교적 안전한 한 어족만을 살펴보자. 하지만 이 경우가 일반적인 것은 아니다. 이 점을 납득하기 위해서는, 16세기에 스페인인들이 들어오기 전에는 양호한 상태로 유지되었으며 폭넓게 존재했던 카리브 지역의 어족의 경우를 들어보는 것으로 충분하다. 오늘날 약 1만 5천 명이 사용하는 마쿠시어[20]를 제외하면, 여러 카리브 지역 언어들은 모두 천

20) 마쿠시어(*Macushi*)는 가이아나, 브라질에 거주하는 인디언 마쿠시족이 사용하는 언어. 사용자 수 1만 5천 명(2000년, 브라질), 7,750명(가이아나)으로

명 이내의 사용자들을 가질 뿐이다. 1990년에 각각 40명, 37명과 33명의 사용자들이 있던 마티푸어, 아마파어와 시키아나어에 무슨 일이 일어났는지는 모른다.[21] (프랑스령 기아나의) 와야나족은 수백 명이 남아 있다(Launey, '출판예정' 참조).

국가 전체를 검토대상으로 하여 세 가지 보기, 곧 브라질, 멕시코와 콜롬비아의 경우를 간략하게 살펴보자. 브라질에서 쓰이는 약 2백 개의 인디언 언어들[22]의 대부분은 아주 작은 규모의 공동체들에 의해 사용되고 있다. 이 점은 아직은 양호한 상태에 있는 이 언어들의 앞으로의 운명을 점치기 어렵게 한다. 예전에 아마존 강 중류 유역을 따라서, 또 볼리비아 국경과 가까운 론도니아 주에서 사용된 투피어족의 많은 언어들, 특히 아피아카어와 푸루보라어[23]는 오늘날 십중팔구 소멸하였다. 과거에 상당히 많은 언어들을 포함하였던 대규모 제어군[24]에는 아주 적은 수의 언어들만이 남아 있다. 일찍이 이 지역 고유어들의 진정한 모자이크였던, 4천 명이 사용하는 풀니오어(페르남부쿠)만이 노르데스테에서 소멸하지 않은 유일한 인디언 언어로 남아 있는 한편, 현재로는 나크레에어(미나스제라이스), 파탁소어(바이아)는 소멸한 것으로 보인다.[25] 로라이마 산과 또한 국경 너머 베네수엘라 영토

'취약' 단계로 분류되어 있다.

21) 마티푸어(*Matipu*). 브라질에 거주하는 마티푸족이 사용하는 마티푸어는 오늘날 소멸하였거나(《에스놀로그》), 사용자 수 10명(2006년)으로 '소멸 직전' 단계로 분류되어 있다(《위기언어지도》).

시키아나어(*Sikiana*). 최근의 사용자 수는 알려져 있지 않으며, '소멸 직전' 단계로 분류되어 있다.

22) 이와 관련된 수치는 앞에서 제시하였다. 주 13 참조.

23) 아피아카어(*Apiaká*)의 사용자는 190명(2001년), 1명(2007년)이며 푸루보라어(*Puruborá*)의 사용자 수 2명(2006년)으로, 두 언어 모두 '소멸 직전' 단계로 분류되어 있다.

24) 제족(*Ge*). 매크로-제어군(*Macro-Ge*)에 속하는 말을 쓰는 남아메리카 인디언. 브라질 동부와 남부, 파라과이 북부지역 일부에서 쓰인다.

25) 풀니오어(*Fulnió*〔*Iatê*〕). 사용자는 천 명(1999년)으로 '매우 위험' 단계로 분

에서 사용되는 야노맘어족의 네 가지 언어는 금을 찾아다니는 사람들(개림페로스, *garimpeiros*)이 난폭하게 침입해 오면서 근래 사용자가 많이 줄어들었다.[26] 다시 말해 잘 보존되어 온 이 부족들의 독창적 문화와 마찬가지로, 그들의 언어는 오늘날 위협을 받고 있다.

스페인인들이 1521년에 아스텍족의 중심지인 테노치티틀란[27]을 점령한 이래, 오늘날 멕시코에 해당하는 땅에 살던 인디언들은, 특히 16세기, 19세기와 20세기에 엄청난 인적·문화적 피해를 입었다. 1519년에 2천 5백만 명이었던 멕시코 원주민의 수는 1605년에 100만 명으로 줄었다! 언어들에 관해 살펴보면, 이러한 침식은 분명 아스텍족 자신들이 정복을 실행한 시점인 15세기부터 시작되었을 것이다. 멕시코에서 20세기 초에서 2000년까지의 근래 상황을 보면, 이 나라에 출현했던 모든 어족의 언어들 가운데 적어도 130개 언어들이 더 사라졌다.

콜롬비아에는, 짐작할 수 있듯이 모든 곳에 확고하게 자리잡고 있는

류되어 있다. 페르남부쿠와 노르데스테는 브라질 북동부의 주와 지역으로, 노르데스테는 브라질에서 가장 오래되고 두 번째로 많은 사람들이 거주하는 지역이다.

나크레에어(*Nakrehé*[*Krenak*]). 브라질 리우데자네이루 북서쪽의 미나스 제라이스 주에서 사용되는 언어. 사용자 수 150명(1997년), 10명(2006년)으로, '소멸 직전' 단계로 분류되어 있다.

파탁소어(*Pataxó*). 브라질 동부의 바이아(Bahia) 주에서 사용되는 언어로 사용자 수는 알려져 있지 않다.

26) 니남어(*Ninam*), 사누마어(*Sanuma*), 야노마미어(*Yanomami*), 야노마뫼어(*Yanomamö*) 등이 이에 해당한다. 야노마미어의 사용자 수(2006년)는 베네수엘라 지역 4천 명, 브라질 지역 6천 명, 다른 언어들의 사용자 수는 100~5백 명 정도이다. 이 언어들은 모두 '취약' 단계로 분류되어 있다. 로라이마 산은 브라질·베네수엘라·가이아나 국경에 있는 산이다.

27) 테노치티틀란(Tenochtitlan). 고대 아스텍 문명의 중심지로, 12세기에 멕시코 고원 중부로 진출한 아스텍족이 1325년 현 멕시코시티에 테노치티틀란을 건설했다. 테노치티틀란은 15~30만 명 정도의 주민이 살던 멕시코 고원 최대 도시였다. 1519년 마야를 정복한 데 이어 테노치티틀란을 공격한 페르난도 코르테스와 그의 부하들에 의해 몰락했다.

스페인어와 두 가지 크리올어, 곧 스페인어 어휘에 바탕을 둔 팔렝케 크리올어(팔렝케로)와 영어 어휘에 바탕을 둔 산안드레스이프로비덴시아 제도[28]의 크리올어 외에, 이 나라의 지리적·기후적 다양성만큼이나 아주 다양한 65개의 인디언 언어들이 있다. 이 언어들 가운데 10개는 현재 파악한 바에 따르면 모두 고립군[29]을 이루고 있으며, 다른 55개 언어는 12개 어족으로 나뉘어 있다. 치브차, 카리브, 아라와크, 투피 등 일부 어족들[30]은 중앙·남아메리카에서 중요한 위치를 차지하고 있으며, 과이보, 위토토, 투카노[31] 등 다른 어족들은 콜롬비아에서만 나타난다. 이렇게 아주 다양한 콜롬비아 언어들 가운데, 1995년에 5개는 소멸 직전에 놓여 있었으며 15개는 위험에 빠져 있었다(Landaburu, 1995 참조).[32]

북아메리카

언어 수의 측정은 연구자에 따라 다르며, 우리가 활용할 수 있는 정보들은 많은 결함을 가지고 있다. (알래스카를 포함한) 미국과 캐나다를 함께 살펴보면, 16세기 초에 존재하던 6백 또는 7백 개의 언어들 대신에, 40년 전에는 213개의 언어들만이 있었다(Chafe, 1962 참조). 그리고 이 언어들 가운데 89개만이 어린이부터 노인까지 모든 연령에

---

28) 팔렝케(Palenque). 현재 멕시코 치아파스 주에 있는 고대 마야인의 도시유적. 산안드레스이프로비덴시아(San Andrés y Providencia). 콜롬비아의 행정구. 카리브 해의 안드레스 섬, 프로비덴시아 섬과 작은 산호초들로 이루어져 있다.

29) 같은 어족 안에서 독립된 부류로 분류되는 언어.

30) Chibchan, Carib, Arawakan, Tupi languages. 스페인의 중앙·남아메리카 정복을 전후한 시기에 대(大)앤틸리스 제도, 브라질, 콜롬비아, 베네수엘라, 페루 등의 지역에서 사용된 남아메리카 인디언 어족들이다.

31) Guahiban, Witotoan, Tucanoan languages. 콜롬비아를 중심으로 브라질, 페루 등에서 사는 남아메리카 인디언의 어족들.

32) 현재 콜롬비아의 68개 언어상황은 취약(12개), 위험(27개), 매우 위험(13개), 소멸 직전(12개), 소멸(4개) 단계로 분류되어 있다(《위기언어지도》).

걸쳐 사용되고 있다. 1962년 이래, 당시 한 명에서 10명까지의 나이 든 사람들만이 사용하던 적어도 50개 언어들이 소멸하였다. 특히 1987년에 캘리포니아의 팔라에서 94세로 죽은 쿠페뇨어의 마지막 사용자였던 여인의 이름이 알려져 있다.[33] 10명에서 100명 사이의 사람들만이 사용하던 35개의 다른 언어들은 분명 소멸직전에 놓여 있으며, 이 언어들의 죽음이 임박했다고 볼 수 있다.[34]

시베리아

중앙·남부시베리아 지역에 분산되어 있는 소규모 유목 또는 정착집단들이 사용하는 많은 언어들은 소멸 일보 직전에 놓여 있다. 유그어(크라스노야르스크 지역)와 케레크어(베링해협 지역)에 대해서도 마찬가지다.[35] 오로크어(사할린), 울치어와 오로치어(하바로프스크 지역)는 기껏해야 조금 더 나은 상황에 놓여 있다.[36] 알류토르어(캄차카 반도의 북동부)는, 위에서 일부 언급한 시베리아, 튀르크, 퉁구스 등의 어군들에 속하는 다른 언어들과 함께 위협을 받고 있다.[37] 한 가지 의미심장한 보기는 에벤키어의 경우인데, 이 언어는 발생학적으로 터키어와 몽골어 어파에 연결되어 있는 알타이어족의 한 분파로서 퉁구스 어군 언어들 가운데 가장 중요한 언어다. 에벤키족[38]은 1989년에 약 3

---

33) 그의 이름은 로신다 놀라스케스(Roscinda Nolasquez)로 알려져 있다. 다니엘 네틀·수잔 로메인, 《사라져 가는 목소리들》, 13쪽 참조.

34) 북아메리카의 '소멸 직전' 단계의 언어는 미국 74개, 캐나다 32개이다(《위기언어지도》).

35) 유그어(*Yugh*〔*Yug*〕)는 러시아 연방 중동부 지구인 크라스노야르스크 지역에서 사용된 언어로 소멸언어로 분류되었다. 한편 케레크어(*Kerek*)는 마지막 사용자가 2005년에 사망하여 '소멸' 언어로 분류되어 있다.

36) 이 언어들은 사용자 수(2002년)가 각각 64명, 732명, 100명으로, '소멸 직전' 단계로 분류되어 있다. 하바로프스크는 러시아 연방 동쪽 끝에 있는 지역이다.

37) 알류토르어(*Alutor*). 사용자 수 150명(2000년, 《에스놀로그》), 천 명(2005년, 《위기언어지도》)으로, '매우 위험' 단계로 분류되어 있다.

만 명이었다. 그러나 또한 야쿠트어[39]와 특히 러시아어를 함께 사용하는 이들 3개 언어 병용자들의 경우, 단지 30%만이 에벤키어를 자신들의 제 1언어로 간주하였다. 마찬가지로 퉁구스어군의 언어로서 에벤키어와 밀접한 친족관계를 맺고 있는 우데기어가 처한 상황은 더 좋지 않은데, 주민의 4%만이 이 언어를 실제로 사용할 수 있는 능력을 가지고 있다.[40]

안다만 언어들

버마 남서부와 수마트라 북서부 사이에 자리잡고 있는 안다만 제도의 언어들은 알려져 있는 어떠한 어족에도 확실하게 연결되어 있지 않다. 원주민은 1931년에 460명이었다. 북부, 중부와 남부의 세 집단에 속하는 많은 언어들은 지금은 사라지고 없을지도 모른다.

동남아시아 : 티베트 · 버마 언어들, 오스트로아시아 언어들/몬 · 크메르어, 다이어, 먀오 · 야오어, 대륙 오스트로네시아 언어들,[41] 그리고 일본

이 광범위한 집단에서 소멸위험과 관련된 몇 가지 요점만을 들어보자. 이 위험은 베트남과 라오스의 무옹어, 팔라웅어, 크무어, 바나르

---

38) 에벤키족(*Evenki*). 옛 이름은 퉁구스족(*Tungus*)으로 시베리아 북부지역의 최대 종족이다. 에벤키어는 만주(사용자 수 4천 명), 북부시베리아, 사할린, 남부시베리아(7,584명, 2002년) 지역 등에서 사용되고 있으며, 모든 지역에서 '매우 위험' 단계로 분류되어 있다.

39) 야쿠트어(*Yakut*). 동(東)시베리아의 타이가 · 툰드라 지대에 사는 야쿠트족이 사용하는 언어로 알타이어족의 하나인 터키어에 속한다. 사용자 수 45만 2,688명(2002년)으로 '취약' 단계로 분류되어 있다.

40) 우데기어(*Udege*). 러시아 우수리, 아무르, 쿤가리 강 유역을 중심으로 시베리아 등지에 거주하는 우데기족이 사용하는 언어. 사용자 수 40명으로, '소멸 직전' 단계로 분류되어 있다. 우데기족의 인구수는 1,657명(2002년)이다.

41) 오스트로아시아어족(*Austro-Asiatic languages*). 동남아시아와 인도 동부지역에서 사용하는 약 150개 언어로 이루어진 어족.
몬 · 크메르어군(*Mon-Khmer languages*). 오스트로아시아어족에 속하는 어군.

어[42] 등을 위협하고 있다. 이 언어들이 베트남어가 오스트로아시아 언어들에 기원을 두고 있다는 증거를 제공한다는 점을 고려한다면, 베트남어에 중국어가 아주 강하게 침투해 있는 점과 이 기원을 가리고 있는 단음절(單音節)·성조(聲調)적 속성에도 불구하고, 이 언어들은 대조적·역사적 관점에서 아주 중요한 것이다(Matisoff, 1991 참조). 몬·크메르어군의 폐어 하위어군 언어들인 다른 오스트로아시아 언어들은 타이에서 소멸하고 있거나 이미 소멸하였다. 일본의 북부에서는 아이누어가 소멸 일보 직전에 놓여 있다.[43]

중국과 인도에 이르는 동남아시아에서 6천만 명 이상이 사용한다. 크메르어, 베트남어, 몬어가 주요 언어들이다.

오스트로네시아(Austronesia). 태평양 동남부 제도(諸島)의 총칭. 오스트로네시아어족에 대해서는 제7장 주 79 참조.

42) 이 언어들은 몬크메르어군에 속하는 언어들이다.

무옹어(*Muong*). 베트남의 소수민족 언어집단인 무옹족의 언어. 하노이 남서쪽 산악지대에 살고 있다.

팔라웅어(*Palaung*). 중국 윈난성 남부와 미얀마 동부의 팔라웅족이 사용하는 언어.

크무어군(*Khmu*). 라오스, 타이와 베트남에서 사용되는 크무어는 크무어군에서 규모가 가장 큰 언어다.

바나르 언어들(*Bahnar*). 베트남에서 주로 사용되며 캄보디아, 라오스에서 사용된다.

43) 일본은 메이지유신 이후, 소수민족 동화정책의 일환으로 홋카이도 개발을 내세워 홋카이도 등 북방 섬에 주로 거주하는 소수민족인 아이누족의 생활권을 빼앗고 고유어 사용금지 조치 등을 실시해 탄압했다. 일본 정부는 1997년 초 아이누족을 일본의 토착 소수민족으로 공식적으로 인정했으며, 2008년 이러한 동화정책에 따라 진행된 원주민 차별과 탄압에 대해 사죄했다. 아이누어(*Ainu*)는 세 곳에서 사용되었는데, 쿠릴지역의 아이누어는 19세기 말에 소멸, 사할린 지역의 아이누어는 1970년대 말에 소멸하였다(일본에 이주해 살던 마지막 사용자가 1992년에 사망하였다). 홋카이도 지역의 아이누어만이 사용자 수 15명(1996년)으로, '소멸 직전' 단계로 분류되어 있다(캐나다, 오스트레일리아의 동화정책에 관해서는 제7장 주 38 참조).

인도네시아

앞에서 살펴본 것처럼, 세계에서 언어가 가장 풍부한 나라들 가운데 하나로 분류할 수 있는 이 나라에 관해 활용할 수 있는 정보에는 결함이 아주 많다. 열댓 개 남짓 되는 언어들이 20세기 동안에 소멸하였다. 인도네시아의 670개 언어 가운데 52개는 사용자가 2백 명 이내이며, 121개는 2백~천 명, 2백 개는 천~1만 명 사이의 사람들이 사용하고 있다.

파푸아뉴기니

지구상에서 언어가 가장 풍부한 땅인 이곳은 또한 언어소멸의 위험이 가장 높은 곳 가운데 하나다. 그곳에서 130개 언어는 2백 명 이내의 사람들이 사용하며, 290개는 천 명 이내의 사람들이 사용한다. 천 명 이상이 사용하는 언어들 가운데 많은 수는 어른들만이 알고 있을 따름이다. 도시에서, 특히 수도인 포트모르즈비에서 사용되는 두 가지 피진어인 톡피신어와 히리모두어는 가까운 지역에서 사용되는 코이아리어보다 대체로 우세해졌으며, 세피크 강 하류유역에서 사용되는 이마스어[44] 보다, 여인들이 아직도 이 언어에 애착을 가지고 사용하고 있기는 하지만, 우세한 것으로 보인다.[45]

---

44) 톡피신어(*Tok pisin*〔*Neomelanesian*〕). 남서태평양 지역에서 사용되는 영어와 멜라네시아어의 혼종어이다.
히리모투어(*Hiri motu*). 제 1언어로 사용하는 사람들은 매우 적다. 모투어가 피진어화한 언어다.
코이아리어(*Koiari*〔*Grass Koiari*〕). 사용자 수 천 8백 명(1973년), 천 7백 명(2000년)으로 '취약' 단계.
이마스어(*Yimas*). 사용자 수 3백 명(2000년)으로, '매우 위험' 단계로 분류되어 있다.

45) 피지·파푸아뉴기니·솔로몬제도·바누아투로 이어지는 태평양 지역에서는 2천 개 이상의 언어들이 사용되는데, 이 언어들은 대부분 표기체계를 갖추지 못하고 있다. 유네스코는 2000~2003년 사이에 이 지역에서 언어소생 작업을 펼쳐, 표기체계가 없는 여러 언어들을 기록했다. 이 계획은 또한 이 공동체 언

오스트레일리아

오스트레일리아는 분명 사람들이 입었던 것과 마찬가지의 큰 피해를 언어들이 가장 빠르고 가장 심하게 입었던 대륙이다. 2백 년 전 그곳에는 거의 확실하게 100~2백만 명의 원주민이 약 250개의 언어들을 사용하며 살고 있었다. 유럽인들이 이곳에 들어오면서부터 50개 이상의 언어가 소멸하였으며, 다른 150개 언어들은 현재 소멸 일보 직전에 처해 있다. 나머지 50개 언어들 가운데, 15세 미만의 아이들이 알지 못하는 언어의 수가 증가하는데, 아마도 절반 이상이 여기에 해당할 것이다(Dixon, 1991 참조). 이 수치는 연구자들에 따라 다른데, 사용자가 천 명 이상 되는 언어들은 5~10개에 지나지 않는다. 이 언어들은 특히 백인들이 가장 늦게 들어와서 아직도 부분적으로만 정착하고 있는 지역들, 이를테면 노던 주와, 사우스오스트레일리아, 웨스턴오스트레일리아와 퀸즐랜드의 북쪽지역 등에서 쓰이고 있다.

필리핀과 타이완

필리핀의 경우, 영어와 함께 공용어로 사용되는 타갈로그어나, 세부아노어와 일로카노어[46] 같은 인도네시아어족의 일부 언어들은 수백만

어들이 더 널리 사용될 수 있게 하기 위해 교재를 개발하고자 했다. 이 계획의 제 2단계(2006~2007년)는 이 지역의 13개 언어를 대상으로 하는데, 일본정부는 이 사업에 재정지원을 하기로 했다. 또 이와 별도로 2006~2009년 사이에 파푸아뉴기니·솔로몬제도·바누아투 등 멜라네시아 3개국의 표기체계가 없는 언어들을 보존하고 소생시키기 위한 유네스코의 계획이 진행되었다("유네스코 위기언어보호계획" 참조).

46) 타갈로그어(*Tagalog*). 필리핀에서 두 번째로 큰 문화 언어 집단인 타갈로그족이 사용하는 언어. 약 천만 명이 모국어로 사용하며, 국어인 필리핀어의 기초로 선택되어 모든 학교에서 교육된다.
세부아노어(*Cebuano*). 필리핀에서 가장 큰 문화 언어 집단인 세부인이 사용하는 언어. 1980년대 중엽에는 약 천3백만 명이 사용하였으며, 필리핀 인구의 약 1/4이 세부아노어를 모국어로 사용하고 있다.
일로카노어(*Ilocano*). 필리핀에서 세 번째로 큰 문화 언어 집단인 일로카노족

명이 사용하고 있으며 위험한 상태에 빠져 있지 않다. 그럼에도 불구하고 이 어족의 언어들 가운데 6개 언어는 사용자가 2백 명도 되지 않으며, 이 가운데 3개는 오늘날 십중팔구 소멸한 것 같다. 오스트로네시아어족에 속하는 타이완의 원주민 언어들은 1622년에 네덜란드 식민 지배자들이 타이완에 왔을 때 적어도 30개 정도였다. 그러나 이 언어들은 두 차례에 걸쳐 중국어의 지배를 받게 되었다. 한편으로는 1661년에, 17년 앞서 베이징에 정착한 청나라의 만주족 왕조에 반대하는 중국인사들이 타이완에 와서 네덜란드인들을 몰아내고 주민들의 중국화를 시도하였다. 다른 한편으로는 같은 양식으로, 1949년에 중국 대륙에서 쫓겨난 장개석의 국민당 정부가 타이완에 와서 정착하였다. 그 결과 사용자가 2천 명이 되지 않는 언어들의 상황은 상당히 불안정해졌으며, 타이완에는 토착어가 10개밖에 남지 않게 되었다.

이산상태의 언어들이 소멸한 특수사례들

세계에서 찾아볼 수 있는 많은 보기들

'본고장에서'(곧 대다수의 언어사용자들이 사는 곳에서) 소멸하는 경우로 언급한 언어들 가운데, (켈트 언어들을 제외하면) 어떤 언어도 유럽이나 마그레브, 지중해 연안 동부지역 어디에도 속해 있지 않다는 것을 지적해 두자. 이 지역들은 사실 확고하게 자리잡았거나 국제적으로 보급되어 있는 언어들이 사용되는 곳들이다. 그러나 언어들이 오직 자기 지역에서만 소멸하는 것은 아니다. 언어들은 사용자의 일부가 이주하여 정착하게 되는 이산상태에서도 사라질 수 있다. 우리는 제 6장에서 오스트리아 동부의 헝가리어, 그리스의 아르바니티카 알바니아 방언, 트리니다드 토바고의 보즈푸리어, 프랑스의 아르메니아어의 경우가 여기에 해당하는 것을 볼 수 있었다.

이 사용하는 언어.

뉴펀들랜드와 온타리오[47]의 프랑스어권의 운명에 대하여

강한 흡수력을 가지고 있으며, 물론 대다수가 영어를 사용하는 북아메리카의 일부 지역에서 프랑스어에 관계된 두 가지 놀라운 보기를 들 수 있다. 우선 아카디아인들이 19세기 중엽에서 20세기 초기 사이에 정착한 캐나다의 뉴펀들랜드 지방에 있는 포르토포르 반도의 경우를 들 수 있다. 당시 프랑스어 사용자는 2천 명이었다. 반면에 특히 캅셍조르주의 마을들과 라그랑테르에서는 프랑스어 사용자가 겨우 천여 명에 지나지 않았다. 다른 두 곳 앙스아카나르와 스테펜빌에는 1980년에 50세 이상의 하위 사용자들만이 있었다. 신세대들이 모방할 생각만 하는 영어권으로 둘러싸인, 아주 작은 소수집단의 언어인 뉴펀들랜드의 프랑스어의 장래는 어떤 기적이 일어나지 않는 한 대단히 어두워 보인다. 프랑스어권이 위험에 빠져 있는 두 번째 장소는 나이아가라 폭포 가까이에 있는 온타리오 주 웰랜드 시이다. 퀘벡 주에 살던 40여 프랑스계 캐나다 가정들은 제2차 세계대전 후에 금속, 철강, 고무, 섬유 산업들이 발달하면서 이곳에 와서 정착하였다. 그리고 이 가정들은 1981년의 인구조사 때, 이 도시의 4만 5천 명의 주민들 가운데 15.5%를 차지하고 있었다. 그렇지만 영어를 사용하는 다수가 행사하는 영향력과 그들이 모든 일터에 자리잡고 있는 점, 다른 인종 사이에 이루어지는 혼인의 꾸준한 증가, 또한 미디어의 거대한 압력은, 프랑스어를 유지해 주는 많은 조치들에도 불구하고, 젊은 사람들이 프랑스어에 대하여 관심을 잃게 하는 결과를 낳고 있다.

오늘날에는 북아메리카에서 퀘벡지역만이 법에 의하여, 2억 5천만 명 가까운 영어 사용자들의 대양에 잠겨 있는 인구 6백만 명의 작은

---

47) 뉴펀들랜드(Newfoundland). 북아메리카 대륙의 극동부를 이루며 북대서양으로 뻗어 있는 캐나다의 주.
온타리오(Ontario). 캐나다에서 두 번째로 큰 주. 주도는 토론토이며, 캐나다 수도 오타와가 주의 남동부에 있다. 1763년 프랑스에서 영국으로 양도되었다.

섬에서 사용되는 프랑스어를 효과적으로 지킬 수 있다. 언어의 자유를 옹호하는 데 아주 열심인 일부 영어 사용자들이 무슨 말을 하든지 간에, 실제로 프랑스어가 처한 상황은 라코르데르의 유명한 다음 표현이 환기하는 상황이다. "강자와 약자 사이에서, 자유는 억압하고 법은 자유롭게 해준다."[48]

미국에서 노르웨이어의 역사에 대하여

우리는 이미 언어구조와 관련하여, 미국 영어가 사용되는 환경에서 핀란드어가 겪게 된 일의 사례를 보았다(141쪽 참조). 다른 보기는 노르웨이어의 보기이다. 1825년부터 그리고 19세기의 일정 기간, 50만 명 이상의 노르웨이인들이 농업 일자리를 찾아 미국으로 이주하였다. 그들은 주로 이 나라 북부지역의 중앙지대, 곧 일리노이 주와 아이오와 주 북부, 위스콘신 주와 미네소타 주의 서부, 사우스다코타 주의 동부, 노스다코타 주의 거의 전 지역에 이주하였다. 또 네브래스카 수, 몬태나 수, 워싱턴 수, 오리건 수와 캘리포니아 수 능에 제한적으로 정착하였다. 루터파 교회와 그들간의 연대감은 아주 강한 연결고리를 이루어, 19세기 말 이 지역들 가운데 일부에서는 노르웨이어 외의 다른 언어들은 전혀 듣지 않고서도 많은 농가들을 지나갈 수 있을 정도였다. 그러나 1910년대에 젊은 사람들을 영어를 사용하는 사회에 통합해야 할 필요성이 대두되면서 노르웨이어 학습의 붕괴가 초래되기 시작했다. 노르웨이인들은 자신들이 영어에 우월한 지위를 내주더라

48) 라코르데르(Henri Lacordaire, 1802~1861). 근대 가톨릭과 기독 민주주의의 선구자로 간주되는 도미니크파 수도사. 나폴레옹 이후 프랑스에서 일어난 가톨릭 부흥운동을 주도했다. 이 인용의 원문은 다음과 같다. "강자와 약자 사이에서, 부자와 빈자 사이에서, 주인과 종 사이에서, 억압하는 것은 바로 자유이며 자유롭게 하는 것은 법이다"(Entre le fort et le faible, entre le riche et le pauvre, entre le maître et le serviteur, c'est la liberté qui opprime et la loi qui affranchit).

도, 그들 자신의 정체성을 잃는다거나 전형적인 노르웨이식 활동을 중단하지는 않는다는 사고가 대두하게 되었다! 노르웨이어는 계속해서 더욱 가족적인 쓰임에 한정되었다. 어휘에 이어 문법까지 휩쓰는 영어 차용어들의 규모가 커지면서 노르웨이어는 아메리카 노르웨이어가 되었다. 1980년에 미국에서 실시된 인구조사 때, 노르웨이 출신임을 표방한 412만 명의 미국인들 가운데 18만 4,491명이 자신들이 노르웨이어 사용자임을 밝혔는데, 그들이 노르웨이어가 아직도 건재하다는 것을 단언할 수 있게 할 정도로 노르웨이어를 사용하는지는 의심스럽다 (cf. Haugen, 1989: 73 참조).

섬사람들의 언어들, 지역언어들, 유대 언어들

아주 오랫동안 국가를 이루지 못했거나 아직도 이루지 못한 공동체들의 경우는 예외적인 것으로 간주해야 한다. 그런데 이 공동체들에서 일부 언어들(연안의 작은 섬들의 언어들)은 오랫동안 고립되어 지냈으며, 또 다른 언어들(지역언어들, 유대 언어들)은 수세기에 걸쳐 안정된 국가들 안에서 또는 공동체들이 집단적으로 이주하고 떠도는 과정에 계속하여 차별받거나 박해를 당했다. 이 공동체들의 언어들이 모두 마찬가지로 위협을 받는 것은 아니다. 그러나 이 언어들 가운데 일부는 소멸 일보 직전에 놓여 있거나 이미 소멸하였다.

연안의 작은 섬들의 언어들, 또는 양호한 상태의 언어의 변이형들이 소멸에 직면한 경우

물론 섬사람들의 언어가 모두 위험에 빠져 있는 것은 아니다. 영국 영어도 일본어도 아이슬란드어도 이에 해당하지 않는다. 또 아주 옛날에 수립되어, 대체로 오래전부터 대규모 영토확장에 나섰던 독립국가들에서 사용해 온 아주 많은 다른 언어들의 경우도 마찬가지다. 반대로, 처한 상황이 변하며 갑작스럽게 위험에 빠지게 되는 연안의 작은 섬들에서 사용되는 언어들도 있다. 미국의 대서양 연안의 두 섬에서 볼 수 있는 경우가 그러하다. 우선 메릴랜드 주에 속한 스미스 섬은 대륙의 델마바 반도[49]에서 10마일 떨어진 체서피크 만에 있다. 다른 섬은 노스캐롤라이나 주에 속하는 오크라코크 섬으로, 이 주의 북쪽 연안을 따라 펼쳐진 연안 어장을 이루고 있다. 두 섬에는 모두 17세기 중엽에 영국의 남부에서 온 식민자들이 정착했는데, 이 섬들은 근래까지 육지로부터 고립되어 있었으며 오늘날에도 육지와 이 섬들을 연결하는 다리가 아직 없다. 그곳에서는 음운에 대해서나 문법에 대해서나 특수하고 보수적인 유형의 영어형태들이 발달하였다.

이 영어방언들은, 위의 두 경우에 똑같이 적용되는 것은 아니지만, 현재 점점 빨라지는 속도로 사라져 가고 있다. 스미스 섬에서 일어나는 소멸은 주민들 수가 1960년에 7백 명, 1990년에 450명으로 감소한 것으로 설명된다(Schilling-Estes et Wolfram, 1999 참조). 이러한 인구 감소현상은 특히 게를 잡고 굴을 따는 전통적 어입활동의 쇠퇴와, 육지로 일자리를 찾아 떠나는 섬 주민들의 유출에 기인한다. 그들이 떠나가면 갈수록 그들의 섬은 만(灣) 속으로 사라져버리고 100여 년이 지나면 사람이 살 수 없게 될 위험이 있다. 오크라코크 섬에서는 여행업이 역시 어업에 바탕을 두는 전통적 경제를 대체하였다. 육지 주민들이 오크라코크 섬에 별장을 짓고 정착하는 수가 늘고 섬 주민들과 혼인하면서, 방언 특질들은 사라지게 되고 이 방언은 메릴랜드 주의 육지 영어와 융합되었다. 반면에 다른 방언과 접촉하는 가운데 밀려 사라지는 것이 아니고, 단지 사용자가 없어서 사라져 가는 스미스 섬의 방언은 자신의 모든 특질들을 보존하고 있으며 변질되지도 않았다. 따라서 여기에서 살펴본 미국 영어처럼 양호한 상태의 언어가 가지는

---

49) 델마바(Delmarva) 반도. 미국 동부의 세 주(델라웨어, 메릴랜드, 버지니아)를 포함하는 반도.

여러 형태들 가운데서도 사라지는 것들이 있을 뿐만 아니라, 게다가 이 현상의 원인은 여러 가지라는 것을 볼 수 있다.

지역언어들

스페인 바스크인들의 정치의식은 프랑스에서 바스크어가 유지되는 것과 무관하지 않다. 이는 독일에 가까운 알자스 지역의 알자스어, 스페인의 카탈루냐 인근지역의 카탈루냐어에 대해서도 마찬가지다. 코르시카어는 전통적으로 섬의 고립상태와, 이 언어가 가지는 독창성에서 비롯한 정체성의 감정에 힘입었다. 특히 이 언어에는 토스카나어[50]가 확산된 천 년의 세월에 앞서, 라틴문명 이전 기층언어와 더 뒤의 티레니아 해 연안 고유의 로마 고어들이 이미 오랫동안 발달해 있었다. 그러나 프랑스어가 보편적으로 사용되고 있다는 사실과, 프랑스어가 프랑스 민족의 역사에서 지니는 상징의 중요성은, 근래의 정치적 변화에도 불구하고 지역언어들의 발달에 유리하게 작용하지 않는다.

유대 언어들

유대인들이 이산생활을 하던 나라들에서 사용되는 고유어들을 바탕으로 만들어진 언어들인 유대 언어들은 유대인 공동체들 자체의 운명을 그대로 겪었다. 유대계 독일어(=이디시어)는 절대다수가 1939년에

---

50) 바스크족(*Basque*). 스페인과 프랑스의 비스케이 만 및 피레네의 서쪽 기슭에 사는 민족. 이들이 사용하는 바스크어의 기원은 아직까지 알 수 없으며, 바스크어는 친족 언어가 없는 언어로 남아 있다.
카탈루냐어(*Catalan*). 프랑스의 루시용 지방, 안도라, 스페인 북동부(주로 카탈루냐), 발레아레스 제도에서 사용하는 로망스어.
코르시카어(*Corsican*). 프랑스령 지중해 섬인 코르시카에서 사용되는 로망스어 계열의 언어다. 코르시카어는 특히 표준 이탈리아어의 모체가 되는 토스카나어와 관계가 깊다. 코르시카 정체성의 상징인 코르시카어는, 프랑스의 강력한 프랑스어 중심 정책 때문에 공용어 지위를 얻지 못하고 있다.
토스카나어(*Tuscan*). 이탈리아어의 바탕이 된 피렌체·토스카나의 방언.

서 1945년 사이에 학살당한 유럽 유대인들의 언어였다. 이디시어로 표현된 세계는 '거의 전설적인 것'(Szulmajster-Celnikier, 1991: XI 참조)으로 보일 수도 있을 것이다. 하지만 일종의 재생작업의 윤곽이 잡히고 있다(제 11장 참조).

유대계 스페인어(=유데즈모어)의 상황도 같은 이유로 아주 불안정하다(Séphiha, 1977 참조). 튀니지, 알제리와 모로코의 세 가지 변이형을 가지는 마그레브의 유대계 아랍어는 마지막 사용자들에 의해 전달되지 않았는데, 이는 다른 유대 언어들과 같은 이유에서다. 이를테면 삶의 전통적 틀이 사라짐으로써 유대 언어들을 유지해 주는 자연적 조건들이 이미 깨져버린 상황에, 이스라엘이나 프랑스 또는 미국으로 떠난다는 것은 이 나라들에서 사용되는 언어들을 일상생활에서 택하는 것을 뜻하는 것이었다. 떠나지 않은 사람들은 나이 든 사람들로, 예컨대 발칸 반도나 터키의 일부 유대계 스페인어 사용자들이었다. 이러한 까닭에 이 모든 언어들은 오늘날 소멸 일보 직전에 처한 것이다.

언어들이 소멸하면서 잃게 되는 것

이처럼 소멸의 영역을 빠른 속도로, 하지만 의미 있게 훑어보고 나서, 우리는 사라지는 모든 언어들이 겪는 운명은 인류문화를 표현해 주는 다른 많은 것들이 겪는 운명과 같은 것이며, 따라서 슬픔에 빠질 이유가 없다고 여길 수도 있을 것이다. 하지만 이러한 상실이 인류의 유산에 관해 의미하는 것과 언어들이 사라질 때 잃게 되는 것에 대해 자문해 보는 것이 필요할 것이다. 언어는 문화의 내용을 다 담아내지는 못하지만 문화를 구성하는 근본적 요소이다. 각 언어에는 인류의 정수(精髓)가 상당한 정도로 쌓이게 되는 만큼, 많은 언어들의 죽음은 일종의 대재앙이 될 수도 있으며, 사라지는 언어는 우리 인류의 보편

유산에 대한 상실인 것이다.

언어와 문화

적응의 핑계

우리가 알고 있듯이, 언어 외의 다른 구성요소들도 문화를 규정한다. 예컨대 미국에서, 오래전부터 미국화되었음에도 불구하고 자신들의 요리습관을 유지하고 있으며, 미국문화 그 자체에는 요리법이라고 할 만한 것이 거의 없다는 사실에 힘입은 수많은 옛 이민공동체들은, 동화되면서도 자신들의 정체를 이루는 것을 전혀 잃지 않았다고 당당하게 확신할 수 있다. 게다가 언어를 상실한다고 해서 공동체에 대한 애착이 함께 사라지지는 않는다는 것도 사실이다. 이 점은 바로 이 나라에서 이민자의 후손들이 정해진 날짜에 자기들끼리 모이는 연대조직들과, 대학 차원의 학습이나 연구들, 또는 역사와 계보조사들에 의해 자신들의 기원에 대한 기억을 유지하는 공동체들에서 볼 수 있는 것과 같다.

그러나 어떤 이들은 이보다 더 멀리 나아간다. 공동체들이 느끼는 새로운 환경에 적응해야 할 필요성을 내세워 언어를 바꾸면서, 자신의 언어를 잃는다고 해서 자신의 정체성을 상실하는 것이 아니며, 지배적으로 사용되는 고유어를 택함으로써 다수에게 자신들을 더 쉽게 이해시킬 수 있기 때문에 더욱더 효과적으로 자기 자신을 유지할 수 있다고 확신하고자 하는 공동체들도 없지 않다. 이는 사실 자신들의 언어 포기행위를 순전히 경제적 이유를 들어 정당화하는 것이다. 그런데 큰 돈을 벌기 위해 온 새로운 나라에서 이주자 공동체들이 내세우는 이러한 논거가 어느 정도 위선에 찬 변명임을 지적할 필요가 있을까? 실제로 언어의 상실은 문화를 가장 직접적으로 표현해 주는 도구 자체를 잃어버리는 일이라는 점을 인식하는 것이 바람직하다. 이는 정체성의 유지와 언어의 사용이 이 정체성에 부여하는 상징적 힘에 끼치는 심각한 손실인 것이다. 이 문제는 바로 오늘날 북아메리카의 인디언 공동체들에서 전개되는 열띤 논쟁의 주제이다. 어떤 이들은 부족이 자신의 정체성을 확인하는 무도회와, 민족문화에 관계되는 사회활동에 참여하기 위해 이 부족의 고유어를 말할 필요는 없다고 단언한다. 그들은 전통적 주제들에 대해 영어로 이야기하는 것을 이해할 수 있으며, 부족의 고유어로 이루어지는 언어활동의 중요한 특질들을 영어로 담아낼 수 있다고 여기기까지 한다. 이러한 주장은 의심받아 마땅하다.

언어활동과 문화

한 문화가 가지는 언어표현들은 그 문화의 역사에 뿌리를 두고 있으며, 문화 정체성의 가장 깊숙한 내면에까지 관계한다. 자기 부족에 대한 민족학 연구를 했던 이로쿼이 연맹의 오나이다족[51]의 한 여인은 "만일 당신이 당신의 언어를 말하지 않는다면, 당신은 문화를 이해할 수 없다"라고 말하고 있다(Jocks, 1998: 219 참조). 그는 의식(儀式)들에 대하여 언급했는데, 이 의식들은 이로쿼이 문화의 가장 중요한 자산에 속하는 것으로, 의식이 진행되는 동안에 부족구성원들 사이에 웅변조의 힘차고 거침없는 말들로 의사소통이 이루어지는 것이었다. 또한 우리는 케냐의 야아쿠족 수렵-채집생활자들과 오스트레일리아의 전통사회에 관하여, 생활방식과 관습이 소멸하면서 언어의 소멸을 야기

---

51) 오나이다족(*Oneida*). 북아메리카 인디언 이로쿼이 연맹의 한 부족.
이로쿼이족(*Iroquois*). 이로쿼이 연맹에 속한 부족. 넓게는 이로쿼이어족에 속한 언어를 쓰는 북아메리카 인디언 부족들을 말한다. 주로 오대호 하류 주변의 광활한 영토와 애팔래치아 고원지대에 거주했다. 한편 이로쿼이 연맹(Iroquois League)은 미국 식민지 시대의 인디언 연맹이다. 모호크족, 오나이다족, 오논다가족, 카유가족, 세네카족 등 5개 종족으로 구성되었다. 1722년 투스카로라족이 합류하여 6개 부족연합으로 알려졌다. 17, 18세기에 북아메리카를 차지하기 위한 프랑스와 영국의 전쟁에서 전략적 기능을 했다.

하는 것을 보았다. 언어가 하나의 문화를 표현해 주는 유일한 것은 아닐지라도, 언어는 다른 모든 문화를 담고 있다. 언어는 문화들을 모두 말로 표현하는 것이기 때문이다. 따라서 언어는 중심적 자리를 차지하고 있으며, 언어의 상실은 당장은 아니더라도 장기간에 걸쳐 문화 전체의 상실을 초래할 수 있다.

언어들과 인간의 재능

입문의식 언어들의 놀라움

아프리카 대륙과 콜럼버스 도착 이전의 아메리카 대륙에서와 마찬가지로, 오스트레일리아에도 입문의식 언어들이 있다. 이 언어는 오직 젊은이들의 입문시기에 할당되어 이 시기에 그들에게 교육되며, 그 뒤에는 관례에 따라 더 이상 사용되어서는 안 되는 은밀한 언어들이다. 한 가지 보기는 옛날에 (오스트레일리아 북부 퀸즐랜드 주에 있는) 모닝턴 섬의 주민인 라르딜족이 사용했던 입문의식[52] 언어인 다민어이다. 이 언어는 의식이 진행되면서 교육되었다. 1960년에 이 언어의 존재를 알게 된 언어학자는 나이 많은 사람들에게서 단편적 자료들밖에 수집하지 못했다(Hale, 1992 참조). 실제로 20세기 초반 몇 십 년, 곧 당시 기독교 선교사들이 이 섬을 관리하기 위해 섬에 들어온 시기 이전에 입문했던 사람들만이 이 언어를 기억할 수 있었던 것이다. 왜냐하면 당시 정령숭배 의식과 입문의식에 담겨 있는 성교육에 적대적이었던 사제들이, 기독교 선교사들의 전반적 권고에 따라 이 의식의 실행을 금지하였기 때문이다. 이 선교사들은 기니에서 아마존 강 유역까지, 알래스카에서 파타고니아[53]까지, 그리고 16세기부터 21세기까지, (때로는 약간 주저하기도 했지만) 분명 모든 곳에서 계속하여, 부족의 문화

52) 이 입문의식은 '성인식'으로 볼 수 있는 의식이다.

53) 파타고니아(Patagonia). 아르헨티나 및 칠레 남부, 안데스 산맥 동쪽지역.

들을 복음서와 양립할 수 없는 것으로 간주하고 파괴했으며 또 파괴하고 있었다.

입문의식 언어들이 대개 그렇듯이 다민어도 고안된 언어다. 그리고 이 언어에서 보이는 고안된 요소는 아주 놀라운 것이다. 음성표현을 볼 때, 다민어는 세계의 다른 한 곳, 남아프리카공화국에서만 알려져 있는 소리들을 가지고 있다. 곧 응구니어군의 반투어들과 코이산어족[54] 언어들의 혀 차는 소리가 나는 자음들이다. 다른 모든 자음이 날숨 때 소리가 나는 것과 달리, 이 자음들은 들숨 때 생성된다.[55] 예컨대 양순음으로서 입맞춤하는 소리와 비슷한 소리들이다. 다민어도 마찬가지로 세계의 다른 어떤 언어에서도 찾아볼 수 없는 소리들을 가지고 있다. 특히 흡기(吸氣) 무성 설측음, 알기 쉽게 말하자면 숨을 들이쉬면서 목소리의 떨림 없이 실현하는 자음 l을 들 수 있다. 그러나 주목할 만한 것은 특히 다민어의 어휘이다(형태와 문장구조는 라르딜어의 그것들과 같다). 다민어는 하루 만에 배울 수 있도록 고안되었다. 이 언어는 전체 2백 개가 되지 않는 한정된 수의 단어들을 가지고 있었으며, 따라서 이 단어들은 고도의 추상화(抽象化)를 통하여 아주 넓은 범위에 걸쳐 의미가 적용될 수 있는 것이었다. 이를테면 다민어 단어들은, 다른 언어에서는 각각의 의미가 별개 단어로 표현되는 많은 의미들을 담아낼 수 있어야 했던 것이다.

예컨대 '행동하다'라는 아주 일반적인 의미를 표현하는 데는 단 2개의 동사가 사용될 뿐인데, 하나는 행동의 결과가 해로울 때 사용되며 다른 하나는 그렇지 않을 때 사용된다. 위 구분과 전혀 다른 의미구

---

54) 응구니족(*Nguni*). 남아프리카공화국, 스와질란드, 짐바브웨에 살면서 반투어족에 속하는 언어를 사용하는 종족. 코이산어족(*Khoisan languages*)에 대해서는 제7장 주 64 참조.

55) 이는 입 안에서 공기를 빨아들이며 내는 소리이다. 음성학에서는 이 소리를 설타음(舌打音)으로 부른다.

분, 말하자면 어느 언어에서나 자동사든 타동사든 모든 동사가 가지는 다른 의미들은 문맥에서 추론된다. 왜냐하면 X 혼자 하는 행동이건 X가 Y에게 하는 행동이건, 이 행동은 X와 Y의 의미에 따라서 이해될 수 있기 때문이다. 그렇지만 하나의 언어가 기능하기 위해서는 표현력이 들어설 여지를 남겨야 하기 때문에 추상화에 제한을 가하는 것이 중요하다. 이러한 까닭에 다민어는 마찬가지로 라르딜어의 상응어들과 같은 정도의 정확한 의미를 가지는 상당수의 용어들을 가지고 있다. 예컨대 하나는 경골(硬骨) 어류들을, 다른 하나는 상어와 남미의 꽁치 가오리 같은 연골조직을 가진 물고기들의 동질적 집단을, 마지막 하나는 바다거북과 듀공의 이질적 집단을 가리키는 데 쓰인다.

추상적 관념과 구상적(具象的)인 것에 대한 배려의 이와 같이 교묘한 배합은, 전통적으로 특별한 의식에 사용하도록 되어 있는 언어를 고안해 내는 데는 일련의 섬세한 정신활동이 필요하다는 점으로 설명할 수 있다. 우리는 다민어에 대해서는 위에 언급한 사실들 말고는 아는 것이 거의 없다. 다민어의 과거에 대해서도, 다민어가 겪었거나 겪었을 수도 있는 변화에 대해서도 전혀 모른다. 그러나 이 언어에서 어렴풋하게 볼 수 있는 얼마 되지 않는 정보는, 정신적 활동의 인식, 더 일반적으로 말해 인지과학의 관점에서, 이 언어가 소멸함에 따라 야기되는 귀중한 자료의 상실로 보이는 모든 것을 짐작할 수 있게 한다.

다섯 가지 달리는 방식과 다섯 가지 앉아 있는 방식

어떤 언어들은 여러 가지 움직임이 실행되거나 여러 가지 자세가 선택되는 상황들을, 참가자들의 신원(身元)과 수에 따라 다른 방식으로 아주 놀라울 정도로 정확하게 표현해 낸다. 예컨대 샌프란시스코 북쪽으로 160㎞ 떨어져 있는 보호구역에 사는 몇 명의 노인들이 아직도 알고 있는 센트럴포모어[56]에는, 프랑스어의 '달리다'라는 단 하나의 동사에 대하여, 접사(接辭)와 어근을 여러 가지로 조합하는 다섯 가지 동사형태들이 있음을 볼 수 있다. 첫 번째 방식은 단 한 사람이 달리는 것이고, 두 번째 방식은 여러 사람이 달리는 것이며, 세 번째 방식은 달리는 개체가 4개의 발을 가지고 있는 것으로, 따라서 문자 그대로, 코요테, 사슴 또는 개, 은유적으로 나이 든 사람을 말하며, 네 번째는 앞의 유형의 달리는 개체가 하나가 아니라 여럿이라는 것을 뜻한다. 다섯 번째는 자동차를 탄 사람들의 무리를 뜻한다. 이 언어에서는 앉아 있는 행위도 다섯 가지 다른 동사들로 표현한다. 하나는 의자에 앉아 있는 단 한 사람 또는 나뭇가지 위의 단 한 마리 새를 가리키고, 다른 하나는 여러 명의 사람이나 여러 마리의 새를 가리킨다. 세 번째는 땅에 앉아 있는 사람을, 네 번째는 이 같은 자세를 취하는 여러 명의 사람을, 그리고 마지막 경우는 탁자에 놓여 있는 액체용기를 가리킨다 (Mithun, 1998 참조. 포모어에서 취한 세 가지 이어지는 보기들에 대해서도 같은 자료 참조).

행동이나 자세를 이렇게 정확하게 기술하는 것은, 효율성과 생산성을 지향하는 현대 서구문명이 굳이 갖추지 않아도 좋을 사치스러움이라고 생각할 수 있다. 그러나 한편으로는 누구도 그러한 언어를 사용함으로써 행동하는 데 장애가 된다고 여기지 않으며, 다른 한편으로는 그러한 언어의 소멸은 세상을 언어로 재구성하는 데 작용한 인간의 재능이 남겨 놓은 고귀한 흔적의 소멸인 것이다.

---

56) 포모어(*Pomo*). 미국 캘리포니아 주 북부 클리어 레이크 지역에서 사용되는 포모어는 센트럴(사용자 3~4명) · 동부(소멸) · 남부(3명) · 북부(소멸 또는 3명) · 북동부(소멸) · 남동부(소멸 또는 5명) · 남서부(24명) 포모어 등 일곱 갈래로 나뉘어 있었다. 존속하는 포모어들은 모두 '소멸 직전' 단계로 분류되어 있다.

표현방식의 분업

프랑스어로는 s'arrêter de cueillir (des fruits, etc.)[57] 라고 말한다. 실제로는 il s'arrête de cueillir에서 두 번째 요소[58] 가 동사적 명사의 지위로 국한되는 것이 사실이기는 하지만, 이 표현의 두 요소는 실질(實質) 동사들이다. Arrêter de cueillir의 포모어 상응표현은 š-yé-w인데, 단어 하나하나를 따져 보자면, š- (=따는 동작을 가리키는 접두사) +yé (=동사 '멈추다') +-w (=동작의 종결을 뜻하는 접미사) 이다. 다른 말로 하면, 프랑스어는 따는 동작을 하나의 동사로써 다루는 반면에, 포모어는 이 동작을 접두사로써 다룬다. 그리고 이 언어가 동사로써 표현하는 것은 멈추는 행위인 것이다. 이 인디언 언어는 여기에서, 인도·유럽어족 언어들에서는 일반적으로 예상할 수 없는 한 가지 가능성, 이를테면 '따다'와 같은 어휘적 의미를 가진 개념들의 표현을 접두사와 같은 문법적 도구어[59] 들에 부여하는 가능성을 드러내 준다. 이 현상은 포모어에 국한되지 않는다. 1990년에 뉴멕시코 주의 한 인디언 마을의 주민 8천 명이 사용하던 언어로, 위협을 받는 것으로 보아야 할 주니어[60] 에서는, 어휘의 3분의 1 남짓이 단수나 복수 표지 어미를 가지지 않으며 변화하지 않는다는 점에서 명사들과 구분되는 요소들로 이루어져 있다. 이 같은 이유로, 언어전문가들은 이 요소들을 '불변화사'[61] 라 부른다. Tepi (야생고양이), citta (어머니) (또한 친족관계를 표현하는 모

---

57) '(과일 따위를) 따는 것을 멈추다'의 뜻.

58) "그는 따는 것을 멈춘다." 여기에서 말하는 두 번째 요소는 de cueillir (따다) 를 말한다.

59) 기능어. 말과 말, 또는 문장과 문장 사이에서 문법적 기능을 가지는 말. 조사, 접속사 따위가 있다.

60) 주니어 (*Zuni*). 미국의 뉴멕시코 주 중서부에 사는 북아메리카 인디언 종족인 주니족이 사용하는 언어. 사용자 9천 명으로, '취약' 단계로 분류되어 있다.

61) 인도·유럽어족 언어에서 어형변화를 하지 않는 단어를 통틀어 이르는 말. 부사, 전치사, 접속사, 관사 따위가 있다.

든 명사들), šiwani (〔북아메리카 인디언의〕 기우사〔祈雨師〕), 또는 k?ayu[62] (신선한) 같은, 프랑스에서는 명사나 형용사인 개념들을 표현하는 일부 단어들이 이 부류에 속한다.

앞서 언급한 내용은, 영어, 프랑스어나 스페인어에서는 동사나 명사를 가지고 다루는 의미들을, 센트럴포모어나 주니어에서는 변화하지 않는 도구어들에 부여하고 있음을 보여준다. 이 사실들은 대부분의 언어들이 가지고 있는 속성들에 비추어 보면 상당히 특이한 것이다. 이 현상들을 인식함으로써 표현도구들의 조합가능성들에 대해, 잘 기술되어 있으며 건재한 서구 언어들을 단순히 검토해 봄으로써 가지게 되는 것보다 더 폭넓은 생각을 가지게 된다.

섬세한 의미재편

한 언어에서 서로 다른 의미들이 가까운 관계를 맺을 수 있는 방식을 검토해 보면, 프랑스어를 사용하는 사람이라면 하나의 단어로 다루려 하지 않을 서로 다른 의미들이 논리적으로 연결되어 나타나기도 한다. 예컨대 포모어의 세 단어들, ba-yól, s-yól과 š-yól은 각각 '흥얼거리던 노래 안에 단어들을 갑자기 끼워넣다', '자기의 비스켓을 커피나 차와 함께 (목구멍 안으로) 내려가게 하다', '숟가락으로 젓다'를 뜻한다. 반면에 프랑스어 사용자는 보통 자기들이 보기에 서로 관계를 맺지 않은 이 세 가지 행동을 가까운 것으로 간주하려 하지 않을 것이다. 그런데 포모어에서는 어근 yól (뒤섞다) 이 세 단어에 나타나는 것을 볼 수 있다. 게다가 ba-는 '말로', s-는 '빨아들이면서', 그리고 š-는 '손잡이를 잡고'를 뜻한다는 것을 고려하면, 세 단어는 문자 그대로 '말로 뒤섞다', '빨아들이면서 뒤섞다'와 '손잡이 달린 물건으로 뒤섞다'를 뜻한다.

62) ʔ: '성문파열음'을 나타내는 음성기호.

인간공동체는 자신들의 문화가 사물들 사이에 수립하는 결합관계들에 따라 자신들의 언어를 구성하며, 또 역으로 단어들 안에 반영된 이 결합관계들은 훗날 자기 후손들이 사물들 사이에 역시 동일한 관계들을 복원하도록 해준다. 이러한 관점에서 포모어는, 서구 언어들이 사물들을 이해하는 방식에 비해 완전히 독창적인 이해방식을 구현한다. 언어들이 소멸할 때 상실하게 되는 것은 바로 이러한 유형의 보물들인 것이다.

자신의 말에 책임이 없음을 표현하는 풍부한 수단들

많은 언어들에는 자신이 말하고자 하는 것을 다른 이의 말을 빌려서 표현할 수 있게 해주는 문법도구들이 있다. 그가 소문에 따라, 또는 추론에 의하여, 또는 자신의 것이 아닌 다른 증언에 의하여 그렇게 말한다는 것을 알게 해주는 표현방식을 말한다. 우리는 이 도구들을 '매개지시어'(*médiaphoriques*)라 불렀는데(Hagège, 1995 참조), 이는 하고자 하는 말을 '매개하여'(*média-*) '지시하는'(*phoriques*) 것에 관계되는 일이다. 프랑스어에는 이 기능만을 하는 도구는 없지만, 조건법이라는 매개지시적 용법이 있다. 예컨대 만일 복음서 저자들이 프랑스어로 복음서를 기술하였다면, 그들은 의심이 들 때면 이 방법을 쓰고자 했을지도 모른다. 그래서 여기에서 예시로 든 《마르코복음》 9장 2절은 다음과 같이 쓸 수 있을 것이다. "엿새 후에 예수께서 베드로와 야고보와 요한을 '데려가셨을 것'이다. 그리고 그들만 데리고 높은 산으로 '올라가셨을 것'이다. 그때 예수의 모습이 그들 앞에서 '변하였을 것'이고, 그의 옷은 눈부시게 '빛났을 것'이다."[63)]

---

63) 여기에서는 프랑스어 조건법 과거시제로 표현되어 있다. 성서의 해당구절은 다음과 같다. "엿새 후에 예수께서 베드로와 야고보와 요한만을 따로 데리시고 높은 산으로 올라가셨다. 그때 예수의 모습이 그들 앞에서 변하고, 그 옷은 눈부시게 빛났다."

어떤 언어들은 화자가, 자신이 말하는 것에 책임이 없음을 표현하는데 사용하는 풍부한 도구목록을 가지고 있다. 이 언어들 가운데에는 사라져 가는 언어들도 있다. 또 센트럴포모어에서 놀라운 보기를 찾아볼 수 있다. 말한 것이 직접 관찰에 의한 지식에서 나온 것임을 표시하는 접미사 -ya 외에, 적어도 4개의 매개지시어가 있다. 이 도구들은 -do, -ʔdo, -nme와 -ka인데, 각기 특정인에게 얻은 정보, 소문으로 얻은 지식, 사건이 확실함을 보여주는 소문을 지각함으로써 생긴 의식, 끝으로 논리적 추론에 의한 가정을 표시한다. 이와 같은 수단들을 갖추고 있는 언어의 소멸은, 인류의 언어가 가지는 광범위한 인지적 능력을 인식하는 데 심각한 결함을 초래한다고 볼 수 있다.

다양성의 교훈

아메리카 인디언의 보기

유럽 언어들 가운데 대부분은(Hagège, 1994 참조), 우리가 아는 것처럼, 인도·유럽어족으로 불리는 단 하나의 같은 어족에 속한다. 다수가 위험에 빠져 있는 북아메리카 인디언 언어들과 아주 대조적이다. 북아메리카 인디언의 언어들은 50개 남짓 되는, 어떤 분류에 따르면 60개 이상 되는 상이한 어족들을 이루고 있다(Campbell et Mithun, 1979 참조). 이 어족들 가운데 일부는 위에서 살펴본 주니어처럼 하나의 고립군(단 하나의 언어)으로 축소된다. 이 언어들은 적어도 40개의 언어들을 포함하는 아타파스카·에야크·틀링깃어족[64] 같은 다른 언어들과 뚜렷하게 대비된다. 물론 이렇게 많은 어족들을 예컨대 3개의 큰 어족으로 재편하여 축소하려는 시도가 있었지만(Greenberg, 1987 참조), 이 시도들은 보편적 동의를 얻었다고 할 수 없다(Campbell,

64) 아타파스카·에야크·틀링깃어족(*Athapasca-Eyak-Ttlingit*). 캐나다·알래스카 등 북아메리카 북서부의 인디언 어족.

1988 참조).

아메리카 인디언 언어들의 발생학적 다양성은, 또한 대단히 괄목할 만한 유형적 다양성을 담고 있다. 이를테면 이 언어들은 구조적 특질의 관점에서 살펴볼 때, 인도·유럽어족 언어들을 일괄하여 인디언 언어들과 비교해 볼 때 나타나는 차이보다 인디언 언어들간에 나타나는 차이가 더 크다. 어떤 언어들에서는 외국인들과 접촉함으로써 생겨난 현실들을, 토착 단어들을 형태적 관례에 맞춘 복합어로 기발하게 결합하여 표현하였다. 예컨대 일찍이 이로쿼이 연맹[65] 다섯 부족의 언어들 가운데 가장 동쪽의 언어로, 대부분의 명사가 동사형 문장에서 나온 언어인 모호크어[66]에서, '학교'라는 말은 문자 그대로 '우리는 말의 이해를 배우기 위해 그것을 이용한다'라고 표현된다. 세계에 대해 말하고, 또 차용어들을 받아들이는 다른 많은 방식들은 단지 아메리카 인디언 언어집단만을 살펴보아도 알 수 있었듯이, 위험에 빠져 있는 다른 언어들에서 만날 수 있다.

만일 영어 혼자서…

만일 지구상에 영어 외에 다른 언어가 전혀 존재하지 않는다면, 우리는 언어의 구조를 통하여 표출되는 그대로의 인간의 정신작용에 대하여 무엇을 알 수 있을 것인가? 또 우리는 문법의 기본원칙들에 대하여 무엇을 알 수 있을 것인가? 우리는 틀림없이 많은 것을 알게 될 것이다. 왜냐하면 다른 모든 언어들과 마찬가지로 영어는 이 원칙들을 많이 보여주고 있기 때문이다. 그러나 우리는 또한 엄청나게 다양한 언어들에 적용되는 훨씬 더 많은 수의 다른 원칙들을 모르게 될 수 있

65) 앞의 주 51 참조.

66) 모호크족(*Mohawk*). 이로쿼이어 계열의 모호크어를 쓰는 모호크 강 유역의 북아메리카 인디언. 이로쿼이 연맹 가운데 가장 동쪽에 살던 부족이다. 모호크어는 거주지역에 따라 여덟 갈래로 나뉘어 있는데, 모두 '위험' 단계로 분류되어 있다.

다는 것도 분명하다.

언어들의 죽음 앞에서 다음과 같은 사실에 무심할 수 없는 객관적 이유들 가운데 하나가 여기에 있다. 곧 우리가 단 하나의 언어로 만족해서 그 언어에 대해 아주 주의 깊고 아주 날카롭게 연구했다 하더라도, 언어능력이 역사적·사회적으로 표현된 것인 언어들의 속성들 가운데, 어떤 문화가 수천 년 동안 자신의 표현방식들을 정립해 온 정제된 생성과정을 거치면서 대개의 경우 무의식적 또는 반(半) 의식적으로 선택한 것들만 알 수 있을 뿐이다. 그렇게 제한된 바탕 위에서는 하나의 언어를 규정할 수 있는 모든 보편적 특질에 이르는 것이 불가능하다. 우리가 제시할 수도 있는 특질들의 일부는 실제로 영어의 특수한 속성들일 수 있다. 반면에 언어를 규정하는 데 필요한 구성요소이지만 영어에서는 찾아볼 수 없는 다른 특질들은 결여될 수도 있다.

언어들의 소멸과 언어과학

인간세상의 언어세계에서는 한곳에서 명백하게 드러나 있는 것이 다른 곳에서는 가려져 있기도 하다. 예컨대 위에서 보기를 든 것처럼, 한 언어에서는 한 단어의 중요한 토대인 어근을 중심으로 다루어지던 것이, 다른 언어에서는 주변요소들인 접두사와 접미사에 부여된다. 한 곳에서는 일상적 문법 사실이 다른 곳에서는 예외적 현상이 된다. 한 언어 공동체가 이름을 가질 만한 것으로 판단하는 것을, 다른 언어공동체는 모르고 있으며 곧장 말로 표현될 수 있도록 해주지도 못한다.

언어활동과 언어들을 다루는 학문은 단일언어 사용원리에 대한 공리체계를 이루는 것으로 그칠 수 없다. 전적으로 필요한 이 학문은 자신이 쓸 수 있는 막대한 자료를 모두 활용해야 한다. 이는 분명 언어들이 죽어 가고 있거나 죽음의 위험에 놓여 있기 때문이며, 또 언어학은 구체적인 사실적 근거를 제대로 갖추지 못함으로써 조장되는 수사학적 남용의 위험에 처할 수 있기 때문이다. 이처럼 언어들의 다양성의 쇠퇴는 장기적으로 언어학 자체의 쇠퇴인 것이다. 이는 다른 인문학들에 대해서도 심각한 손실이 될 수도 있다. 실제로 다른 어느 곳에서도 입증되지 않는 인간정신의 구현의 표적(表迹)들이 망각의 늪에 빠져 들 때, 인간정신이 가지는 창조력을 어떻게 정확하고 완벽하게 이해할 것인가?

생태학적 · 발생론적 손실

쇠퇴상태에 놓여 있거나 소멸 일보 직전에 처한 언어들의 수를 바탕으로 한 가장 비관적인 예상에 따르면 2100년에 접어들 때면 발생할 수 있는 손실이 90%에 이른다. 이는 5천 개의 언어 가운데 4천 5백 개에 해당하는 것이다!

여기에서 동 · 식물 종들과 비교해 볼 수 있다. 근래 언론을 통해 관심거리가 된 전문가들의 한 연구에 따르면(*Le Monde*, 2000. 3. 10. 참조), 오늘날 살아 있는 개체들의 소멸속도는 멸종이 일어난 대(大) 지질시대 때보다 천 배에서 만 배에 이른다. 집약농업(集約農業) (30% 미만의 식물 종으로 세계 인구를 먹여 살리는 데 필요한 식량의 90%를 마련한다), (무질서하기는 하지만) 조직적으로 진행되는 대규모 산림파괴, 도시화와 산업화는 이러한 놀라운 결과를 내는 데 일조한다. 이로써 4만 5천 종의 척추동물, 99만 종의 무척추동물과 36만 종의 식물로 구분되는, 현재 약 165만 종의 개체 가운데 많은 부분이 당장 소멸할 위기에 처하게 되는 결과를 낳았다. 이를 상세하게 살펴보면, 포유류 4천 4백 종 가운데 326종, 곧 7.4%, 조류 8천 6백 종 가운데 231종, 곧 2.7%가 위험에 빠져 있다. 하지만 이 수치들은 낙관적인 것이다. 이 수치들을 산출한 이들은, 동물의 개체수를 세는 데 따르는 문제점들을 고려하면, 포유류에 대해서는 10%, 조류에 대해서는 5%로 보는 것이 더 정확할 것이라고 간주한다. 지금의 속도로 소멸이 진행된다면, 2025년 이전에 동물 종의 25%가, 2100년 이전에 50%가 지구상에서 사라질 위험에 처해 있다. 이는 언어들의 소멸과 거의 같은 비율이다.

그렇지만 이러한 경향이 반전되지는 않는다 하더라도, 적어도 속도를 늦출 수는 있을 것이다. 실제로 이 엄청난 위험을 가장 확실하게 인식하는 나라들은 이미 필요한 조치를 취했거나 취하고 있다. 자연을 보호하기 위해 국제연합 산하 40개 이상의 국제기구들이 활동하고 있다. 그리고 분명 민간주도의 움직임도 진행되고 있다. 곧 식물보호뿐만 아니라 동물세계의 보호를 위해서 3백 개 이상의 단체들이 활동하고 있다.

언어의 소멸은, 인류의 '언어학적 게놈'(Matisoff, 1991: 220 참조) 또는 살아 있는 언어들과 죽은 언어들 전부가 태초부터 구현하는 언어 유전자 유산으로 불리는 것에 닥친 심각한 손실로 보아야 한다. 이러한 손실에 대처하기 위해 할 수 있는 것은 아무것도 없는가? 아직 살아 있는 언어들은 동·식물 종들보다 보호받아야 할 가치가 덜한 것인가?

제9장

유지요인들과 재앙에 대한 투쟁

유지요인들

정체성의 인식

보기를 몇 가지만 들어보자. 오늘날 일부 브르타뉴인, 스코틀랜드인, 오크인들이 보여주는 태도는 새로운 것으로 보일 수 있다. 이 언어들이 버림받은 주요 요인들은 경제적·사회적·정치적 차원에서 소외되었으며 이로써 위세를 상실했다는 점인데, 최근에 의식 있는 사람들 사이에서 자존심이 되살아나고 있음을 주목해야 한다. 바로 이 점이 붕괴하려는 힘의 반대방향으로 작용할 수 있는 한 요인이다. 굴욕의 전통을 물려받은 그들은 이 전통을 다시 문제삼으며, 조상들의 언어를 멸시하게 만든 요인, 곧 언어와 그 언어 사용자들이 소외당하면서 처한 한계상황에서 고양된 정체성을 끌어내고 있다.

백인들에게 토지를 빼앗기는 데 그치지 않고 멸시를 당하기까지 했던 오스트레일리아 원주민들 사이에서, 이와 유사한 현상을 찾아볼 수 있다. 원주민들의 언어는 이 언어로 표현되는 문화와 함께 경멸의 표적이 되었는데, 상황에 적응하기 위해 자신들의 언어를 포기했던 원주민들은 이제 자신들의 언어에 대해 대체로 관심을 가지게 되었다. 왜냐하면 원주민들은 자신들의 언어를 통하여, 특히 자신들이 대항하는 자들, 백인 경찰들 앞에서 토착어를 비밀스러운 언어로 사용함으로써 그들의 권위에 도전하는 과정에서 자신들의 정체성을 드러낼 수 있기 때문이다(Wurm, 1991: 15 참조). 상대방이 이해하지 못하는 언어로 자기들끼리 말할 수 있다는 것은 물론, 이러한 상황이 일종의 우월감을 줄 수 있다는 점에서 그 언어에 대한 애착의 요소가 될 수 있다. 그런데 이 우월감은 압제자들이 인종차별을 하면서 끈질기게 부정하는 것이다. 그러나 백인들에 용감히 맞서서 원주민 언어를 사용하는 것은 오스트레일리아 토착민들의 자기 정체성 인식이 전반적으로 살아났음을 보여주는 한 단면일 뿐이다. 2000년 7월 결단력 있는 원주민 대표들은, 거의 19세기 내내 아이들을 그들의 가족과 언어로부터 강제로 떼어놓음으로써 그 아이들에게 심각한 피해를 입혔음을 인정할 것을 요구했다.[1]

자기 정체성의 인식은 구조적으로 안정된 공동체들에서 특히 강하게 나타나는데, 안데스 산맥의 동쪽 사면에 자리잡고 있는 몇몇 부족들, 특히 슈아르족(에콰도르), 캄파족(페루)[2]과 좀더 수가 많은 볼리비아의 아이마라족에서 볼 수 있는 경우이다. 게다가 코기족(콜롬비아의 마그달레나 주의 시에라네바다데산타마르타의 중턱에 사는 치브차어족의 아루아코어군[3])의 한 부족의 지도자가 부족의 문화적 정체성과 동질성을 지키기 위해 주민들이 스페인어로 말하는 것을 금지했던 사례도 보고되었다(Adelaar, 1991: 51 참조).

---

1) 제7장 주 38 참조.

2) 슈아르족(*Shuars*〔히바로족, *Jivaro*〕). 그들이 사용하는 슈아르어는 사용자 수 3만 5천 명으로, '위험' 단계로 분류되어 있다.
캄파족(*Campas*). 다섯 갈래의 아쉐닌카어(*Asheninka*)와 아샤닌카어(*Ashaninka*)를 사용한다. 이 언어들은 사용자 수 6만 2,468명(2001년)으로, '취약' 단계로 분류되어 있다.

3) 아루아코어(*Ar*〔*h*〕*uaco*). 사용자 수 1만 4천 8백 명(2001년)으로, '취약' 단계로 분류되어 있다.

고립생활 : 원(原)거주지, 고립, 농촌공동체

토착 거주지

언어사용자들이 자신들의 원(原)거주지에 애착을 가지는 것이 토착어를 지키는 데 유리하게 작용하는 것처럼 보인다. 반대로 언어사용자들이 모국을 벗어나 이주하고 다시 정착하며, 강제 이주되는 일들은 그들의 언어를 보존하는 데 부정적 영향을 미친다. 우리는 앞에서(136~137쪽 참조) 카유가어가 이로쿼이족의 원래 거주지인 미국과 캐나다의 오대호 지역(Ontario는 이로쿼이어 단어로 '아름다운〔*io*〕 호수〔*ontar*〕'를 뜻한다)에서 더 잘 보존되고 있음을 보았다. 반면에 카유가어는 원래(1834년) '5부족연맹'[4]의 인디언들과, 그 뒤에 자신들의 영토에서 쫓겨난 다른 인디언 종족들이 강제로 이주된 보호구역이 있는 오클라호마 주에서 더 큰 위협을 받고 있다.[5]

마찬가지로 구(舊)소련에서 자발적이거나 강제로 이루어진 이주, 특히 1940년대 집단농장 내 통합은 여러 집단의 언어, 특히 나우칸어, 니브흐어에 해로운 결과를 가져왔다. 이 언어들을 지금 살아남을 수 있게 한 것은 오직 상당히 강한 민족의식이었다. 이 민족의식은 응가나산어[6]에 가해지는 다른 부정적 요인, 곧 민족의 이산으로 생기는 결과들을 지금까지는 거의 상쇄하고 있다. 반대로 많은 언어들이 그 사용자들의 수가 아주 적은 경우라도, 그들이 오래전부터 사는 곳, 특히 산악지대나 접근이 어려운 지역에서 잘 유지되고 있다. 예컨대 다게스

---

4) '이로쿼이 연맹'을 말함. 제 8장 주 51 참조.

5) 제 6장 주 19 참조.

6) 나우칸어(*Naukan*〔*Naukan Yupik*〕). 사용자 수 70명(1998년)으로, '소멸 직전' 단계로 분류되어 있다.
니브흐어(*Nivkh*)에 대해서는 제 7장 주 132 참조.
응가나산어(*Nganasan*). 사용자 수 505명(2002년)으로, '매우 위험' 단계로 분류되어 있다.

탄(카프카스 동부)의 언어들, 그루지야의 속어(밧스어), 또는 파미르 고원의 고유어들(야즈굴라미어, 바르탕기어와 다른 이란 언어들)의 경우가 그러하다.[7)]

집단거주지의 선택과 족내혼

자연조건에 따른 고립상황에서 비롯되는 일이 사회적 선택에 따라 발생할 수도 있다. 자신들만이 거주하는 구역의 집단거주지(차이나타운)에서 생활하는 제3세대 중국계 미국인들은, 이처럼 자발적으로 이루어진 격리장소 밖에 사는 중국인들보다 영어를 모국어로 삼는 경우가 드물다. 족내혼 또한 앞 요인과 연결되어 언어를 유지하는 또 다른 요인을 이룬다. 왜냐하면 족외혼을 조장하고, 결국 언어를 위험에 처하게 하는 것은 바로 집단의 밖으로 나가는 것이기 때문이다.

시골 생활

교통요로와 강에서 떨어져 있음

시골공동체 생활도 마찬가지로 언어들을 유지해 주는 한 가지 요인이다. 그렇지만 이 요인은 해당공동체들이 교통요로에서 떨어져 살 때에만 실제로 작용한다. 이미 언급한 대로(Dixon, 1998: 82 참조), 아마존 강 유역에서 살아남은 대부분의 원주민 언어들은 주요 하천에서 어느 정도 떨어져 사는 민족들의 것이다. 만일 이 민족들이 강 가까이 산다면 하천자원 개발에 기반을 두고 경제활동을 하는 많은 수의 다른 공동체들과 접촉하게 될 것이다. 다른 환경에 처한 누비아족의 경우를 보자. 아스완 댐이 건설되고 나세르 호수가 생기면서 1960년부터 자신

---

7) 이 언어들은 모두 '매우 위험' 단계로 분류되어 있다. 사용자 수는 밧스어(*Bats*) 5백 명, 야즈굴라미어(*Yazgulami*) 6백 명(2003년), 바르탕기어(*Bartangi*) 5천 명(2003년)이다.

들의 거주지가 물에 잠기게 되자, 누비아인들은 조금 더 북쪽으로 이주하였다. 이후 그들이 계속 사는 시골 거주지는, 역시 카이로에서 아주 멀리 떨어져 있을 뿐만 아니라 나일 강 유역에서 십여km 떨어져 있다. 그들은 도시화한 동족들보다, 민족소속의 상징으로서 자신들의 언어를 보존하는 데 더 큰 중요성을 부여하고 있다. 또 아랍어의 위세와, 누비아어와 점점 더 멀어지는 일부 누비아인 사회의 전체적 아랍화(169~170쪽 참조)에 맞서 일시적으로나마 자신들의 언어수호에 기여할 수 있을 것이다. 그러나 누비아어를 유지하는 데 유리하게 작용할 것으로 보이는 요소인 종교가 실제로는 또 다른 위협이 될 것이라는 사실을 아래에서 보게 될 것이다.

급격한 발전에 의한 언어의 유지 : 발레다오스타와 남부 티롤 지방[8)]

앞에 언급한 내용은 일반적으로 적용할 수 있지만 보편적으로 적용되지는 않는다. 몇몇 특수한 상황에서는 시골생활보다 그것을 거부하는 것이 언어들을 유지하는 요소가 될 수 있다. 이탈리아 발레다오스타의 자치지역에 있는 아야스 계곡에서는 몇 십 년 전까지 농업과 목축업으로 경제활동을 해왔다. 그러나 스키와 관광을 바탕으로 한 경제체제로 넘어가면서 호황을 맞게 되었고, 세 살에서 다섯 살까지의 어린이들을 대상으로 취학 전 3개 국어 교육프로그램을 지원할 수 있게 되었다. 이 프로그램에는 전반적으로 불안정한 상태였던 프랑코프로방스 방언[9)]이 이탈리아어와 프랑스어 옆에 자리잡고 있다.

한편 라딘 방언들은 서부의 스위스 그리종 방언 및 동부의 프리울리

---

8) 발레다오스타(Valle d'Aosta)는 이탈리아의 북서부 지방으로, 지역의 특유한 프랑스 언어적·문화적 성향을 인정받아 1945년 자치지역이 되었다. 티롤(Tirol)은 오스트리아 서부의 주이다.

9) 프랑코프로방스(Franco-provençal) 방언. 프랑스 중동부 지방(부르고뉴 지방과 대체로 일치)과 이에 인접한 이탈리아 및 스위스 일부 지역에서 쓰이는 로망스어 방언을 통틀어 이르는 말.

방언과 함께, 레토로망스어[10] 라는 이름으로 재통합된 아주 불안정했던 세 가지 방언들 가운데 하나인데, 이 방언들은 마찬가지로 놀랄 만한 장려정책의 혜택을 받았다. 하지만 이 방언들이 사용되는 남부 티롤의 여러 지역(이탈리아 북부)은 작은 규모로 분산되어 있는 곳으로, 돌로미티케 산맥[11]의 산악지대를 중심으로 열십자 모양으로 펼쳐져 있는 네 곳의 계곡지대이다. 그런데 호화 스키관광을 바탕으로 한 관광산업이 발달하고 이 산업이 상당히 국제적 규모로 성장하면서, 위협적인 한 가지 언어 대신에 여러 언어가 들어오게 되었다. 그렇지만 이 언어들은 지속적으로 영향을 미치지 못했는데, 스키 관광산업은 한 계절에 국한된 활동이기 때문이다. 따라서 주민들은 나머지 계절에는 그들끼리만 모여 사는 일종의 격리상태에 머물러 있게 된다. 이러한 요인들이 라딘어의 강화에 유리하게 작용했을 것이라는 사실을 얼마 전부터 관찰할 수 있었다.

인도 연방의 주요 언어들, 주변 언어들, 그리고 도시의 기능

인도에서는 농촌생활의 증진보다 도시화가 많은 언어들에 유리하게 작용하였다. 19세기에 벵골어를 발전시킨 캘커타와 힌디어를 장려한 델리[12]의 도시기능이 자주 강조되고 있다(Mahapatra, 1991: 185~186

---

10) 라딘어(*Ladin*). 스위스 서부·오스트리아 북부·이탈리아에서 사용하는 로망스어의 일종. 사용자 수 3만 명으로 '위험' 단계로 분류되어 있다.
그리종어(*Grisons*). 스위스의 그리종 주에서 사용되던 방언.
프리울리어(*Friulian*). 이탈리아 북동부의 프리울리베네치아줄리아, 오스트리아 일부 지역, 슬로베니아 및 일부 이주지역에서 사용된다. 사용자 수 60~79만 명으로, '위험' 단계로 분류되어 있다.
레토로망스어(*Rheto-Romansh*). 라틴어에서 유래한 것으로, 레토로망인들이 이탈리아 북부와 스위스 그리종 주의 라인 계곡에서 주로 쓰는 라에티아어군에 속하는 로망스어. 1938년 국민투표에 의해 스위스의 네 번째 국어로 인정되었다. 사용자 수 3만 5,095명(2000년)으로, '위험' 단계로 분류되어 있다.

11) 돌로미티케 산맥(Alpi Dolomitiche). 이탈리아 북부 알프스 산맥의 동쪽지점에 있는 산맥.

참조). 정부는 적어도 하나의 대도시가 있는 자치령에서 사용되는 언어들을 승인하였는데, 이에 대한 근거가 명시되어 있지는 않지만, 유명한 인도 연방헌법 제 8조에 언급된 18개 언어의 경우가 이에 해당한다.[13] 이는 텔루구어, 구자라트어, 마라타어, 아삼어, 펀자브어[14] 같은 일부 언어를 중심으로, 중요 도시를 기반으로 한 정치세력을 지닌 새로운 주가 수립됨을 뜻하는 것이었다. 바로 이러한 도시를 거점으로 연방정부에 대항하여 인정받기 위한 투쟁이 1950년대부터 1970년대 초반까지, 때로는 격렬하게 벌어졌다.

따라서 이 나라는 1956년, 모두 언어요소를 기반으로 획정된 14개 주와 6개 자치령에서 22개 주와 9개 자치령으로 바뀌었는데, 아삼을 중심으로 북동쪽 끝 지역의 고원지대와 아라칸 산맥에서는 아주 긴장된 상황이 오랫동안 지속되었다. 남쪽에서 북쪽으로 가면서 여러 가지

---

12) 벵골어(*Bengali*). 방글라데시와 인도 서벵골 주에서 사용되는 동부 인도·아리아어파의 언어. 유명한 시인 타고르의 모국어인 벵골어는 여러 인도어 가운데 최초로 서양문학 양식을 받아들여 발달한 언어다.
힌디어(*Hindi*). 1억 5천만 명 이상이 모국어로 사용하는 중부 인도·아리아어파에 속한 언어. 힌두스타니어에서 분리하여 독립적으로 쓰며, 인도 헌법에 인도의 공용어로 규정된 언어들 가운데 하나다.

13) 이밖에 인도는 소수 언어 집단에 속하는 사람들이 자신들의 선택에 따라 자기 고유언어로 사교육 활동을 자유롭게 할 수 있도록, 소수집단의 권리를 법률과 헌법조항으로 규정하고 있다. 예컨대 인도 헌법 제 30조 1항은 소수집단의 권리인정에 관한 것인데, 모든 언어적·종교적 소수집단들에게 "교육기관을 스스로 선택하여 설립하고 운영할 수 있는 권리"를 보장하고 있다(Fernand de Varennes, "To speak or not to speak", *The Rights of Persons Belonging to Linguistic Minorities*, 1997 참조).

14) 텔루구어(*Telugu*). 인도 안드라프라데시 주의 공용어. 드라비다어족에 속한다.
구자라트어(*Gujarati*). 인도 구자라트 주의 공용어. 인도·아리아어에 속한다.
마라타어(*Maratha*). 인도 마하라슈트라 주의 공용어. 인도 서부와 중부에서 쓰이는 인도·아리아어.
아삼어(*Assamese*). 인도 아삼 주의 공용어. 인도·아리아어의 북동부 어군에 속한다.
펀자브어(*Punjabi*). 인도 펀자브 지방에서 사용하는 중부 인도·아리아어.

언어를 사용하는 여러 나라와 지방, 곧 방글라데시, 버마, 티베트를 이웃하고 있으며, 서쪽으로는 히말라야 산맥의 동쪽 가장자리에 이르는 이 지대에서 일부 지방은 결국 뉴델리의 승인을 얻어냈다. 따라서 이 지방들은 다시금 주거 밀집지역에서 지배적으로 사용되는 언어들을 기준으로 획정된 새로운 정치적 자주독립체를 이룬 것이다. 이를테면 마니푸르, 메갈라야, 나갈랜드 주들과 미조람, 아루나찰프라데시 자치령들[15]이 이에 해당한다. 이 지방들에서는 티베트·버마어군(특히 가로어와 마니푸르어) 또는 몬·크메르어군(특히 카시어)의 언어들[16]이 사용되고 있다. 언어사용자의 수를 보면 어떤 언어들의 경우에는 수십만 명에 이르기까지 가변적이지만, 이 언어들은 모두 불안정한 상태에 놓여 있다. 따라서 이러한 공식적 장려책은 이 언어들을 둘러싸고 있는 벵골어, 버마어, 아삼어의 위세에 맞서 이 언어들의 지위를 확고하게 해준다. 인도의 나머지 다른 지역에서 사용되는 부족언어들을 살펴보면, 이 언어들은 대체로 가난하며 더러는 비참한 생활을 하는 소수집단에 의해 사용되고 있다. 그런데 그들의 시골 생활방식이 자신들의 언어들을 유지하는 데 도움이 될지는 모르지만, 오늘날의 인도 상황에서는 이 언어들을 장려하는 데 유리한 요인은 아니다.

---

15) 인도 북동부에 있는 주(州)들이다.

16) 티베트·버마어군(*Tibeto-burman languages*). 중국어로 분류된 것을 제외한 모든 시노티베트어족을 포함하는 어군을 말한다.
가로어(*Garo*). 방글라데시·인도의 가로 산맥에 거주하는 가로족이 사용하는 티베트·버마어군에 속하는 언어.
마니푸르어(*Manipuri*). 인도 북동부의 마니푸르에서 사용되는 언어.
몬·크메르어군(*Mon-Khmer languages*). 오스트로아시아어족에 속하는 어군. 주요 언어로 크메르어(7백만 명), 베트남어(5천만 명), 몬어(50만 명)가 있다.
카시어(*Khāsi*). 인도 메갈라야 주의 카시 구릉에 거주하는 카시족이 사용하는 언어.

가족적 · 종교적 단결력

대체로 서로 굳게 결속되어 있는 가족적 단결력과 종교적 단결력은 언어를 유지해 주는 요인으로 확실하게 작용한다. 이 두 가지 요인은 영어가 모든 곳에 점점 더 널리 자리잡게 되면서 노르웨이어가 영어에 의해 밀려날 때까지, 노르웨이어가 미국에서 확고부동한 위상을 유지하는 데 많은 기여를 했다(271~272쪽 참조). 이 요인들의 관계는 필연적인 것이다. 이를테면 종교적 단결력은 전통에 더 큰 힘을 실어준다. 또 이 전통 가운데 한 가지는 노인들을 공경하는 것인데, 이 노인들은 바로 자신들이 물려준 조상 전래의 언어들을 가장 확실하게 보장해 주는 존재인 것이다. 또한 종교적 단결력은 19세기에 미국에 살던 노르웨이인들이 자신들의 루터파 교회를 중심으로 더욱 단결하여, 서로 경쟁관계에 있던 영어를 사용하는 프로테스탄트 교구들의 확산에 강력하게 맞서서 대항하도록 만들었다.

강력한 보호를 받는 언어들만이, 영어의 압박에서 완전히 자유로울 수는 없다 해도 이 압박에 저항할 수 있다. 이 점을 고려할 때, 종교가 수행하는 기능은 이와 관련된 사례들의 보고라 할 수 있는 미국에서 관찰할 수 있다. 예컨대 식민지 시대에 정착한 독일인 공동체의 후손들이 펜실베이니아 주 중부와 남동부에 살고 있으며, 오하이오 주, 일리노이 주, 인디애나 주, 남 · 북 버지니아 주에도 흩어져 살고 있다. 이들 모두가 사용하는 독일어에는 침식당한 흔적이 많이 있으며, 특히 어미변화에 혼란이 나타나고 있다. 진행 정도는 덜 하지만, 이와 유사한 상황을 라인 강 유역의 여러 방언들과 독일 내의 다른 방언들에서도 찾아볼 수 있다. 그런데 엄격한 종교규율을 따르는 메노파와 암만파[17]의 두 종파 가운데 하나, 특히 암만파에 속하는 독일계 미국인들

---

17) 메노파(*Mennonite*). 16세기 종교개혁의 급진적 개혁운동인 재세례파에서 발생한 프로테스탄트 교회로 메노 시몬스(Menno Simons, 1469~1561)가 창시

사이에서는 이 같은 언어의 쇠퇴현상이 앞의 경우만큼 두드러지게 나타나지는 않는다. 몇 가지 뜻밖의 반례들(Huffines, 1989 참조)이 있기는 하지만, 우리는 이러한 사실에서 종교가 언어를 유지하는 능력을 가지고 있음을 추측할 수 있다. 만일 독일어가 펜실베이니아 주에서 일상언어로 쓰이지 못하고 사라질 운명에 처한다 하더라도 종교적 쓰임에서는 살아남을 수도 있을 것이다.

하지만 어떤 상황에서는 종교의 효과가 역으로 작용할 수도 있다. 예컨대 우리가 앞에서 본 것처럼, 고립된 마을에서 계속 살아오면서 자신들의 언어를 나름대로 보존해 온 이집트 내륙 지역의 누비아족은 역설적으로, 다른 이슬람 국가들에서와 마찬가지로 이집트에서도 이슬람교의 부흥이 표면화되면서 궁지에 몰리게 되었다. 실제로 이슬람 사원의 출입이 잦아지면서 다시금 힘을 얻은 신앙심은 바로 아랍어로 표현되었으며 또 그럴 수밖에 없었다. 설교는 고전 아랍어로 이루어졌으며, 코란 구절을 제대로 암송하는 누비아 어린이들은 보상을 받았다. 이 종교부흥을 촉진하는 데 다른 이들 못지않게 열성적인 누비아 여인들은, 코란을 정확히 읽고 일반 이슬람 교리를 정확하게 실천하기 위해 아랍어를 공부하였다. 누비아어는 이러한 모든 활동에서 제외되었으며, 나아가 짧은 기간에 이 상황의 희생물이 되었다.

문 자

몇몇 문화적 환경들에서는 언어가 문자로 기록된다는 사실이 언어를 장려하는 중요한 도구이다. 이러한 경우는 인도에서 잘 찾아볼 수 있

했다.

암만파〔아미시 메노파, *Amish Mennonite*〕. 메노파의 한 분파로, 17세기 말 스위스의 종교개혁가인 야코프 암만(Jakob Ammann)이 창시하였다. 북아메리카에서 보수적인 그리스도교 단체로 알려져 있다.

다. 이미 과거에 프라크리트 언어들이 브라흐미 문자에 이어 데바나가리 문자[18]의 변이형들로 표기되었다는 사실은, 이 언어들이 생성된 각 지방에서 실제적으로 국가적 품격이 자리잡을 수 있게 하는 수단이 되었다. 게다가 오늘날 기록체계를 갖추지 못해 약화되는 군소민족들의 언어들에 반해, 헌법이 인정하고 있으며 유지를 보장받은 언어들은 문자로 기록되는 언어들이다.

하지만 다른 경우들과 마찬가지로 여기에서도 상황이 간단한 것은 아니다. 문자는 그 형식이 조금이라도 주민들이 선택한 것이 아니라 상부로부터 강요된 것이라면 억압의 도구로 바뀔 수 있다. 소비에트 연방에서 이러한 현상이 일어났는데, 1920년대 로마자를 장려해 오던 정권은 1930년대에 키릴문자[19]를 보급하였다. 이러한 결정의 배후에 언어와 민족의 러시아화라는 실제 의도가 자리잡고 있었음은 알려져 있다. 언어학자 폴리바노프[20] 같은 러시아 지식인들이나 우즈베키스탄에서 키르기스스탄까지 투르크계 공화국 지식인들은 이러한 의도를

---

18) 브라흐미 문자(*Brāhmī*). 서기 500년경 이전에 인도 북서부 지방에서 쓰인 표기체계인 카로슈티(*Kharostī*)를 제외한 모든 인도문자의 원형문자 체계로 아람문자에서 유래했거나 영향을 받았다. 브라흐미 문자에서 파생된 문자들 가운데 대표적인 것은 데바나가리 문자, 벵골 문자, 구자라트 문자와 드라비다 언어들을 표기하는 문자 등이 있다.
데바나가리 문자(*Devanāgarī*). 산스크리트 및 다른 인도의 언어(프라크리트어 · 힌디어 · 마라타어)를 표기할 때 사용되는 인도문자.

19) 키릴문자(*Cyrillic alphabet*). 러시아어를 비롯한 옛 소련의 언어들, 불가리아어 · 세르비아어 등 슬라브계 언어자모의 모체가 된 문자이다. 9세기의 그리스 언셜체 문자에 바탕을 둔 키릴문자는 그리스의 성 키릴루스와 성 메토디우스가 만든 것으로 간주된다. 근대 키릴문자인 러시아 문자, 우크라이나 · 불가리아 · 세르비아 문자 등은 원래의 문자를 변화시킨 것인데, 대체로 쓸모없는 자모를 없앤 것이 변화의 핵심이다.

20) 예프게니 폴리바노프(Evgueni Polivanov, 1891~1938). 러시아 언어학자 · 동양어학자. 초기 소비에트 사회언어학자 가운데 한 사람으로 일본어 · 중국어 · 우즈벡어 등에 대한 연구를 진행했다. 1938년 스탈린에 의해 처형된 뒤 1963년 복권되었다.

간파하였고, 이들은 겉보기에 대수롭지 않아 보이는 이러한 정책에 반대하는 위험을 무릅썼다.

단일 언어 사용

이 요소에 대해서는 여기에서 강조하지 않겠다. 2개 국어를 병용하는 사람들의 민족언어들이 단일 언어 사용자들만 가지는 민족언어들보다 더 큰 위협을 받고 있다는 것을 상기하는 것으로 충분하다. 이러한 사실은 특히 범람하는 스와힐리어 사용자들의 물결에 노출되어 있는 탄자니아의 여러 부족언어들이 잘 보여주고 있다(257~259쪽 참조).

혼 합

두 언어가 접촉하여 그 체계가 완전히 섞임으로써 생긴 언어 혼합물을 혼합언어라 부르겠다. 따라서 이는 한 언어의 구조적 차원이 아니라, 마주하는 두 언어에 각각 속한 요소들로 이루어지는 문장의 선적인 전개 차원에서 일어나는 혼합현상인 기호체계의 교대현상[21]과는 관계가 없다. 여기에서 문제되는 것은 상당히 긴 기간 동안 지속된 것으로 보이는 상호영향의 결과이다. 몇 가지 실례를 들어 보자.

퀴버 섬에서 이루어지는 의사소통

퀴버 섬은 캄차카 반도 동쪽 해안에서 약 90㎞, 또 알류산 열도 서단에 있는 아투에서 150㎞ 떨어져 있는 커맨더 제도의 소규모 군도에 속해 있다. 이 섬에서는 이상한 혼합언어가 사용되고 있다(Vakhtin, 1998 참조). 열댓 명가량의 알류산 열도 사람들이 1812년 러시아계 미국회사에 의해 이 섬에 정착하게 되었다. 또 주변의 여러 섬에서 온

---

21) 131~133쪽 참조.

몇 알류트족 가족들이 19세기 동안에 그곳에 역시 이주되었으며, 1900년에는 주민의 수가 253명이 되었다. 그들은 자신들의 언어와 러시아어를 사용하는 알류트족 출신이 대부분이었으며, 그 밖에 러시아인, 몇몇 에스키모인과 캄차달족(캄차카 반도 주민들)[22]이 있었다. 그런데 놀라운 일은 그곳에 혼합언어가 생겨났다는 것이다. 이 사실이 얼마나 흥미로운 것인지 알기 위해서는 퀴버 섬과 이웃 베링 섬의 언어상황을 비교해 보아야 한다. 전체 수백 명의 알류산 열도 사람들이 사는 베링 섬에서 대부분의 주민들은 러시아의 북동부 전 지역과 마찬가지로 러시아어를 사용하게 되었다. 결국 알류트어는 1990년에는 20여 명의 나이 든 사람들에게서만 살아남았을 뿐이다. 말하자면 알류트어는 곧 소멸하게 될 처지에 놓이게 된 것이다.[23]

반대로 퀴버 섬에서는 원주민의 고유어와 러시아어가 한 세기 반에 걸쳐 아주 긴밀한 관계를 유지하는 동안에 혼종어(混種語)가 만들어지게 되었다. 예컨대 axsa-yit(그는 죽는다), axsa-chaa-yiš(너는 죽인다), sagyi-ggii-yiš(너는 총을 가지고 있다) 또는 ni-ayuu-li(그늘은 오래 지체하지 않았다)를 들 수 있다. 이 문장들에서 동사활용어미들은 모두 러시아어임을 알 수 있다. 이를테면 -yit = 3인칭 단수 현재, -yiš = 2인칭 단수 현재, -li = 과거시제로 쓰인 모든 인칭복수를 나타낸다. 마찬가지로 부정표지 ni 또한 러시아어이다. 반대로 동사-형용사 ayuu(길다), 동사어간 axsa, 사역형태소 -chaa('죽이다'라는 뜻의 '죽게 하다'에서 '-게 하다'와 같은 요소), 명사 sagyi(총), '소유하다'를 뜻하며

22) 알류트족(*Aleut*). 알류산 열도와 알래스카 반도 서부지역의 원주민. 캄차달족에 대해서는 제 8장 주 4, 6 참조.

23) 알류트어는 전체적으로 '매우 위험'한 단계로 분류되어 있다. 《위기언어지도》는 알류트어를 다섯 가지로 나누어 사용자 수와 위기단계를 제시하고 있다. Eastern Aleut 및 Western Aleut, 150명(2000년), '소멸 직전'; Western Aleut(커맨더 제도), 5명(1997년), '소멸 직전'; Copper Island Aleut, 10명(1997년), '소멸 직전'; Pacific Gulf Yupik, 2백 명(2000년), '매우 위험'.

선행명사가 나타내는 것을 소유하고 있음을 나타내는 조동사 -ggii(여기에서 명사는 sagyi이며, 따라서 sagyi-ggii는 '총을 소유하다'라는 뜻이다)는 모두 알류트어 단어들이다.

달리 말하자면 문제의 이 혼합언어는 접사(접두사와 접미사)를 첨가하는 방식으로, 러시아어에서 취한 몇몇 동사활용어미, 부정어와 다른 형태소들을 알류트어의 어간들과 결합한다. 이러한 방식은 드문 것이어서 관심의 대상이 된다. 이 점은 퀴버 섬의 언어를 알류산 열도 동쪽에 있는 아트카 섬[24] 주민들의 언어와 비교해 보면 쉽게 수긍할 수 있다. 이를테면 아트카 섬 언어에서는 어미가 토착어의 것이고, 이 경우 어간은 흔히 영어에서 차용한 것들이다. 예컨대 문장 fish-iza-xx(그는 보통 낚시하러 간다)에서, 차용된 동사어간 fish의 뒤로 2개의 알류트어 형태소, 곧 습관을 나타내는 현재형 iza와 3인칭 단수 동사활용어미 xx가 이어진다.

퀴버 섬의 언어가 어떻게 피진 러시아어, 말하자면 러시아어 어휘를 사용하며 형태가 단순화된 언어로 변하는 것을 피할 수 있었는지 궁금해 할 수도 있을 것이다. 그 이유는 아마도 퀴버 섬에서 러시아인들과 알류트인들의 관계가, 카리브 지역 대농장에 강제 이주된 노예들과 주인들 사이의 관계처럼 불평등한 것이 아니었기 때문일 것이다(429~432쪽 참조). 퀴버 섬에서 러시아인과 알류트인은 동등한 지위의 노동자들이었고 언어는 상호 침투하였다. 이 혼합언어를 조사한 연구원들에 따르면 주민들은 자신들이 러시아어로 말한다고 확신하고 있었다. 게다가 이 언어는 현재 아주 활발하게 사용되고 있고, 사용자 수가 많지 않음에도 불구하고 소멸위협을 받는 것으로 보이지는 않는다. 따라서 알류트어가 독특한 '혼종에 의한 구원'의 혜택을 받았다는 결론을 이끌어 낼 수 있다. 북부 시베리아와 캐나다 북극권에서 사라질 위기

24) 아트카 섬(Atka). 알래스카 알류산 열도 안드레아노프(Andreanof) 제도의 가장 큰 섬.

에 처했던 이 아메리카 인디언 언어의 경우, 러시아인과 알류트인 두 공동체의 공생관계를 통해 실현된 러시아어와의 긴밀한 공생관계가, 예상하지 못한 것이지만 효과적 유지요인으로 나타난 것이다.

다른 혼종의 경우들

혼종의 정도가 심한 다른 경우들을 보자. 마아어 또는 음부구어를 보기로 들 수 있다. 탄자니아 북동부에서 쓰이는 음부구어는 쿠시어군의 언어로서, 쿠시어 어휘는 대부분 그대로 간직한 채 이웃한 반투어 계열 언어들에서 많은 수의 형태적·통사적 특성들을 차용하였다.[25] 또 다른 보기로 영국의 보헤미아 집시의 언어를 들 수 있다. 이 언어는 영어문법과 로마니어[26] 어휘를 결합한 것이다. 또한 에콰도르에서 사용되는 '메디아 렝구아'는 케추아어 문법과 스페인어 어휘로 이루어져 있다. 끝으로 미치프어[27]의 경우를 보자. 이 언어는 락 라비시 지역과 에드먼턴(캐나다 앨버타) 북동쪽 220㎞ 지점에 있는 같은 이름의 호수 가까이에 있는 인디언 보호구역의 혼합언어로, 크리 인디언들과 20세기 초 퀘벡에서 온 프랑스인들의 혼혈공동체에서 사용되고 있다. 이 혼종어는 크리어(알공킨어)[28] 어간과 프랑스어 문법을 결합한 것이다.

---

25) 음부구어(*Mbugu*)의 사용자 수는 7천 명(1997년), 음부구족의 인구는 3만 2천 명이다.

26) 보헤미아 집시. 헝가리계 집시를 말함.
로마니어(*Romany*). 집시어. 북인도의 인도·아리아어와 같은 기원을 가지는 언어로 받아들여진다. 5대륙 전체에서 사용되며 주요 중심지는 동유럽이다. 이 언어를 사용한 로마족(라틴계 로마인들과 다른 민족임)은 흔히 집시족(*Gypsies*)으로 언급되며, 인도에 기원을 둔 민족이다.

27) 미치프어(*Mitchif*). 캐나다와 미국 북부의 메티스인들이 사용하는 말이다. 미치프어는 1820~1840년 사이에 그 기초가 형성된 것으로 보이며, 2백 년 동안이나 혼종어로 이어져왔다. 명사와 형용사는 프랑스어에서 왔으나 동사는 크리어의 것이다.

28) 크리어(*Cri*). 북아메리카에서 쓰이는 알공킨어(*Algonquin*) 계통의 언어. 알공킨족은 캐나다·미국 동부에 사는 알공킨어를 사용하는 북아메리카 원주민이

이 모든 보기들에서, 스와힐리어의 압박에 눌려 성(性)과 다양한 복수표지의 대립관계를 상실한 다할로어의 경우처럼, 한 언어가 몇몇 특질들을 잃게 만드는 강력한 접촉이 일어나는 상황에서 생기는 위험을 문제삼는 것이 아니다. 또한 다른 연구자들(예컨대, Myers-Scotton, 1992 참조)과 달리 외국어 형태요소의 차용이 소멸직전의 징조라고 생각하지 않는다. 더욱이 토착어 문법에 기초하여 결합한 외국어 어휘차용이 그러한 징조라고 생각하지도 않는다. 물론 언어의 혼종성이 혼란스럽기는 하다. 위에 인용한 언어들처럼 극히 혼합된 언어들이 어떤 이들에게는 '정상적'인 것으로 보이지는 않을 것이다. 그러나 현대인들의 근시안적 생각이 판단을 그르치게 한다. 언어의 역사는 대규모로 이루어진 차용의 사례를 많이 보여주고 있다. 혼합은 적응을 위한 투쟁의 결과일 수 있다. 위에 인용한 사례들에서 혼합은 죽음을 향한 과정이 아니라, 삶의 이미지, 말하자면 죽음을 지연시키는 이미지로 나타난다.

재앙에 대한 투쟁

언어들이 사라지지 않게 하는 데는 그것들을 유지시키는 요인들만 있는 것이 아니다. 또 각 사회가 조상들이 만들어 놓은 언어들을 재앙에 빠지기 일보 직전에 붙잡기 위해 주도적으로 취하는 실제적 행위들도 있다. 이 절에서는 학교, 공식화, 언어사용자들의 개입과 언어학자들의 임무를 차례대로 살펴볼 것이다.

다. 알공킨어는 두 갈래로 나뉘며, Maniwaki Algonquin은 사용자 수 280명(2001년)으로 '매우 위험' 단계, Northern Algonquin은 1,180명(2001년)으로 '취약' 단계로 분류되어 있다.

학 교

미국과 캐나다에서 운영되는 아메리카계 학교가 다른 언어들에 위험한 소멸요인으로 작용하는 것임을 보았다. 더 일반적으로 말해 한 언어가 전국을 지배하는 나라에서, 일부 외진 지역에 이 지배언어를 가르치는 학교가 없다면, 지배받는 언어에는 수호의 기회, 아니면 소극적이지만 수호요소가 된다고 단언하는 것이 모순되는 것은 아니다. 이러한 현상은 예컨대 소수언어들이 타이어[29]의 세력에 저항하는 타이의 여러 지역에서 나타난다. 반대로 지배받는 언어를 가르치는 학교를 설립함으로써, 이 언어가 막 사라지려 하는 시점에라도 이 언어를 구해 내는 데 결정적 효과를 낼 수 있다. 이는 마오리어와 하와이어의 역사가 입증하는 사실이다. 아일랜드어와 시베리아 언어들의 경우에는 성공여부가 그렇게 확실하지 않다.

마오리어의 부활

1867년 뉴질랜드 정부는 영어만을 사용하는 교육프로그램을 개시하였다. 이 프로그램은 마오리족이 이미 1835년 이래 선교사들에게 문해교육을 받았으며, 또 10년 뒤 신약성서의 발행부수가 마오리족 주민수의 절반에 달할 정도가 되었던 만큼 더 큰 성공을 거두었다. 이렇게 시행된 문해교육은 마오리어에 전적으로 해로운 결과를 낳았는데, 마오리어는 백인들에게 멸시까지 받고 있었으며 전적으로 영어에 내몰리는 상황이었다. 하지만 1970년대, 마오리어가 이미 병들어 있었기 때문에 너무 늦었다고 생각할 수도 있었을 시점에 민족 차원의 노력이 펼쳐졌다. 당시 마오리족 30만 명 가운데 약 4분의 1이 자기들의 언어를

29) 타이어(*Thai*). 시노티베트어족에 속한 언어로 좁은 뜻으로는 타이의 국어를 이르며, 넓은 뜻으로는 타이, 라오스, 미얀마, 인도, 베트남 북부, 중국 남부 등에서 사용하는 타이계의 언어들을 말한다.

쓰고 있었고, 아이들은 더 이상 그 언어를 배우지 않고 있었다. 마오리족은 전적으로 자기들의 지방 고유어를 가르치는 학교들을 설립해 줄 것을 공식적으로 요구했다. 1980년대 말, 여섯 곳의 초·중등학교가 설립되었는데, 이 학교들에서는 마오리어가 주된 교육언어로 쓰였다. 1982년부터 몰입교육 프로그램이 적용되기 시작하여 1994년에는 1만 3천 명의 아이들이 참여하였다. 당시 4백 개의 '코항가 레오'(*kohanga reo*), 곧 '언어의 둥지들'이 있었으며, 그곳에서는 약 6천 명의 아이들이 마오리어를 배웠다. 따라서 이 프로그램은 어느 정도 성공을 거둔 것이다. 몇 가지 상황들도 유리하게 작용하고 있다. 한편으로 오늘날 마오리어는 뉴질랜드에서 토착어로서는 유일하게 사용되는 것으로, 따라서 마오리어의 장려계획은 다른 계획들과 경합을 벌이지 않아도 된다. 다른 한편으로 마오리족이 자신들의 언어를 되살려 사라지지 않게 하기 위해 분명하게 표현한 의지가 있다. 그들은 백인사회가 상실하였지만 자신들은 애착을 가지는 가치들, 특히 관용과 연대성을 자신들의 언어가 표현해 주는 한 이 언어를 지키고자 하는 것이다.[30]

하와이어를 위한 투쟁

여기에서도 아주 최근의 시도를 다루어 보자. 마오리어의 보기는 하와이 공동체 구성원들의 관심을 불러일으켰는데, 이들은 깊은 구렁에 빠지기 직전의 자기들의 언어를 구해내기 위해 모든 것을 다하기로 하

---

30) 마오리족(*Maori*)은 문화적 지배를 두려워하며, 고유문화를 유지하고 정체성을 지키려고 노력하고 있다. 마오리어를 다시 가르치려는 움직임이 있지만, 마오리족만의 문화적 지표는 점차 희미해지고 있다. 마오리족 지도자 제임스 히네어 경(1989년 사망)의 언어와 정체성에 대한 언급은 마오리족의 노력을 잘 보여 준다. "마오리 언어는 마오리 문화와 마나(힘)를 창조하는 생명력이다. 마오리어가 사라진다면, 우리에게 무엇이 남는다는 말인가? 그러면 나는 우리 부족 사람들에게 우리가 누구냐고 묻겠다"(다니엘 네틀·수잔 로메인, 《사라져 가는 목소리들》, 49쪽 참조). 마오리어는 1987년 영어와 함께 뉴질랜드의 공용어가 되었다. 사용자 수 7만 명(2000년)으로, '취약' 단계로 분류되어 있다.

였다. 하와이는 미국의 50개 주 가운데 하나이며, 또 하와이어가 자신의 고장에서 소수언어의 위치에 놓여 있는 만큼, 이러한 움직임이 소수언어에 대해 의미하는 것이 무엇인지 쉽게 상상할 수 있다. 애초에 취학 전의 아이들을 위해 설립된 몰입교육기관들은 한 대학교수가 개인적으로 주도한 것이었다. 1987년에 세 곳의 기관이 하와이 교육부의 인정을 받았고, 정부의 재정지원을 받게 되었다(Zepeda et Hill, 1991 참조). 이 추진자들은 가르치는 데 요구되는 전적으로 교육에 관계되는 자격증의 면제를 얻어내기까지 했다. 사실 당국은 죽어가는 언어에 대해서 어려운 일이지만, 단지 아이들에게 하와이어로 말할 수 있고 이 대화를 통해 아이들을 가르칠 수 있는 사람들을 모집하는 일이 시급함을 인정하고자 했던 것이다. 그럼에도 불구하고 하와이 주민들은 이 교육이 상급학교까지, 적어도 중학교까지 확장될 수 있도록 교사들을 양성하는 데 노력했다. 이 점에서 그들은 소멸의 위협을 받는 언어들에 되풀이하여 나타나는 한 가지 난관에 부닥쳤다. 그들은 하와이어를 사용하는 아이들의 수를 늘리려 애썼지만, 하와이어를 자연스럽게 사용하는 유일한 사람들은 가장 나이가 든 사람들로, 그들의 수는 그리 많지 않았으며 그들은 점점 사라져 가고 있었던 것이다. 이러한 위협에 대응하기 위해, 그들은 부모들에게 자기 아이들과 함께 하와이어를 배우도록 하고, 가정에서는 아이들과 함께 그 언어를 사용하도록 권유했다. 또 그들은 부모들에게 성인강좌를 제공하였다. 1987년에는 두 살에서 다섯 살 사이의 열댓 명의 아이들이 하와이어를 말하게 되었다.[31)][32)]

---

31) 하와이어(*Hawaiian*). 1894년 하와이에서 영어가 공식적 교육언어로 선포되면서, 하와이어는 1896년에 사용금지되었으나 1978년 이후 하와이 주 안에서 영어와 함께 공용어로 인정되었다. 사용자 수천 명(2000년)으로, '소멸 직전' 단계로 분류되어 있다.

32) "언어 속에 삶이 있고, 언어 속에 죽음이 있다"(*I ka 'ōlelo nōke ola ; i ka 'ōlelo nōke make*)라는 하와이 격언은 하와이어에 대한 전통적 믿음을 보여준

아일랜드어의 시련

여기에서는 이미 다른 곳에서 다루었던 이 문제에 대해 자세히 언급하지 않을 것이다(Hagège, 1994: 242~245 참조). 다만 '게일탁스트'[33]의 존재만을 상기시키고자 한다. 이는 모두 서부 주(켈트족의 역사적 피난처)의 외곽에 위치한 지역들로, 전통적 생활방식에 따라 아일랜드어의 사용이 유지되었고, 아일랜드어가 학교의 교육수단으로 사용되는 곳이다. 이 지역들은 현재 유일하게 이 언어가 보존되는 곳이다. 두 가지 요인이 이 언어의 실질적 복원을 아주 어렵게 하는데, 17세기부터 수세기 동안 진행된 영국의 아일랜드어 제거정책과, 물론 현대사회에서 영어가 누리는 세계적 위세가 그것이다.

시베리아 언어들

몇몇 시베리아 언어들이 사용되는 지역들에서, 초등학교의 교과목에 이 언어들을 도입하려는 노력이 몇 해 전부터 진행되고 있다. 유카기르어, 니브흐어, 울치어, 셀쿠프어, 케트어가 이에 해당하는 언어들이다. 이 정책은 곳곳에 흩어져 오래전부터 러시아화한 주민들이 사용하던 아주 쇠약한 상태의 언어들에 적용되었는데, 이 정책이 어떤 결과를 가져올 것인지는 아직 알 수 없다.[34]

다. 하와이어 부흥을 주도한 사람들은 1984년 마오리족의 '코항가 레오'를 본떠, '아하 푸나나 레오'(Aha Punana Leo)라는 비영리단체의 후원을 받아 '푸나나 레오'(*Punana Leo*)라는 취학 전 하와이어 집중교육과정을 실시하였다. 이 과정은 미국 내 최초의 토착어 집중교육과정이었다. 하와이어의 부흥운동 과정에 대해서는 다니엘 네틀·수잔 로메인, 《사라져가는 목소리들》, 299~305쪽 참조.

33) 게일탁스트(*Gaeltacht*). (아일랜드의) 게일어 사용지구.

34) 시베리아 지역은 30개 정도의 언어들이 소멸위기에 처함으로써, 언어 다양성이 심각한 위협을 받는 곳이다. 이에 유네스코는 2005년, 러시아 과학아카데미 민족학·인류학 연구소와 함께 이 지역의 언어들을 보호하고 재생하기 위한 체제를 수립하기 시작했다. 유네스코는 이어 2007년에는 러시아 야쿠티야

공식화

공용어와 국어 : 룩셈부르크어와 레토로망스어에 대하여

국가가 한 언어를 공식적으로 인정하는 것은 실제로, 이 언어가 이 국가의 헌법에 등록된다는 것을 뜻한다. 우리는 국가가 법으로 옹호하고 외교관계에서 사용할 권리를 가진 언어를 공용어로 간주한다. 그리고 이 언어는 모든 시민이 이 언어로 사법 등의 서비스를 요구할 권리를 가진 언어를 말한다. 특정 언어들이 '사실상' 국어로 인정받더라도, 국어가 반드시 공용어인 것은 아니다. 룩셈부르크의 가정, 사업과 법정의 언어인 모젤·프랑크어군의 중부독일 방언인 룩셈부르크어[35]의 경우가 그러하다. 주민들은 자기 집단의 기본성격을 드러내는 표지에 결합되듯이 이 언어에 연결되어 있다. 그렇지만 그들은, 프랑스어에는 공용어 지위를 부여하고 독일어에는 중요한 문화적 지위를 부여하면서도, 이 언어를 공용어로 인정하지 않았다. 그리종 주의 레토로망스어 방언들로 이루어지는 언어집단은 또한 스위스의 국어이지만 공용어는 아니다. 이는 이 언어들이 단지 주정부와 연방정부의 재정지원을 받을 뿐이라는 것을 말한다(Hagège, 1994: 154~155 참조). 공용어의 지위는커녕 국어의 지위조차 누리지 못하고 지배를 받는 많은 언어들은 인정받기 위해서 오랫동안 투쟁해왔다. 인도 연방에서 몇몇 언어들은 이러한 투쟁을 거쳐 대도심을 중심으로 한 특정 정부나 특정 자치령의 인정을 받게 되었음은 앞에서 강조하였다.

공화국의 교육부 등과 함께 젊은이들에게 유카기르어 구승(口承)을 촉진하고, 또 이 언어의 계승과 보존을 용이하게 하기 위해 언어와 문화자료들을 디지털화하는 작업을 시작했다("유네스코위기언어보호계획" 참조).

35) 룩셈부르크어(*Luxemburgian*〔*Moselle Franconian*〕). 독일, 벨기에, 프랑스, 룩셈부르크에서 사용된다. 사용자 수 39만 명으로, '취약' 단계'로 분류되어 있다.

북아메리카에서 조심스럽게 시작된 움직임

영어 외의 어떤 언어도, 또 퀘벡에서 사용하는 프랑스어도 북아메리카에서 공식적 지위를 인정받는다는 것은 현재의 정치적·문화적 맥락에서는 분명 생각할 수 없는 일이다. 캐나다 두 지역에서 최근에 벌어진 아주 특수한 경우를 살펴보는 것이 좋겠다. 노스웨스트 준주(準州)[36]는 영어, 프랑스어와 함께 인디언 공동체 언어들에 공식적 지위를 허용하였다. 이 언어들이 현재 어떤 상태에 있는지 아직 모른다. 다만 인디언 언어들을 공식적으로 인정하지는 않았지만, 최근에 그 언어들의 보존을 명확한 목표로 삼고 있음을 선언한 또 다른 지역인 유콘 준주가 적극적인 다른 조치를 취한 사실로 미루어 보아 현 상황을 짐작할 수 있을 것이다.

라틴아메리카에서 벌어지는 언어들의 인정을 위한 투쟁

라틴아메리카는 언어들이 인정을 받기 위해 펼치는 투쟁들을 아주 대표적으로 보여주는 곳이다. 이 투쟁은 스페인어에 저항하는 수단이자, 스페인어가 토착어들을 죽음으로 내몰고 그 자리를 차지하지 못하도록 하는 수단으로 간주되고 있다. 이제 보게 되겠지만 이러한 투쟁의 결과가 똑같지는 않다.

궁지에 빠진 나와틀어, 아이마라어, 케추아어

100만 명 이상의 사람들이 사용하는 언어들만을 고려했을 때, 나와틀어도 아이마라어도 공식적 지위를 얻지 못했다. 나와틀어는 멕시코에서, 아이마라어는 볼리비아, 페루, 에콰도르에서 그런 상황에 놓여 있다. 케추아어의 경우 1953년에 페루에서 상징적으로나마 이 언어를 위한 아카데미가 설립되었는데, 벨라스코 알바라도 장군[37]의 군사정

36) 캐나다 북부의 광대한 지역.

37) 벨라스코 알바라도(Juan Velasco Alvarado, 1910~1977). 페루의 대통령

부가 케추아어를 스페인어 다음으로 제 2공용어로 지정하는 법령을 발표한 1975년에 이 나라에서 짧은 기간이지만 번영기를 맞았다. 그러나 이 법령은 사전에 어떠한 장려책이나 해명도 없이 진행되는 바람에 적용을 준비하거나 실행에 옮길 수 없었으며, 법령을 포고한 바로 그해에 정권이 전복됨으로써 무효화되었다.

이는 우려되는 상황이다. 왜냐하면 나와틀어, 아이마라어, 케추아어가 언어사용자들의 수[38]를 감안할 때 지금으로서는 위협을 당하고 있는 것처럼 보이지는 않더라도, 전 세계의 스페인어 지지자들은 오늘날에도 과거와 마찬가지로 스페인어를 위 언어들을 위협하는 무서운 경쟁자로 내세우고 있다. 이 점은 다수의 인구가 실질적으로 이 언어들을 사용하는 나라들에서, 이 언어들의 공식적 인정을 받아내기 위해 투쟁했으며 또 계속하여 투쟁하는 모든 사람들이 아는 사실이다.

영광의 과라니어

지금까지는 과라니어만이 이 싸움의 유일한 승리자였다. 분명 과라니어는 이 언어가 주로 보급된 파라과이에서 펼쳐진 오랜 기간의 장려책으로 특혜를 받았다. 이 역사는 그 큰 줄기를 되돌아볼 가치가 있을

(1968~1975). 육군 총사령관이었던 벨라스코는 혁명을 통해 권좌에 올랐다. 그의 혁명군사정부는 개혁주의적·인민주의적 성격을 가지고 페루사회의 전반적 변화를 시도했다.

38) 나와틀어(*Nahuatl*). 28종(《에스놀로그》), 6종(《위기언어지도》)으로 분류되고 있는데, 전체 사용자 수는 137만 6,898명(1986년, 《에스놀로그》), 94만 4,060명(2000년, 《위기언어지도》)으로 집계된다. 이 언어들은 '취약' 단계에서 '소멸' 단계에까지 걸쳐 있다.
아이마라어(*Aymara*). 사용자 수 2백만 명(2007년)으로, '취약' 단계로 분류되어 있다.
케추아어(*Quechua*). 44종(《에스놀로그》), 15종(《위기언어지도》)으로 분류되는데, 전체 사용자 수는 1,009만 명(《에스놀로그》), 662만 435명(《위기언어지도》)으로 집계된다. 이 언어들은 '취약' 단계에서 '소멸' 단계에까지 걸쳐 있다.

만큼 상당히 모범적 사례이다. 16세기 중반에 '엥코미엔다' 제도,[39] 곧 인디언들과 그들의 토지를 스페인인들에게 분배하는 제도가 만들어졌다. 페루의 넘쳐나는 황금이 있는 곳으로 그들을 이끌어 줄 것으로 여겼던 길목에서 차코[40]의 축축한 습기와 독사들만을 보고 실망한 식민지배자들과, 곧바로 예속되어버린 온순한 성격의 인디언 주민들 사이에서 오늘날의 파라과이 사회의 기반이 된 전반적 혼합의 시대가 펼쳐졌다. 또 식민지배자들은 대체로 과라니어를 알고 있었다. 그러나 그들은 인디언들을 착취하고 계속하여 학대함으로써 폭동을 야기하였고, 이에 스페인왕은 위기를 벗어나기 위해 레두시온 제도,[41] 곧 선교사들의 관리하에 도시 주변의 넓은 지역에 인디언들을 수용하여 통제하는 제도를 수립하였다(Villagra-Batoux, 1996: 183~218 참조). 그곳에서 인디언들은 왕의 예속민으로 '전락'하였으나 동시에 사제들에 의해 예속상태에서 벗어났다. 인디언들을 개종시킬 수단을 찾던 사제들이 그들을 식민착취자들, 말하자면 일부 스페인 사회로부터 격리시켰기 때문이다. 인디언들은 떠돌이 생활, 이교도 생활, '게으른 생활'을 청산하도록 '인도'되었다. 그들은 먼저 1575년부터 프란체스코회 수도사들

---

39) 엥코미엔다(*Encomienda*). 스페인 국왕이 스페인령 아메리카 인디언들의 지위를 규정하기 위해 만든 제도로서, 16~18세기 아메리카 대륙의 스페인령 식민지에서 행해진 봉건적 원주민 통치제도를 말한다.

40) 차코〔그란차코(Gran Chaco)〕. 남아메리카 중부에 있는 대평원. 아르헨티나, 볼리비아, 파라과이에 걸쳐 있으며, 사바나 기후로 대부분의 지역이 관목수림이나 초원을 이룬다.

41) 레두시온(*Reduccion*). 식민지배자들이 라틴아메리카에 세운 인디언 공동체. 인디언들을 기독교로 개종시키고 그들을 보호하며, 그들에게 더 나은 경작법과 간단한 기술을 가르치기 위해 만들었다. 그 대신 인디언들은 엄격한 통제를 받거나 여러 가지 농경사업에 노동력을 제공해야 했다. 가장 유명한 레두시온은 예수회 선교사들이 파라과이에 세운 것들이었는데, 예수회는 레두시온에서 1610~1767년 사이에 약 70만 명의 인디언을 개종시켰다. 또 예수회는 외세, 특히 스페인인들의 간섭으로부터 인디언들의 영토를 보전하고자 했다. 1767년 예수회 교단이 탄압을 받은 뒤로 레두시온은 대부분 폐허가 되었다.

의 관리를 받다가 1605년부터 예수회 수도사들에게 넘겨졌다.

같은 시기에 유럽의 여러 궁정에서는 기독교화를 위해 어떤 언어를 사용할지 의견이 분분했는데, 예수회 측은 '라틴어 지지자'보다 '지역 토착어 지지자' 쪽에 찬성하는 태도를 보였다. 이러한 점에 대해 자신의 부왕(父王)보다 더 관용적이었던 펠리페 2세[42]는 인디언들에게 카스티야어 사용을 폭력으로 강요함으로써 자신들의 언어를 버리도록 강제하지 말 것을 권했는데, 이 같은 왕의 태도에 예수회 수도사들은 용기를 얻었다. 레두시온의 강화, 선교사들과 인디언들의 긴밀한 관계, 그리고 이전 제도하의 가혹한 취급을 대신하는 복음화의 욕구는 결과적으로 과라니어의 숙달을 필수적인 것으로 만들었고, 다른 예수회 수도사들이 멕시코에서 택했던 것과는 상당히 다른 언어정책을 유도하였다. 과라니어는 얼마 지나지 않아 일상생활에서 스페인어와 거의 동등한 위치를 차지하게 되었다.

라틴어의 과거와 역사에 크게 영향을 받고 있던 당시의 문화적 상황에 비추어 볼 때, 이러한 사실은 또한 과라니어의 문자표기 가능성을 의미하는 것이었다. 카스티야어가 라틴어로부터 문자로 기록되는 위세를 물려받았으며, 동시에 라틴어로부터 이러한 위세를 빼앗은 언어로 인식되었던 만큼 이러한 상황은 더욱 놀라운 것이었다. 아름답고 섬세한 언어인 과라니어에 매료된 예수회 수도사들은 이 언어에 교양 있는 인디언 고유어의 문학적 품격을 부여했다. 마침내 이 '예수회 과라니어'(*guarani jesuítico*)는 예수회 수도사들에 의해 주 전체에서 유일한 공용어로 승격되기에 이르렀다. 그들의 체제하에서 과라니어만이 학교의 모든 교과목에서 유일한 교육용 언어로 남았다. 예수회 수도사들은 도미니쿠스수도회[43] 수도사 루이스 데 볼라뇨스의 표기전사(轉寫) 체계

42) 펠리페 2세(Felipe II, 1527~1598). 신성로마제국 황제 카를 5세의 아들. 제7장 주 88 참조.

43) 도미니쿠스수도회. 1215년 스페인의 가톨릭 성직자 도미니쿠스(1170~1221)

를 유지하면서, 과라니어도 많은 유럽언어들처럼 확고한 지위를 보장받을 수 있게 해주었다. 그런데 언어의 지위가 확고하지 않으면 얼마나 큰 피해를 입게 되는지는 앞에서 언급한 바 있다. 곧 예수회 수도사들이 한 일은 여러 가지 방언 변이형들 가운데 권위를 가지게 될 한 언어의 형태를 정하는 표준화 작업이었다.

예수회 수도사들이 떠나면서 황금시대는 끝나고, 18세기 말에 새로운 시대가 열렸다. 19세기 중반에는 전혀 다른 정책이 펼쳐졌는데, 파라과이를 근대화와 유럽 자본주의의 생산방식에 개방하려는 자유중상주의는 중등학교에서 과라니어를 서둘러 추방하고 스페인어만을 장려하게 되었다. 그러나 과라니어의 멋지고 극적인 운명이 보여준 또 다른 역설은 1870년부터 이 언어가 다시 살아났다는 사실이다. 파라과이의 경제성장에 불안감을 가진 데다 영국의 선동에 영향을 받은 이웃나라들, 곧 아르헨티나, 브라질, 우루과이가 서로 동맹하여 이 나라의 국민을 말살하려 한 끔찍한 삼국동맹전쟁에 대한 반동으로 또 다시 새로운 운명을 맞게 되었던 것이다.[44] 국민말살 의도에 언어를 말살하려는 의도도 뒤따르게 되는데, 미국의 이권을 대표하던 한 사람은 과라니족과 그들의 '악마의 언어'를 말살할 것을 권하기도 했다(Villagra-Batoux, 1996: 276~277쪽 참조).

20세기의 대부분 기간 동안, 특히 다른 독재정부들에 이어 1954년부터 1989년까지 나라를 통치하던 군사독재체제하에서,[45] 과라니어는 학교에서건 공식적 자리에서건 1575년부터 1768년까지 누렸던 찬란함을 전혀 누릴 수 없었다. 따라서 1992년의 사건을 성취만큼이나 혁명

가 설립한 탁발수도회. 정통신앙을 옹호하고 신학의 학문적 중요성을 인식하였으며, 복음의 세계적 전파를 목적으로 삼았다.

44) 1865~1870년 사이에 전개된 이 전쟁은 파라과이의 정체성을 유지하는 수단으로서 과라니어를 지키고자 하는 국민의식을 강화하는 계기가 되었다.

45) 여러 차례 독재정권의 부침이 있은 뒤, 1954년 군부쿠데타 후 알프레도 스트로에스네르(1912~2006)가 집권해 1980년대 말까지 권력을 유지했다.

으로 간주해야 하는 이유가 있다. 이 사건이란 신(新) 헌법 제 140조에 따라 과라니어가 스페인어와 함께 파라과이의 공용어가 된 일을 말한다. 그리고 동법 제 77조는 2개 국어로 교육할 것을 규정하고 있다. 2년 뒤 교육개혁자문위원회의 심의에 따라 파라과이의 모든 학교에서 2개 국어 교육을 하게 되었고, 파라과이는 현재까지 아메리카 인디언 언어에 이와 같은 지위를 부여한 유일한 라틴아메리카 국가가 되었다.[46] 과라니어를 사용하는 사람들이 많기는 하지만,[47] 이러한 혁신은 불가피한 투쟁요소로 간주해야 한다. 왜냐하면 현대사회 상황에서 모든 아메리카 인디언 언어는 예외 없이 소멸위험에 노출되어 있기 때문이다.

한 가지 중요한 사실을 덧붙이자면, 파라과이에서 가까운 한 나라에서는 인디언 언어들이 같은 특권을 누리지 못했다는 점이다. 우루과이는 라틴아메리카의 모든 국가들 가운데 유일하게 인디언이 존재하지 않는 나라이다. 원주민들이 절멸되었기 때문인데, 특히 차루아족은 1831년 리베라 장군이 파놓은 치명적 함정에 빠져 몰살을 당했다. 그렇지만 인디언 언어의 흔적들은 많이 남아 있는데, 우선 과라니어인 국명 자체에서도 나타난다(이 언어로 uruguá는 '달팽이'를, y는 '큰 강'을 뜻한다). 오늘날 우루과이의 모든 언어가 과라니어와 친족관계에 있는지는 의심스러운데, 과라니어의 흔적이 지명에 남아 있는 것은 많은

---

46) 이러한 움직임은 파라과이에만 있었던 것은 아닌 것 같다. 남아메리카의 일부 국가는 언어적 소수민족의 정체성을 보호하기 위해, 소수언어로 전락한 토착어들을 사용할 수 있는 권리를 법령으로 인정해왔다. 예컨대, 페루는 1975년 3월 '법령 21호'를 통해 케추아어를 국가의 한 공용어로 삼았으며, 케추아어 교육은 모든 수준의 교육에서 의무적인 것이 되었다. 또 볼리비아의 경우 1992년 1월에 공포된 '최고법령 23036호'에 과라니, 아이마라 및 케추아 공동체들에서 '이(異)문화간 2개 국어 교육프로그램'의 실행조항이 들어 있다(Fernand de Varennes, "To speak or not to speak", *The Rights of Persons Belonging to Linguistic Minorities*, 1997 참조).

47) 제 8장 주 8 참조.

수의 과라니족 사람들이 예수회 수도사들이 추방되자, 그들이 운영하던 레두시온을 떠나 곳곳으로 이주했기 때문일 것이다(Pi Hugarte, 1998 참조). 그러나 수렵생활을 하는 수많은 인디언 부족들이 있었음이 확실하다. 때로 차루아어와, 역시 사라진 언어인 차나어와 관계있는 것으로 보이는 룰레어든 빌렐라어든, 아니면 선교사들이 작성한 간단한 어휘목록 외에 다른 흔적을 찾아볼 수 없는 언어들에 관계되든 간에, 그들의 언어는 사용자들과 함께 사라져버렸다.[48]

언어사용자들의 개입

언어사용자들의 개입이라는 말은, 위협을 받는 자신의 언어를 장려하는 데 유리하도록 공동체가 자발적으로 개입하는 것과, 마찬가지로 언어사용자들의 관심을 끌기 위해 외부에서 시도한 일로 받아들여야 한다. 따라서 여기에서 문제되는 것은, 소생 또는 활력회복이라는 어느 정도는 불가피하게 인위적일 수밖에 없는 작업이다.

많은 언어들이 겪은 위험을 인식함에 따라 수립된 언어소생 프로그램들은 세계 곳곳에 많다. 여기에서는 북아메리카와 라틴아메리카에서 볼 수 있는 몇 가지 보기를 검토해 볼 것이다.

미국과 캐나다

'유에스잉글리시'(*US English*)와 인디언들의 반발

영어 외의 언어들이 가장 큰 위협을 받는 대륙들 가운데 하나인 북아메리카에서, 상당히 이상해 보이는 현상에 따라 원주민들의 의식화

---

48) 차루아족(*Charrúas*). 우루과이의 가장 규모가 큰 아메리카 인디언 가운데 하나. 소멸한 언어들인 차루아어(*Charrúa*)와 차나어(*Chaná*)를 사용했다. 룰레어(*Lule*)와 빌렐라어(*Vilela*) 역시 이미 소멸한 언어들이다.

가 어느 정도 촉발되었다. 우리가 알고 있듯이 미국에는 공용어(들)가 없으며(진부한 표현을 즐기는 사람들이 흔히 말하듯이 '앵글로색슨족의 실용주의' 전통일까?), 영어는 단지 법이 아닌 관습에 따라서 압도적 우위를 차지하고 있을 뿐이다. 적어도 1980년대 중반까지는 그랬다. 사실 그때부터, 처음에는 이민에 반대하는 부모들의 (인종차별적?) 단체에서 1983년에 비롯한 '유에스잉글리시'로 불리는 운동이 시작되었다.

이 운동은 전국에 걸쳐 많은 사람들이 가입하게 되고, 영어가 연방 차원에서 공용어의 지위를 얻게 되기를 기대하면서, 법으로 영어를 공용어로 인정하도록 정부에 압력을 가했다. 이 운동이 명시적으로 밝힌 의도는 '영어와 경쟁관계에 있는 이주민의 언어들이 법제화되는 것'을 막는 것이었다. 유에스잉글리시 프로그램의 한편에는 '세계 어느 곳에서도 사용되지 않는' 언어들에 관해 '지적 의무'로서 '아메리카 원주민의 언어들'을 보존한다는 내용이 있었다(Zepeda and Hill, 1991). 그런데 역설적으로 이러한 내용은 의도적이든 아니든 전혀 알려지지 않았다. 이에 인디언 공동체들은, 유에스잉글리시 운동이 2개 국어 교육프로그램에 재정적 지원을 하는 데 반대하면서 아메리카 인디언 언어들을 위협하고 있다는 생각만을 하게 되었다.

이러한 식으로 유에스잉글리시 운동은, 헌법개정을 통해 영어를 미합중국의 공용어로 삼게 되지 않을까 두려워한 인디언들이 자신들의 언어를 위하여 많은 행동을 하게끔 한 간접적 원동력이 되었다. 물론 유에스잉글리시 프로그램이 이러한 모든 행동의 유일한 원인은 아니다. 어찌 되었든 1990년에 수족, 치페와족, 유트족, 야키족, 하바수파이족, 아파치족, 나바호족 등의 통치기구들은, 각 주정부 및 미국 연방정부와 정부 대 정부의 관계를 유지하는 주권을 가진 민족이라는 법적 지위에 근거하여, 여러 가지 언어 관련 조치들을 채택하였다. 이러한 조치들을 집행한 결과 인디언 언어는 부족의 공용어로, 영어는 제2언어로 통하게 되었다. 우여곡절 끝에 인디언들은 상·하원 의회로

하여금 '아메리카 토착어법'[49]을 의결하도록 하기에 이르렀다. 이 법은 아메리카 원주민 언어들(알래스카, 하와이, 미국령 태평양 제도〔미크로네시아〕의 언어들 포함)의 보존, 보호, 장려를 보장하고, 이 언어들을 사용하고 실제 사용범위를 확대시켜 나갈 권리를 인정하고 있다. 캐나다 정부는 이와 유사한 조치들을 앞서 취하였다.

모호크어의 소생

이상적인 것은 공식적 채택과정을 거쳐 이렇게 권장된 기본원칙들이다. 이 원칙들이 실제로 적용된다면, 구할 수 있는 것을 구해 내는 데 물론 기여하게 될 것이다. 그러나 언어사용자들이 심각하게 위협받는 자신들의 언어를 지키기 위해 실제적으로 개입하는 몇 가지 사례를 검토해 보는 것이 유익할 것이다. 먼저 백인들과 17세기에 접촉하기 시작한 부족인 이로쿼이족의 언어인 모호크어부터 보기로 하자. 이 언어를 사용하는 사람들은 그들의 유창한 언어 솜씨와 고상한 언어 취미로 잘 알려져 있었다. 그러나 북아메리카의 많은 수의 다른 언어들과 마찬가지로 모호크어는 1970년대 초에 이르러 공개석상에서 더 이상 거의 들을 수 없게 되었으며, 아마도 연장자들만이 사적으로 여전히 사용하고 있었을 것으로 보인다. 1972년 퀘벡에 살던 모호크족의 주요 대표들은 연구자들이 제작한 교과서들을 이용하여 가흐나와게[50]에서 학교 몰입교육 체계를 조직하였다(아래 '언어학자들의 임무' 참조). 어

---

49) 아메리카 토착어법(*Native American Languages Act*). 1990년 10월 P.L. 101-477로 가결되었다. 이어 1992년에 가결된 'P.L. 102-524 아메리카 토착어법'은 아메리카 원주민들이 아메리카 토착어를 사용하고 발전시켜 나갈 자유와 권리를 보호하고 증진하고자 하는 것이었다. 이로써 아메리카 토착어의 존속을 보장하고 이 언어들의 생명력을 지속시키고자 했다. 2006년 4월에는 이 법의 개정이 있었다(Native American Languages Act Amendments Act of 2006) (P.L.은 *Public Law* '미국 공법'을 뜻함).

50) 가흐나와게(Kahnawà:ke). 캐나다 퀘벡 세인트로렌스 강 남쪽 기슭에 있는 인디언 보호구역.

른들은 그들끼리는 모호크어를 쓰기로 결정하였다. 그러자 곧 아이들도 이 언어에 자기 민족 고유의 자산이 담겨 있다고 익숙하게 여기게 되었다. 이는 모호크어 학습이 영어학습에 장애가 되지 않고, 퀘벡에서 대개의 경우 일거리를 찾기 위해 필요한 프랑스어 학습에도 방해되지 않는다는 증거가 되었다. 사실 아직도 할 일이 많이 남아 있다. 하지만 심리적 문턱을 넘어섰으니 소멸상태의 이 언어를 구하기 위한 투쟁은 제대로 궤도에 오른 것이다.

후알라파이어와 피치 스프링스의 실험

북아메리카의 또 다른 언어인 후알라파이어는 대규모 호카수어파의 유마어군[51]에 속해 있고 예전에 콜로라도 강 하류 유역에서 사용되었던 언어다. 이 언어는 1975년부터, 언어의 쇠퇴가 우려할 정도로 진행되는 것을 억제하기 위한 대책으로 시행된 2개 국어 교육프로그램의 대상이 되었다. 1980년대 그랜드 캐니언 남서쪽 주변, 북부애리조나 주에 있는 소도시에 사리잡고, 그 이름을 따서 이름 붙인 피지 스프링스[52]의 실험은 도처의 미국 인디언들에게 잘 알려지게 되었다. 이 프로그램이 시행되었을 때 후알라파이족의 약 절반은 영어를 제 1언어로 삼고 있었다. 상황이 개선된 것 같아 보이지만, 관계자들의 아낌없는 노력, 헌신과 능력에도 불구하고 연방정부의 재정지원이 계속 감소하는 점은 부정적 요소로 작용하고 있다(Zepeda and Hill, 1991: 146 참조).

---

51) 후알라파이어(*Hualapai*). 사용자 수천 명으로, '취약' 단계로 분류되어 있다. 유마어(*Yuma*〔*Quechan*〕). 사용자 수 150~2백 명으로, '위험' 단계로 분류되어 있다.

52) 피치 스프링스(Peach Springs). 후알라파이족 보호구역에 자리잡고 있으며, 후알라파이족의 행정중심지 기능을 하고 있다. 후알라파이족은 미국 애리조나 북서부 산악지대에 거주하는 아메리카 원주민이다.

과테말라, 니카라과

현재 사용되는 20여 개의 마야언어들 가운데 유카텍어, 키체어, 케크치어, 칵치켈어, 맘어 등 다섯 가지 언어만이 40만에서 100만 명의 사람들이 사용하는 비교적 탄탄한 언어들로 보인다. 과테말라의 마야족은 이 언어들을 공고하게 하는 한편, 훨씬 더 불안정한 상태에 놓여 있는 다른 모든 언어들을 보존하기 위해, 1980년대 초 나라를 황폐하게 만든 내전이 끝난 뒤[53] 마야어 아카데미를 설립했으며, 국가는 1991년 이를 공식적으로 인정했다. 마야어족 언어 전체에 통용될 알파벳이 고안되어 대통령령으로 합법화되었다. 이밖에도 마야족 지도층이 언어 표준화 작업을 할 수 있도록 하기 위해, 그들에게 언어 관련 교육을 할 목적으로 설립한 다른 기관들도 있다.

니카라과에서는 라마어[54]의 경우가 주목할 만하다. 치브차어족에 속하는 라마어는 1980년대 중반에 약 25명이 사용하고 있었는데, 19세기 후반에 모라비아 교회 선교사들의 영향으로 영어로 이행하는 과정에서, 이 언어를 사용하던 사람들에게조차 심한 경시를 당한 언어다(Craig, 1992: 참조). 산디니스타 혁명정권[55]은 스페인어로 일반교육을 장려하고자 한 데 이어, 대서양 연안 주민들의 요구에 맞추어 그들에게 자치권을 부여했다. 이러한 요인은 유리하게 작용하는 것이기는 했지만 충분하지는 않았는데, 여기에 언어사용자들이 가세하였다. 특히 라마어에 매료되어 이 언어가 사라지는 것을 막기 위해 자신의 모든 힘을 쏟아 부은 한 여성의 활약이 눈부셨다. 그러나 이 여성은 이 언어의 타고난 사용자는 아니었다![56]

---

53) 과테말라에서 1986년 민간인 통치가 다시 확립될 때까지 반복된 정치테러리즘과 일련의 쿠데타를 말한다.

54) 197쪽 참조.

55) 산디니스타(Sandinista). 니카라과 정치·군사조직으로 산디니스타 민족해방전선(FSLN)의 일원이다. FSLN은 1979년 아나스타시오 소모사 데바일레 대통령을 몰아내고, 1979~1990년 니카라과를 통치했다.

언어학자들의 임무

언어학자들 또는 적어도 전 세계에서 사용되는 실제 언어들에 관심을 가지는 언어학자들이라면, 당연히 언어의 죽음에 가장 관심을 가지지 않을 수 없다. 언어의 죽음의 문제는 언어학자들의 관심을 사로잡아 다양한 언어학 연구의 중심에서 새로운 주제가 되었으며, 이미 많은 연구와 학술모임의 대상이 되었을 정도이다. 이러한 까닭에 모든 곳에서 일어나는 많은 수의 언어의 소멸이라는 재앙에 대한 투쟁과정에 언어학자들이 수행할 수 있는 기능은 분명 상당한 것이다. 이 언어학자들의 임무는 이제 살펴보고자 하는 것처럼, 엄밀한 의미의 언어학 차원의 작업과 언어사용자들을 대상으로 한 실제 행동의 두 가지 차원에서 실행된다.

전문 언어학자의 일상임무와 언어 사용현장에 대한 의무

학술작업들

언어학은 모든 학문들과 마찬가지로 이론적 모델들을 제시한다. 그러나 언어학 역시 그 모델들이 쓸모없게 될 위험을 무릅쓰고 그것들을 시험대에 올려놓아야 한다. 어떤 언어학자들은 언어 고유의 실체를 끝없이 연구하면서 언어이론을 발전시켜 간다. 이들처럼 전문 언어학자이자 곧 이론가이기도 한 다른 언어학자들은 개별언어를 다루는 언어

---

56) 한편 유네스코는 중앙·남아메리카 언어들의 쇠퇴를 막기 위해 다양한 사업을 펼치고 있다. 멕시코 유카탄 반도의 마야어 구승 전통 발전 계승(2006~2007년), 브라질의 3개 원주민 공동체 언어 기록사업(2007년), 라틴아메리카 언어정책 비교연구(2004~2006년), 과테말라 이트사어(*Itza*) 부흥계획(2002~2004년), 파나마 나소어(*Naso*) 부흥계획(2002~2004년), 아르헨티나 토바어(*Toba*) 부흥계획(2002~2004년) 등을 들 수 있다("유네스코위기언어보호계획" 참조).

학을 수행하고 옹호한다. 이 언어학은 보편적 언어특질의 연구와 일반적 언어활동을 다루는 언어학의 전제조건인 동시에 귀결인 것이다.

이를 위해서는 많은 언어들이 처한 현실을 특히 현장에 머무르면서 맞닥뜨리는 것이 필요하다. 깊이 생각하고 구상하기 위해 머물러 있는 연구실에서와 마찬가지로 현장에서 언어학자를 기다리는 일상적 임무는 다양하다. 언어자료 제공자들에게서 알게 된 요소들을 기준으로 음운론, 문법, 사전, 전래이야기 모음집, 더 넓게 말해 구전문학 모음집을 작성해야 한다. 그런데 해당언어가 인정된 문자체계를 가지고 있지 않은 경우에는 가장 의욕적인 자료제공자들의 도움을 받아 언어학자 스스로 정한 표기법에 따라 자료들을 전사(轉寫)하게 된다. 언어학자의 임무 가운데 철자법에 관련된 이 측면은, 언어학자가 해당주민들에게 제공하는 것으로 보이는 이 협력이 얼마나 중요한 것인지를 명백하게 보여준다. 실제로 언어학자가 힘들여 만든 철자법은 보통 학술적 목적으로 만들어지기 때문에 모든 음성표현을 세세하게 기록하지 못하고 변별적인 것만을 기록하게 된다. 그리고 언어자료 제공자들은 흔히 이 철자법을 자신들의 언어를 기록하고자 하는 욕구를 충족해 줄 모델로 삼는다.

시간에 맞선 절박한 싸움

한 언어가 위협을 받고 있음을 알게 되면, 언어학자는 모든 연령대에서 아주 많은 사람들이 사용하는 언어보다 더 특별히 이 언어를 기술하고자 한다. 더 이상 자연스럽게 대화를 나눌 사람이 없어 이 언어로 쉽게 말하려 하지 않는 노인의 입에서, 그가 아직 말할 수 있는 마지막 문장들을 수집하는 일은 흥분케 하는 일인 만큼 고통스러운 일이다. 그리고 이 언어학자가 다시 그곳에 갔을 때, 그는 흔히 그 나이 든 언어자료 제공자가 더 이상 살아 있지 않으며, 따라서 그 노인이 그때까지 기억하고 있던 것을 언어학자에게 전달해 줄 수 없게 되었음을 알게 된다. 위협을 받는 언어가 발생학 차원에서 유리되어 있을수록(말하자면 동일한 어족 안에서 친족관계가 없을 때), 또한 유형학 차원(말하자면 언어가 보여 주는 구조적, 음운론적, 문법적, 또는 어휘적 유형을 드러내 주는 유일한 증거)에서 유리되어 있을수록 언어가 소멸하기 전에 그 언어를 기술하는 것이 그만큼 더 절박하다.

그러나 언어학자의 언어기술이 그저 학문에만 유용한 것은 아니다. 이러한 극적 현실에 대한 자각은 이미, 될 수 있는 한 빨리 행동하게 하는 충분한 이유가 될 수 있을 것이다. 이를테면 언어학자들이 죽음의 위협을 받는 아직 알려지지 않은 아주 많은 언어들을 서둘러 탐구하려 하지 않는다면, 언어학이란 단지 자신의 연구대상 자료의 50%~90%가 사라져 가는 것을 그저 바라만 보는 학문에 지나지 않게 될 뿐이다. 수행해야 할 일들 가운데 한 가지 보기만 들어보자. 인도네시아가 네덜란드 식민지였던 시기에 레이덴[57] 및 네덜란드의 다른 대학들의 언어학자들이 수행한 훌륭한 많은 연구업적에도 불구하고 약 670여 개의 인도네시아 언어들 가운데 단 6%만이 제대로 알려져 있다는 점을 언급하는 것으로 충분하다. 그러나 서둘러 움직이게 하는 이러한 긴급한 이유에 또 다른 이유를 덧붙일 수 있다. 곧 많은 경우에 언어학자가 현지에 와서 특정언어에 대해 연구를 진행하기 이전에는 그 언어가 결코 기술된 적이 없어, 언어학자가 남긴 연구들만이 이 언어에 대해 유일하게 존재하는 증거들이라는 점이다. 언어학자의 연구작업이 없다면 그의 연구 이전에 알려지지 않은 채 소멸의 길에 접어든 언어는 망각의 늪에 빠져 들어갈 것이고, 그 언어가 표현해 내는 모든 문화도 더불어 사라질 것이다.

---

57) 레이덴(Leiden). 네덜란드 서부 조이트홀란트 주의 도시. 레이덴대학에는 왕립 언어학 및 인류학 연구소가 있다.

증거들이 갖는 각별한 사명과 기록매체들 : 책, 음성기록, 인터넷

언어학자의 작업이 이렇게 중요한 의미를 갖는 이유는 바로 이 때문이다. 그의 작업은 소생이 가능하도록 해주는 씨앗이다. 달리 말하면 이 작업으로 심각하게 위협받는 언어를 소멸에서 구해내지는 못한다 하더라도, 언어를 되살리고자 하는 강력한 의지표명이 있는 한 재생의 입김을 불어넣어 줄 수 있는 요소들을 마련해 줄 수 있다는 것이다. 물론 언어학자의 작업들이 소멸된 언어에 박물관의 소장품과 같은 보존의 특성을 줄 뿐이라고 주장할 수도 있을 것이다. 그러나 모든 언어학자는 원칙적으로 자신이 쓰는 책 이외에 음성기록 또한 사용한다는 점을 잊어서는 안 된다. 물론 이러한 기록매체들 또한 물질적인 것이기 때문에 언젠가는 손상될 수 있지만, 어쨌든 이 자료들은 충분히 오래가는 것이며 이를 사용하고자 하는 사람들에게는 중요한 것이다. 오늘날 기록매체들은 인터넷 사이트라는 새로운 매체의 등장으로 그 수가 늘어나는데, 이 매체에 대해서는 이 책의 결론에서 언급할 것이다.

표준화 노력에 참여하기

언어정책 책임자들은 종종 언어학자들에게, 특히 다언어 사용 국가에서 다양한 사투리를 총괄하는 방언규범을 조정하고 장려하는 데 필요한 작업에 대한 의견을 밝히거나 제안을 해줄 것을 부탁한다. 이러한 작업은 위협받는 언어가 살아남는 데 유리하게 작용하기도 한다. 예컨대 과거에 '호텐토트어'로 불렸던 남아프리카연방공화국[58]과 나미비아의 코이코이어군[59]의 언어들은 동인도회사[60]가 아프리카 흑인들

---

58) 남아프리카연방공화국. 19세기에 네덜란드계(系) 남아프리카인인 보어인(*Boer*)이 세운 나라로 지금의 남아프리카공화국 자리에 있었다. 1838년 개척자들이 처음 나라를 세웠으며, 1860년 보어연합공화국에 남아프리카(연방) 공화국이라는 이름을 붙였다.

59) 코이코이어군(*Khoikhoin languages*〔호텐토트어군, *Hottentot languages*〕). 아프리카 코이산어족에 속하는 어군. 코이코이어군의 두드러진 특징은 코이산어

에게 네덜란드어를 강요하기 시작한 이래(17세기 말) 근근이 유지되고 있었다. 혀 차는 소리들(공기를 빨아들이면서 발음되는 자음들: 278~280쪽 참조)로 이루어진 이 흥미로운 언어들을 식민지배자들은 그저 배에서 나는 꾸르륵 소리나 미개인들의 딸꾹질 소리 정도로 생각했다.

오늘날 이 어족에서 유일하게 살아남은 언어들은 나마어와 다마라어[61]인데 이들은 서로 상당히 유사하다. 아직도 약 12만 5천여 명이 이 언어를 사용하고 있지만 아프리칸스어[62]와 영어의 압력 때문에 위험에 처해 있다(Haacke, 1989 참조). 두 언어 가운데 더 널리 퍼져 있는 나마어의 사용자들 가운데 많은 이들은 이 언어가 유사한 2개의 언어로 나뉘어 있기 때문에 위세가 없으며, 이 언어 때문에 그들이 고용시장에서 불리한 위치에 놓여 있다고 생각하면서 이 언어를 사용하지 않고 있다. 언어학자들의 행동만이 이 언어들의 표준화를 권장하면서 두 언어 가운데 더 널리 퍼져 있는 나마어가 살아남을 수 있게 도와줄 수 있을 것이다.

언어학자는 또한 신어 생성의 임무를 종종 수행한다. 언어사용자들의 명확한 요구가 있든지 또는 언어학자 스스로 필요성을 느끼든지 간에, 언어학자는 어휘를 적합하게 만들 필요성과 연구대상 언어의 단어 생성규칙에 대해 자신이 가지고 있는 지식에 따라 새로운 용어들을 제

족에 속하는 모든 언어와 같이, 입 안에서 공기를 빨아들이며 내는 소리인 설타음을 폭넓게 사용한다는 점이다.

60) 동인도회사(East India Company). 영국이 인도 및 동아시아 지역과 무역을 촉진하기 위해 설립한 회사.

61) 나마어(*Nama*). 나미비아 남부의 건조지대에 사는 코이코이족인 나마족(*Nama*)이 사용하는 언어.
다마라어(*Damara*). 나미비아 다마라란드에 살던 베르그다마라족(*Bergdamara*, 다마라족)이 사용하는 언어.

62) 아프리칸스어(*Afrikaans*). 남아프리카공화국의 서게르만어 공용어(남아프리카 네덜란드어). 남아프리카공화국이 네덜란드의 식민지가 되었을 때 함께 들어온 네덜란드어가 독자적으로 발전하여 이루어졌다.

안해야 한다. 현지언어들을 기술하기 위해 멀리 떨어져 있는 나라들을 방문한 언어학자들에게, 현지의 통치당국은 많은 분야에서 현대적 학술용어를 구축하는 작업에 기술적 협력을 해줄 것을 때로 요청한다.[63)]

언어사용자들에 대한 행동

의식화를 위한 도움

우리는 언어사용자들이 종종 어떤 효과적 행동을 시도하기에는 너무 늦은 때에야 비로소 자신들의 언어가 처한 위험에 대해 인식하게 된다는 것을 알고 있다. 언어가 불안정해지고 쇠퇴하는 징조(제6장 참조)를 알아차린 언어학자는 자신이 지켜 본 과정을 가능한 한 빨리 언어사용자들에게 알려야 할 의무가 있다. 집단의 구성원들이 자신들의 언어를 살리기 위해 2개 국어 교육계획을 수립하기로 결정할 때, 그들을 적극적으로 도와주는 대부분의 언어학자들은 이 점을 이해하고 있다. 그때 언어학자들은 그들이 자신들의 언어를 존중하고 자랑스럽게 여기도록 돕는 것이다.

의식화를 돕는 가장 좋은 방법들 가운데 하나는 오직 언어사용자들 사이에 전문 언어학자들을 양성해 내는 것이다. 또한 언어학자들이 현장을 아주 떠날 때, 물론 그곳을 다시 방문할 계획이 있을 때라도, 언

---

63) 아프리카의 지역언어들을 보호하기 위한 움직임은 각종 기구에 의해 다각도로 전개되고 있다. 예컨대, 유네스코는 카메룬 NANALCO 응용과학연구소의 '아프리카 비문자언어 표준화 사업'(BASAL, 2004~2006년)을 언어보호활동의 양호사례로 들고 있다. 이 사업은 문자로 표기되지 않는 아프리카 지역언어들에 대해 문서화, 문해교육, 교재개발, 지역언어 활동가 양성 등을 주요 목표로 하는 것이었다(제8장 주 6 참조). 한편 유네스코가 근래 아프리카 지역에서 진행한 관련사업도 10여 가지에 이른다. 사하라 이남 아프리카 지역언어 및 구어 전통 보존사업(2005~2007년), 부르키나파소의 실랑카어(*Sillanka*) 보호 및 재생사업(2007년), '아프리카 언어 아카데미(ACALAN) 지원사업' 등을 들 수 있다("유네스코위기언어보호계획" 참조).

어 기술능력을 갖추고 그들 스스로가 타고난 화자들이라는 이점을 겸비한 숙련된 언어자료 제공자들에게 계획이 계속 진행되도록 부탁하는 것도 많은 언어학자들이 해야 할 일이다. 학술작업을 진행하는 외국인 언어학자는 자신의 나라에서 그의 작업을 평가할 언어학자들에게 이를 제출하고자 한다. 그는 자신의 대학 내 승진에 마음을 쓰는 것이다. 그러나 그는 자신이 기술지식을 전해 준 원주민 전문가들뿐만 아니라 현지주민들에게도 또한 관심을 기울여야 할 의무가 있다. 바로 이러한 이유로 전문학술용어를 사용하지 않을 수 없다는 것을 받아들여야 한다 하더라도, 그가 작성한 기술들을 적어도 어느 정도는 읽을 수 있도록 하는 것이 중요한 것이다. 위협받는 언어들에 대해 조사하는 많은 현장 언어학자들은 마찬가지로 어린이 교육을 위해 작성한 교재들을 원주민들에게 남긴다. 이처럼 역설적으로, 최상의 언어자료 제공자들은 자료를 제공하고, 이를 해석하여 체계화하도록 교육받은 언어학자는 자신들의 언어를 잊어 가는 대다수 원주민들의 교육을 위한 토양으로 이들 다시 활용한다! 위험에 처한 자신들의 언어를 되살리기 위한 프로그램을 내놓을 수단이 없는 언어사용자들은, 그 언어가 잊히지 않도록 하기 위해 언어학자가 기술(記述) 자료를 만들어 남기는 것을 때로 높이 평가한다. 예컨대, 파푸아뉴기니의 이마스족[64] 이 이러한 경우에 해당한다.

소생을 위한 도움

드물기는 하지만 입증된 몇 가지 사례를 보면 언어학자의 행동은 잊혀진 언어를 되살리는 데 중요한 기능을 하고 있다. 뉴기니의 세피크 동부 지방의 파푸아어인 우라트어[65] 는 톡피신어에 밀려 점점 쓰이지

64) 이마스족(*Yimas*). 파푸아뉴기니의 동부 세피크 지방에 거주하는 종족. 그들이 사용하는 이마스어는 어순이 어느 정도 자유로운 포합어(抱合語)이다. 톡피신어로 대치되고 있다. 제 8장 주 44 참조.

않게 된 상태였다. 그러나 이 지역에서 활동해 온 언어학자들은 언어 사용자들이 우라트어의 가치를 재평가하도록 하기 위해 많은 활동을 했고, 그 결과 이 언어는 일종의 새로운 개화기를 맞았다. 또 다른 경우는 아타카메뇨어의 경우인데, 이 언어는 과거에 칠레 북쪽에 있는 같은 이름의 사막지역에서 사용되었다. 외부 연구자들은 19세기 후반부터 소멸의 길에 들어선 이 언어가 일상생활에서 사용될 수 있게 하지는 못했지만, 스페인어를 쓰기 위해 이 언어를 저버렸던 원래의 사용자들에게 다시 존중받게 만들었다. 요즘에는 많은 원주민들이 요청받을 경우 이 언어로 단어와 표현들을 말할 수 있을 정도가 되었다(Adelaar, 1991: 50 참조).[66] 이렇듯이 외부인이 기울이는 예기치 않은 관심은 자신들의 언어에 더 이상 믿음을 가지지 않았던 사람들에게 기쁨을 주고, 외부의 관심은 바로 그 기쁨에 의해 기억을 유지시키는 힘을 갖는 것이다.

마야인들의 요구사항

가장 흥미로운 태도들 가운데 하나로 과테말라의 마야인들이 보여준 태도를 들 수 있다. 자신들의 유산이 지닌 문화적 가치를 잘 인식하고 있으며, 자신들을 전문가들에게 이해시키려고 매우 애를 쓰던 한 마야인 집단은 1985년 안티과[67]에 연구소를 설립하고 외국인 언어학자들에게 다음과 같이 세 가지 경고를 하였다. 곧 각 마야어의 내적 분열에 가세하지 말 것, 자신들의 고유어에 대해 작업하면서 언어사용

---

65) 우라트어(*Urat*). 우라트족의 주민 수는 6,280명(2003년)으로, 대부분이 톡피신어를 사용한다.

66) 아타카메뇨어(*Atacameño*〔쿤사어, *Kunza*〕). 아타카마 사막지역에 거주하던 아타카메뇨족이 사용한 언어로 이미 소멸하였다.

67) 안티과(*Antigua*, 안티과과테말라). 과테말라 남서부의 도시. 한때 멕시코시티와 페루의 리마 사이에서 가장 중요한 스페인 식민정부 소재지였다. 스페인 식민지시대의 건축물 유적으로 유명하다.

자들을 고립시키지 말 것, 언어학적 방법론과 지식을 마야 민족과 공유할 것이며 독점하지 말 것 등을 요구하고 있다. 이 집단은 4년 뒤 새로운 연구소를 설립하였고, 언어학을 연구하는 것은 본질적으로 정치적 행위이며 그러한 언어학 연구에 재정지원을 하는 것은 다른 어떤 것보다 정치적 선택에 부합한다고 주장했다. 이 집단에서 가장 단호한 태도를 견지한 한 구성원은 다음과 같이 공개적으로 선언하고 있다(Cojtí Cuxil, 1990: 19 참조). 곧 과테말라에서 자행된 과거 스페인의 식민주의 통치는 마야어들을 종속된 지위에 몰아넣고 사형선고를 내렸다는 것이다. 따라서 언어학자들은 결코 스스로가 중립적이거나 비정치적이기를 바랄 수 없으며, 식민질서에 적극적으로 동조할 것인지, 아니면 모든 공동체들의 권리를 존중하는 새로운 언어질서를 위해 참여할 것인지 양자택일의 상황에 직면해 있다는 것이다.

놀랄 만한 사실 한 가지를 여러 보기들에서 찾아볼 수 있다. 위에 언급한 집단의 마야인들은 '죽이다' 또는 '때리다'를 뜻하는 동사들이 아주 많은 용례에 사용되는 것을 별로 달가워하지 않으며, 이러한 보기들을 드는 언어학자는 자신들의 민족에 살인과 폭력을 자행하는 집단이라는 극히 부정적인 이미지를 부여하는 것으로 판단한다. 그러나 '죽이다' 또는 '때리다'라는 개념은 타동성[68]으로 불리는 문법현상이 연구되는 모든 언어에서 중요한 이점을 가지는데, 언어교육을 받은 마야인들은 이 점을 잘 알고 있었다. 말하자면 이러한 행위에 관여하는 사람들은 누구를 막론하고, '나', '너', '그' 등이 될 수 있으며, 한 사람일 수도 있고 여럿일 수도 있다. 이처럼 문법적 제한이 없기 때문에 순수한 타동성의 구조로 이루어진 문장들을 훨씬 더 쉽게 검토할 수 있다. 이러한 타동성 구조는 동작주(때리거나 죽이는 사람들)가 피동작주(맞거나 살해당하는 사람들)를 결말에 이르기까지 수행되는 과정을 겪게

68) 타동성(他動性). 행동이 객체에 미치는 문법특성으로, 주어가 실행한 동작이 다른 대상에게 영향을 미치는 성질을 말한다.

하는 구조인데, 여기에서 결국에는 어느 경우든 피동작주가 제거되는 것이다! 언어 전문가들의 관심을 끄는 것은 바로 이와 같이 통사적으로 의미 있는 구조들이다. 따라서 형태에 관심을 가지는 것이 정도를 벗어나는 것인가? 언어사용자들은 이러한 관심이 바로 언어학자의 사명임을 쉽게 받아들이지 않는다. 왜냐하면 언어사용자들이 보기에 언어란 문법예문들보다 실제상황을 바탕으로 의미를 생성하기 위해 만들어진 것이기 때문이다.

그러나 마야인들만 이렇게 생각하는 것이 아니었다. 영국 독자들도 마찬가지로 이러한 점에 민감하였다. 이를테면 1970년대 말(Sampson, 1980: 66, 주 1 참조), 상당한 규모의 어느 출판사의 사장은 한 언어학 서적을 판매 직전에 매장에서 모두 회수했다. 왜냐하면 이 책 역시 존(John), 빌(Bill), 메리(Mary)라는 이름을 가진 사람들이 주변사람들을 계획적으로 참혹하게 살해하는 것 말고는 다른 일거리가 없는 상황을 보여주는 예문들을 많이 사용하여 타동성 현상을 설명하고 있었기 때문이다. 따라서 출판사는 이처럼 아주 흔한 이름을 가진 독자들이, 같은 이름의 살인범들이 저지른 연쇄살인행위로 자신들이 받은 모욕감을 배상받기 위하여 소송을 제기할 생각을 하게 되지 않을까 두려워하였다. 소멸위협을 전혀 받지 않는 언어를 사용하는 사람들이, 그러한 의도를 전혀 가지지 않았던 언어학 개론서가 그들에 대해 만들어 낼지도 모를 악마의 이미지에 저항하는 것이긴 하지만, 언어학자가 이러한 태도 앞에서 난감해질 수밖에 없는 것을 이해할 수 있다.

마야인들의 주장과 같은 여러 가지 요구사항이 언어학자들에게 제기하는 문제를 회피할 수는 없다. 언어학자들은 과학적인 엄격한 자세를 바탕으로 사실들을 '객관적'으로 검토하는 데 관심을 가지는 대신, 주관적이거나 규범적인 태도를 가지지 않도록 훈련받은 사람들이다. 또 그들은 한 언어의 기능을 나타내는 이미지, 특히 동사가 주어와 맺는 관계, 또한 경우에 따라 동반하는 보어와 맺는 관계에 대한 이미지를 가능한 한 가장 충실하게 보여주는 모델 문장들을 찾도록 교육받은 사람들이다. 그렇다 해도 언어학자의 작업에 의해 직접적으로 관련되는 주민들의 요구를 무시해서는 안 된다는 것은 사실이다. 그가 할 수 있는 최선책은 주민들이 요구하는 모든 도구를 그들에게 제공하고, 그들에게 깊은 관심을 기울이며, 또한 그들의 이익을 위하여 가능한 한 가장 깊이 있는 연구를 수행하는 것이다.

언어사용자들이 자신의 언어를 포기하려는 의도

다른 음계로 이루어지는 독창

위험을 경고하는 목소리들의 합창에 맞서, 거의 상반된 것이지만 그렇게 동떨어진 것으로 보이지는 않는 다른 의견이 표현되었다. 이 의견에 따르면(Ladefoged, 1992 참조), 자기들의 언어를 버리기로 작정한 사람들을 다시 그 언어 곁으로 되돌아오게 하려는 것은 보호를 가장한 간섭이며, 언어사용자들의 선택에 제동을 거는 것은 언어학자들의 임무가 아니라는 것이다. 사실 내가 알기로는 어떤 언어학자도, 예컨대 사라져 가는 언어의 사용자들이 다시금 그 언어를 사용하도록 하기 위해 직접적이고 물리적인 압력을 행사하지 않았다. 어쨌든 그 같은 행위가 불가능하다는 것은 이 행위를 언급하는 것이 우습게 보일 정도로 분명하다. 우리는 제 7장에서 언어들의 소멸원인들을 분석한 바 있다. 자신들의 언어를 더 이상 사용하지 않는 사람들은 그들이 변덕스럽기 때문이 아니라 여러 사건들의 압력에 밀려 그렇게 행동하는 것이며, 또는 자신들이 그러한 선택을 자유롭게 하거나 자유롭게 하고 있다고 믿고 있음이 분명하다. 후손들은 그곳에서 태어났고 다른 언어가 지배적으로 사용되던 세계에 대해서는 다른 사람들에게 들은 것만을 알고 있다. 그렇기 때문에 조상들의 언어가 아닌 언어를 사용하는 것이 그들에게는 당연한 일이다. 하지만 변화를 겪는 상당수의 사람들은 그 변화를 불행으로 인식한다. 바로 이 점은 언어학자들의 작업에 대해 긍정적인 아주 많은 반응들이 입증하는 것이다.

정치적이거나 경제적인 동기에 따른 언어의 수호

여행이나 출장중에 만난 익명의 인물들인 만큼 그들을 지명하여 언급할 수는 없는데, 미국의 인디언 언어들을 반대하는 사람들이, 인디언 자신들이 더 이상 사용하지 않는 언어들을 장려하는 척하는 부족들은 순전히 문화적인 것 외의 다른 동기들 때문이라고 주장하는 것을 들었다. 언어의 복원욕구는 진실한 것이 아닐 수도 있다. 실제로 이는 고귀한 명분을 내거는 일일 수 있는데, 이 명분 뒤에는 지하자원이 풍부한 영토를 소유하는 것과 같은 경제적 요구가 숨어 있을 수 있다. 또는 언어를 수호하는 일은 이러저러한 민족들이 사는 지역의 행정적 자치권의 획득 같은 정치적 목적을 숨기는 것일 수도 있다. 이러한 진술들이 합당한 것인지 확인할 수 있는 방법은 없다. 실제 그렇다 하더라도 언어의 장려가 실행되기만 한다면, 그러한 장려를 구실로 삼았다 해서 어느 점에서 괴로워해야 하는 것인지 알 수 없다. 게다가 아메리카 인디언 언어들의 소멸은 19세기 동안 토착부족들이 희생양이 되어 대대로 살아 온 땅에서 강제로 내쫓긴 것과 밀접하게 연결되어 있다. 이 영토들의 반환요구는 인디언 언어들에 유리하게 작용할 수밖에 없을 것이다.

선택의 자유

한 언어를 사용하는 이들에게 더 이상 권위도 고용시장에 대한 가치도, 아이들을 위한 미래의 전망도 가지지 못하는 것으로 보이는 언어를 포기하는 일이 흔히 아주 자유롭게, 아무런 강제성도 띠지 않고 결정된다는 것은 확실하다. 조르주 무넹은 스스로에게 다음과 같이 질문하고 있다(1992, 157). "존속할 수 없는 언어들을 인위적으로 구하려하는 것이, 살 가망이 없다는 선고를 받은 환자의 생명을 훌륭한 외과 수술로 유지하려는 것보다 더 인간적인 것인가?" 근본적 요소는 언어 사용자들의 의지임이 자명하다. 그러나 이 의지 자체는 하나의 결과물이다. 이 의지는 제 7장에서 분석한 경제적·사회적 동기들에서 비롯되는 것인데, 언어사용자들은 이 동기들에 따라 자신들의 언어를 포기하게 되며, 이는 그들의 의지와 무관한 것이다.

분명 언어의 죽음이 문화의 죽음과 마찬가지로 자연스러운 현상임은 인정할 수 있다. 그러나 한 사회는 자신의 언어를 잃어버림으로써 많은 것을 잃게 되는 것이며, 언어들을 기술하는 사명을 가진 사람들은 언어의 죽음에서 인간의 창조성에 대한 값진 증언들이 사라지는 것을 보고 있음을 이해해야 한다. 그리하여 맹목적으로 싸우거나 물론 인위적으로 과장하지 않고, 그렇다고 나약하지는 않게 여전히 그렇게 싸울 수 있는 한, 이 현상에 맞서 싸우는 것은 부당한 일은 아닐 것이다.

제 3 부

언어들과 부활

제10장

히브리어 : 삶에서 죽음으로, 죽음에서 삶으로

고대 이스라엘 히브리인들의 언어

3천 년 이상 전부터 '히브리어'로 불리는 언어

'이스라엘' 히브리어로도 불리는 현대 히브리어와 비교하여, 오늘날 '성서' 히브리어로 불리는 히브리어는 상당기간 동안 구어로 존재했다. 구어라 함은 하나의 체계로 존재했을 뿐만 아니라, 소쉬르가 '파롤'이라 불렀던 본질적 차원(제 3장 참조)도 가지고 있었던 언어임을 의미한다. 아주 오래된 옛날 언어들이 일상생활에서 의사소통 수단으로 쓰일 수 있었을 것이라고 생각하기에는 대체로 상당한 어려움이 따른다. 그러나 현재 이스라엘에서 공식적 지위를 누리면서 사용되는 언어가 약 30세기 전에 같은 곳에서 사용되었던 언어와 같은 이름으로 불리고 있다는 사실을 이해한다면 이 어려움은 크게 완화된다. 이 언어의 사용자들, 곧 이스라엘 국민인 히브리인들의 경우도 마찬가지다. 반면에 히브리인들과 교류하던 다른 민족들은 수천 년 전부터 망각의 늪에 빠져 있다. 더 정확히 말하자면 이 민족들의 존재는 고대사 교과서에서 언급하는 대상, 또는 고고학자들이 그들을 주제삼아 발표하는 학술연구의 대상이라는 것 외에 다른 존재는 더 이상 아니다. 이 상고시대의 민족들은 아시리아인, 바빌로니아인, 아카드인, 그리고 삶의 증거들이 발굴현장의 먼지 속에 잠들어 있는 다른 많은 민족들이다. 이처럼 히브리어는 히브리인들과 긴밀하게 연결되어 있으며, 히브리인들이 아주 오래전에 사라진 다른 민족 및 국가와 같은 시대에 살았던 사람들이었던 만큼, 히브리어는 끝이 없을 것 같아 보였던 죽음에도 불구하고 그렇게 끝없이 존재해 온 것이다.

성서 이전 히브리어

전문연구들에서 쉽게 찾아볼 수 있는 세부사항들에 대해서는 여기에서 언급하지 않겠다. 다만 히브리어는 함·셈어족 가운데 서방 어파에 속하는 것으로, 그 가운데 북방 분파[1]인 가나안어는 역시 모아브어, 페니키아어와 그 밖의 다른 언어들을 포함하며, 이 언어들은 모두 아득한 옛날에 사라졌다는 점을 상기하는 것으로 족하다. 따라서 히브리어는 협소한 영토에서 제한된 수의 사람들이 사용한, 하나의 평범한 셈어로서 아주 초라하게 등장한 것이다. 이 언어는 영원히 사라질 상황들에 처하기도 했다. 성스러운 언어로서 히브리어의 신화적 유일성을 숭배하던 학자들이 훗날 히브리어를 연구하고 글로 펴내기는 했지만, 그 어느 것도 이 언어가 완고한 태도의 작은 나라의 이례적 운명과 연결되어 있다는 사실 말고는, 이 언어로 하여금 자신이 겪었던 운명을 불가피하게 다시 겪게 할 수 없었다.

성서 이전 히브리어, 말하자면 기원전 20세기와 12세기 사이에 기록된 히브리어 자료집은 존재하지 않는다. 그러나 아카드어[2]와 이집트

---

1) 함·셈어족(*Hamito-Semitic languages*). 아프리카·아시아어족(*Afro-Asiatic languages*)으로도 불린다. 함어족(*Ham*)과 셈어족(*Sem*)을 아울러 이르는 말이다. 북아프리카와 서남아시아에서 주류를 이루는 어족으로, 흔히 셈·이집트·베르베르·쿠시·차드 등 5개 어파로 나뉜다. 아랍어·히브리어·암하라어·하우사어 같은 언어들이 여기에 포함된다. 여기에서 '서방 어파'는 셈어파를, '북방 분파'는 셈어파의 북부중앙(북서) 어군을 말한다.

어 음절문자표로 전사된, 가나안어에 가까운 히브리어 단계에 분명하게 속하는 수백 개의 지명들과 문맥에서 유리된 단어들이 있다. 이 언어는 때로 아모리어로 불리기도 하는데, 이 명칭은 아카드어 amurru (서쪽)에서 유래한 것으로, 원래 셈족 거주지역의 동쪽에 자리잡고 있던 아카드인들이 서방 어파를 지칭하던 것이다. 성서 이전 히브리어를 보여주는 또 다른 중요한 증거는 그 시기가 기원전 14세기 초로 거슬러 올라간다. 카이로에서 3백km 떨어진 곳에서 최근에 발견된 자료들로 텔 엘아마르나의 주석집이 그것이다. 이 주석집은 파라오 아멘호테프 3세와 4세[3]가 가나안에 있는 제후들과 동맹국들에게 보낸 편지들에 첨부된 80여 개의 히브리어 번역문들이다. 아마도 히브리어를 사용하는 기록자가 자신에게 의미가 분명해 보이지 않는 아카드어 단어들의 정확한 번역을 히브리어로 여백에 적어 놓은 것으로 보인다.

이 자료들은 히브리어의 고대 형태를 보여주는 것으로, 이 형태는 특히 (성서 히브리어에서는 거의 사라진) 명사의 어미변화 표지들, (이선에 한 가지 형태의 쌍수[4]만을 가졌을 가능성이 있는 많은 명사들에 복수가 생기게 되는) 이후 히브리어에서보다 더 발달된 쌍수표현체계, 그리고 성서 히브리어의 동사변화보다 더 다양한 동사변화를 포함하고 있다. 이처럼 히브리어는 아주 긴 역사를 거쳐 온 것으로 보인다.

---

2) 아카드어(*Akkadian*). 북부 변방어군에 속하는 셈어. 기원전 3000~1000년 사이에 바빌로니아·아시리아 지방을 포함하는 메소포타미아 지방에서 사용되었다. 아카드는 고대 오리엔트의 메소포타미아 북부지방의 옛 나라이다. 기원전 2350년경에 셈족의 한 갈래인 아카드인이 수메르인의 도시국가를 정복하여 메소포타미아 최초의 통일국가를 건설하였다.

3) 아멘호테프 3세(Amenhotep III, ?~?). 이집트의 왕(B.C. 1390~B.C. 1353 재위).
아멘호테프 4세(Amenhotep IV〔Akhnaton〕, ?~?). 이집트 제 18왕조의 왕(B.C. 1353~B.C. 1336 재위).

4) 쌍수(雙數). 제 6장 주 25 참조.

여느 언어와 마찬가지인 성서 히브리어 : 기간, 변화, 방언, 차용[5)]

성서 히브리어의 황금기

고대 히브리어의 주요 기념비적 작품, 곧 성서를 이루는 여러 글들의 창작은 상당히 오랜 기간에 걸쳐 이루어졌지만, 아마도 기원전 1000년 이전의 데보라[6)]의 노래(《판관기》 5장)를 제외하면 대부분의 글들은 기원전 9세기 후반부터 기록되었다고 볼 수 있다. 성서문학의 고전기는 기원전 7세기 말까지 지속된다. 바로 이 시기에 기본 텍스트인 모세5경이 안정된 형태를 갖추었고, 《여호수아기》, 《판관기》, 《사무엘기》, 《열왕기》가 쓰였으며, 《아모스》, 《호세아》의 예언들과 《이사야서》의 앞 장들이 기록되었다. 그리고 가장 나중에 쓰인 성서 텍스트들도 기원전 6세기 말을 넘지 않는다. 이 모든 글이 기록된 언어는 히브리인들이 일상적으로 쓰던 용법을 보여주는데, 다만 이 일상용법이 문학적으로 표현된 형태이다. 히브리인들은 바로 이 언어의 구어 변이형을 사용한 것이다. 이러한 사실에 대하여 성서는 곳곳에 그 증거를 지니고 있다. 예컨대 아람인 라반과 히브리인 야곱이 계약을 맺는 구절을 들 수 있는데, 이는 언어영역의 경계를 정하는 석상으로 구체적으로 표현된다.[7)] 다른 증거는 여호수아가 예리코를 점령하고 가

---

5) 히브리어의 역사는 일반적으로 4개의 주요한 시기로 구분할 수 있다. ① 성서(또는 고전) 히브리어 시기: 기원전 3세기까지. 《구약성서》의 대부분이 이 시기에 쓰였다. ② 미슈나(또는 랍비) 히브리어 시기: 200년경에 사용되었던 미슈나(유대 전승의 모음집) 히브리어는 일반민중 사이에서는 구어로 사용된 적이 없다. ③ 중세 히브리어 시기: 6~13세기. 이 시기에 히브리어는 많은 단어를 그리스어·스페인어·아랍어를 비롯한 여러 언어에서 차용하였다. ④ 현대 히브리어: 오늘날의 이스라엘 언어다.

6) 데보라(Deborah). 이스라엘의 여성 선지자.

7) 야곱과 그의 외삼촌인 라반의 관계에 대해서는 《창세기》 25:19~34:27 참조. 특히 두 사람이 맺는 계약의 내용은 31:43~54에 나타나 있다. 언어영역의 경계, 곧 아람어와 히브리어의 경계는 "이 돌무더기를 보아라. 너와 나 사이에 세워진 이 석상을 보아라. 내가 이 돌무더기를 지나 너를 치러 가지 못하고,

나안 지방을 정복하기에 앞서, 예리코에 보낸 정탐꾼들이 어려움 없이 라합과 이야기하는 구절이다.[8] 또 기브온 사람들이 자신들을 여호수아에게 쉽게 이해시키는 구절을 증거로 들 수 있다.[9]

역사적 변화, 방언의 다양화, 차용

이처럼 적어도 8세기 동안, 아마도 그 이상의 기간에 걸쳐 히브리어는 전적인 의미에서 구어였다. 이는 특히 흘러간 시간의 깊이로 보아, 여느 모든 언어들과 마찬가지로 히브리어도 변화의 당연한 결과, 이를테면 여러 지역에 자리잡은 방언분화와 함께 많은 변화를 겪었을 것이라는 말이다. 특히 이 분화들 가운데 하나는 오래전에 시작되어, 기원전 931년 솔로몬의 사망 후 그의 왕국이 분열되면서 가속화되었다. 이후 남쪽의 부족들과 북쪽의 부족들 사이의 뿌리 깊은 대립은 솔로몬의 왕국을 (예루살렘을 포함한) 유다와 이스라엘의 두 지역으로 갈라놓았고, 여기에 유다 왕국과 이스라엘 왕국이 자리잡게 되었다. 히브리어의 방언 분화의 보기로 자주 인용되는 성서적 증거는 《판관기》 12장 6절에 나오는 구절이다. 서로 대립하던 전쟁중에 단어 šiboleth의 첫 글자 'š'를 's'로 발음하는 것만 보고도 에브라임 사람들임을 알아챈 길르앗 사람들이 그들을 요르단 강 나루에서 차례로 죽였다는 구절이다. 히브리어는 그 형태가 변화하고 서로 다른 방언들로 나뉜 데 이어, 오랜 세월을 거치는 동안, 살아 있는 언어가 아주 당연히 겪게 되는 또

네가 이 돌무더기와 석상을 지나 나를 치러 오지 못한다는 것을 이 돌무더기가 증거하고 석상이 증거한다"(31:52)에서 찾아볼 수 있다.

8) 《여호수아기》 6장 참조. 예리코는 팔레스타인의 옛 도시로, 사해 북쪽 요르단 강 유역 레바논 산맥 기슭에 자리잡고 있는 세계에서 가장 오래된 도시 가운데 하나다. 여호수아가 이끄는 이스라엘인들이 요르단 강을 건너 처음으로 공격한 도시로 유명하다.

9) 《여호수아기》 9장 참조. 기브온은 예루살렘 북서쪽에 있는 고대 팔레스타인의 주요 도시이다. 이곳의 주민들은 이스라엘인들이 가나안을 정복할 때 자발적으로 여호수아에게 와서 항복하였다.

다른 현상을 겪게 된다. 곧 인접 언어들의 차용이 그것이다. 예컨대 아카드어 차용(이 언어를 통해 수메르어 차용), 파라오 시대 이집트어 차용, 또한 히브리어 발달과정의 후속단계 때보다 훨씬 적기는 하지만 아람어 차용 등이 이루어졌다.

히브리어 문자

히브리어는 단지 말로만 사용된 것은 아니었으며, 또한 문자로도 기록되었다. 이를 위해 히브리어는 아시리아인이 설형(楔形)의 상형문자를 거부하고 기원전 7세기경 채택한 문자체계를 물려받아 사용했는데, 이것이 각형(角形)의 아람어 알파벳이다. 이 알파벳은 자음만을 표기했으나, 그 가운데 w와 y는 자음 용도를 넘어 장모음 ū와 ī를 나타내기 위해 일찍부터 사용되었다.[10] 이 알파벳은 오늘날 여전히 사용되는데, 다만 특수한 경우(모든 성서 텍스트에서, 또한 의미가 명료하지 않을 때)에만 9세기와 10세기에 고정된 단모음들을 표시하는 기호들과 함께, 성서 텍스트와 기도문을 영창(詠唱)하는 지침으로 사용하기 위해 티베리아스[11] 학파의 마소라 학자들이 사용한 다양한 다른 음성기호들을 사용한다.[12] 현행 철자법은 이 matres lectionis(읽기의 어머니)

---

10) 원래 히브리어는 모음이 없이 자음만으로 이루어진 언어인데, 6~10세기경 마소라 학자들이《구약성서》의 기록을 정확한 음가로 표기하기 위하여 히브리 알파벳을 위한 마소라 모음부호를 고안하였다. 이는 정확한 모음 음가를 보존하여 히브리 전통을 수호하려는 차원에서 만들어 낸 모음문자이다(《세계주요언어》, 1135, 1139~1140쪽 참조). 아래 나오는 matres lectionis〔읽기의 어머니〕는 히브리어 알파벳에서 모음을 가리키는 초기방법으로 모음 또는 반모음을 표기하는 데 쓰이는 자음들을 말한다.

11) 티베리아스(Tiberias). 이스라엘 북동부의 도시. 현재 통용되는 히브리어 모음 발음법, 독특한 성서 영창법, 그리고 이 발음과 영창법을 이용하여 오늘날의《구약성서》본문을 보존한 것 등은 모두 8, 9세기에 티베리아스에서 개발된 것이다.

12) 마소라(*Massorah*). 유대 율법학자들에 의한 히브리어 성서의 주석. '마소라 사본'은 유대교 성서의 전통적인 히브리어 사본으로, 권위 있는 히브리 성서로

를, 다시 말해 w와 y가 모음을 표시할 때, w와 y에 해당하는 '모음 글자'를 되풀이하여 사용하는데, 왜냐하면 이것들이 아랍어에서와 마찬가지로, 관례적으로 모음을 문자로 표기하지 않는 오래된 셈어의 읽기를 수월하게 해주기 때문이다.

종말의 시작 : 바빌론 유수와 그 언어적 영향

예루살렘의 점령과 유배

히브리어의 운명에 결정적 영향을 끼친, 잘 알려져 있는 역사적 사실들을 간단히 정리해 보자. 이웃하던 강력한 두 세력의 충돌에 맞서 독자적 정치력을 행사할 수단을 가지기에 너무 약했던 유다 왕국은, 이집트 동맹과 바빌로니아 동맹 사이에서 위험스럽게 흔들리고 있었다. 기원전 600년에 여호야킴 1세는 네부카드네자르 2세[13]의 통치에 대항하기 위해, 이집트와 맞서던 바빌로니아의 패배를 이용할 수 있을 것으로 믿었다. 네부카드네사르는 즉각 응수하여 예루살렘으로 진군했고 기원전 597년 도시를 점령했다. 왕실, 귀족들, 사제들, 유대인 대지주들은 포로가 되어 바빌론으로 끌려갔다. 10년 뒤 바빌로니아에 대항하는 동맹을 결성하려 한 세데키아스 왕은 바빌로니아인들에게 진압되었다. 이번에는 예루살렘이 파괴되었고 여호와의 성전은 부서졌으

인정받고 있다. 이 작업은 6세기경에 시작되어 10세기에 바빌로니아와 팔레스타인에 있던 탈무드 학술원에서 완성되었다. 꼼꼼하게 수집되어 성문화되었고 정확한 발음을 나타내기 위해 음성 구별표시까지 되어 있다. 전통적으로 성서 사본에는 모음이 없었지만 마소라 사본은 올바른 발음을 낼 수 있도록 모음표시를 해 넣었다.

13) 여호야킴(Jehoiakim, ?~?). 유다의 왕(B.C. 609?~B.C. 598 재위). 네부카드네자르 2세〔느부갓네살〕(Nebuchadnezzar II, B.C. 630?~B.C. 562). 신(新)바빌로니아 왕국〔칼데아 왕국〕 전성기 때의 왕(B.C. 605~B.C. 562 재위). 기원전 586년 유대왕국의 수도 예루살렘을 공략하여 많은 주민을 바빌론으로 끌고 갔다.

며, 새로운 유형(流刑)이 시작되었다(Briant, 1996: 56 참조).

아람어와 함께 돌아온 포로들

그런데 바빌로니아의 지배적 언어는 더 이상 북쪽의 아시리아어와 남쪽의 신(新)바빌로니아어의 두 형태를 가진 아카드어가 아니었다. 아시리아어와 신바빌로니아어는 네부카드네자르 2세 왕국의 번영에도 불구하고 아람어에 의해 그 세력이 기울어 가는 상태였다. 기원전 539년 나보니두스의 신성모독 행위에 지친 바빌론 사람들이 구원자로 반겼을지도 모를 키루스 대왕[14]의 페르시아 군대가 바빌론을 점령한 이후에도, 아람어에 유리하게 작용한 이러한 흐름은 계속되었다. 특히 《제2이사야서》에 따르면, 이스라엘의 신과 동맹을 맺었던 키루스 대왕은 바빌로니아인들에게 승리를 거둔 뒤 얼마 지나지 않아 유대인 포로들의 자국 귀환과 예루살렘 성전 복구, 그리고 네부카드네자르 왕이 가져간 금은 기구들의 반환을 명하는 칙령을 발표한다. 기원전 538년부터 바빌론의 유대인들이 비용을 부담하여 유대인 포로들의 첫 번째 무리가 예루살렘으로 귀환했다. 다리우스 1세의 통치 초기인 기원전 520년에 또 다른 무리가 억류생활에서 되돌아왔다. 이러한 사실들은 느헤미야의 뒤를 이었던 사제이자 제사장이었던 에즈라[15]의 이름을

---

14) 나보니두스(Nabodinus). 신(新)바빌로니아 왕국의 마지막 왕(B.C. 556~B.C. 539 재위). 달의 신(神)인 신(Sin)을 좋아하여, 만신전(萬神殿)의 가장 높은 위치에 올리려고 시도했다.
키루스 2세(Cyrus II, B.C. 590~B.C. 529?). 아케메네스 제국을 창건한 정복자. 성서에서는 바빌로니아에 잡혀 있던 유대인들의 해방자로 기억되고 있다.

15) 느헤미야(Nehemiah). 기원전 5세기경에 활동한 유대인 지도자. 페르시아 왕 아르타크세르세스 1세가 유대인을 포로에서 풀어 준 뒤(기원전 444년경) 예루살렘을 재건했다.
에즈라(Ezra). 기원전 5~4세기에 바빌로니아와 예루살렘에서 활동한 유대인 종교지도자.
아르타크세르세스 1세(Artaxerxes I). 고대 페르시아 왕 아케메네스 왕조의 왕(B.C. 465~B.C. 425 재위).

따라 제목을 붙인 《에즈라서》(1장과 6장 2~12절)에 의해 알려지게 되었다.

느헤미야는 아르타크세르세스 1세에 의해 기원전 5세기 중엽에 유대 총독의 지위에 올랐다. 그는 예루살렘의 성벽을 다시 세우고 중요한 개혁들을 실행하였다. 에즈라는 느헤미야의 작업을 계속 진행하였으며, 이 두 사람 모두 종교의식을 복원하고 현 모세5경에 기록된 그대로 모세율법을 결정적으로 정착시킨 인물들로서 유대역사에 뛰어난 업적을 남겼다. 에즈라는 또한 복원사업을 통해 아람어를 희생시키고 히브리어의 사용을 널리 권장하고자 했다. 그러나 허사였다. 사실 히브리인들이 독립을 상실하기 오래전부터 이미 그들 사이에 널리 사용되던 언어인 아람어의 압력은, 60년 동안의 강제이주 생활을 거치면서 더 가중되었다. 바빌론의 포로들은 아람어와 함께 예루살렘으로 되돌아왔던 것이다.

아람어의 운명

페르시아 정복자들은 그들이 차지한 광대한 영토 안에 자신들의 언어를 강요하려 하지 않았다. 역설적으로 아람어의 절대적 영향력은 지배층이 된 사람들이 아람어를 다른 어떤 언어로도 바꾸려 하지 않았을 정도로 확고했다. 이란 고원의 사르디니아 지방, 바빌로니아의 이집트에서, 그리고 페르세폴리스[16]에 이르기까지 페르시아 태수 상서국은 현지 서기들에게 도움을 청하는 것밖에 다른 선택을 할 수 없었다. 다언어 사용의 상황에서 서기들 사이의 매개어는 거의 어디에서나 아람어였고, 페르시아인들은 그들의 모든 피통치자들과 페르시아어로 직접 의사소통할 수 없었다. 따라서 아케메니드 관료들은 엘리트층과 현지 관습에 의지해야만 했던 것이다(Briant, 1996: 88).

16) 페르세폴리스(Persepolis). 고대 이란(페르시아) 아케메네스 왕조의 수도.

가나안어에 가깝고, 이 언어와 함께 서방계 셈어의 두 가지 북방 어파 가운데 하나를 이루는 아람어의 운명은 기이하고도 화려하다. 아람어는 정복당한 자들의 언어, 말하자면 기원전 8세기 말에 사르곤 왕이 파괴한 아람왕국들의 언어였지만, 한 세기가 흐른 뒤 아카드어를 밀어내고 자신들의 정복자인 아시리아 제국의 전 지역에서 교류언어가 된 것이다! 원래 시리아-팔레스타인과 바빌로니아에 걸쳐 아라비아 북쪽에 위치한 넓은 지역을 누비고 다니던 유목민이자 상인들이었던 아람인들은 지중해 연안 지역 도처로 이주해 아카드인들 사이에서 중심세력과 관리들이 되었고, 그 뒤 페르시아 제국에서도 마찬가지의 상황을 만들어 냈다. 그리하여 여러 갈래의 방언 분화를 넘어 '제국의 아람어'라고 말할 수 있을 정도가 되었다. 사실 일련의 행정용어들은 페르시아어에서 차용하기는 했다. 이처럼 아람어는 더 이상 정치권력도, 게다가 아람 고유의 국가도 없었음에도 불구하고 세력어로서 지중해 연안 오리엔트 지방의 상당부분을 지배했던 것이다!

유배 이후 히브리어와 아람어의 영향

히브리어와 아람어

주의 깊게 관찰한 이들은 모두 히브리어와 아람어 사이의 유사성을 알아챌 수 있었다. 히에로니무스 성인이 4세기에 "칼데아어와 히브리어 말은 인접해 있다"라고 기록했을 정도였다.[17] 히브리어를 옮겨 적기 위해 아람어 알파벳을 채택한 것이 이러한 유사성의 인상을 가중시켰다. 음성체계는 주목할 만한 차이가 있었음에도 많은 부분 상응하는

17) Vicina est Chaldaeorum lingua sermoni hebraico. 칼데아(Chaldea)는 남부 바빌로니아(지금의 이라크 남부) 지역을 말한다. 칼데아는 바빌로니아를 가리키는 말이 되었으며, 여기에서 칼데아어는 아람어와 같은 뜻으로 쓰이고 있다. 히에로니무스에 대해서는 제5장 주 8 참조.

점들을 보여주었다. 어휘에는 같은 어근들이 많았으며, 음성학적으로 동일성이 없을 때라도 두 언어의 대응관계가 상당히 규칙적이어서 귀를 기울일 줄 아는 화자를 놀라게 할 정도였고, 최소한의 능력을 갖추고 2개의 언어를 사용하고자 하는 사람은 모두 히브리어 단어에서 아람어 단어를, 또 그 반대 경우 역시 종종 추측해 낼 수 있을 정도였다. 동사변화와 인칭대명사의 형태는 두 언어가 서로 많이 닮았음을 보여주었다. 많은 경우에 히브리어 단어와 아람어 단어 사이의 형태와 의미의 유사성이 차용에 의한 것인지, 또는 같은 뿌리의 공동체에서 나온 것인지는 판단하기 어렵다. 두 지역 언어의 이러한 유사성은 아마도, 유대인 엘리트들이 유배되었던 강력한 제국의 수도에서 매개어로 사용되었던 인접국의 언어 아람어가 압력을 행사하기에 유리한 요인으로 작용했을 것이다.

아람어의 압력

사실 히브리인들은 유배되기 오래전부터, 이미 자신들의 영도 북쪽과 북동쪽에서 수많은 인접주민들의 고유어인 아람어와 긴밀하게 접촉하고 있었다. 고고학자들은 9세기부터 팔레스타인에서도 아람어가 사용되었다고 밝히고 있다(Hadas-Lebel, 1976: 95). 기원전 721년에 아시리아인들이 이스라엘 왕국의 수도 사마리아를 함락하자 아람어를 사용하는 주민들이 유입되었고, 이들은 기원전 597년에 유다를 공격하기 이전의 아시리아 제국으로 처음 유배를 간 희생자들인 일단의 유대인들을 대신하게 되었다. 기원전 701년 아수르의 왕 센나케리브에 의해 예루살렘에서 저지당한 히스기야[18]의 사절단은 몸값의 지불협상을 위

---

18) 아수르(Assur). 아시리아의 옛 이름. 그 수도.
센나케리브(Sennacherib〔산헤립〕, ?~?). 아시리아의 왕(B.C. 705/704~B.C. 681 재위), 사르곤 2세의 아들.
히스기야(Ezekias). 남유다 왕국의 13대 왕.

해 아시리아 장군에게 아람어로 말을 건넨다.

에제키엘[19]을 위시하여 유배를 간 예언자들의 히브리어가 아람어의 영향에 젖어들게 되었을 정도로, 바빌론에 유배된 유대의 엘리트들은 얼마 지나지 않아 제국의 암묵적 공식언어였던 아람어를 전적으로 사용하게 되었다. 게다가 유대에 남아 있던 민중은 많은 사람들이 사용하는 아람어의 강한 압력에 힘없이 저항할 뿐이었다. 성서는 이러한 상황에 대해 다음과 같이 답하고 있다. "그들 아이들의 절반이 유대 말을 하지 못하고 아스돗 말(아람어)을 한다"(《느헤미야》 13장 24절).

유배 이후의 성서문학: 억류생활에서 귀환과 재건 이후의 히브리어 구어

《에즈라서》의 일부분(4장 8절~6장 18절, 7장 12~26절)이 《다니엘서》의 일부분(2장 4절~7장 28절)과 함께 아람어로 기록되었음은 알려져 있다. 그러나 후기 성서 히브리어라 부를 수 있는 유배 이후에 쓰인 성서의 히브리어조차도 아람어의 요소들로 가득 차 있다. 일반적으로 유배 이후와 귀환 이후의 사건들을 상세하게 기록하거나 언급하는 성서의 여러 부분은 유배 이후 문학으로 분류된다. 이를테면 재건 시대의 예언자들인 《하깨》와 《즈가리야》의 책들, 마찬가지로 《다니엘》, 《요엘》, 《오바디야》, 《요나》, 《말라기》의 예언서들과 《이사야서》의 마지막 장들(55~66장), 또한 《룻기》, 《에즈라》, 《느헤미야》, 《에스델》, 《역대기》의 역사서들, 그리고 마지막으로 《아가》, 《전도서》, 《욥기》, 《잠언》의 시서들과 《시편》의 대부분이 이에 해당한다(Hadas-Lebel, 1976: 95). 이전 부분의 성서와 비교해서 위의 모든 책들의 일관성을 구분하는 기준들 가운데 하나는 그것들이 구어로 보이지 않는 성서 히브리어를 사용한 저자들에 의해 쓰였다는 점이다. 이처럼 《에스델서》와 《요나서》에는 이전 히브리어의 구문과 문체를 열심히 모방

---

19) 에제키엘(Ezekiel). 기원전 6세기 초에 활동한 고대 이스라엘의 예언자·제사장.

함으로써 새로운 용어들의 유입을 보상하고자 하는 명백한 시도가 보인다. 비록 그 정도가 심하지는 않더라도 《느헤미야서》, 그리고 《에즈라서》와 《다니엘서》의 경우에도 마찬가지다.

《역대기》의 텍스트를 이보다 약간 앞서 나온 《사무엘》과 《열왕기》의 구절들과 비교해 보는 것은 흥미롭다. 이 텍스트들 사이의 차이점들에서, 주요 고전들에 사용된 히브리어를 더 이상 사용하지 않는 화자들에 맞추려는 노력을 찾아 볼 수 있기 때문이다. 이러한 점은 구어가 변화한 과정을 측정할 수 있게 해준다. 《전도서》와 《아가》는 유배 이후 시기의 대중 히브리어와, 또한 새로운 형태의 히브리어의 특징인 아람어의 영향을 마찬가지로 보여주는 것 같다. 많은 어휘들이 차용되었음을 관찰할 수 있을 뿐만 아니라, 아람어 모델에 따라 문장 내 단어들의 순서까지 바뀌었는데, 이 모델은 아람어 자체가 차용한 아카드어 단어들과 마찬가지로 몇몇 페르시아어 단어들을 히브리어에 수용되게 하는 중개자 구실을 했다.

미슈나 히브리어

구어 히브리어 역사의 한 단계

이와 관련된 사실들은 알려져 있으며 잘 연구되어 있다(예컨대, Segal, 1927; Hadas-Lebel, 1976 참조). 다만 여기에서는 유배 이후의 히브리어를 잇는 미슈나 히브리어는 '미슈나'(Michna) (šanah, '반복하다'에서 유래〔구어 전승을 위한 말〕) 라는 이름을 따라 그렇게 불리는 것임을 상기시키고자 한다. 《미슈나》는 성문율법을 적용하는 방식을 다루는 두꺼운 해석 수집록이다. 《미슈나》의 앞부분 요소들의 시기는 아주 오래전으로, 아마 적어도 기원전 3세기로 거슬러 올라간다. 유다 하 나시[20]에 의한 텍스트의 선택과 배열은 2세기 말에 이루어졌고, 이

20) 유다 하 나시(Judah ha-Nasi, 135?~220?). 유대교 학자. 약 2백 년간 유대

때 유대교의 커다란 2개의 정신적 중심 틀 안에서 아람어로 쓰인 새로운 해석들, 말하자면 바빌로니아 《탈무드》와 예루살렘 《탈무드》의 토대로 쓰이게 될 판본이 정해졌다. 성서 히브리어에 이어 유배 이후 히브리어로 이어지는 과정에서, 미슈나 히브리어는 이 언어들과 관련하여 새로운 단계의 역사적 변화를 보여주며, 미슈나 히브리어는 적어도 유대에서, 아니면 갈릴리에서 히브리인들의 지역언어로 사용되었던 것 같다. 이러한 사실은 유배 이후 책들의 특성으로부터 추론할 수 있다. 그럼에도 불구하고 미슈나 히브리어는 문어였던, 엄밀한 의미에서의 성서 히브리어를 계승했다기보다 바빌론 유수 이전 히브리인들이 '말하던' 언어형태를 이어받은 것으로 간주해야 한다.

성서 히브리어를 종교적으로 숭배하고 있었으며, 언어의 자연스러운 발전에 대해 전적으로 무지했던 랍비들과 유대인 식자들은 미슈나 히브리어가 탈무드 편집자들의 작품일 뿐, 실제로 사용되는 어떤 언어와도 일치하지 않는다고 오랫동안 믿고 있었다. 물론 이러한 의견에 모두가 동조한 것은 아니었는데, 예컨대 12세기의 재능 있는 스페인 철학자이자 의사였던 마이모니드[21]는 그의 《미슈나 주해서》에서 미슈나 히브리어가 분명 구어였다고 단언하고 있다. 그러나 사람들은 그의 견해에 동의하지 않았으며, 미슈나 히브리어의 인위성에 대한 주장은 오랫동안 영향력을 행사했다.

여기에서는 이러한 주장을 반박하는 논거들 가운데 한 가지만을 들어보겠다. 성서 히브리어는 단수 일인칭 대명사로 anokhī와 anī라는 (사실 자세히 검토해 보면 서로 바꾸어 쓸 수 없는) 두 가지 형태를 보여준다. 그런데 두 번째 어휘가 후기 성서 히브리어에서 우세하게 되어, 첫 번째 어휘를 밀어내고 미슈나 히브리어에서 인정받게 된다. 만일

율법과 관련된 구전을 편찬한 수백 명의 유대인 학자들(탄나임, *tannaim*) 가운데 한 사람.

21) 마이모니드(Maïmonide, 1135~1204). 스페인 의사·탈무드 신학자·철학자.

미슈나 히브리어가 인위적 언어라면 랍비들이 어떤 기준으로 두 형태들 가운데 하나만을 취할 결정을 했는지 알 수 없다. 따라서 미슈나 히브리어가 구어가 아니었다고 주장하기는 어렵다. 그러나 확실하게 인정할 수 있는 것은 미슈나 히브리어만 사용된 것이 아니라는 점이다. 아람어 역시 히브리인들 사이에서 적어도 동등하게 사용되었다. 그리고 이 점은 히브리어의 형태에 적지 않은 영향을 미쳤다.

미슈나 히브리어, 아람어화한 히브리어 형태

이 두 언어가 오래전부터 지속적으로 접촉하면서 미슈나 히브리어에 아람어 어법이 급증하게 되었다. 아주 많은 어휘들이 차용되었으며, 차용이 아닌 경우 성서에는 거의 등장하지 않지만 아람어에서는 흔히 사용되는, 상응어가 있는 그러한 단어나 의미가 되살아나기도 했다. 물론 형태론상에서 미슈나 히브리어는 관사를 명사 뒤에 놓는 아람어의 전형적 특수성까지 따르지는 않았다. 그렇지만 성서 히브리어에서는 거의 알려져 있지 않은 적어도 2개의 문법도구들이 아람어를 모델로 하여 (오로지 토착어 단어들로만) 만들어졌다. 곧 관계대명사이자 종속접속사인 še가 성서 히브리어의 'ašer를 밀어내는 한편, 다른 한편으로 프랑스어 표현 le livre de l'enfant(그 아이의 책)의 전치사 de(의)에 상응하는 연결어인 šel이 만들어진 것이다. 이 연결어 šel은 še "qui"(-는) + le "(est) à"(-에게 속하다)로서, 말하자면 le livre de l'enfant = le livre qui est à l'enfant(그 아이에게 속한 책)이라는 명백한 형성과정에 따라 구성되었다. 이 연결어 šel은 히브리어 역사에서 상당한 성공을 거두었음에 틀림없고, 오늘날 이스라엘 히브리어에서 가장 널리 쓰이는 문법도구들 가운데 하나가 되었다.

히브리어는 언제 구어이기를 멈추었는가

이 질문은 라틴어의 종말에 대한 질문(84~93쪽 참조) 만큼이나 까다롭다. 이에 대해 우리가 사용할 수 있는 수단들을 동원하여 대답해 보기로 하겠다.

나사렛 여호수아(= 예수)는 어떤 언어로 말했을까

서기 1세기에, 적어도 히브리인들이 바빌론 유배생활에서 돌아온 뒤부터, 말하자면 거의 5세기 반 동안 히브리인들의 구어였던 미슈나 히브리어는 여전히 그 지위를 지키고 있었을까? 대부분의 히브리인들이 그 후로 아람어를 말하지 않았을까? 유배생활에서 돌아온 유대인들이 다시 삶을 시작한 유대에서 여전히 히브리어를 말했을까? 어쨌든 더 북쪽에 위치한 사마리아와 갈릴리 지방은 바빌론 유수 이후, 그리고 기원전 100년 갈릴리가 하스몬 왕국[22] 으로 합병되면서 한참 뒤에 다시 유대인 거주가 허용되기 이전에, 이미 아람어를 말하는 공동체로 다시 가득 차지 않았을까? 나사렛 여호수아는 어떤 언어로 말했을까? 오늘날 사람들은 그가 아람어로 말했으리라는 의견에 동의하고 있다. 성서의 복음서들은 이 점을 명백하게 말해 주는 듯하다. 복음서 저자들은 그가 기적을 행할 때 했던 말들(《마르코복음서》 5장 41절, 7장 34절), 마찬가지로 십자가에 매달려 숨을 거두는 순간에 신에게 올린 기도(《마르코복음서》 15장 34절)를 아람어로 전하고 있다. 이러한 증거 외에 유대교회당의 독송시간에 아람어로 된 '타르굼'[23] 이나 해석집들을 읽는 전례의식의 행사도 증거로 들 수 있다. 그러나 이러한 의식이 오래전부터 내려온 것인지, 팔레스타인에 있는 아람어 사용 지역의 신

---

22) 하스몬 왕조(*Hasmonean dynasty*). 마카베오 가문의 후손들인 고대 유대왕조.

23) 타르굼(*Targums*). 히브리어 성서 전체나 일부를 아람어로 번역한 일부 역본을 가리킨다.

자들만을 대상으로 하거나, 아니면 모두 히브리어를 알지 못하게 될 유대인들보다 오히려 예루살렘에 정착한 바빌로니아 공동체들을 대상으로 한 것이었는지는 알 수 없다.

서기 1세기 : 대부분의 히브리인들의 미슈나 히브리어-아람어의 2개 국어 병용, 그리고 도시화한 엘리트들의 미슈나 히브리어-아람어-그리스어의 3개 국어 병용

대중의 2개 국어 병용

이러한 이유로 서기 1세기에 유대에서는 적어도 대부분의 사람들이 2개의 언어, 곧 아람어와 히브리어를 지배적으로 사용했으며, 이러한 상황이 기원전 6세기 말엽까지 거슬러 올라간다는 것은 틀림없는 사실이다. 그리고 이 상황은 적어도 2세기 초까지 지속되었음직하다(아래 바르 코크바 부분 참조). 이 언어들은 아람어 외에, 물론 유배생활에서 돌아온 5세기 전의 것과 비교해 볼 때 그 형태가 변화한 미슈나 히브리어를 말하는 것이다. 나사렛 예수도 십중팔구 당시의 대부분의 유대인들처럼 아람어와 함께, 이러한 히브리어를 마찬가지로 말했을 것이다. 교양이 없는 사람은 아니었던 예수는 아마도, 당시 팔레스타인에서 사용되던 제 3의 언어도 사용했음직하다.

엘리트들의 그리스화와 3개 국어 병용

사실 가장 학식 있는 히브리인들은 어느 정도 그리스화되어 있었고, 그리스어를 알고 있었다. 물론 처음에는, 곧 알렉산더의 페르시아 왕국 정복과 기원전 330년 다리우스 3세의 죽음 이후에, 히브리인들은 그리스 세계와 종교장벽으로 어느 정도 거리를 두고 있었다. 그러나 유대 땅의 전 지역을 둘러싸고 있던 이교도들의 그리스화는 마침내 유대 지역으로 확산되었다. 적어도 이 지역의 유대인 엘리트들은 알렉산더에 의해 이미 오래전부터 사마리아에 정착해 있던 그리스 본국인들과 지속적 관계를 맺고 있었다. 전통적 유대교의 관점에서 볼 때 그리스인들이 체육관에 드나드는 관습은 혐오를 불러일으켰지만, 도시에서는 연극과 스포츠와 관련된 몇몇 그리스 관습이 받아들여지게 되었다. 특권층의 히브리인들에게 그리스어를 잘 알고, 또한 《미슈나》에서 그 흔적을 찾아 볼 수 있는 그리스 수사학과 친숙해지는 것은 일상적 일이 되었다. 《미슈나》에는 5백 개 이상의 그리스어 단어가 포함되어 있다. 최근 조사에 따르면 예루살렘의 탈무드에서는 그리스어 단어를 1,100개까지 찾아 볼 수 있다. 미슈나 히브리어는 그리스어에서 많은 어휘를 차용했고, 음성학적으로 히브리어화한 일부 그리스어 단어들은 이스라엘 히브리어로 보존되었는데, 많은 보기들 가운데 avir(공기), teatron(극장), dugma(보기) 같은 어휘를 들 수 있다.

마카베오 일가가 펼친 짧은 반(反)그리스 저항운동

그렇지만 사실 기원전 167년부터 기원전 134년까지 마카베오 일가는, 팔레스타인을 포함, 자신의 부속국가들에 그리스 문화를 강요하고자 했던 시리아 셀레우코스 왕조의 왕 안티오코스 4세 에피파네스[24]의 그리스화 정책에 맞서서 반란을 일으켰다. 유대인들에게 이 그리스화 정책은 헬레니즘의 종교의식에 참여하는 것을 의미했으며, 결과적으로 그 의식을 표현하는 그리스 언어와 함께 의식을 받아들이면서 일신론과 모세율법을 부정하는 것을 뜻하는 것이었다. 의미심장하게도 마카베오 일가는 모세5경의 수호와 성서 히브리어의 장려를 결부시켰고,

---

24) 마카베오(Judas Maccabeus, ?~B.C. 161). 셀레우코스 왕 안티오코스 4세의 침략으로부터 유대를 지킨 반(反)그리스 유대인 지도자. 유대인에게 헬레니즘이 강요되는 것을 막았으며 유대인의 종교를 보존했다.
안티오코스 4세 에피파네스(Antiochus IV Epiphanes, B.C. 215?~B.C. 164). 셀레우코스 왕조의 왕(B.C. 175~B.C. 164 재위). 그리스 문화와 제도를 장려하였으며, 유대교를 억압한 결과 마카베오의 난을 야기했다.

비슷한 시기에 에세네파[25] 신도들이 마찬가지로 이 언어를 이상형으로 강력하게 내세웠다. 위 신도들의 순수 정통언어는, 1947년에서 1956년에 걸쳐 유대 사막의 한가운데에 있는 쿰란 동굴에서 사해(死海)의 원고로 불리는 것들이 발견되면서 세상에 드러나게 되었다.

하지만 근본으로 회귀하려는 움직임과 근대주의적 경향 사이의 투쟁은 흔히 후자의 승리로 결말지어졌다. 이를테면 일단 국가적 독립성을 획득하고 나자 헬레니즘 애호가들은 뒤를 이은 (성직자 왕조인!) 하스몬 왕조 왕들의 보호 아래 세력을 회복했다. 이 왕조의 왕들은 많은 수의 부유한 유대인들과 마찬가지로 그리스식 이름을 가지기를 좋아했으며, 게다가 이 유대인들 사이에서는 그리스어판 성서(70인역 성서)가 흔히 사용되었다. 이러한 움직임은 로마의 지배하에서도 강화되기만 했다. 당시 라틴어는 외부세력의 언어로서 관심 밖에 있었으며, 로마화는 많은 점에서, 당시의 맥락에서 전혀 역설적인 것은 아니었는데, 그리스화의 도구처럼 보였다. 그 이유는 앞에서 보았듯이 이해할 수 있을 것이다(226~234쪽 참조).

유대계 아람어

이처럼 1세기에 적어도 일부 히브리인들은 3개의 국어를 사용하고 있었다. 그리고 특히 도시에서 사용되던 그리스어를 모르는 사람들 가운데 대부분은 2개 국어 사용자들이었다. 유대계 아람어라 부를 수 있는 유대인들이 사용하던 아람어는 아람인들 사이에서 사용되던 주요 방언들과 일치하지 않을 뿐더러, 아케메네스 왕가 세력이 장려했고 여전히 로마시대에도 남아 있던 제국의 아람어와도 일치하지 않았다. 그것은 구문의 여러 측면과 마찬가지로 음성 측면에서도 히브리어화된 아람어였다. 전통적으로 아람어, 더 정확하게 말해 히브리어화한 아람

---

25) 에세네파(*Essene*). 기원전 2세기경부터 기원후 1세기 말까지 팔레스타인에서 활동한 종파 또는 형제단.

어는 유대인들의 언어로 간주되었고, 따라서 사람들은 이 언어를 호감과 존경심으로 대했다. 그러나 모두가 이런 호의를 보인 것은 아니었다. 어떤 이들은, 아람어가 6세기가 지난 뒤 히브리어를 밀어내게 될 때까지 히브리어와 함께 사용되던 시점이 유대 역사의 비극적 사건인 유배사건과 일치한다는 것을 잊지 않고 있었다. 이처럼 《바빌로니아 탈무드》(바바 카마 논문,[26] 82)에 따르면, 바르 코크바의 반란[27] 동안에 태어난 미슈나 성서의 편찬자 유다 하 나시는 다음과 같이 말하고 있다. "이스라엘 땅에서 시리아인들의 언어가 무슨 소용이란 말인가? 성스러운 언어, 아니면 그리스어를!"

제 2성전의 파괴와 이산의 시작

로마 당국의 미숙한 통치와 헤로데의 죽음 이후 세 부분으로 나뉜 팔레스타인 지역 안에서 자행된 티투스[28] 세력의 제국주의적 억압은 66년 민족주의적이고 메시아 사상적 봉기를 불러일으켰다. 이 움직임은 제 1차 유대전쟁[29]으로 이어졌고, 이 전쟁은 알다시피 유대왕국에게 비극적으로 끝났다. 물론 마지막까지 저항하던 유대인들인 젤로트 당원들은 실추한 로마인들을 73년까지 마사다 요새에 여전히 잡아두고 있었다. 그러나 티투스 군대가 70년에 제 2성전을 파괴하고 독립에 대한 열망이 구현되던 한 국가의 존재에 종지부를 찍게 되자, 히브리어는 아주 심각한 타격을 입게 되었으며 동시에 성전파괴는 히브리인들의 이산의 신호탄이었음을 쉽게 이해할 수 있다(여기에서 말하는 이산

---

26) 《미슈나》는 63개의 논문으로 구성되어 있는데, 이 논문들은 6개의 주요 부분으로 분류된다. 바바 카마(Baba Qama)는 네 번째 주요 부분인 네지킨(손해)에 들어 있는 논문이다.

27) 바르 코크바(Bar Kokhba〔Simeon Bar Kosba〕, ?~135). 유대 지도자. 팔레스타인에서 로마의 지배에 대항해 반란(132~135)을 일으켰으나 실패했다.

28) 티투스(Titus, 39~81). 70년에 예루살렘을 정복한 로마의 황제.

29) 제 1차 유대-로마 전쟁(66~73년)을 말한다.

은, 이전에 다른 이산이 있기는 했지만 이 용어에 습관적으로 붙이는 의미에서, 이스라엘과 유대왕국 사람들의 두 차례에 걸친 유배생활과 같은 사건을 말한다). 70년에 당한 패배에도 불구하고, 그리고 다수의 유대인들이 떠나야만 하는, 이제는 아주 오랫동안 되돌릴 수 없는 여정에서, 하나의 마지막 저항이 한 민족의 운명을 담아내는 언어의 명예회복에 나서고 있었다. 그것은 제 2차 유대전쟁, 곧 바르 코크바 사건을 의미한다.

바르 코크바 반란과 살아 있는 미슈나 히브리어에 속하는 것으로 알려진 마지막 단어들

야브네 학교[30]의 미슈나 히브리어와 아람어

70년, 예루살렘의 점령기간 동안 명성 있는 랍비였던 랍반 요하난 벤 자카이는 티투스 황제에게 해안 가까이에 있는 야브네에 학교를 설립할 수 있는 허락을 받아내기에 이르렀다. 흩어져 있었지만 자신들의 믿음과 영적인 힘으로 계속 서로를 유지하던 유대민족은 이 학교에서 일종의 민족적·종교적 중심지를 재조직했다. 이 조직은 팔레스타인 유대인 공동체의 장인 원로에 의해 운영되었으며, 얼마 후에 로마인들에게 인정받게 되었다. 바빌론과 알렉산드리아에도 다른 공동체들이 만들어졌다. 미슈나 히브리어와 유대계 아람어는 그곳에서 유대인들의 존재를 나타내는 것으로 생명을 이어가게 된다. 그러나 예루살렘 함락과 제 2성전 파괴 후 35년이 채 지나기 전에 이 모든 공동체들이 로마의 억압에 저항하여 일어났다.

---

30) 야브네(Yabneh). 고대 팔레스티나(오늘날의 이스라엘)의 도시. 지금의 이브나.

바르 코크바 반란과 히브리어 문건들

탄압이 극심하였지만 하드리아누스 황제[31]의 통치를 받던 팔레스타인에서 132년에 시메온 바르 코크바가 이끄는 반란이 다시 일어나는 것을 막을 수 없었다. 바르 코크바는 랍비들의 지지를 얻어 독립과 유대국가의 재건을 주장하고 히브리어를 장려했으며, 많은 도시들을 해방하는 한편 동전 주조까지 시작하였다. 1952년에 예루살렘 남동쪽 유대 사막에 있는 와디 무라바트에서 시행된 발굴작업에서 제 2차 유대전쟁 당시의 많은 법률문서들이 나왔다. 그것들 가운데 5개는 히브리어로, 나머지는 모두 아람어로 되어 있었다. 또한 같은 시대의 편지 십여 장도 발견되었는데, 모두 히브리어로 적혀 있었으며 그 가운데 2개는 반란 주동자가 쓴 것이었다. 그리고 1960년에 이스라엘의 나할 베베르에서 바르 코크바의 편지 열다섯 장이 세상에 알려졌는데, 그 가운데 다섯 장은 히브리어로, 여덟 장은 아람어로, 두 장은 그리스어로 작성되어 있었다.

이러한 선택의 이유가 무엇이든 간에, 어쨌든 바르 코크바와 그의 수뇌부에 있던 유대인 민족주의자들은 세 가지 언어를 쓰고 읽을 수 있었고, 히브리어도 계속 사용하고 있었음이 확실하다. 이 히브리어는 지휘관이 자신의 부관들에게 작전전개에 관한 여러 가지 지시사항을 구체적으로 보여주는 꽤 일상적인 수준의 것이다. 그러나 흥미로운 것은 이 문건들에 사용된 언어가 평소보다 아람어화가 덜 되어 있으며, 고전 히브리어 규범에 가까워지려고 애쓰고 있음을 보여주고 있다는 점이다. 이 현상을 반란에 담겨 있는 강한 구원적 의미와 관련지어야 할 것 같다. 유명한 랍비였던 랍비 아키바[32](전쟁중에 살해당함)는 이

---

31) 하드리아누스(Hadrianus, 76~138). 로마의 황제(117~138 재위).

32) 랍비 아키바(Rabbi Akiba〔Akiba ben Joseph〕, 40?~135?). 유대교 랍비. 랍비 유대교를 세운 주요 인물. 유대민족의 정신적 지도자로 바르 코크바의 반란(132~135)에 가담한 뒤 처형되었다.

반란이 신적 영감에 의한 것임을 인정하였다.

탈무드, 아람어, 그리고 미슈나 히브리어의 종말

바르 코크바의 반란은 결국 135년에 진압되었다. 그 결과 유대인들은 잔인한 박해를 받게 되었으며 예루살렘 출입이 금지되었다. 박해는 하드리아누스의 후계자들이 통치하면서 멈추었고, 이에 율법박사들은 야브네 원로의 도덕적 권위에 기대어 종교 저작물들을 계속 만들어 나갔다. 하지만 그들은 그때부터 이 작업을 아람어로 해야 했고, 콘스탄티누스 황제가 325년 로마제국을 기독교화한 이후, 유대인 통치자의 인솔하에 유대교의 영적 삶이 집중되어 있던 메소포타미아에서도 같은 상황이 전개되었다. 로마제국의 기독교화 후, 황제에게 굴복한 팔레스타인에서는 유대인들에 대한 박해가 이어졌고, 결국 415년 테오도시우스 2세[33]에 의해 족장제도[34]가 폐지되었다.

현자들은 종교교육을 현실적으로 유지하기 위해서는, 표명된 모든 규범을 세심하게 비교검토하여 율법해설 연구에 몰두하는 것이 필요하다고 판단하였다. 그들은 6세기까지 지속된 오랜 기간의 집중작업을 거쳐 《탈무드》(*talmud tora* = 율법연구)를 펴냈는데, 이 학구적 신앙심이 담긴 작품을 기록하는 데 사용된 언어는 당연히 아람어였다. 히브리어는 구어로서 삶을 멈추었던 것이다. 특히 동쪽의 나라에 흩어져 살던 아람어를 사용하는 유대인들이 예루살렘에 대거 귀환한 만큼[35] 히브리어는 아람어에 자리를 내주게 되었다(Segal, 1927, 서론 참조).

여러 차례에 걸쳐 언어문제를 다루는 《예루살렘 탈무드》[36]에서(예

---

33) 테오도시우스 2세(Theodosius II, 401~450). 동로마 황제(408~450 재위).

34) 한편 로마 통치시대에 팔레스타인에 있었던 유대 의회는 산헤드린(*Sanhedrin*), 그 의장을 나지(*nasi*)라 불렀다. 산헤드린은 족장제도가 폐지되면서 더 이상 존재하지 않게 되었다. 가말리엘 6세(Gamaliel VI)는 마지막 나지로서 425년 테오도시우스 2세에 의해 처형되었다.

35) 346~347쪽 참조.

컨대 페아 논문[37] 1장에는 그리스 문어에 대한 연구가 제한적이나마 허용되었다) 히브리어는 전례용 외에 다른 쓰임이 없고 일상생활에서 말로 사용되지 않는 성스러운 언어로 간주되었던 것은 확실하다(특히 소타 논문 '여러 곳' 참조). 여기에서 문제되는 것은 물론 성서 히브리어다. 그러나 미슈나 히브리어 자체도 바르 코크바 반란이 진압된 뒤부터, 그 구어적 쓰임이 지속적으로 감소하면서 문어가 되었다. 따라서 구어 히브리어를 유지하거나 주장하는 것은, 어떤 변화단계와 관련되어 있든지 간에, 이스라엘 역사에서 정치적 독립유지나 유대인 정체성과 국가적 표명을 위한 투쟁과 긴밀히 연결되어 있었던 것이다. 조상 대대로 내려온 언어가 사라지는 것은 바로 국가의 상실로 이어지는 것이다.

유대 언어들,
구어 쓰임에서는 소멸하였으나 문학에서는 유지된 히브리어

아람어, 유대 언어들의 출현과 유대인의 이산집단 내 히브리어의 지위

아람어는 아랍어에 직면하여 7세기부터 기울어왔지만, 3천 년이 지난 오늘날에도 계속하여 죽음에 저항하고 있다

7세기 초 아라비아인들에게 정복당한 뒤, 아람어의 지위는 시리아와 메소포타미아에서와 마찬가지로 팔레스타인에서도 흔들리게 되었다. 히브리인들만 점차적으로 아람어를 버린 것이 아니었다. 왜냐하면 아람어를 모국어로 가졌거나 매개어로 사용하던 아주 많은 사람들도 돌이킬 수 없는 흐름에 따라 마찬가지로 아람어를 버렸기 때문이다. 이

36) 《팔레스타인 탈무드》라고도 함.

37) 페아(Pea)와 소타(Sota)는 《미슈나》의 63개 논문 가운데 각각 첫 번째와 세 번째 주요 부분인 제라임(씨앗들)과 나심(여인들)에 들어 있는 논문들이다.

처럼 적어도 이 언어의 서쪽 지방의 방언들을 고려해 볼 때 아람어는 하강국면에 접어들게 되었는데, 이 언어가 동방에서 13세기 이상 누렸던 위상을 생각해 보면 이러한 사실을 이해하기 위해서는 상상력이 필요할 정도이다.

그럼에도 불구하고 아람어의 역사는, 죽었다가 다시 살아난 히브리어 고유의 이미지 같은 특별한 이미지를 보여주지는 않지만, 그래도 역시 독특하다. (더 이상 구어로 쓰이지 않는 콥트어를 제외한다면) 중국어와 함께 아직도 살아 있는 가장 오래된 이 언어는 오늘날에도 여전히 두 곳에서 사용되고 있다. 한 곳은 산악지역으로, 팔레스타인 영토 북부지방의 동쪽 끝부분에서 약 20만 명의 사람들이 아람어를 사용하고 있다. 짐작할 수 있는 것처럼 아람어가 심하게 변형된 상태로 이라크의 투르 아브딘 지방과, 마찬가지로 우르미아 호(湖) 주위의 동방귀일교, 네스토리우스교, 야곱파 공동체들에게 보존되어 있는 방언들의 총체를 신동방아람어 또는 신고대시리아어로 부른다. 다른 곳의 경우 신서방아람어가 나바스 북동쪽 30㎞에 있는 안티 레바논 산맥의 세 곳의 시리아 마을에서 아직도 사용되고 있다.

아랍인들의 정복 후 지중해 동부 연안 유대인의 언어들

팔레스타인과 메소포타미아, 그리고 이집트에 살던 유대인들은 아랍인들의 정복(7세기) 후에도 계속하여 자신들의 율법과 관습에 따라 살아가고 있었다. 그러나 아랍어가 그들의 일상생활에서 점점 더 필요하게 되면서, 아랍어는 결국 그곳에서 아람어를 밀어내게 되었고, 그리스어가 일상적으로 사용되던 곳에서는 그리스어를 대신하게 되었다.

유럽과 마그레브 지역 유대인의 언어들

아프리카, 스페인과 다른 이산지역 국가들의 유대인 언어들

제 2성전 파괴 후에 갈리아, 게르마니아, 이베리아에 도망쳐 흩어져 있던 유대인 공동체들은 로마공화국이 몰락하면서부터, 자신들이 살던 지역들뿐만 아니라 로마에까지 정착해 있던 공동체들과 합류하게 된다. 로마에서 아프리카(오늘날의 튀니지)와 곡물과 올리브유를 거래하는 대규모 해상무역을 장악하고 있던 유대인들은 콜로세움과 아피아 가도 사이에 있는 코엘리우스 산 구역에 그들의 거처를 가지고 있었다(Hagège, '출판예정' 참조). 히브리어는 모든 유대인 이산집단의 종교언어로 남게 되겠지만, 유대인들은 거의 20세기 동안 이 언어를 말하지 않게 된다. 그들은 자신들이 거주하게 된 나라의 언어를 받아들이게 되는 것이다. 1492년 카스티야와 아라곤 지방의 가톨릭 왕들이 추방한 공동체들[38]도 훗날 마찬가지의 경우를 겪게 된다. 어쩔 수 없이 유배당하고, 스페인에서 나중에는 포르투갈에서 종교재판의 화살을 피하던 유대인들은 마그레브, 네덜란드, 남프랑스, 이탈리아, 보스니아, 그리스, 터키 등 여러 곳에 피난했는데, 이 가운데 일부지역에서는 그들의 유대계 스페인어가 유지되었다.

유대계 언어들

그러나 특히, 대부분의 유대인 이산국가들에서 유대 언어 또는 유대계 언어로 불리는 특수언어들이 형성되는데, 이 언어들은 혼종현상의 예시로 많은 관심을 불러일으키면서 언어학의 특별한 한 장으로 연구

---

38) 1492년 '레콩키스타'에 성공하여 이슬람교도의 지배로부터 스페인을 되찾은 페르난도 2세와 이사벨 1세는 유대인을 박해하기 시작했다. 그들은 스페인을 철저한 로마 가톨릭 국가로 만들기 위해 이단을 처형하고 개종을 거부하는 무어인 이슬람교도와 유대인을 추방하였다. 이로써 15만 명에 달하는 유대인이 스페인에서 추방되었다. 제 5장 주 20 참조.

되고 있다. 실제 이 모든 언어들은 현지 언어나 유배지에 가져갔던 언어를 기반으로 구성된 것이지만 상당한 양의 히브리어 어휘의 도움을 받았다. 이 언어들은 오늘날 불안정한 상태에 놓여 있다(274~275쪽 참조). 이 모든 언어들에서 히브리어가 활용된 보기들을 찾아볼 수 있는데, 이 보기들은 히브리어가 더 이상 살아 있는 언어로 쓰이지 않게 된 이후에도 오랫동안, 차용을 통해 유대인들의 정신에 계속 행사하는 강력한 호소력을 증명해 준다. 그런데 히브리어의 차용은 가장 신앙심이 깊은 사람들이 성서 텍스트와 지속적으로 접촉하면서 용이하게 된 것이다.

유대 언어들 외에 신앙심 깊은 학자들이 만들어 낸 직역어도 나타났다. 이 언어들의 구문과 형태는 히브리어의 것을 본 뜬 것인데 반해 그 어휘는 이산국가들의 이러저러한 언어들의 것으로, 여기에서 놀라운 결과를 볼 수 있다. 예컨대 유대계 스페인 직역어, 또는 라디노가 잘 알려져 있다. 이 언어는 구어인 유대계 스페인어(유데즈모)가 아니라, 유대인들이 스페인에서 추방된 뒤 사용했던 성서들에 쓰인 히브리어화한 스페인어로, 이는 구전되었지만 말로 사용되지는 않은 언어다. 랍비들이 히브리어 텍스트를 이방인들[39]의 언어로 옮겨 쓰면서 얻고자 했던 것은, 언제나 그렇듯이 탈(脫)유대화의 위협을 받고 있으며, 거주국의 언어 외에는 더 이상 다른 언어를 사용하지 않는 유대인들이 성스러운 언어를 결정적으로 잊어버리지 않게 하려는 것이었다.

라틴어와 지속 / 히브리어와 균열

한편으로 적어도 히브리어의 흔적이나마 유지하기 위해 랍비들이 기울인 모든 노력과, 다른 한편으로 유대계 언어들이 구성되는 방식과 이 언어들의 바탕을 이루는 자료들이 두드러지게 보여주는 것, 그것은

39) 유대인이 말하는 이방인으로, 특히 기독교도를 말한다.

로망스 언어들의 역사에서도 그리스어의 역사에서도 그 보기를 찾아볼 수 없는 진정 독특한 현상이다. 사실 이 두 경우에 지속성은 있다. 더 이상 라틴어에 속하지 않는 프랑스어나 스페인어는 라틴어가 겪은 변화의 산물이다. 현대 그리스어는 고대 그리스어 변화의 산물이다. 반대로 히브리어의 경우 바빌론 유수에서 시작해 667년 후 제 2성전의 파괴로 이어지는 극적 사건들은 결국 삶의 진행과정이 중단되는 결과를 가져왔다. 연결고리가 끊어진 것이다. (구어) 히브리어는 사라지게 되었다. 그리고 전혀 다른 언어들이 그 자리를 대신하였다. 히브리어가 전례에 사용되면서, 이 위엄 있는 언어에 가까이 다가가는 것이 한층 더 힘들어졌다. 언어의 계승자들 사이에서도 히브리어는 그 존재가 보잘것없게 되었다. 이 언어가 어떻게 다시 살아날 수 있을지 상상이 가지 않는다.

중세 히브리어

성서 히브리어, 미슈나 히브리어, 중세 히브리어, 현대 히브리어

언어들의 구어적 실재와 그 언어들의 문어적 용법이 부분적으로 지니는 인위적 성격을 혼동할 수도 있겠지만, 관례적으로 중세 히브리어라 부르는 것은 히브리어 역사의 새로운 단계로 간주할 수 없다. 성서시대의 히브리어는 문어형태뿐 아니라 구어형태도 가지고 있었다. 미슈나 히브리어는 더 이상 구어로 사용되지 않게 되면서, 정상적으로 사용되는 언어가 하는 것처럼 유대작가들이 수세기에 걸쳐 사용한 많은 새로운 어법들을 담아내지는 못했지만, 이 언어 또한 문어이면서 구어였다. 끝으로 현대어인 이스라엘 히브리어는 글로 쓰이는 만큼 말로 사용되고 있다. 반대로 중세 히브리어에는 문어 외에 다른 용도가 없는데, 이 중세 히브리어는 학자들이 성서와 《미슈나》를 따라야 할 모델로 정해 놓고 많은 수의 학술적이거나 시적인 단어들을 끌어들인 순전히 이론적인 그들 특유의 언어다. 이 단어들은 어떤 생생한 현실과도, 어떤 자연스러운 언어표현과도 일치하지 않았으며, 다만 스페인어, 아랍어, 독일어 등과 같은 이산국가들의 언어를 자주 흉내 냄으로써 문체와 미적 욕구를 만족시키는 데 그쳤다. 아주 세련된 문체의 종교적 시들을 지칭하는 '피유트'라는 문학장르는 이러한 경향을 잘 보여준다. 그러나 학자들은 또한 지리, 철학, 문법, 과학에 대한 산문 개론서도 썼다. 이 작품들은 뜻밖에도 흥미로운 점이 있어, 아래에서 체계적 분석을 통해 살펴볼 것이다.

18세기까지 이산문학에 나타난 히브리어

중세 히브리어의 개념은 관례적으로 중세 유대인 작가들의 언어뿐만 아니라 19세기까지 후대 시기의 언어에도 적용된다. 이러한 용어의 부적절함에 다른 어려움이 따른다. 곧 오직 글로만 사용된 언어라서 변화의 가능성이 별로 없음에도 불구하고, 시대에 따라 변하는 작가들의 문체는 충분히 폭넓은 다양성을 제공하고 있다. 따라서 중세 히브리어를 단 하나의 수식어로, 특히 '중세'라는 수식어로 규정하기는 어렵다.

70년 이후, 히브리 문학의 중심은 바빌로니아, 알렉산드리아, 안티오키아, 아테네, 로마 등과 같이 많은 곳으로 흩어지게 되었다. 이때 이름을 떨친 사람들은 변절자 역사가 플라비우스 요세푸스, 철학자 필론[40] 이 있고, 그리고 훨씬 뒤에 카이라완, 페스, 그라나다,[41] 카이로

---

40) 플라비우스 요세푸스(Flavius Josephus, 37/38~100?). 유대인 제사장·학자·역사가. 66~70년에 일어난 유대인 반란과 고대 유대교의 역사에 대해 중요한 책들을 썼다. 로마인의 관점에서 기술된 그의 《유대 전쟁사》와 그의 활동에서 나타난 친 로마 행적으로 유대인들에게 변절자로 미움을 받았다.
필론(Philon Judaeus, B.C. 15[~10]~A.D. 45[~50]). 그리스어를 사용한 유대 철학자. 헬레니즘 유대주의를 대표하는 중요한 인물이다.

41) 카이라완(Qayrawan). 튀니지의 도시.
페스(Fes). 모로코 북부의 도시, 옛 이슬람 왕조의 수도.
그라나다(Granada). 13세기 초 스페인에 남아 있던 알모라비드 세력이 세운

같은 이슬람권에서 아랍어뿐만 아니라 히브리어로 작품을 쓰게 되는 작가들이다. 이들은 10세기의 유다 벤 다비드 하유이와 같이 음성을 연구하거나, 12세기의 유다 하 레비처럼 화려한 시를 만드는 재료로 사용하면서 성서의 언어를 되살리게 되는 작품들, 같은 시기에 아비세브론(이븐 가비롤)과 아브라함 이븐 에즈라가 각기 펴낸 것처럼 철학이나 문법 개론서들, 또한 15세기의 유대교 신비주의자인 포르투갈인 이삭 아브라바넬처럼 난해한 작품들을 펴냈다.[42]

이 장에서는 작가들의 목록을 작성하는 것이 아니라, 히브리어 운명을 보여주는 몇 가지 표지를 알아보는 것이 목적이므로 몇 명의 인물만을 인용했다. 여기에 언급한 시기는 문어 히브리어의 찬란한 시대로 유명하다. 당시 작가들은 동방 아랍국가들의 전반적으로 관용적인 문화적 틀 안에서 아랍어와 히브리어로 자신들의 재능을 표현하였다. 그들은 특히 가톨릭교회가 다시 세력을 잡을 때까지 거의 8세기 동안 이슬람 지배하의 스페인의 지적이고 종교적인 찬란함을 함께 이루었다. 이는 민족의 이산 이후 처음으로 맞은 히브리어와 히브리 문학의 황금기였다. 그러나 아직 르네상스라 말할 수는 없다. 히브리어는 여전히 문어일 뿐이기 때문이다.

왕국.

42) 유다 벤 다비드 하유이(Juda ben David Hayyuj, 945?~1000?). 스페인 안달루시아의 랍비, 성서해석학자·문헌학자. 히브리어 문법사의 주요 인물이다.
유다 하 레비(Juda ha-Levi, 1075?~1141). 스페인의 유대인 시인·종교 철학자. 그의 작품은 아랍 문화권 내에서 발전한 히브리 시를 대표한다.
이븐 가비롤(Ibn Gabirol, 1022?~1070?). 스페인의 유대인 시인·철학자. 무어인 지배하의 스페인에서 유대의 황금기 동안 활동한 히브리 시파의 뛰어난 인물이다.
아브라함 이븐 에즈라(Abraham ibn Ezra, 1073~1165). 스페인의 유대계 학자. 스페인계 유대의 황금기에 기여한 성서주석의 저자로 널리 알려져 있다.
이삭 아브라바넬(Isaac Abravanel, 1437~1508). 포르투갈의 유대계 철학자·성서 주석자.

히브리어와 하스카라

전문가들은 유대어 '하스카라'(*Haskala*) (*sekel*, '지성'에서 유래)를 서양에서 계몽사상이라 부르는 것과 동등한 의미로 사용한다. 이는 (같은 어근을 바탕으로 하는 어휘인) '마스키림'(*maskilim*)으로 불리는 명석한 사상가들의 개화를 뜻하는 것이다. 18세기 말과 19세기에 이전 세대들의 프랑스, 영국, 독일 철학자들에게 영감을 받은 '마스키림'은 유대주의의 역사적 전통을 거스르지 않고 유럽문명의 가치에 유대문화를 개방하려 애쓰면서 이 문화가 거듭나기를 도모했다. 히브리어 문제가 '마스키림'의 각별한 관심을 불러일으켰음은 이해할 수 있다. 모세 멘델스존과, 특히 나프탈리 H. 웨슬리[43]를 중심으로 모인 그의 친구들은 1784년 최초의 히브리 문학 정기간행물인 *Ha-me'assef*(〈선집〉)를 창간했다. 그들은 이를 통해 모세 H. 루차토[44]의 영감을 이어가는데, 18세기 초 루차토의 작품은 히브리 시문학이 스페인 황금기 이후 누리지 못한 새로워진 아름다움을 히브리 시에 부여하였다. 그들은 또한 히브리어를 세속학문의 표현도구로 삼을 수 있도록 히브리어를 현대에 적응시킬 것을 제안하였다.

그들은 성서의 거룩한 언어를 어느 정도 비(非)신성화하고자 했는데, 정확히 말해 종교적이고 전례적인 실재와는 다른 면들을 표현할 수 있도록 하면서, 적어도 글로 기록함으로써 '다시 살아나도록' 하고자 했던 것이다. 그러나 그들은 역설적으로 랍비식 논증의 '필풀'[45] (궤

---

43) 모세 멘델스존(Moses Mendelssohn, 1729~1786). 독일의 유대인 철학자·비평가·성서번역가.
나프탈리 웨슬리(Naphtali Herz Wessely, 1725~1805). 독일의 유대인 서사시인.

44) 모세 루차토(Moshe Hayyim Luzzatto, 1707~1747). 베네치아의 유대교 신비철학가·작가. 근대 히브리 시문학의 창시자 가운데 한 사람이다.

45) Pilpul(히브리어로 '날카로운 분석'이라는 뜻). 유대의 율법학자들이 탈무드의 법칙이나 원리의 해석을 둘러싸고 벌이는 날카로운 논쟁을 말한다. 주로 종교적·도덕적 문제와 관계가 있다.

변술)에서 벗어나기 위해 예언자들의 순수한 언어를 찬양하게 되었다. 그렇다고 해서 '마스키림'이 5세기의 시인 클라우디아누스나 생타빗,[46] 훨씬 뒤 프랑스의 라틴 시 작품들의 저자들인 17세기 말의 장-밥티스트 상퇴, 그리고 18세기 초의 멜키오르 드 폴리냐크와 같이 베르길리우스의 라틴어 모방자들이 했던 것처럼 성서의 문체를 단순히 모방한 것은 아니었다. 반대로 '마스키림'은 히브리어를 위해 그 어휘를 현대화하기를 원했다. 그러나 그들은 미슈나 히브리어가 신조어를 위해 기름진 토양을 제공할 수 있었음에도 불구하고, 어휘가 제한적인 성서로 만족했다. 그 결과 이 한정된 자료에서 충분한 수의 단어를 찾지 못한 '마스키림'은 많은 수의 합성표현들을 만들어 냈고, 그 어색함은 오늘날 웃음을 자아낸다(390~391쪽 참조). 사람들은 이러한 선의의 사람들이 보여주는 부자연스러운 방식을 장난삼아 melitsa〔'수사문채(를 기르는 표현양식)'〕라고 부르게 된다.

어쨌든 '마스키림'은 비록 적용방법이 서투르기는 했지만 한 가지 기본원칙을 보여주었다. 그것은 이미 아주 오래전부터 구어로 사용되지 않은 아주 오래된 언어를, 새로운 단어를 만들어 내면서 현대적 실재에 조화롭게 적응시키는 것이 가능하다는 것이다. 앞으로 보겠지만 이 교훈은 잊을 수 없을 것이다.

---

46) 클라우디아누스(Claudius Claudianus, 370?~404?). 알렉산드리아 출생 로마의 시인.
생타빗〔성아비투스〕(Saint-Avit, 450?~525?). 프랑스 출생 가톨릭 정교의 성인.
장-밥티스트 상퇴(Jean-Baptiste Santeul, 1630~1697). 프랑스 네오 라틴 시인. 라틴어가 프랑스어 및 다른 일상 로망스 언어들과 우위를 다투던 시기에 쓰이던 라틴어의 대표적 인물이었다.
멜키오르 드 폴리냐크(Melchior de Polignac, 1661~1742). 프랑스 대수도원장·폴리냐크의 추기경.

19세기 중엽부터 글로 기록된 히브리어

많은 이산국가들, 특히 러시아에 '마스키림'의 활동을 모방한 이들이 있었다. 많은 작가들이 옛 유대 역사의 가장 화려했던 시간들을 찬양하는 작품들을 펴내면서 그들의 재능을 발휘하였다. 19세기 중엽 히브리어 출판계는 수많은 작품들로 넘쳐났으며, 같은 세기 말 모세 라이프 릴리엔블룸이라는 작가는 민족적 르네상스를 적극 권장했다. 반면에 흔히 현대 히브리 문학의 아버지로 여겨지는 멘델레 모이헤르 스포림[47] 같은 다른 작가들은 옛 이스라엘만큼 아름다워 보이지 않는 현실들(예컨대 중부 유럽의 유대인 거류지의 고통스럽고 생생한 삶)을 다루고자 했다. 그런데 '마스키림'은 그들이 보기에 이러한 삶이 복고적이고 비참한 것들을 상징하는 것이어서 멀리하고자 했다. 일군의 뛰어난 작가들이 이때 나타났고 대부분 사울 체르니호프스키와 하임 나흐만 비알리크 같은 러시아나 우크라이나 출신들이었다.[48] 특히 비알리크는 새로운 말들로 가득 찬 언어로 보기 드문 창조력을 보여주는 역작들을 만들어 내면서 문어 히브리어를 풍요롭게 만들었다.

'하스카라' 정신을 이어받은 사람들은 또한 유대인을 배척하는 억압을 주저 없이 고발했는데, 이 고발은 직접적이고도 논리적으로 민족독립 요구와 연결되어 있었다. 하지만 이러한 고발이 언어 차원에 미친

---

47) 모세 라이프 릴리엔블룸(Moses Leib Lilienblum, 1843~1910). 리투아니아 출생 유대인 학자·작가.
멘델레 모이헤르 스포림(Mendele Moykher Sforim, 1835~1917). 러시아 출생 유대인 작가. 현대 이디시 설화문학과 히브리 설화문학을 창시했고, 현대 이디시어 문어를 만들었다.

48) 사울 체르니호프스키(Saul Tchernichowsky, 1875~1943). 우크라이나에서 출생한 유대계 시인. 러시아·독일·팔레스타인을 소재로 한 그의 시는 강한 성서적 언어로 사랑과 아름다움이라는 주제를 잘 그려내고 있다.
하임 나흐만 비알리크(Hayyim Nahman Bialik, 1873~1934). 러시아에서 출생한 유대계 시인. 유대인의 열망을 시로써 구현했으며, 현대 히브리어를 시적 표현에 유용한 매체로 만들었다.

필연적 영향을 아직 느낄 수는 없었다. 바로 이러한 토양 위에서, 처음에는 유대민족 해방주의로 구상되었던 시온주의 이데올로기[49]가 태어나게 된 것이다. 시온주의자들 모두가, 되살아날지도 모를 히브리어를 유대인들이 반드시 사용해야 할 언어로 간주했던 것은 아니다. 특히 1896년 유대국가와 똑같은 이름의 '유대국가'라는 제목을 달고 시온주의의 교리를 확고하게 하는 유명한 책을 썼던 테오도르 헤르츨이, 자신이 관심을 가지고 다루었던 유대국가를 위해, 히브리어는 제외한 채 스위스와 같은 방식의 다언어 사용이라는 해결책만을 고려하고 있었다는 점은 의미심장하다.[50]

히브리어는 더 이상 살아 있지 않았지만 그렇다고 죽은 것도 아니었다

일부 시온주의자들이 언어문제에 직면하여 취한 태도는 이해할 수 있다. 히브리어는 3세기부터 더 이상 구어로 사용되지 않았기 때문이다. 이러한 관점에서 보면 히브리어는 죽었다고 말할 수도 있을 것이다. 그러나 파롤이 있고 랑그가 있다(제 3장 참조). 게다가 히브리어는 수메르어나 아카드어가 사라진 것과 같은 의미의 사멸과는 거리가 멀었다. 아주 오래전부터 더 이상 파롤을 되찾지 못하고 일상적 쓰임에서 벗어나기는 했지만, 히브리어는 돌처럼 굳어져 삶을 잃어버린 언어

---

49) 시오니즘(*Zionism*). 유대인들의 민족주의 운동. 유대인들이 조상의 땅인 팔레스타인에 조국을 재건하려던 운동으로, 1948년 이스라엘의 독립으로 실현되었다.

50) 테오도르 헤르츨(Theodor Herzl, 1860~1904). 헝가리 출생 오스트리아 시온주의자. 팔레스타인에 유대인 국가를 세우려는 운동을 정치적으로 주도했으며, 시온주의를 세계적으로 중요한 정치운동으로 부각시키는 데 이바지했다. 그는 1896년 2월 비엔나에서 출판한 《유대국가》라는 책에서 유대인 문제는 사회·종교문제가 아니라 민족적 문제라고 주장했다. 그러나 정치적 독립에 관심을 가졌던 헤르츨은 언어의 중요성을 생각하지 못하고 히브리어의 부활에 관심을 보이지 않았다. 이스라엘의 국어에 관해서는 스위스의 경우를 들어 이주 유대인들의 언어인 독일어, 영어 등 몇 개의 언어를 함께 사용할 것을 제안했다.

와는 정반대였다. 중세부터 '하스카라'를 거쳐 20세기까지 새로운 히브리어 단어들과 표현들이 끊임없이 만들어졌다는 사실은 이렇게 아주 특이한 상태를 분명하게 보여주는 것이다. 새로운 말들을 만들어 내는 이러한 창조력은 히브리어가 혁신을 필요로 했다는 사실로 설명된다. 그것은 바로 히브리어가 랍비들 사이에서뿐만 아니라 상인들 사이에서도 글로 주고받는 언어의 기능을 전적으로 수행하고 있었기 때문이다(Turniansky, 1994: 420~421 참조). 히브리어가 회계에, 그것도 이미 오래전부터 사용되었다는 것을 재확인할 필요가 있을까?

히브리어는 19세기 말의 새로운 사상들의 혜택을 입게 되었다. 릴리엔블룸은 1880년 "시온의 연인들"이라는 운동을 결성한다. 메나헴 멘델 돌리츠키, 나프탈리 헤르츠 임베르, 다비드 프리슈만, 나훔 소콜로프,[51] 19세기 말의 중부유럽과 동유럽에서 번성하던 사회주의 견해에 동조하던 작가들, 시인들, 문학평론가들, 기자들 같은 이 운동의 추종자들은 한 가지 무모한 생각에 힘을 실어주는 지적 분위기를 조성한다. 이 무모한 생각은 어떤 실행방식이 가능한지 감히 상상하지도 못한 채 몇몇이 꿈만 꾸고 있었을 뿐, 그때까지 어느 누구도 명백하게 주장하지 못했던 것이었다. 그것은 바로 히브리어의 부활이었다. 따라서 이 생각을 꿈에서 현실로 바꾸기 위해서는 그 누군가가 필요했다. 그 사람은 존재하고 있었다. 그는 듣고 있었다. 그는 읽고 있었다. 그는 자료를 모으고 있었다. 그는 동참하고 있었다. 그는 활동을 개시할

---

51) 메나헴 멘델 돌리츠키(Menahem Mendel Dolitzki, 1856~1931). 폴란드 출생 러시아 유대 시인.
나프탈리 헤르츠 임베르(Naphtali Herz Imber, 1856~1909). 우크라이나 출생 유대 시인·시온주의자. 이스라엘 국가인 서정시 *Hatikvah*(희망)를 지었다.
다비드 프리슈만(David Frischmann, 1859~1922). 폴란드 출생 유대 시인·단편 작가·문학평론가·저널리스트. 초기 현대 히브리 문학의 대표적 작가들의 한 사람.
나훔 소콜로프(Nahum Sokolow, 1861~1936). 러시아령 폴란드 출생. 유대인 작가·시온주의 지도자.

준비가 되어 있었다. 그의 이름은 엘리에제르 벤 예후다였다.

히브리어의 부활

히브리어의 부활은 벤 예후다의 이름과 연결되어 있다. 그러나 실제 사실은 그리 단순하지 않으며, 그 이외의 다른 사람들도 마찬가지로 중요한 일을 수행했음을 보게 될 것이다. 또한 그가 일부 유대인 사회에서 심각한 반대에 부닥치는 것도 보게 될 것이다.

벤 예후다의 직관

성스러운 평온함과 세속적 격렬함

훗날 벤 예후다라는 이름으로 유명하게 될 엘리에제르 페를만이 1858년 루쉬키에서 태어났을 때, 이 도시가 속해 있던 리투아니아는 러시아 황제의 관리들이 통치하고 있었다. 따라서 어린 벤 예후다가 일찍 접촉한 언어들 가운데 하나는 러시아어였으며, 다른 언어들은 아마도 리투아니아어였거나 틀림없이 이디시어였을 것이다. 그는 일찌감치 성서 히브리어와 아람어를 읽었는데, 이는 그의 재기 발랄함과 지칠 줄 모르는 호기심 때문만이 아니라 그의 교육을 맡고 있던 삼촌이 폴로츠크(오늘날 벨로루시의 도시)의 탈무드 학교에 그를 보냈기 때문이기도 하다. 청소년기의 그는 자연스럽게 성스러운 텍스트들의 연구와 랍비들의 미로 같은 해석들에 둘러싸여 지내게 된다. 그는 한 진보주의 랍비와 중요한 만남을 가지게 되면서 학술적 주석을 붙이는 데 한몫하고 싶다는 생각까지 하게 된다. 이렇게 속세, 곧 재속 유대인 작가들의 세계와 이 작가들이 주제삼아 글을 쓰는 문학, 정치 및 사회에 관한 세계가 그의 눈앞에 드러난다. 그는 이 작품들을 게걸스럽게 읽기 시작한다. 그러나 엘리에제르가 《탈무드》 해석학에 더 이상 만족하지 않는 것을 알게 된 그의 삼촌은 분개하여 그를 쫓아낸다(Zananiri, 1978: 4 참조).

이러한 그의 인생의 첫 에피소드에서 이미 벤 예후다가 훗날 내리게 될 선택들을 볼 수 있다. 이어지는 에피소드도 마찬가지다. 유대인들이 자신들의 행동의 장을 넓히는 방법으로 여겨 온 동화(同化)에 호의적 태도를 가진 가족에 의해 받아들여졌던 그는 뒤나부르크(오늘날의 레토니아의 다우가프필스)의 행정고등학교에 진학하기 위해 이 가족을 떠난다. 그는 이 학교에서 폴로츠크의 예시바[52]와는 매우 다른 환경의 도시적 분위기에서 아주 다양한 경력을 쌓고 있는 다른 유대인들을 만나게 되고 또한 기독교인들도 만나게 된다.

유대민족, 히브리어, 그리고 국가독립 : 아주 오래된 불변의 꿈

벤 예후다는 한동안 상트 페테르부르크대학에서 공부를 계속하여, 언젠가는 러시아 황제의 가혹한 권력에 대한 굴종에서 정신을 해방할 수 있기 위해 교수가 될 생각을 한다. 그러나 그는 자신이 성장한 환경과 그 속에서 형성된 자신의 인격이, 종교적 연구에 관한 것이든지 세속문학에 관한 것이든지 간에 그에게 평범한 러시아인과는 전적으로 다른 인물이 될 것을 요구하고 있음을 곧 알아차린다. 이 인물상은 유대인 고유의 문제들에 맞서 해결해야 하는 한 유대인의 모습이다. 그렇게 해서 갓 스무 살이 된 벤 예후다는 1878년 터키-불가리아 전쟁 때 러시아 지식인들을 봉기하게 했던 의분(義憤)을 전적으로 함께하면서, 억압받는 민족들을 위해 행동해야 한다는 당시 양식 있는 사람들 사이에 퍼져 있던 여론을 유대민족에게 적용할 필요가 있음을 곧바로 깨닫게 된다. 그것은 바로 해방의 원칙으로 대개 억압으로 작용하는

---

52) 예시바(*yeshiva*). 유대인 탈무드 교육기관을 가리키는 일반명칭.

외부의 통치를 벗어날 수단을 제공하는 것이다. 19세기 초부터 민주국가들이, 그리스, 아르메니아, 불가리아 민족들이 독립과 통일을 위해 투쟁하는 것을 전적으로 인정하고 격려하기까지 하는데, 왜 그들이 유대민족의 투쟁을 인정하지 않겠는가?[53)]

이 시기에 그의 정신에 솟구쳤던 이러한 직관은 그의 전 생애를 이끌게 될 것이다. 그러나 국가의 재건만이 문제가 된 것은 아니다. 언어의 복원이 이에 밀접하게 결부되어 있었다. 그리고 벤 예후다는 다른 사람들이 문어에 대해 가지고 있던 생각 때문에 뛰어넘을 결심을 하지 못하고 주저하던 일을 결행하였다. 이로써 벤 예후다는 유대 역사 천 년의 논리적 필연 속으로 들어갔을 뿐이었다. 우리는 위에서 느헤미야와 에즈라의 재건에서 그를 보았고, 마카베오 일가의 저항에서 그를 다시 만났으며, 바르 코크바의 반란에 영향을 준 사건들을 돌아볼 때도 그를 만났다. 이스라엘 후손들에게 히브리어에 대한 애착은 언제 어디서나 국가독립과 연결되어 있었고, 독립이 아니라면 국가재건 계획과 연결되어 있었다. 언제 어디서나 자유의 상실, 또는 더 나쁜 상황인 노예상태는 히브리어의 망각을 동반하거나 불러오고, 민족 이산은 언어를 죽이는 것으로 전쟁을 마무리한다. 유대의 찬란함을 구현한 솔로몬의 성전, 제 1성전이 파괴된 후의 상황이 이와 같았다. 뒤를 이어 제 2성전이 파괴되었을 때도 또 다시 그러한 상황이었다. 이것이 이스라엘의 운명이었다. 다시 말해 언어는 국가를 뒤따르며, 언어는 국가와 함께 죽는다. 따라서 언어와 국가는 서로 굳게 결속됨으로써만 다시 태어날 수 있다. 벤 예후다의 시온주의는 그것이 정치적이기에 언어적이다.

이처럼 국가재건과 언어재건의 관계는 벤 예후다에게 일찌감치 강박관념으로 자리잡았다. 이러한 점이 그 자체로 유대인의 특수성과 관계

53) 당시 발칸반도를 중심으로 전개된 '민족부흥'으로 알려진 일련의 움직임을 말한다.

되는 것은 아니다. 다른 문화권에서도 국가를 재건한 사람들의 행동이 이러한 관계를 보여준 바 있다. 코르도바 수장국이 함락된 뒤 가톨릭 국가의 왕들이 1492년에 스페인 영토를 막 회복했던 시점에,[54] 안토니오 데 네브리하는 이 시기에 출간된 카스티야어 《문법》에서 "언어는 언제나 권력을 동반한다"라고 쓰면서 군주정치 이데올로기를 반영하고 있을 따름이다.[55]

그러나 벤 예후다의 경우에 특이한 점은, 히브리어의 복원이 국가 정체성의 복원과 결합되어 있고 영토문제와 연결되어 있다 하더라도 정치적 독립은 아직 공공연하게 내세우지 않았다는 것이다. 가장 시급한 문제는 바로 언어였다. 벤 예후다는 시온주의자였다. 그러나 1922년에 사망한 만큼 그는 이스라엘이라는 국가를 알 수는 없었다. 다만 그가 이스라엘이 건국된 시대에 살았다면, 국가를 세우는 일이 유대 역사의 연속성 속에 포함된다고 생각했으리라 추측해 볼 수 있을 뿐이다. 그러나 이에 덧붙여 고려해 볼 수 있는 점은, 벤 예후다가 아랍어에 관심을 가지고 있었으며 아랍어에서 많은 단어들을 차용하기를 권했다는 것이다. 말하자면 중세에 유대문화의 개화에 관대했던 이슬람 국가들에서 꽃필 수 있었던 황금기의 훌륭한 유대작품들을 그는 잘 알고 있었던 것이다. 따라서 오늘날 유대인이 팔레스타인의 아랍주민들과 맺고 있는 현 상태의 관계를 그가 받아들이기 힘들어 할 것이라고 볼 수 있다. 그러나 이는 또 다른 문제이다.

---

54) 제5장 주 20 참조.

55) 안토니오 데 네브리하(Antonio de Nebrija, 1441~1522). 스페인의 인문학자.

본격적 활동을 위한 행동개시

파리 체류와 호소문

그의 대단한 계획은 젊은 시기부터 구상되었다. 벤 예후다가 유대민족에게 보내는 호소문을 작성했을 때 그의 나이는 채 스물한 살도 안 되었다. 그가 이런 행동을 하도록 몰고 간 상황은 아주 특별하다. 그는 국가형성의 원칙들을 공부하겠다는 분명한 의도를 가지고 파리에 가서 머무른다. 그는 콜레주 드 프랑스에서 이성의 초월성에 대한 르낭의 강의를 듣고 깊은 인상을 받는다. 또한 강베타[56]에게서 공익의 의미 및 정의와 사회평화의 이상을 발견한다. 그에게 강베타는 바람직한 모델, 곧 옛 히브리 예언자들을 꼭 빼닮은 세속의 존재였다. 훌륭한 본보기들을 찾던 그는 빅토르 위고 같은 연륜과 명성을 갖춘 유명한 다른 인물들도 만나게 된다. 그러나 유대 지도자들에게 자신의 계획을 터놓고 말했던 그는 그들의 반응에 실망한다. 그들은 벤 예후다에게서 밤을 뚫고 갑자기 나타나자마자 어둠 속으로 재빨리 사라지는 일종의 유성 같은 존재인 게토의 몽상가를 볼 뿐이었다. 그런데 극적인 한 사건이 그의 인생의 흐름을 재촉하게 된다. 친구들과 함께 다른 세상을 꿈꾸기도 하고 언젠가 처음으로 히브리어로 말한 카페에서, 그는 다만 차 한 잔으로 배를 채우면서 웅대한 계획들로 가슴을 채운다. 과로와 가난으로 기진맥진한 그는 결핵에 걸린다. 당시에 결핵은 치료할 수 없는 병이었고, 의사들은 그들의 진단결과를 그에게 감추지 않았다.

이에 벤 예후다는 '호소문'에 담겨 있는 그의 메시지를 세상에 알리

---

56) 콜레주 드 프랑스(Collège de France). 프랑스 파리에 있는 공개강좌제 고등교육기관. 1530년 프랑수아 1세가 3개 국어 대학으로 설립하였다.
에른스트 르낭(Ernest Renan, 1823~1892). 프랑스의 철학자 · 역사가 · 종교학자. 프랑스 비판철학파의 대표적 인물이다.
레옹 강베타(Leon Gambetta, 1838~1882). 프랑스의 공화파 정치가.

기 전에는 죽지 않으리라 결심한다. 그리고 비엔나의 유대 월간지 〈하-샤하르〉의 발행인인 스몰렌스키[57]가 이 호소문을 받아들이게 된다. 이 잡지의 기본정신은 '하스카라'의 정신을 계승하여 독자들이 유대민족을 위한 학문의 중요성을 인식하도록 돕는 데 있고, 또한 열렬한 히브리어 애호가의 수를 늘리는 데 있었다. 스몰렌스키도 그의 동시대인들과 마찬가지로 히브리어를 복원된 유대국가의 구어로 삼아야 할 필요성을 납득할 수 없었다. 하물며 그 가능성에 대해서는 더 말할 나위 없었다. 그러나 그는 열린 정신의 소유자였고, 무명의 학생이었던 벤 예후다에게 자신이 '완전히 함께하지 않는' 생각들을 표현하도록 허락한다. '호소문'은 "중대한 질문"이라는 제목으로 1879년 발표되었다. 바로 이것이 히브리어 부활의 첫 신호탄이었다.

스몰렌스키에게 보낸 편지 : 1880년

건강을 되찾을 요량으로, 또한 유럽 유대인들의 아슈케나지[58] 발음

57) 스몰렌스키(Peretz Smolenski, 1842~1885). 소설가 · 저널리스트. 스몰렌스키는 유대주의가 종교적 움직임일 뿐이라는 주장을 반박했으며, 그와 함께 '하스카라'는 분명하게 민족주의적 성격을 띠게 되었다.

58) 이산 유대인은 '아슈케나짐'과 '세파르딤'의 두 부류로 나뉜다.
아슈케나지(*Ashkenazi*)는 히브리어로 '독일'이라는 뜻의 Ashkenaz에서 유래하였다. 라인란트 유역 및 인접한 프랑스 지역에 살다가 십자군 원정(11~13세기)이 끝난 뒤 슬라브 지역(폴란드 · 리투아니아 · 러시아)으로 이주한 유대인 집단을 아슈케나짐(*Ashkenazim*)이라 부른다. 17세기에 동유럽에서 유대인 박해가 시작되자 수많은 유대인들이 서유럽에 정착하였다. 얼마 후 '독일식' 유대교 예배의식을 채택한 모든 유대인은 세파르디 유대인과 구별해 아슈케나지라고 불리게 되었다. 아슈케나지는 히브리어 발음, 문화적 전통, 예배 때 부르는 노래(영창)에서 세파르디 유대인과는 달랐다. 또 20세기 중반까지 이디시어를 널리 사용했다. 오늘날 아슈케나지는 전 세계에 흩어져 있는 유대인의 80% 이상을 차지하며, 1980년대 중반에 아슈케나지 유대인의 수는 1,100만 명이 넘었다.
한편 세파르디(*Sephardi*〔*Sefardi*〕)는 히브리어로 '스페인'이라는 뜻의 Sefarad에서 유래하였다. 중세부터 스페인과 포르투갈에서 살다가 15세기 후반 집단

과 달리 옛 언어의 것을 유일하게 그대로 따르던 세파르디 유대인의 히브리어 발음도 듣기 위해 갔던 알제리에서 벤 예후다는 스몰렌스키에게 공개서한을 쓴다. 그리고 스몰렌스키는 이를 1880년 그의 신문에 발표하는데, 벤 예후다가 자신의 신조를 진술하는 주요 내용은 다음과 같다.

> 히브리어가 죽은 언어이고, 예술과 학문 용도로 사용할 수 없으며, '이스라엘의 존재에 관련된 주제들'에만 유용하다는 결론에 어떻게 이르렀습니까? 만일 제가 유대민족의 구원을 믿지 않는다면 저는 히브리어를 쓸모없는 족쇄처럼 멀리했을 것입니다. 베를린의 마스키림이 히브리어는 지식으로 향하는 다리와 같은 그런 쓰임새밖에는 가지지 못한다고 말한 것이 옳았다고 인정했을 것입니다. 구원에 대한 희망을 잃어버렸기 때문에 그들은 이 언어에서 다른 유용성을 찾아볼 수 없는 것입니다. 선생님, 유대인이 되기를 멈춘 사람에게 히브리어가 진정 무엇을 의미할 수 있는지 여쭤보아도 좋겠습니까? 그에게 히브리어는 라틴어나 그리스어 이상의 무엇을 더 나타냅니까? 왜 그가 히브리어를 배우겠습니까? 왜 그가 소생하는 히브리 문학을 읽겠습니까?
>
> "우리가 죽을까 두려우니 히브리어를 보존합시다!"라고 큰소리로 외치는 것은 당치도 않습니다. 히브리어는 우리가 민족을 다시 살려

추방된 유대인 및 그들의 후손을 세파르딤(*Sephardim*)이라 부른다. 수십 년간 박해를 받다가 처음에는 북아프리카와 오스만 제국의 다른 지역들로 도피했으나 그 뒤 다수가 프랑스, 네덜란드, 영국, 이탈리아, 발칸 반도 등지에 정착했다. 세파르디들은 대개 스페인계 유대인의 언어인 라디노어·문학·풍습 등을 그대로 유지했다. 또 이들은 팔레스타인식의 종교의식보다는 바빌로니아의 관습을 보존하고 있다는 측면에서 아슈케나지 유대인들과 크게 다르다. 전 세계적으로 70만 명에 이르는 세파르디 유대인들 가운데 대부분이 현재 이스라엘에 살고 있다.

현대 히브리어의 발음은 아슈케나지(동유럽) 유대인의 발음보다는 세파르디(스페인·포르투갈) 유대인의 발음에 가깝다.

조상들의 나라로 다시 데려갈 때야 비로소 존재할 수 있습니다. 이 것은 끝나지 않는 이 구원사업을 실현하기 위한 유일한 길입니다. 이러한 해결책 없이는 우리는 가망이 없습니다. 영원히 가망이 없습니다.

〔…〕 유대종교가 이방인의 땅에서도 살아남을 수 있으리라는 데는 결코 의심의 여지가 있을 수 없습니다. 이 종교는 시대와 장소의 성격에 따라 그 면모를 달리할 것입니다. 이 종교의 운명은 다른 종교들의 운명과 같을 것입니다. 그렇다면 민족은? 민족은 자신의 땅에서만 살 수 있을 것이며, 또한 바로 이 토양 위에서만 그 젊음을 되살리게 될 것이고, 지난날처럼 훌륭한 열매들을 맺을 것입니다.

벤 예후다의 확신은 분명하다. 이에 대해 더 이상 언급하는 것은 무의미하다. 이스라엘에서 히브리어가 가지는 정당성에 대한 토론은 오늘날 더 이상 관념상의 토론거리가 아니다. 비록 그가 살던 시대에는 망상가의 꿈일 뿐이었을지라도 이미 일어난 일들은 그가 소망했던 것과 일치하기 때문이다. 만일 때때로 이곳저곳에 이러한 재목이 존재하지 않았다면 인간의 역사는 어떻게 되었을까?

벤 예후다와 동시대 유대인들의 언어계획들

문어와 구어, 두 가지 언어의 존재에 대한 18세기 유럽 유대인들의 태도

히브리어를 자신들이 살던 시대의 실생활을 표현하는 데 맞추기 위해 쏟아 부은 노력에도 불구하고 '하스카라'의 어떤 작가나 이론가도 히브리어를 구어로 다시 태어나게 할 생각을 할 수 없었다. 이러한 태도를 이해하려면 그들이 생활하던 문화적 틀, 곧 고전주의 시대의 기독교 유럽사회의 문화적 틀을 떠올려 보는 것이 좋겠다. 중세 말부터 각국의 국어가 문학적 기념비로 인정되었음에도 불구하고, 라틴어는 교양 있는 문화언어로 남아 유일한 문어라는 지위가 오랫동안 가져다

준 어느 정도의 위세를 지니고 있었다. 따라서 18세기 말까지도, 사람들이 말하는 언어와 구별되는 문어가 사용되고 있었다는 것이 놀라운 일은 아니다. 히브리어의 경우 교양인들의 이러한 일반적 정신상태에 세 가지 사항을 더 고려해야 했다. 우선 히브리어의 영광의 시대는 성서시대의 것으로 아주 먼 옛날의 것이며, 히브리어가 가지는 지위가 성스러운 언어의 지위였다는 사실과, 그리고 유대인들의 마음속에 자리잡고 있는 살아 있는 히브리어에 대한 생각, 곧 민족의 삶이 펼쳐질 수 있는 장소가 결여되어 있다는 점이 그것이다.

이디시어에 비하여 히브리어는 문어와 구어의 대립이라는 이러한 일상적 생각을 정확히 보여주고 있지 않았다. 왜냐하면 히브리어는 라틴어와는 전혀 다른 목적성을 지니고 있었기 때문이다. 18세기 말까지, 중부유럽과 동유럽에 살던 유대인들은 구어소통에서 결코 쓰이지 않은 성스러운 언어와, 오래전부터 글로 기록된 작품들에서 사용되기는 했지만 본질적으로 구어소통의 기능을 하던 이디시어의 대립에 익숙해져 있었다. 그렇다고 해서 18세기의 유대 개혁자들이 이디시어를 장래의 언어로 만들 생각은 하지 않았으며, 오히려 이 언어에 등을 돌렸다.

19세기 이디시어의 영광

이디시어에 대한 고전주의 시대의 견해는 훗날 재검토되었는데, 이디시어가 다시 힘을 얻고 문학적 명성을 얻은 것은 19세기 후반의 특기할 만한 사건들이었다. 그리하여 정당하게 문어가 된 이디시어는 폭발적으로 산문, 운문, 연극, 에세이 등의 모든 영역을 점점 더 과감하게 차지한다. 이디시어는 1908년 체르노비츠 회의에서 중부유럽의 유대인 엘리트들의 인정을 받게 된다.

분열의 위험 : 이디시어의 문학정복에 대면한 성스러운 언어의 탈(脫)종교화, 또는 2개의 정체성 언어를 가진 중부 · 동유럽의 유대인들

랍비들은 자신들이 종교적 주제들에 대해 성스러운 언어로 쓴 텍스트들을, 히브리어를 더 이상 이해하지 못하는 군중에게 해설해 주기 위해 이디시어를 사용하였다. 그러나 이디시어가 그 어느 때보다도 훨씬 더 활기 있게 문학을 정복하기 시작했을 때, 유대공동체들은 두 가지 문어를 사용하고 있었다. 실제로 이디시어가 완전히 문학적으로 장려된 바로 그 시기에 히브리어를 사용하는 괄목할 만한 작가들이 또한 많이 배출되었다. 그들은 아랍어로도 글을 썼던 스페인 황금기의 작가들보다 훨씬 더 두드러진 활동을 펼쳤다. 특히 이 작가들과는 반대로 그들은 세속적 주제들(주로 소설, 연극, 시)을 다루었다. 앞에서 몇 명의 이름을 언급한 바 있는 19세기 후반기의 이 유대인 작가들은 따라서 성스러운 언어의 탈종교화를 실현했는데, 이는 유대문화에서 거의 전례가 없었던 것이다. 그때부터 이디시어와 히브리어는 모두 유대문학의 언어가 되면서 이 두 언어 사이에 사실상의 경쟁관계가 자리잡게 되었다. 이전 시대에 각 민족의 영혼이 표현되는 단일 국어에 대한 로맨틱한 교리를 펼친 선구자들이었던 바로 그 유대인들(Fishman, 1994: 432 참조)이 2개의 정체성 언어를 가지고 문화의 무대 위로 불쑥 튀어나온 것이다!

벤 예후다의 선택

이 시기는 벤 예후다가 성숙한 시기이기도 하다. 격한 흐름에 이끌리기는 했지만, 그는 자신의 필연적 결론을 향해 계획을 실행에 옮기는 유일한 인물이 될 것이다. 물론 그가 읽고 또 만났던 많은 시온주의자들과 사회주의자들은 히브리어를 사랑하고 존중하였으며, 대개 예언자들을 모방하려 애쓰고, 정통규범을 권장하면서 자신들의 출판물에서 이디시어보다는 히브리어를 사용하였다. 그러나 시온으로 되돌아갈 경우에, 선택될 것으로 보이는 언어는 중부유럽과 동유럽의 모든 유대인들이 그들의 일상생활에서 말하던 언어, 곧 이디시어였다. 게다가 이 언어는 19세기의 마지막 몇 년 동안 리투아니아, 폴란드, 러시아 노동자들의 사회주의 단체인 분트[59]를 설립했던 사람들에 의해 권장되었다. 이 단체는 후에 멘세비키[60]와 연결되어 유대민족의 국가적 권리보다는 오히려 반(反)유대주의에 맞서는 투쟁과 각자의 나라에 있는 유대인들에게 완전한 시민권을 부여하게 하는 방법들에 몰두하였다. 그렇다고 해서 이디시어가 오로지 자기편만을 가진 것은 아니었다. 이디시어는 '하스카라' 시절의 망설임을 재연하는 망설임 또한 불러일으켰다. 게토의 언어로서 이디시어는 어떤 이들에게는 위신을 잃은 채 빈곤과 억압의 전통을 상징하는 것으로 보였다. 다른 사람들은 때로는 이디시어를 장려하고자 했고 때로는 버리기도 했다. 이러한 대립과 태도변화에 맞서, 적어도 벤 예후다는 비록 비현실적인 것으로 보이기는 하지만 명확한 해결책을 제시했던 것이다.

팔레스타인에서 펼친 활동

벤 예후다는 스몰렌스키에게 보낸 편지에 명확하게 제시된 계획을 실현하기 위해 1881년에 팔레스타인으로 이주한다. 이때부터 그의 활동은 다섯 가지의 분명한 방향에서 이루어진다(Hadas-Lebel, 1980a 참조). 가족의 소통언어로 히브리어의 채택, 저널리즘, 교육, 사전, 그리고 언어위원회가 그것이다.

---

59) 분트(*Bund*). 유대인 사회주의 운동단체.

60) 멘셰비키(Mensheviki). 러시아 사회민주노동당의 우파인 비(非)레닌주의 당파. 폭력혁명이나 프롤레타리아에 의한 독재를 주장하는 볼셰비키와 대립하여, 민주적 투쟁과 부르주아에 의한 혁명을 주장한다.

초기 : 가족간 히브리어 사용, 저널리즘

현대세계의 첫 히브리어 사용 가족

벤 예후다는 예전에 폴로츠크에서 만난 아내와의 사이에서 낳은 아이들을 히브리어로 기를 결심을 하고 현대세계에서 처음으로 히브리어를 사용하는 가정을 꾸민다. 자신의 생각들을 사생활에서 이렇게 실행에 옮기는 데 만족하지 못한 그는 이산상태의 유대인들에게 호소하는 것과 마찬가지로 지역주민들에게도 각자 가정에서 히브리어를 사용하도록 호소한다. 하지만 빈정거림이나 경고의 말들이 돌아온다. 어느 날 한 사람이 다음과 같이 말하기도 했다. "당신 아이들에게 죽은 언어만을 말하게 되면, 당신은 아이들을 바보로 만들게 될 거요!" 그러나 그는 이러한 질책을 귀담아 듣지 않는다.

아이들이 요람에 있을 때부터 히브리어를 들려주도록 가족들을 납득시키려는 노력은 설득력 있는 결과를 얻지 못한다. 벤 예후다 자신의 고백에 따르면, 그가 이주한 지 10년째 되던 해, 히브리어만 사용하는 사람들은 예루살렘의 네 가족뿐이었다. 〈하슈카파〉 신문(19호)에 따르면 이런 유형의 가족 수가 1900년에 10개였다. 1930년 벤 예후다의 노력에 동참하기 위해 오데사에서 온 Y. 클라우스너는 다음과 같이 쓰고 있다. "팔레스타인에 도착한 사람들의 대다수는 히브리어를 그들의 고유어나 일상 언어, 곧 그들의 가정이나 생활에서 사용하는 언어로 삼지 않는다." 아마도 이 시기에 이러한 판단은 조금 비관적으로 보인다. 어쨌든 그로부터 10년이 지난 뒤, 특히 1945년 이후 히브리어는 팔레스타인의 모든 유대인들의 일상 언어가 되었다.

저널리즘

벤 예후다가 가정에서 히브리어를 사용하도록 호소할 수 있었던 것은 그의 두 번째 활동, 곧 저널리즘 덕분이다. 실제로 그는 거의 동업자 없이 신문을 발간했는데, 자신이 직접 인쇄를 감독하고 온힘을 다해 일했으며 신문을 직접 배달하기까지 했다. 이 신문에 이어 다른 신문들도 생겨나게 되고, 이 신문들 모두 수많은 부침을 겪게 된다. 벤 예후다는 히브리어 사용을 장려하기 위해서뿐만 아니라 자신이 만들어낸 새로운 말들을 알리기 위해 신문을 이용하였다.

팔레스타인에서 계속된 활동 :
언어재생의 주요 요소로서 유치원에서 (히브리어로) 히브리어 교육하기

저널리즘 활동은 수단과 시간이 부족하여 기대했던 모든 성과를 거두지는 못했다. 반면에 교육활동은 단·장기간에 걸쳐 강력한 효과를 가져오게 될 것이다. 그러나 그 공로는 벤 예후다 한 사람에게만 돌아가는 것은 아니었다. 실제 이스라엘 알리앙스[61]의 한 학교에 채용되어 공동책임자가 된 그는 히브리어의 탈종교화를 규탄하는 부모들의 반대에 부딪치게 되었다. 그는 석 달 뒤 병을 얻게 되고 자신의 시도를 포기해야 했다.

그러나 히브리어로만 말하는 것으로 편성된 직접교수 방식은 벤 예후다의 뒤를 이어 일군의 뛰어난 교사들에 의해 적용된다. 이들은 그의 활동을 믿고 오래전부터 그를 뒤따랐으며, 오로지 이 무모한 계획에 동참하고자 했던 사람들이었다. 이들은 교재를 만들어 수업에 사용하였다. 1889년에는 히브리어만 사용하는 유치원들이 설립되었다(Masson, 1983: 455 참조). 바로 이 순간을 히브리어 부활의 역사에서 결정적 순간으로 간주해야 한다. 왜냐하면 지금까지는 그들의 열정과 열의가 어떤 것이었든지 간에, 어린 시절부터 자신들의 생각을 다른 언어로 표현하는 데 익숙해져 있던 성인들만이 히브리어를 말하고 있

61) 이스라엘 알리앙스. 1860년에 수립되어 유대의 교육과 문화영역에서 활동하는 주요 국제적 기관들 가운데 하나다. 유대의 전통을 충실하게 지키고, 관용적이며 현대세계를 수용하는 유대주의를 보급하는 것을 목표로 삼고 있다.

었기 때문이다. 이제부터는 반대로 인생의 첫 단계에 있는 존재들이 그들의 첫 생각들을 히브리어로 표현하는 것을 배우게 되었다. 그때에야 비로소 히브리어가 다른 언어들처럼 하나의 언어가 될 수 있는 길로 접어들게 된 것이다.

팔레스타인에서 펼친 활동의 후속단계 : 고대 및 현대 히브리어 대사전

오늘날까지도 시대에 뒤지지 않는 작업

벤 예후다가 보기에 가장 중요한 작업이며, 팔레스타인에서 펼친 활동의 대부분을 할애했던 이 작업은 완전히 전례가 없었던 것은 아니었다. 시리아의 번역전문학교의 '가온'[62] (원장) 이자 히브리어 문법 전통의 창시자였으며, 10세기 초에 사전[63] 편찬작업을 했던 이집트인 사디아 벤 요세프[64] 까지 거슬러 올라가지 않더라도, 적어도 19세기에 성서와 탈무드 관련 사전들과 용어집들이 출간되었다는 것을 지적할 수 있다. 이 가운데 어느 것도 아주 긴 기간을 다루지는 못하고 있다. 이 문제를 보완하였으며, 그 저자를 벤 예후다의 진정한 선구자로 간주할 수 있는 유일한 사전이 독일에서 출간되었다. 이 저작은《완전신(新) 히브리어-독일어 일반사전》으로, 독일 시와 과학 개론서들의 히브리어 번역가였던 모세 슐바움[65] 이 이 번역작업의 막중한 어려움을 해결하기 위해 1880년부터 편찬에 착수하였던 것이다. 그는 성서

---

62) 가온(*Gaon*). '탁월함'이라는 뜻의 히브리어. 7~13세기에 바빌로니아와 팔레스타인 지방의 탈무드 학파를 이끈 정신적 지도자들이나 학자들에게 붙여진 칭호인데, 훗날 유대교 학문에 탁월함을 가리키는 존칭으로 쓰이게 되었다.

63) 《히브리어-아랍어 사전》을 말함. 이 사전은 뒤에 《하에그론》(*ha-Egron*) 이라는 제목으로 증보판이 나왔다.

64) 사디아 벤 요세프(Saadia ben Yosef, 882~942). 중세 유대교 성서 주석가, 철학자, 논쟁가. 구약성서를 처음으로 아랍어로 번역했다.

65) 모세 슐바움(Moses Schulbaum, 1833~1918). 히브리주의자 · 번역가.

히브리어뿐만 아니라 (히브리어의 영향을 받은) 이디시어도 포함한 광범한 자료에서 사전의 자료를 끌어왔다. 그는 '마스키림'의 복합적인 완곡한 표현들을 거부하고, 일상적으로 존재하는 행위들과 대상들을 표현하는 데 거의 맞지 않는 언어의 어휘들을 안으로부터 새롭게 하기 위해 다른 셈어들을 본보기로 삼을 것을 권고했다. 왜냐하면 그가 말하는 것처럼 '히브리어로는 거의 모든 것이 모자라기' 때문이었다.

벤 예후다는 물론 슐바움의 사전을 알고 있었다. 그 역시 현대적이고 일상적인 삶의 것들을 표현하는 데 히브리어가 빈곤하다는 점을 인정하고, 여러 영역에서 사용되는 일상용어들의 어휘집을 발표하는 일부터 시작한다. 그러나 그는 사전편찬 교육을 받지 않았음에도 불구하고, 가능한 한 방대한 자료들을 바탕으로 단어들의 의미와 이것들의 변화를 진정으로 알기 위해서는 훨씬 더 중요한 연구에 뛰어들어야 함을 오래지 않아 이해하게 된다. 따라서 그는 슐바움의 것과 견줄 만한 방법을 사용하여 히브리어로 된 문학의 총체를 다루게 된다. 이 문학의 총체는 성서에서 시작하여, 미슈나 성서, 두 권의 탈무드,[66] 주해집들, 시와 철학과 문법 모음집들, 카발라,[67] 중세 문서들, 유대 언어 안의 모든 수준의 히브리어 차용어들을 거쳐 고전, 근대, 당대 작가들의 저작물에까지 이르는 것이다. 엄청난 일이다.

벤 예후다는 '하스카라'의 성서 모방 작품들을 대단하게 평가하지는 않았다. 그러나 그는 탈무드 시기에 특별한 관심을 보이고, 미슈나 언어에는 그 이상의 관심을 보인다. 여기에서 그는 당연히 가장 최근에 확인된 구어 히브리어의 상태를 알게 된다. 그는 스페인 황금기를 높이 평가하게 되고, 당시의 유대작가들이 했던 것처럼 아랍어에서 소재

66) 수세기 동안 구전으로 전승되다가 바빌로니아의 유대교 학자들에 의해 편집된 《바빌로니아 탈무드》(《탈무드 바빌리》)와 팔레스타인에서 편집된 《팔레스타인 탈무드》(《탈무드 예루살미》)를 말한다.

67) 카발라(*Kabbala*). 유대교의 신비철학. 히브리어로 '전승'이라는 뜻.

를 얻게 될 것이다. 그는 또한 카라임파 교도들의 글에도 관심을 가지는데, 카라임파는 구승(口承) 주해에서 비롯한 미슈나와 탈무드의 필연적 성격에 이의를 제기하고 성문율법의 권위만을 인정하면서, 토라(모세5경)의 텍스트를 세심하게 연구하는 신도공동체이다.[68]

이와 같이 벤 예후다는 히브리어뿐만 아니라 유대계 언어들, 히브리어화한 아람어의 계속 변화해 온 형태들과 다른 방언들도 연구한다. 벤 예후다가 언어학자가 아니었던 점이 히브리어로서는 다행스러운 일이다. 왜냐하면 아마추어만이 이와 같은 모험에 몸을 던질 만한 무모함과 무분별함을 가질 수 있기 때문이다. 전문 언어학자는 히브리어를 소생시킬 가능성을 믿지 않았을 수도 있을 뿐만 아니라, 게다가 그러한 도전에 과감히 맞서기 위해 벤 예후다가 이미 위태로워진 건강을 희생시켰던 이 일과 힘겨루기를 하려 하지 않았을 수도 있기 때문이다.

이 일을 수행하기 위해 벤 예후다는 예루살렘의 도서관에서 작업하는 데 만족하지 않았다. 그는 그의 연구에 필요한 저작물들을 참고하기 위해 세계의 많은 도서관들을 방문한다. 그의 사전은 신성한 언어의 보고가 된다. 하임 나흐만 비알리크에 따르면 이 사전은 전체 내용의 100분의 1밖에 담지 못했는데도, 벤 예후다는 하루에 18시간씩 작업하면서 4만 권의 저작물을 읽거나 훑어보았고, 50만 개의 인용문을 발췌하였다. 필요한 자금을 조달하기 위해서는 그의 두 번째 부인(사별한 첫째 부인의 동생)의 도움을 많이 받았다. 그의 부인은 여러 독지가들과 학자들을 방문하여 그들의 재정적 도움과 추천을 간청하였다. 3천 쪽으로 책을 마감하는 제 5권은 벤 예후다가 1922년 사망하기 전에 발간되었다. 저자가 살아 있을 때 준비되어 뒤이어 나온 두 권의

---

68) 카라임 운동(*Karaism*〔*Qaraism*〕)('읽다'라는 뜻의 히브리어 qara에서 유래함). 유대교 종교운동. 구전(口傳)은 하느님의 율법의 원천이 될 수 없으며, 히브리 성서만이 종교적 교리와 관행의 진정한 원천이며, 탈무드가 토라를 대신할 수 없다고 주장했다.

교정쇄는 그의 제자들이 교정하였다. 제 6권에서 제 16권까지 열한 권은 그의 정신을 기리기 위해 학생들과 친구들이 준비하고 완성하였다.

벤 예후다의 《사전》에는 각 표제어에 독일어, 러시아어, 프랑스어, 영어 번역어가 딸려 있으며, 또한 해당되는 아랍어 어근이 표시되어 있다. 게다가 저자는 자신이 만들어 낸 표현에 표시를 해놓고 독자가 표현의 수용여부를 자유롭게 선택하도록 했다. 이 작품이 결점이 없는 것은 아니며 많은 오류와 누락된 점들을 찾아낼 수 있는데, 이러한 점은 벤 예후다가 대규모의 인원이 필요했을 작업을 거의 홀로, 아니면 순전히 기술적 업무만을 담당한 공동편찬자들과 함께 진행한 사실을 고려해 보면 쉽게 설명할 수 있다. 이렇게 볼 때 그의 작업은 오늘날까지 유례가 없는 것이다. 현대적 수단들을 사용할 수 있음에도 불구하고 이와 견줄 만한 어떠한 사전도 아직 완성되지 않았다.

단어 창조자 벤 예후다의 개인적 기여

다른 언어들에서처럼 이스라엘 히브리어에도 대중이 좋아하는 작가들이 만들어 낸 단어들과 학자들이 만든 새로운 단어들이 서로 경쟁하고 있다. 약 2백여 개의 단어들이 벤 예후다의 것으로 인정되는 반면에, 오늘날의 5백 개 단어들은 하임 나흐만 비알리크가 만든 것일 수 있다. 벤 예후다는 신 앞에서 자신이 새로운 말들을 만들어 낸 위대한 사람임을 뽐내지 않았다. 적어도 자신이 만들어 낸 말들의 일부라도 충분히 동화되어, 이 말들을 그가 만들었음을 어느 누구도 더 이상 기억할 수 없게 되길 바랐다. 그는 다른 해결책이 있을 때는 새로운 말들을 만들어 내는 것을 피했다. 사전학을 거의 독학한 사람으로서는 상당히 정통한 학자의 절도를 지키면서, 헝가리어, 핀란드어, 암하라어, 터키어, 몽골어, 중국어, 한국어 및 다른 언어들 가운데 어떤 언어에 관한 것이든지, 다른 많은 언어 개혁자들이 적용했던 원칙들을 적용하였다(Hagège, 1983 참조). 이를테면, 켜켜로 쌓인 언어역사의 어느 층에서도 마땅한 토착용어를 구할 수 없을 때에만 외부에서 유래한 용어(또는 히브리어의 특수한 경우 히브리어화한 아람어 용어)의 도움을 받았고, 달리 진행할 수 없을 때는 오로지 확실히 입증되었거나, 적어도 발생학적으로 유사한 언어(히브리어의 경우 아람어나 아랍어를 의미한다)에 존재하는 어근을 바탕으로 용어를 만들었다. 또한 반드시 필요한 (어휘의 공백을 메우는) 경우가 아니고, 제대로 형성된 (형태론 차원의 구조적 규칙을 지키는) 경우가 아니면 단어를 받아들이지 않았다.

이런 식으로 벤 예후다는 '마스키림'이 만들었던 어색한 합성어들을 훨씬 간단한 단어들로 교체했으며, 이 단어들은 현대 언어에서도 인정되었다. 몇 가지 보기를 들어보면, '레스토랑'을 뜻하는 beyt-'okhel(=집-먹다), '사전'을 뜻하는 독일어 Wörterbuch의 직역어인 sefer-milim(=책-단어들[의]), '병사'를 뜻하는 ich-tsava(=사람-군대[의]) 대신에, 그는 misʕada('식사하다'를 뜻하는 어간에 장소를 뜻하는 명사인 접두사 mi-를 붙여 만듦), milon(*mila*[단어]의 어간을 바탕으로 복수형 milim으로 만들지 않고 접미사 -on을 붙여 만든 용어), xayal('힘'을 뜻하는 어간에서 나옴)을 각각 만들었다. 벤 예후다는 때로는 성서의 종교적 단어들에 세속적 의미를 부여하기도 했다. 그가 성서 아람어에서 차용한 용어들 가운데 ketiv(철자)가 있고, 탈무드 아람어에서 차용한 용어는 hitnagdut(대립), 'adich(무관심한)이 있다. 그리고 huwa(그)에서 huwiyya(정체성)를 파생시키는 아랍어를 모방하여, 지시사 zeh(이, 그, 저)를 토대로 zehut(정체성)를 만들어 냈다.

팔레스타인에서 펼친 활동의 마지막 국면 : 언어위원회

히브리어의 부활은 공동작업이다

벤 예후다가 전적으로 홀로 작업한 것은 아니다. 그것은 어림없는 일이다. 한 차례 시도에서 소득을 얻지 못한 그는 1904년에 언어위원회를 창립하는데, 이 위원회의 작업은 반세기 동안 지속된다. 이러한 결정을 하게 된 이유들 가운데 하나는 쉽게 이해할 수 있다. 팔레스타인에 히브리어를 뿌리내리게 하는 활동을 시작한 초기에 큰 어려움들을 겪은 뒤, 20세기 초부터 비약적으로 성장한 히브리 학교에 교사들이 대거 채용되었다. 이들은 실제 교육에서 제기된 음성학적, 어휘적 문제들을 각자 택한 방법으로 해결하기 시작하였다. 벤 예후다와 그의 친구들은 교사들의 어려움을 해결해 줄 수 있는 자문기관이 필요하다고 판단하였다. 언어위원회의 구성원은 초기에 7명에서 1910년에 11명으로 늘었다. 보통 언어적 격동기에 발생하는 것처럼, 더구나 보통의 언어가 아니고 아주 오래된 과거에서 발굴해 낸 죽은 언어와 관련된 일인 만큼, 이 위원회는 단어들의 목록을 발표하고 일정한 규칙을 준수하게 하는 중요한 임무를 맡았다.

팔레스타인 전역에서 많은 우편물들이 위원회에 도착했고, 처음에 월 한 차례 열리던 위원회 모임은 1912년에 주간모임으로 바뀌었다. 바로 이 해에 위원회는 히브리어 분야에서 최고의 기관으로 인정받게 되었다. 교사들은 자신들이 생각한 용어의 혁신을 제안했고, 위원회는 이에 대한 의견을 피력하였다. 이러한 유형의 협력작업은 히브리어를 부활시키는 데 필요불가결한 것이었다. 여기에서 히브리어의 부활은 공동작업이었던 만큼 더 두드러져 보인다. 벤 예후다의 공로를 조금이라도 부정하고자 하는 것은 아니다. 하나의 신조에 대한 그의 인내와 헌신은 존경심을 불러일으키지 않을 수 없다. 그러나 히브리어의 복구 시도는 두 가지 요소 없이는 성공하지 못했을 것이라는 점을 잊을 수 없다. 그 첫 번째 요소는 앞에서 언급한 것처럼 유치원 교사들의 활동이며, 두 번째는 민족 전체의 광범위한 의견수렴이다. 이 의견수렴은 각 개인이 합의에 따라 참여하여, 일상적 표현들에서 제기되는 구체적 문제들을 해결하기 위해 하나의 언어를 만들거나 다시 만드는 작업이다.

위원회의 자문활동은 교사들에게만 한정되지 않았다. 언어정립에 관심을 가졌던 개인들도 여러 가지 질문을 보내왔으며 다양한 안을 제시하였다. 위원회의 활동은 가장 두드러지게 나타난 것일 뿐이고, 이러한 경우 외에도 다른 많은 교류가 있었다. 히브리어를 장려하는 많은 운동가들이 언어에 대한 중요 논단이 마련된 신문에 자신들의 글을 기고하였다. 몇몇 선구자들은 벤 예후다 못지않은 능력을 가진 것으로 평가되기도 했으며, 많은 단어들에 대해 여러 가지 제안을 내놓았다. 그들은 이 제안들을 두고 토론을 거치거나 개인적 착상에 따라, 그리고 흔히 관례에 따라 결정에 이르곤 하였다. 관용에 의해 인정된 단어들 가운데 일부는 대부분의 사용자들이 누가 그렇게 정했는지도 모르는 상황에서 태어났고, 그 장본인은 종종 새로운 말을 만들고자 하는 열정에 동참한 이산 유대인들이었다.

예컨대 yaroq(푸른)나 mišqefayim(안경)과 같이 오늘날 통용되는 용어들은 그로드노[69]의 H. 핫잔(Klausner, 1935 참조)이 만들어 낸 것들이다. 이 경우에는 적어도 용어가 생겨난 상황들이 알려져 있다. 그러나 이상하게 보일지는 몰라도 대부분의 새로운 말들의 경우 그 근원이나 생성의 배경은 알려져 있지 않다(Masson, 1983 참조). 연구가 제대로 이루어진 대부분의 언어들의 경우 전문서적에서 찾아볼 수 있는 단어의 역사, 그 도입형태와 같은 것을 여기에서는 더 이상 알지 못한다. 언어 복구 시도에 담긴 집단적 성격을 더 잘 보여주는 증거가 필요한가? 새로운 단어의 성공여부는 특히 대부분의 사람들이 그 단어의 어원을 모르거나, 그 어원을 알고 싶어 하지 않을 만큼 일상용법에 충분히 통합되었다는 사실로써 평가되는 것이 아닐까?

언어위원회는 1953년에 히브리어 아카데미가 되었고, 이곳에서 만들어진 단어들은 학교교육 프로그램에 통합되었다. 이어 저명한 문법학자 아바 벤다비드 같은 많은 석학들이 선구자들의 작업을 더욱 공고하게 하였다. 그렇지만 이스라엘 히브리어의 부활이 사실상 계획에 따

69) 그로드노(Grodno). 벨로루시 그로드노 주의 주도.

라 진행된 작업은 아니었다. 여러 가지 제안이 이곳저곳에서 쏟아져 나왔다. 위원회는 바로, 수천 년 된 자신들의 성스러운 언어를 되살릴 각오를 한 개인들의 진지함 및 노력과 충돌 없이 공존하던 이러한 기분 좋은 혼란에 대처하기 위해 설립되었던 것이다. 만일 히브리어 부활의 시도가 현학적이고 정밀하게 조직된 것이었다면 아마도 히브리어는 정말 결정적인 주검으로 남게 되었을 것이다. 사실 히브리어의 부활이라는 것은 열정의 작업이다. 곧 시온주의의 열정, 국가주의의 열정, 반유대주의 박해에 대한 저항의 열정이다. 바로 이것이 히브리어를 부활시키려는 무모한 계획이 의미했던 모든 것이다. 그러나 이 열정은 물론 공동체적 열정이었다. 의지를 앞세운 주창자들의 활동은 오로지 그것이 온 공동체의 열망과 일치했기 때문에 성공할 수 있었을 뿐이다.

반대자들과 비방자들

독일어를 비롯한 다른 언어들에 맞선 싸움

벤 예후다가 단지 병과 가난에만 맞서 싸워야 했던 것은 아니다. 다른 언어들과, 이 언어들을 지지하는 권력당국의 노골적 경쟁에도 맞서야 했다. 왜냐하면 이스탄불 궁정은 터키어 교육을 장려하였고, 상트 페테르부르크 궁정은 러시아어를 확산시키는 데 재정지원을 하고 있었기 때문이다. 특히 베를린 궁정은 힐프스베라인 데어 유덴[70]이라는 유

70) 힐프스베라인 데어 유덴(Hilfsverein der Deutschen Juden). 독일유대인구호협회. 동유럽에서 유대인 박해와 전쟁의 희생양이 된 유대인 공동체들을 돕기 위해 1901년에 설립된 독일 유대인 단체. 이 단체는 동유럽에서 유대교육과 사회복지제도의 수립을 지원하였다. 제1차 세계대전 후 유대인들이 동유럽에서 독일을 거쳐 외국으로 이주하는 것을 도왔으며, 1933년 히틀러가 집권한 뒤에는 유대인들이 독일 땅을 벗어나는 것을 도왔다. 1939년 당국에 의해 폐쇄되었다.

대인 지원단체의 후원을 받는 독일학교들을 많이 가지고 있었다(당시 독일, 실제로 프러시아는 유대인들에게 호의적이었다…). 그런데 빌헬름 2세는 여러 전선에서 민족주의를 표방한 정책을 추구하면서, 팔레스타인 지방에서 저의를 가지고 헤르츨에 대한 지원을 허용했는데,[71] 사실 베를린은 특히 팔레스타인 지방에 침입하면서, 완전히 쇠퇴한 터키를 지배할 준비를 하고 있었던 것이다.

수업 거부운동에 참여한 교수들과 학생들에 힘입은 벤 예후다는 독일어가 유일한 교육언어가 될 직업학교의 개교를 막기 위해 투쟁한다. 그리고 결국 그의 승리로 끝난다. 위태로운 순간이었다. 하마터면 독일어가 팔레스타인에서 히브리어를 밀어낼 뻔했다. 그러나 역사는 다른 결정을 내렸다. 터키의 붕괴와 프러시아의 패배로 끝난 제 1차 세계대전의 결말은 독일어의 영향력을 잃게 했다. 운명은 벤 예후다의 뜻을 돕고 있었다.

종교인들의 격렬한 비난

벤 예후다는 또한 팔레스타인의 정통파 유대교도들에 맞서 싸워야 했다. 이들에게 이스라엘 민족의 성지로 되돌아가는 일은 메시아의 강림과 함께함으로써만 이루어질 수 있는 것이었다. 마찬가지로 그들은 히브리어를 살아 있는 언어로 가르치는 것을 신성모독으로 여겼다. 그들은 벤 예후다가 짧은 기간 동안 히브리어를 가르쳤던 알리앙스 학교에 대해 비난을 퍼부었으며, 그가 탈무드를 공부하는 젊은이들을, 이주한 곳의 토지를 경작하도록 하면서 성서 공부에서 멀어지게 하는 것을 받아들이지 못했다. 벤 예후다가 활동하지 못하게 하려고 단단히 결심한 이 비판자들은 이리저리 애를 쓰더니 결국 그가 썼음직한 모욕적인 기사를 아주 그럴 듯하게 구실삼아 그를 투옥시키는 데 성공했

71) 빌헬름 2세(Wilhelm II, 1859~1941). 독일의 황제이며 프로이센의 마지막 왕(1888~1918 재위). 테오도르 헤르츨에 대해서는 주 50 참조.

다. 그는 곧 풀려났다.

더 당혹스러운 것은 카발라의 탁월한 전문가이며, 특히 근대 신비철학자들 가운데 널리 알려진 책의 저자이기도 한 게르숌 숄렘[72]이 벤 예후다의 작업에 반대하여 표명한 비난이다(Scholem, 1962 참조). 그가 1926년 12월 프란츠 로젠츠바이크[73]에게 보낸 편지는 60년 후에 발표되었는데. 다음과 같이 쓰여 있다(Mosès, 1985 참조).

> 히브리어 부활운동의 주창자들은 이 언어의 기적적 힘에 거의 광신에 가까운, 맹목적 믿음을 가지고 있었습니다. 그들은 운이 없었던 게지요. 왜냐하면 그들에게 선견지명이 있었다면 또 하나의 에스페란토가 될 운명의 언어를 되살리려는 악마의 용기를 결코 내지 않았을 것이기 때문입니다. 〔…〕 저희로서는 이야기를 나누다 분별없이 사용한 종교용어에 갑자기 놀라서 겁에 사로잡히기도 합니다. 〔…〕 이 언어는 다가올 재난으로 가득 차 있습니다. 〔…〕 사실 이제 우리 아이들은 더 이상 다른 언어를 알지 못하는 상태에서, 〔…〕 그들에게 묻지도 않았고 우리 자신에게조차 묻지 않은 채, 우리가 그들에게 준비해 둔 이 재회의 대가를 치러야만 할 것입니다. 언젠가 이 언어가 이 언어를 말하는 사람들에게 해를 끼치게 될 날이 올 것입니다. 〔…〕 바로 그날 성스러운 언어의 분노에 맞설 수 있는 젊은이들이 있을까요? 〔…〕 명사들이 우리말을 사로잡고 있는데, 작가나 저널리스트는 이 모든 것이 대수롭지 않다고 믿으려 하거나 신이 믿도록 속이려 들면서, 이것들로 말장난을 합니다. 그러나 이 비천해진 유령 같은 언어에서 성스러움의 힘이 자주 우리에게 말하는 것처럼 보입니다. 왜냐하면 명사들은 그들 고유의 삶을 가지고 있기 때문입니다. 〔…〕

72) 게르숌 게르하르트 숄렘(Gershom Gerhard Scholem, 1897~1982). 독일 출생, 유대교 철학자·역사가.

73) 프란츠 로젠츠바이크(Franz Rosenzweig, 1886~1929). 독일계 유대인. 종교적 실존주의자.

> 히브리어 단어들 가운데 새로 만들어진 것이 아닌 모든 단어들은 〔…〕 터져 나올 정도의 의미들로 가득 차 있습니다. 우리 전통의 가장 비옥한 부분을, 말하자면 우리 언어를 계속해서 책임지는 우리 세대와 같은 세대는 전통 없이 살아갈 수 없을 것입니다. 히브리어 속에 감추어져 있는 능력이 다시 나타나는 시간이 올 때, 〔…〕 우리 민족은 이 성스러운 전통과 다시 마주하게 될 것입니다. 〔…〕 따라서 이 언어는 순응하든지 사라지든지 해야 할 것입니다. 왜냐하면 우리가 이 언어의 한가운데에서 수많은 방식으로 끊임없이 신을 부르고, 어떻게 보면 이렇게 해서 우리 삶의 현실 속으로 그가 다시 오도록 하는 바로 그곳에서, 이번에는 신 자신이 침묵을 지키지는 않을 것이기 때문입니다. 그러나 신의 음성을 다시 한 번 들리게 할 이 피할 수 없는 언어의 혁신은 이 나라에서 결코 언급되지 않는 유일한 주제입니다. 왜냐하면 히브리 언어를 되살리려 시도했던 자들은 그들이 우리 모두를 처하게 하는 심판의 실재를 믿지 않았기 때문입니다. 신이시여, 우리를 이 세상 종말의 길로 이끌었던 경솔함이 우리를 파멸로 인도하지 않게 하소서.

언어학자와 종교철학자 간의 언어관 대립

이 편지가 불러일으키는 갈등은 적어도 두 가지 이유에서 분명 중요하다. 첫째, 이 편지는 히브리어에 대해 랍비 전통이 가지고 있는 시각을 비교적 잘 보여주고 있다. 이 시각은 종교계의 격렬한 거부를 불러일으킨 동기인데, 벤 예후다는 이러한 태도에 맞서 싸워야 했다. 둘째, 이 편지의 내용은 언어의 본질이 무엇인가에 대한 견해 차이를 분명하게 보여주고 있다. 특히 종교철학자들 가운데 일부가 언어학자들의 작업을 이해하는 것이 근본적으로 불가능하다고까지는 말하지 않더라도 양자간의 대립을 확연히 드러내 보이고 있다. 우리는 앞서 벤 예후다가, 시온주의 운동에 참여했던 대부분의 동유럽 유대인들과 마찬가지로, 종교적 환경에서 태어나 같은 환경에서 첫 교육을 받았음을 보았다. 이 운동의 영감 자체는, 적어도 팔레스타인 외에 다른 가능한 중심지를 생각할 수 없었던 사람들에게는, 종교적 관련성에서 완전히 벗어날 수 없었다. 다른 피압박 민족들이 국가주의를 표명하는 것을 본받아 같은 19세기 말에 유대민족의 국가주의를 표명하는 것으로 그쳤던 사람들에게서도 마찬가지였다. 하지만 벤 예후다가 히브리어를 선택한 것과, 그의 초기 지지자들과 이어 수가 많아진 유대인들이 보여준 지지는 오로지 상고시대부터 이어져 온 이스라엘의 역사, 곧 앞에서 강조했듯이 국가재건이 언어의 재건을 의미하는 바로 그 역사에서 영감을 얻은 것이었다.

그러므로 벤 예후다는 언어학자가 아니었음에도, 이러한 계획에 믿음을 가지고 이를 실현할 수 있는 언어학자가 있었다면, 그가 취했을 태도에 가까운 태도를 취했다. 벤 예후다의 출발점은 물론 국가주의적이고 종교적이었다. 그러나 그의 도달점은 무엇보다도 의사소통의 도구로서 언어의 개념이었다. 그가 보기에 히브리어의 부활은 이산국가의 언어가 어떤 것이든지 간에 그 모든 언어에 맞서 팔레스타인의 역사적이고 문화적인 맥락 속에서 유일하게 생각할 수 있는 유대인의 국어를 부활시키는 것일 수밖에 없었다. 따라서 이 언어는 필연적으로 현대사회에 맞추어져야만 했다. 과거에, 특히 20세기에 수많은 나라들이 식민지에서 해방되어 독립을 획득한 뒤 많은 언어들을 개혁하고자 했던 사람들이 내세웠던 목표도 다른 것이 아니었다(Hagège, 1983 참조). 그러나 정통파 랍비들의 태도와 앞의 편지에 나타난 숄렘의 태도는 옛날의 한 가지 전통에 근거하고 있다. 이 전통에 따르면 히브리어는 성스러운 언어이며, 이 사실은 히브리어가 전혀 구어로 쓰이지 못하게 하는 장애요소인 것이다. 히브리어는 오직 전례용으로만 사용되면서 17세기 동안 죽어 있었기 때문에, 종교계의 히브리어 신성화는 더 큰 어려움을 겪지 않았던 것이다.

성서가 쓰인 시기의 모세5경의 언어는, 완벽하게 살아서 구어로 사용되던 한 가지 변이형을 가지고 있었으며, 이 언어는 다른 모든 언어와 마찬가지로 연속적 변화과정을 거쳐, 유배생활 이전까지 오랜 세월 동안 히브리인들이 사용하던 언어였음을 잊어서는 안 된다. 따라서 근·현대기에 말로 사용될 수 있는 히브리어를 만든 것이 반드시 신성모독은 아닌 것이다. 그러므로 여기에서 제기된 문제는 히브리어를 현대화하면서 단어들의 종교적 암시력을 훼손했다고 주장하는 게르숌 숄렘이 과연 옳은지 알아보는 것이다. 우리는 아래에서 이 질문에 답해보고자 한다.

마침내 실현된 벤 예후다의 꿈

벤 예후다는 자신이 구체화했던 무모한 일에 비추어 습관적으로 다음과 같이 말했다고 전해진다. "각각의 일에는 미친 사람이 필요하다." 그는 어쨌든 자신의 무모한 생각이 타당한 사실이 되는 것을 볼 수 있었다. 영국정부는 1917년 11월 2일, 밸푸어 선언[74]에 따라 '팔레스타인에 유대민족을 위한 국가를 수립할 계획'을 지지하고 있음을 전 세계에 알렸고, 그 뒤 약 열 달이 지난 1918년 8월 31일 히브리어는 아랍어 및 영어와 동등한 자격으로 팔레스타인의 공용어로 선포되었다. 역사상 유례없었던 이 순간에 벤 예후다의 꿈은 더 이상 꿈이 아니게 된 것이다. 하지만 벤 예후다는 기쁨에 겨워 울 기회도, 자신의 같은 시대 사람들로 하여금 또 다른 무모함을 맛보게 할 수 있는 시간도 더 이상 가지지 못하게 될 것이었다. 그 같은 기질의 사람들이라면 아직도 큰일을 많이 해낼 수 있을 나이에 그는 완전히 기진맥진하여 사망하였다. 그의 나이는 예순 넷이었다.

---

74) 밸푸어 선언(*Balfour Declaration*). 영국 외무장관이던 아서 제임스 밸푸어(Arthur James Balfour, 1848~1930)에 의한 선언. 이어 영국은 1918년 팔레스타인을 점령하였으며, 1922년 국제연맹의 승인을 받은 영국의 팔레스타인 위임통치안에 따라 1948년 5월 이스라엘이 건국될 때까지 팔레스타인을 통치하였다.

이스라엘 히브리어의 몇 가지 특성에 대하여

언어들의 역사에서 볼 수 있는 유일한 시도

선구자들의 의지주의적 태도와 정체성의 표명

앞서 살펴본 것처럼 시온주의는 19세기 말 중·동부유럽의 민족주의 틀 안에 나타나 있었다. 벤 예후다는 가장 중요한 한 가지 사실을 사람들에게 설득하는 능력을 가지고 있었다. 곧 국가라는 개념의 한 가지 구성성분이 영토이고 두 번째 구성성분은 언어라면, 이 언어는 히브리어일 수밖에 없다는 것이다. 실제로 많은 시온주의자들에게는 이 생각이 그 자체로 상식을 벗어난 것처럼 보였다. 그렇지만 그들은, 예컨대 독일어 대신에 러시아어를 선택하는 것과 같이 유대인들의 여러 언어 가운데 어느 언어를 선택하더라도, 그 밖의 다른 언어의 사용자들이나 지지자들의 반대에 봉착할 수도 있었던 만큼 더욱더 이 말을 받아들일 준비가 되어 있었다. 그러나 아득한 옛날에 히브리어의 자연스럽고 자발적인 사용이 모두 멈춰버린 상황에서 히브리어를 되살려야 했기 때문에, 필요한 것은 오직 의지주의적 시도뿐이었다. 다른 한편으로 이 언어를 재구성하면서 다른 언어들에서 차용하는 것을 피할 수 없다는 것을 선구자들이 이해했다 하더라도, 그들은 그럼에도 불구하고 히브리어가 가능한 한 자신의 존재를 분명히 드러내야 한다고 확신하고 있었다. 왜냐하면 그들의 문화적 정체성은 그들이 언어에 대해 내린 선택에 따라 규정되는 것이기 때문이다.

일련의 문어들을 바탕으로 만들어진 구어

이스라엘 히브리어는 여러 가지 특성들 가운데 한 가지 놀라운 점을 가지고 있다. 곧 이 언어는 문어를 바탕으로 만들어진 구어라는 것이다. 다른 모든 경우에는 언어 형성과정이 반대로 전개된다. 물론 이스라엘 히브리어는 글로도 쓰이고 있지만, 히브리어 역사의 모든 과정을 볼 때 히브리어는 계속하여 글로 기록되었다. 이렇게 오랜 시간이 지난 뒤 바로 이 언어에 살아 있는 구어 언어의 지위를 부여했다는 것은 혁명적 사건이다.

바로 이 점이 이전에 입증된 모든 것에 역행하는 사실이다. 로망스 언어들은 구어인 통속 라틴어로부터 만들어진 것이라기보다 자연적으로 생성된 것이다. 그리고 로망스 언어들이 온전한 권리를 가진 언어로서 인정된 것은 바로 이 언어들이 쓰기체계를 획득한 시점이다(90~91쪽 참조). 또 신(新) 노르웨이어는 서부 노르웨이에서 사용되던 방언들을 바탕으로 만들어진 것이다(427~429쪽 참조). 마찬가지의 국가주의적 영감에 따라, 케말 아타튀르크[75]는 아랍-페르시아어 차용어들이 가득한 오토만 규범과 가능한 한 거리가 있는 현대 터키어 어휘를 구성하고자 했다. 그리고 그는 이를 위해 특히 동부의 유목민들이 사용하는 터키 언어들에서 어휘를 끌어오도록 했다. 프라크리트 언어들은 중기 인도이 초기에, 문어인 산스크리트를 계승한 다양한 형태들이다. 기록된 상태를 구어로 재구성하는 것과 거리가 먼 문어 아랍어는 히브리어와 마찬가지로 셈어로서, 모든 아랍국가들에서 규범으로 쓰이는데, 이 언어는 반대로 원칙적으로 오직 글로 기록되는 언어다. 그리고 오직 구어로 사용되는 많은 아랍방언들은, 우리가 믿는 것처럼 이 문어의 역사적 산물은 아니다. 더욱이 이것은 재구성된 것이 아니다. 그렇지만 살아 있는 유산들이다. 이에 대한 보기들은 많이 제시할 수 있을 것이다.

그러나 이것만이 아니다. 이스라엘 히브리어는 단지 기록된 것을 바탕으로 다시 만들어진 구어일 뿐만 아니라, 더욱이 단 하나가 아니라 여러 개의 문어를 바탕으로 다시 만들어진 언어다. 오직 글로 기록된

---

75) 케말 아타튀르크(Kemal Atatürk). 제 7장 주 105 참조.

언어인 중세 히브리어와 《탈무드》의 아람어의 차이에 대해서는 굳이 말하지 않더라도, 성서 히브리어와 미슈나 히브리어는 서로 상당히 다른 언어들이다. 다른 언어 주창자들과 마찬가지로 벤 예후다도 이 모든 자료체를 필요에 따라 한꺼번에 파헤치는 습관을 가지게 되었다. 표현해야 할 것이 엄청나게 많은 데 비해 원천들은 빈약하다는 점이 그들이 이 일을 하는 데 자극제가 된 또 한 가지 이유였다.

재생보다는 부활

우리는 간단히 히브리어의 재생이라는 말을 하지만, 앞서 살펴본 내용에 따르면 이 용어가 전적으로 정확한 것은 아니라는 점을 알게 된다. 왜냐하면 '재생'이라는 말은 히브리어가 죽음에 의해 변화가 중단된 지점에서, 살아 있는 언어의 발전을 다시 시작했다는 것을 뜻할 것이기 때문이다. 그런데 하나의 유기체를 재생시키는 것은 단 하나의 유기체가 죽었다는 것을 전제로 한다. 그러나 사실 이스라엘 히브리어는 여러 언어들의 부활이다. 가장 놀라운 것은 자연적 변화에 맞서는 이러한 도전과, 사실대로 말하자면 이러한 부활계획이 성공할 수 있었다는 것이다.

구성의 기초와 지배모델로서 히브리어

히브리어에 충실함

선구자들이 자신들의 굳은 의지에 따라 새로운 히브리어를 만들어 낸 뒤, 그들은 적어도 가능한 모든 경우에 언어구성의 기초로서 히브리어의 여러 층을 충실히 따라야 했다. 이리하여 히브리어 같은 셈어들의 전형적 단어 생성방식들이 모두 보존되었던 것이다. '기본구조'로 불리는 이 방식들은 대개의 경우 3개의 자음으로 이루어진 어근을 바탕으로 명사, 형용사, 동사 따위를 얻기 위해 모음들을 변화시키고,

여러 요소들에 접두사나 접미사를 붙이거나 끼워 넣는 식으로 이루어진다. 남성과 여성의 대립도 마찬가지로 보존되었는데, 히브리어에서 많은 선구자들의 모국어인 이디시어에 차용되어 중성으로 바뀌었던 dalut(가난), hitlahavut(열정) (이디시어로 *dales*, *islajves*) 같은 단어들에서조차 보존되었다. 이미 확인된 언어체계를 가진 구조에서 긴밀하게 착상한 새로운 구조들조차 도입이 거부되었다. 히브리어 역사 안에서 이미 조어능력을 상실하였음에도 불구하고, 기존구조들이 많이 활용되거나 다시 활성화되었던 것이다.

오늘날 가장 조어능력이 있는 구조들 가운데 하나는 접두사 hit-, 모음 a, 이어 e를 가진 구조로, 흔히 하나의 명사를 바탕으로 구성된다. 미슈나 히브리어 hitmazel(운이 좋다)에서 볼 수 있는 이 구조는 프랑스어 대명동사나 상호적 의미를 가지는 동사들에 상응한다. 예컨대 hityaded(우정으로 결합하다; *yadid* '친구'를 바탕으로 만들어짐), hitmazreax(향하다, 나아가다; *mizrax* '동쪽'을 바탕으로 만들어짐)를 들 수 있다. 또한 외국어를 바탕으로 만든 동사들을 많이 찾아볼 수 있는데, 이 어휘들은 위에 언급한 구조에 따라 전적으로 히브리어의 속성을 갖추게 된 것들이다. 예컨대 hitgaletš(미끄러지다; 이디시어 *glitš* '미끄럼'), hizdangef(Dizengof가〔街〕를 배회하다; 텔아비브의 유명한 거리)를 들 수 있다. 이 마지막 동사에서는 많은 이스라엘어 단어들과 은연중에 비슷한 형태를 가지게 되어 자음 d와 z가 뒤바뀌어 있으며, 접두어 hit-의 t는 사라졌음을 볼 수 있다. 왜냐하면 히브리어는 -tdz-의 연속표기도 -dz-의 연속표기도 받아들이지 않기 때문이다.

그리고 명사를 만들기 위해 사용된 많은 고전적 방식들이 다시 사용되었다. 이 방식들 가운데 하나는 문자들을 생략하고 남은 자음들 사이에 모음 a를 끼워 넣음으로써 약호를 만들어 내는 것이다. 이 방식은 오래전부터 성(姓)을 줄여 쓰는 데 사용되기까지 하였다. 예컨대 서양인들이 Maïmonide(마이모니드)라 부르는 철학자의 전통적 히브리 이름은 Rambam(람밤)이다. 왜냐하면 그의 이름은 Rabbi Moché ben Maïmon이었기 때문이다. 마찬가지로 현대언어에서는, 예컨대 이스라엘 군대의 이름인 tsahal(*tsava* '군대' + *hagana* '방어' + *l'israel* '이스라엘의') 같은 보통명사가 된 약호를 만들었다.

따라서 이 언어의 구성은 많은 경우에, 시온주의 이데올로기에 깊은 영향을 받은 만큼, 구조상 히브리어 고유의 것이 아닌 것에 대해서는 신중한 태도를 취하는 것으로 보인다. 특히 초기에는 히브리어를 사용하는 것은 모든 언어들에서처럼 메시지를 전달하는 것이었다. 그러나 그 이상의 것이 있었다. 그것은 곧 위대한 부활과업에 참여하는 것이었으며, 이 과업은 성서 히브리어 규범들을 따르면 따를수록 그 성공을 더욱 확신할 수 있는 것이었다. 여기에는 덜 엄격한 미슈나 히브리어 규범들도 포함될 수 있었다.

차용어들의 히브리어화

히브리어가 고전시대를 충실하게 따르게 되면서, 여러 국어에 속하는 요소들은 가능한 경우 모두 배척당하는 결과가 초래되었다. 그런데 이 배척은 문법영역, 곧 전치사나 접속사 같은 도구어의 영역에만 관계된 것이었다. 어휘영역에서는 처음에는, 여러 유럽 언어들에 공통적으로 나타나는 유사한 형태의 단어들만 도입되었다. 이 경우에 이 단어들은 국제적인 것으로 인식되고 수용되었지만, 히브리어로 보이게 하는 손질이 가해지지 않은 것은 아니었다.

예컨대 외국어 어근들을 바탕으로 삼고 있지만, 이 어근들을 히브리어 구조에 통합해 만들어 낸 동사들이 많이 있다. 이 히브리어 구조는 첫 번째 자음 뒤에 (또는 어두에) 모음 i와, 중간자음 또는 중간의 두 자음 뒤에 모음 e를 두는 구조이다. Iben(화석화하다), diyer(양 우리에 넣다), pirkes(아름답게 하다), ligleg(비웃다), gimgen(말을 더듬다) 같은 성서 히브리어나 미슈나 히브리어 동사들, 또는 inyen(관심을 끌다), ixzev(실망시키다), kiyef(행복한 삶을 살다. 이 어휘는 아랍어 차용어인 kef〔좋은 시절〕에 따라 만든 것이다) 같은 현대 히브리어 어근을 가지는 같은 유형의 동사들을 모델로 삼아, 어근은 국제적이지만 히브리어 구조를 갖춘 pider(분칠하다), bilef(허세를 부리다), tilfen(전화하다), pitrel(순찰하다), kitleg(목록을 만들다), hipnet(도취시키다) 같은 동사들을 만들어 냈다. 이 모든 어휘들에서 영어 또는 프랑스어 단어들을 알아볼 수 있다.

이데올로기는 한 언어의 모양을 빚어낼 수 있다

위에서 언급한 사실들이 입증하는 것처럼 보이는 것은, 바로 의식적 이데올로기가 자신의 흔적을 스스로 언어에 남기게 된다는 것이다. 물론 우리는, 현대에 적합한 어휘를 구축할 필요가 있을 때 언어 개혁자들이 흔히 국제적 차용보다 국가 차원의 해결책을 선호한 많은 언어들의 경우를 통해 이 점을 알고 있다. 그러나 어느 곳에서도, 어떤 이상에 고무된 선구자들이 대규모로 다시 만들어 낸 언어인 이스라엘 히브리어의 경우만큼 행동이 전면적으로 이루어지지는 않았다(Masson, 1986 참조).

이 문제는 언어의 중핵요소, 곧 문법에 관해서 볼 때 한층 더 사실로 보인다. 복합형태를 가지는 수동태 변화는, 대체로 동사의 체계와 마찬가지로 유지되었다. 명사의 경우, 쌍수표지가 마찬가지로 보존되었다(이는 때로 사물들의 수가 쌍으로 제시되는 작은 수에 주의를 기울인 고대사회의 언어특질로 간주되는 표지이다). 어느 명사가 타동사의 목적보어임을 나타내는 문법어[76] 'et도 그대로 보존되었다. 한편 이 전치사 'et를 계속 사용할 것인가 아닌가의 문제가 오랜 논쟁의 대상이 되었다. 이러한 논쟁은 언어들의 역사에서 그 보기를 쉽게 찾아볼 수 없

---

76) 전치사·접속사 따위를 말한다.

는 놀라운 것이다. 이 문제는 단지 전문언어학자들의 몫으로 여길 수 있을 순전히 구문에 대한 논쟁이었지만, 이스라엘 건국자들 가운데 한 사람인 수상 다비드 벤 구리온[77]까지 이 논쟁과정에 개입했던 것이다(Hagège, 1993c: 34~35 참조).

이스라엘 히브리어와 에스페란토

발트 해와 러시아-폴란드 국경지대는 19세기 말에 동유럽의 인텔리겐치아들을 관류한 자유주의 사상의 영향을 받은 개혁자들이 선택한 지역들 가운데 한 곳이다. 에스페란토를 고안해 낸 자멘호프[78]는 러시아의 지배를 받던 폴란드 북동부 지방, 비아위스토크에서 벤 예후다보다 일 년 늦게 태어났다. 이 도시는 루쉬키와 폴로츠크에서 각기 수백㎞ 떨어진 곳으로 유대인들이 주민의 다수를 차지하고 있었다. 벤 예후다는 이산상태의 모든 유대인 집단들 사이에서 사용할 수 있는 유일한 연결언어를 되살리고자 하는 비상식적 희망을 품었으며, 자멘호프는 같은 시대에 유럽의 다른 평화주의자들과 마찬가지로, 그에 따르면 언어들의 다양함에 기인하는 장애들을 무너뜨리고자 하는 희망을 키워왔다. 우리는 두 희망의 관계에 놀라지 않을 수 없다. (경제적, 정치적인 것 따위의) 이해관계에 따라 그 사용이 좌우되지 않는 언어의 이상적 선택은 세계주의적 윤리의 지지를 전제한다. 여기에 두 계획의 공통점이 있다. 그러나 이 선택은 또한 역사에 뿌리박혀 있는 상징적 힘을 전제하기도 한다(Hagège, 1983: 19~20 참조). 히브리어만이 이 두 번째 요건에 부응하는데, 이는 분명 히브리어가 에스페란토처럼 전 세계에 관계되는 것이 아니라 단 하나의 국가에 관계된다는 사실에서 비

---

77) 다비드 벤 구리온(David Ben-Gurion, 1886~1973). 시온주의 정치가. 이스라엘의 총리, 국방장관을 지냈다. 관직과 정계에서 물러난 뒤 '건국의 아버지'로 추앙을 받았다.

78) 제1장 주 6 참조.

롯한 것이다.

또 국제어를 만들어 내는 것과 사라진 언어를 부활시키는 것은 공통점을 가지고 있지만, 이 두 시도 사이에는 본질적 차이가 있다. 자멘호프는 라틴어, 로망스 언어들, 슬라브 언어들 따위에서 강한 영감을 얻고 있기는 하지만, 에스페란토를 하나에서 열까지 완전히 만들어 냈다. 벤 예후다는 우리가 살펴보았듯이, 히브리어를 혼자서 만들어낸 것이 아니다. 게다가 그가 기존자료들을 바탕으로 만들어 낸 결과물은 어느 정도 인위적인 것이기는 하지만, 그는 기존자료들을 사용하였다. 말하자면 그가 만들어낸 새로운 말들은 입증된 히브리어 구조들에 포함되는 것이었다.

이스라엘 히브리어의 서양적 성격

이스라엘 히브리어를 만든 사람들은 히브리어의 고전적 형태들을 충실하게 따랐지만, 그들은 이 히브리어가 또한 서양언어의 여러 양상들을 취하지 못하게 할 수는 없었다. 이 점은 히브리어와 유대 언어들의 관계 및 여러 가지 점에서 나타나는 것이다. 이 가운데 몇 가지를 아래에 들어보자.

유럽 유대인들의 기여 : 유럽 언어들과 유대계 아람어의 위세,
세파르딤 언어들의 위세의 결여 : 유대계 스페인어와 유대계 아랍어 방언들

러시아어와 이디시어의 압력, 아슈케나짐 언어들

놀라운 사실은 유대계 스페인어와 다양한 형태의 유대계 아랍어들이 이스라엘 히브리어에 거의 어떤 어휘요소도 제공하지 않았다는 점이다. 아랍어는 어휘요소를 많이 제공했는데, 반면에 현대 히브리어 문법에서는 아랍어 형태요소는 전혀 찾아볼 수 없다. 히브리어를 만들어

낸 선구자들은 다수가 유럽 유대인들(히브리어로 '아슈케나짐'[79])이었다. 그들은 러시아어, 독일어, 영어와 프랑스어에 공통된 단어들을, 대개의 경우 러시아어 형태로 많이 도입하였다. 왜냐하면 러시아어는 많은 선구자들, 곧 벤 예후다를 비롯하여 하임 나흐만 비알리크 같은 다수의 대작가들이 이디시어와 함께, 또 어떤 이들의 경우에는 폴란드어나 독일어와 함께 원래 사용하던 언어였기 때문이다. 따라서 러시아어는 히브리어를 다시 만들어 내는 과정 초기의 여러 단계에 지대한 영향을 미쳤던 것이다. 예컨대 이스라엘 히브리어에서 obyekt(목적), keramika(도자기공예), galanteria(장신구류), tsenzura(검열) 따위의 어휘를 찾아볼 수 있다(Masson, 1976 참조). 당시 중부유럽의 유대인 거류지들에서 사용하던 언어인 이디시어가 일부 선구자들이 보기에 모든 위세를 빼앗긴 것으로 간주되었음에도 불구하고, 이디시어의 존재도 아주 중요한 것이었다.

서유럽 유대인들(히브리어로 '세파르딤', '스페인'을 뜻하는 Sefarade에서 유래)의 경우를 살펴보면, 그들은 1948년 이전에는 소수에 지나지 않았다. 그 뒤에 이주해 온 사람들도 결코 수가 많지 않았다. 유데즈모어는 북유럽 언어들의 위세를 가지지 못했다. 아랍어의 경우는 벤 예후다와 다른 주창자들에게 문어형태로만 높이 평가되었다. 아랍어는 형태모델의 원천이 아니라 어휘차용의 원천으로 쓰였는데, 1948년 이후의 주창자들은 아랍어에서 한층 더 멀어졌다. 이들에게 아랍어는 적수들의 언어, 또는 각자 전통문화를 따르는 예멘과 북아프리카의 이주자들이 사용하는 위세를 갖추지 못한 방언들의 총체가 되었던 것이다. 이 모든 이유들로 이스라엘의 히브리어는 분명하게 아슈케나지 유대인들이 만들어낸 것으로 나타난다. 새로운 단어들을 만들어 내는 많은 방식 가운데 이디시어 유머의 흔적이 남아 있는 경우들이 있는데,

---

79) 아슈케나짐(*Achkenazim*)과 세파르딤(*Sefardim*)에 관해서는 위의 주 58 참조.

igen-migen('헝가리 출신 이스라엘 사람'. 헝가리어로 igen = '예'〔긍정의 대답〕이기 때문), um-šmum(국제연합의 히브리어 약자 표현 um에 따라 만든 국제연합의 경멸적 지칭)처럼, 반복되는 부분의 앞에 조롱하는 의미의 접두사 m- 또는 šm-을 덧붙이면서 한 단어를 되풀이하는 것으로 이루어지는 경우를 보기로 들 수 있다.

유대계 아람어의 위상

유대계 아람어는 오리엔트 지역[80]의 한 언어로서, 기껏해야 옛날 박해자들의 언어, 곧 바빌로니아인들이 제1성전을 파괴하고 유대의 엘리트들을 강제 이주시키기에 앞서 오랫동안 매개어로 택했던 언어였다. 하지만 벤 예후다와 현대 히브리어의 다른 재건자들이 자료를 풍부하게 빌려 온 유대계 아람어는, 역설적으로 그들이 보기에 위세를 갖춘 언어였다. 이 중대한 사건들과 뒤이어 일어난 사건들에 따라, 아람어는 위에서 언급한 것처럼 어떤 의미로는 하나의 유대 언어, 또는 적어도 유대인들의 한 가지 언어가 되었다. 하지만 그토록 많은 단어들을 아람어에서 들여온 이스라엘 히브리어는, 분해되지 않고 완성된 상태의 아람어 단어들만을 들여왔을 뿐, 단어들의 구성요소나 생성방식은 아람어에서 전혀 또는 거의 차용하지 않았다.

이스라엘 히브리어의 발음 : 공식적으로는 세파르디식이지만 실제로는 아슈케나지식 발음

히브리어의 공식적 발음은 주창자들이 바랐던 것처럼, 이 언어가 옛날에 발음된 것으로 보이는 방식을 충실히 따르고 있다. 이 발음은 조음과정에서, 아랍어에서와 마찬가지로 후두 자음들, 곧 인두와 후두부

80) 오리엔트(Orient). 인도 인더스 강 유역에서 지중해 연안까지 걸쳐 있는 지역. 보통 이집트·아라비아·아나톨리아·시리아·팔레스타인·이란 등을 포함하는 지역을 말한다.

분에서 조음되는 자음들을 가지는 북아프리카나 오리엔트 지역의 세파르디 공동체들의 발음을 따르고 있다. 그러나 실제로는 19세기 말의 초기 시온주의 이주자들이 후두 자음이 없는 이디시어의 사용자들이었다는 점에서, 현행 발음에는 이 음들이 없다. 후두 자음 가운데 하나인 ḥ음(아랍어 이름 Mohamed에서 볼 수 있는 음)은 독일어 machen의 ḫ음처럼 발음되는 반면에, 히브리어는 ḥ음과 구별되는 이 음소를 가지고 있다. 이에 따라 변별가능성이 사라진다.

정의성(情意性)의 표현 : 지소사(指小辭),
히브리어의 결핍과 유럽 유대인들이 사용하는 언어들의 압력

선구자들은 가능한 모든 경우에, 히브리어 외의 다른 언어들에서 단어 형성소들을 차용하는 것을 피했다. 그러나 때로는 그러한 차용을 해야만 했다. 이스라엘 국가의 초기 지도자들은 화가 날 때 이디시어로 서로 욕설을 주고받았다는 것이 보고되고 있다. 이디시어는 또한, 마치 충동적 감정표현은 어린 시절부터 배운 언어로만 생각나는 것처럼, 처음에는 다정한 대화에 사용되었다(로마 세습귀족들에게 볼 수 있는 그리스어 쓰임에 대해서는 226~234쪽 참조). 이 점은 사람들이 사용해야 할 언어가 대부분 인공적인 것일 때 한층 더 사실로 보인다. 이 언어가 의지주의적 행위로 복원한 것이기 때문이다. 게다가 팔레스타인의 선구자들은 성서의 초월성에 따라 히브리어를 초월적인 것으로 간주했다. 그러나 이 초월성에 추가되는 영역이 또 하나 있다. 이는 지소사들과 언어학자들이 애칭어(愛稱語)라 부르는 것의 영역으로, 인류의 모든 언어들의 구어표현들이 가지고 있는, 조롱하거나 부드러운 정의성이 담긴 단어들의 영역이다. 성서는 문어 텍스트에 관계되는 것이기 때문에 성서의 언어는 이러한 요소들을 거의 갖추지 못하고 있다. 이와 반대로 이디시어와 러시아어에는 이 요소들이 풍부하다. 따라서 이스라엘 히브리어는 이 언어들에서 지소 접미사를 차용하였다.

이 접미사들 가운데 하나는 -tšik인데, 이는 정감, 조롱 또는 경멸의 의미를 가질 수 있다. 이를테면 baxurtšik, xamortšik, xayaltšik, xamudtšik, šamentšik, askantšik에서 이 표현을 볼 수 있다. 이 어휘들은 각각 '작은 젊은 남자', '작은 당나귀'(실제는 다정한 표현!), '작은 병사', '작은 보석', '작은 뚱보', '(기회주의적) 정치인'을 뜻하는 것으로, baxur, xamor, xayal, xamud(사랑받는 사람), šamen(살 찐 사람), askan(정치가)의 지소사들이다. 다른 정의적 지소 접미사는 -le인데, abale(다정한 아빠), yaldale(귀여운 소녀) 따위를 들 수 있다.

러시아어도 이디시어를 통하여, 상당히 많은 어휘를 만들어 낼 수 있는 접미사 -nik을 제공하였다. 이 접미사는 히브리어 어근이나 드물게 외국어 어근에, 또는 약호나 다양한 표현들에 덧붙여져 원래의 정감적 속뜻을 상실하고 여러 가지 행위의 장본인들을 가리키게 되었다. Igudnik(조합원), yudalefnik(제 6학년 학생; *yud*와 *alef*로 지칭됨), xelavirnik(비행사), klumnik(쓸모없는 인간; *klum* = 아무것도 아닌 것), kdainik(기회주의자; *kdai* - 쓸 만한 가치가 있다), loixpatnik(무관심한 사람; *lo ixpat*〔*lo*〕〔아람어〕 = 〔그와〕 상관없다), olraitnik(좋은 친구; 영어 *allright*), phudnik(*Ph.D.* 소지 떠벌이; 자신의 지식과 학위들을 자랑삼아 늘어놓는 연구자를 말한다) 따위를 보기로 들 수 있다. 여기에서 이 단어들의 일부에 담겨 있는 조롱 취미(다른 이들은 유대인의 유머라고 말할 것이다)를 지적할 수 있다. 또한 위에 언급한 새로이 만들어진 표현력이 풍부한 말들 가운데 뒤의 다섯 어휘는 친숙한 구어에 속하는 것임을 지적할 수 있다. 히브리어의 표현수단들뿐만 아니라 히브리어가 상징하는 것에 비추어 볼 때, 히브리어 혼자서 이러한 자료를 제공하는 것은 어려운 일이었다.

단어들의 강세방식을 통해 정체성을 표현하기

이디시어는 끝에서 두 번째 음절에 강세를 주는 경향이 있는 반면에, 히브리어는 마지막 음절에 강세 악센트를 가지는 언어다. 따라서 이 언어들 가운데 어느 언어에서도, 한 단어에 대하여 두 강세 위치의 대립은 일어나지 않는다. 그러나 혼종어인 이스라엘 히브리어가 가지는 상당히 특이한 사실은, 그러한 대립이 이 언어에 나타났다는 점이다. 실제로 선구자들은 전형적으로 이스라엘과 관련된, 따라서 이디시어 사용자들의 문화적 세계에 결부된 현실과 관련된 단어들을 이디시어 방식으로 강세를 주어 발음하기 시작했다. 그리고 그와 반대로 같은 단어들이 더 일반적인 현실에 관계될 때는, 이 단어들을 히브리어 방식으로, 곧 마지막 모음에 강세를 주면서 발음하기 시작했다. 예컨대 bimá(무대)와 bíma(*Bima*, 극장), 또는 tikvá(희망)과 tíkva(〔이 어휘를 포함하는〕 이스라엘 국가〔國歌〕)를 이렇게 대립시킬 수 있다(Hagège et Haudricourt, 1978: 152 참조). 이산민족 집단들이 사용하던 언어들과 관련된 조음습관이 이처럼 자연스럽게 침입해 들어오는 것은 또한 히브리어 숭배를 '침해'하는 일이다.

복합명사의 대량유입

성서 히브리어와 미슈나 히브리어에는 (접두사와 접미사를 붙여 만든) 파생어들이 많이 있지만, 이 언어들은 프랑스어의 garde-malade, lave-vaisselle, faux-semblant, ex-mari[81] 같은 유형의 복합명사들에는 별로 관심을 두지 않았다. 성서에서는 복합명사를 거의 찾아볼 수 없다. 따라서 히브리어 주창자들은 합성어 조어방식으로 얻을 수 있는 단어들의 의미와 그 방식의 구조를 고려하여, 이 방식을 현대적인 것으로 여겼다. 그들은 이 합성어 조어방식이 새로운 말들을 만들어 내

---

81) 차례대로 '간호사', '식기세척기', '가장'(假裝), '전 남편'의 뜻임.

는 작업에 유용하게 쓰일 수 있음을 인식하고, 또 대부분의 유럽 언어에서 입증된 것임을 알고 나서, 대개 독일어, 러시아어, 프랑스어, 영어의 합성어들을 본떠 상당수의 합성어들을 만들어 냈다. 예증을 위해 다음 보기들을 들어보자. Ramkol(확성기, *ram*〔높은〕 + kol〔소리〕), šmartaf(보모, *šamar*〔돌보다〕 + *taf*〔아이〕), dumašmaut(모호함, *du*〔둘〕 + *mašmaut*〔의미〕), rakével(케이블카, *rakévet*〔철도〕 + *kével*〔케이블〕의 압축형), tapuz(오렌지, *tapuah*〔사과〕 + *zahav*〔금〕. Y. 아비네리가 만든 어휘), beynmemšalti(정부〔政府〕〔간〕의, *beyn*〔사이〕 + *memšalat*〔정부〕 + *-i* 형용사의 접미어), alenoši(초인적인, *al*〔위〕 + *enoši*〔인간〕), parat-moše-rabénu(무당벌레, *parat*〔-의 암소〕 + *moše*〔모세〕 + *rabénu*〔우리 주인〕. 러시아어 bož'ja korovka〔하느님의 어린 암소〕를 부분적으로만 모방함. 그대로 모방하는 것은 신을 공개적으로 모독할 수도 있었기 때문이며, 이는 선구자들을 두려움에 사로잡히게 했을지도 모른다).

오늘날의 히브리어에서 복합명사가 현대성이나 서구화의 개념과 무언중에 결합되어 있는 점은 기업가들과 상인들이 자신들의 상품들을 가리키는 데 복합명사를 많이 사용한다는 사실로 또한 증명된다.

자유로운 의미재편 : 형태상으로 셈어이며, 의미적 모사로 볼 때 유럽 언어인 이스라엘 히브리어

의미의 조작과 개념체계의 혼란

고대 히브리어에 대한 충실함은 실제로는 특히 형태면에서 나타난다. 이를테면 계승한 단어들과 충실하게 보존된 명사, 동사와 형용사의 구조들을 들 수 있다. 그러나 이스라엘 히브리어는 의미 차원에서 조작이미지를 보여주는데, 보수적인 랍비들이 가지는 반감은 이 점에서 설명될 수 있다. 앞에서 인용한 텍스트에서(396~397쪽 참조) 게르숌 숄렘의 불길한 예언들을 불러일으킨 것은, 그의 표현을 다시 들자면 바로 이 경솔함이다. 그것은 언어학자에게는 별로 중요하지 않다. 의사소통을 위해 언어가 사용하는 수단이 무엇이든 간에, 언어는 의사소통을 하기 위해 사용되는 것이다. 사람들이 언어에 조작을 가하는 것은 보편적 현상이며(Hagège, 1983 참조), 우리가 다른 언어에서 아는 형태들과 아주 상반되는 형태들로 히브리어가 부활을 시도하여 성공한 것은 차라리 경탄할 일인 것이다. 히브리어가 거둔 성공에서 많이 찾아볼 수 있는 아주 강한 의미변질 현상들은, 분명 모든 언어에서처럼 자연적 변화에 따라 일어난 것이 아니라 만들어진 것이다. 유럽 언어들을 모사함으로써, nkuda meta(사점〔死點〕) 또는 širat ha-barbur(백조의 노래[82])처럼, 고대 히브리어에서는 아무런 의미도 가지지 못했을 결합된 표현들을 만들어 냈다. 하지만 해당하는 대상 자체가 없기 때문에, 존재하지 않는 개념들을 표현하기 위해 옛날 텍스트들에 사용된 고전적 의미들을 바꿔쓰기는 하였다. 예컨대 kacran, totax, kinor, psanter는 각각 '간결하게 표현하는 사람', '몽둥이', '키타라',[83] '고대 하프'라는 옛날 의미에서, '속기사', '대포', '바이올린', '피아노'의 뜻으로 전이되었다.

다른 관점에서 보면 (성서 히브리어와 마찬가지로 미슈나 히브리어에 해당하는) 고전 히브리어 개념들의 연관체계는 혼란에 빠졌다고 할 수 있다. 한 가지 보기를 들어보자. 동사 hana는 성서 히브리어에서, 히브리인들이 사막 또는 야영지에 진을 치는 것(《출애굽기》 13장 20절, 《민수기》 33장, '여러 곳')을 나타내기 위해 더러 사용되었다. 이 동사는 고전적 구조에 따라, 접두사 ta-를 붙여 멈추는 곳으로서 역을 가리키는 단어 taxana를 만드는 데 쓰였다. 그러나 이 마지막 의미의 단어는 영어와 프랑스어 같은 언어에서 다른 단어들과 결합하여 모든 종류

82) 백조가 죽기 전에 부르는 가장 아름다운 노래로서, 예술가의 최후의 명작을 가리킨다.

83) 고대 그리스의 현악기.

의 장소들을 가리키는 데 사용되었는데, 히브리어는 이를 모방하여 taxanat šidur(방송국; *šidur* = 방송), taxanat délek(주유소; *délek* = 연료), taxanat 'ezra rišona(응급구호소) 같은 표현들을 만들어 냈다(Rosen, 1970: 97 이하 참조). 이처럼 히브리어의 의미망은 유럽 언어들을 모델삼아 재편되었다.

동음이의어 모방과 말장난

동음이의어의 속성을 활용해 새로운 단어들을 만들어 내는 일은 이스라엘 히브리어의 전유물은 아니다. 헝가리어 제창자들은 프랑스어와 영어 단어들 élément / element을 옮기기 위해 elem이라는 용어를 만들어 냈다. 이 용어는 이 프랑스어·영어단어들과 함께 순전히 헝가리어 단어인 elő(앞에 있는 것)와 닮아 있다는 이중적 이점을 가진다. 현대 터키어를 제정한 사람들은 école과 school을 표현하기 위해, 바로 oku('읽다'; 부정법 동사어미를 붙일 경우 *okumak*)를 떠오르게 하는 okul을 만들어 냈다. 에스토니아어의 위대한 개혁자인 요하네스 아빅[84]은 특히 프랑스어 어휘 crime(범죄)을 따라 roim이라는 단어를 만들어 냈는데, 이 단어는 에스토니아어의 자매언어인 핀란드어 단어, 곧 같은 뜻을 가지는 rikos와 닮아 있다는 이점을 가진 것이었다(Hagège, 1983: 51, 57 참조).

우리는 이 방식이 어떻게 이루어지는지 볼 수 있다. 새로운 말들을 만들어 내는 사람들은 더러 무언의 미소를 지으며, 언어들의 조직에 대하여 아주 진지하지만 또한 유희적으로 개입하면서 우연성을 적절히

---

84) 요하네스 아빅(Johannes Aavik, 1880~1973). 에스토니아의 문헌학자·언어개혁가. 에스토니아어의 현대화 및 발전에 크게 기여하였다. 민족주의 그룹인 "젊은 에스토니아 운동"의 일원으로 활동하면서, 현대국가의 출현에 따라 언어의 사용영역이 확장된 만큼 에스토니아어의 개혁이 필요함을 주장하였다. 이를 위해 문법의 표준화, 철자법 확립, 새로운 기술용어 도입 등 어휘를 확대하는 작업을 펼쳤다.

이용하였다. 풍요롭게 만들고자 하는 대상언어의 일부 단어들은 이 우연성에 따라 모델언어의 것과 서로 닮은 형태와 의미를 가지게 되었다. 히브리어에는 이 유형의 동음이의어 모방이 상당히 많다. 여러 가지 보기들 가운데 하나는 ilit(엘리트)인데, '윗쪽의, 우위의'라는 뜻의 히브리어 단어 ili와 묘하게 닮았다. 다른 보기인 déme(흉내, 상〔像〕)는, 같은 의미를 가지는 영어단어 dummy(인체 모형)와 히브리어 동사 dama(나타나다, -인 것 같다)를 동시에 닮은 것이다.

종교용어들의 세속화

새로운 말들을 만들어 내는 사람들이 한 언어가 위세를 갖추던 옛날 단계에서 차용한 단어들이, 세속적 의미로 사용되는 것은 히브리어만의 특성은 아니다. 보기를 한 가지만 들어보면, 현대 힌디어는 산스크리트 단어들인 urjā(힘), rājpath(왕도), ākāśvānī(신들의 목소리)에 각각 (기술적 의미의) '에너지', '고속도로', '인도 라디오'의 뜻을 부여했다. 히브리어에서는 많은 수의 종교적 어휘들이 세속화 과정에 따라 의미가 바뀌었다(Hadas-Lebel, 1980b 참조). 성스러운 것과 세속적인 것의 변증법적 관계는 히브리어 역사에서 근래 나타난 현상은 아니다. 이 관계는 적어도 중세까지 거슬러 올라간다.

그러나 이 관계는 20세기 들어 전례 없이 확대되었다. 주창자들이 성서의 언어를 되살리기 위해 투쟁하기로 하면서, 유대주의의 기준으로 이 활동을 평가해 볼 때, 그들이 성스러운 것을 일상적인 일 안에 자리잡도록 했기 때문이다. 이러한 방법으로 특히 정치적 어휘가 풍부해졌다. 모세5경이 보여주는 그대로의 모세율법에 관계되는 성스러운 용어인 '토라'(*Tora*)는, 오늘날 그것이 어떤 것이든 '정치적 독트린'의 뜻으로 사용될 수 있다. 성서에서 '저주의 대상'을 뜻하는 ḥerem은 오늘날 '엠바고' 또는 '보이콧'의 뜻을 부여받았다. 미슈나 히브리어 단어로 '신도들의 모임'을 뜻하는 keneset은 알려진 것처럼, 이스라엘 의회를 가리키는 데 다시 사용되었다(다른 나라들의 의회는 parlament로 불린다). 대중 앞에서 기도를 읊기 위해 필요한 최소인원인 10명을 가리키던(충실한 유대교 신자들은 여전히 이 뜻으로 사용하고 있다) 다른 미슈나 용어인 minyan은 '정족수'라는 의미의 세속적 전문용어가 되었다. 오늘날 각각 '장관'과 '대통령'을 가리키는 sar와 nasi는 고대에는 종교적 신분과 고위직에 관계된 것이었다. 성서 히브리어에서 '제단 위의 제물'을 뜻하는 qorban은 '(전쟁, 또는 때로 사고의) 희생자'라는 현대적 의미를 얻었다. 게르숌 숄렘은 이 모든 의미개조를 단지 불경스러운 의미전환으로 간주했을 뿐이다.

히브리어의 운명

비교적 최근에 일어나는 두 가지 현상이 오늘날 히브리어에 영향을 끼치고 있는데, 이 현상들은 히브리어를 다시 만들어 낸 사람들이 초창기에는 예상하지 못했던 것이다. 이는 2개 언어 병용현상과 미국화 현상이다.

2개 언어 병용현상(*diglossia*), 그리고 오류와 생명

우리는 2개 언어 병용현상을, 동일한 언어의 더 문어적인 형태와 더 구어적인 형태의 두 가지 용법이 공존하는 현상으로 받아들인다(아랍어의 특수한 경우에 대해서는 98~100쪽 참조) (Hagège, 1996a: 253~255 참조). 현행 사전들은 현대 히브리어가 겪는 한 가지 중요한 현상을 거의 언급하지 않고 있다. 위에서 몇 가지 보기를 들어 살펴본 것처럼, 일부 이스라엘 사회에서 문어규범을 상당히 벗어난 속어로 이루어진 구어가 점점 더 발전해 가는 현상이 그것이다. 이 문어규범과 구어 간의 차이점들은 인칭대명사의 형태, 소유표현, 동사의 부정에까지 영향을 미친다. 구어는 문어보다 더 분석적이다. 이 점에서 구어는 상당히 오래전에 생겨난 차이를 유지하는데, 성서 히브리어와 이후 단계들을 구분해 주는 것은 또한 바로 구어이기 때문이다. 따라서 구어와 문어의 차이는 현대 히브리어 주창자들이 활용한 원자료들의 이질성에 의해 부분적으로 설명될 수 있을 것이다.

지금의 40세 이하의 사용자들이 히브리어와 맺는 관계가, 선구자들이 히브리어와 유지했던 관계와 더 이상 같을 수 없다. 이 관계는 더 이상 숭배의 관계가 아니라 일상적 쓰임의 관계이다. 히브리어는 오늘날의 세대에게는 성스러운 대상이 아니다. 그것은 그들의 언어인 것이다. 언어적 의지주의가 거둔 놀라운 성공의 내면에는 순수주의에 반대하는 힘이 자리잡고 있었는데, 이 순수주의는 언어적 의지주의가 그 형성과정에서 아주 당연하게 내세웠던 것이다. 그러므로 오늘날의 일부 순수주의자들에 의해 추방된 구어형태들을 정도에서 벗어난 것으로 간주하여 규범에 따라 금지하는 것은 잘못된 판단일 수 있다. 히브리어가 '그릇된' 표현법들에 노출된 것은 히브리어가 다시금 살아 있는 언어가 되었기 때문이다. 하나의 사어는 특히, 우리가 그 언어로 오류를 범하는 것이 불가능하다는 점으로 판단할 수 있다. 이러한 까닭에 오늘날의 구어 히브리어는, 언어의 혁신을 꾀하면서 동시에 수용해야 할 변화의 모습들을 보여줄 수 있을 것이다.

이러한 변화과정에서 또 다른 새로운 언어가 생겨나게 되어 있는 것이라면, 결국 벤 예후다의 꿈은 그저 꿈이었을 뿐이고, 그가 되살렸다고 생각한 히브리어는 하나의 망상이라고 판단할 수 있을 것인가? 이와 반대로 선구자들이 되살아난 이 언어에 진정한 생명을, 곧 있는 그대로의 언어적 생명을 주었다고 생각할 수 있을 것이다. 왜냐하면 비록 원래 자료가 가지고 있는 이질성에 따라 이 언어는 괴상하게 생긴 상상의 존재라는 의미의 키마이라[85]가 되었지만, 선구자들은 변화가 가능한 대상을 복원한 것이기 때문이다. 더욱이 일상적 의사소통에서 나온 이 새로운 산물은 문학적 품위를 갖추어 가는 중이다. 왜냐하면 일부 작가들이 구어에 가까운 문체를 선택하여 작품을 쓰기 때문이다. 이는 일종의 혁명이다. 왜냐하면 작가들이 사용하는 히브리어는 중세부터 20세기 초까지 판단기준으로 작용했으며, 또 벤 예후다의 언어자료에 포함되었기 때문이다. 따라서 작가들의 선택은 하나의 담보 구실을 하는 경향이 있으며, 그들이 장려하는 용법은 언젠가 히브리어의 규범으로 나타날 수 있을 것이다.

밀물처럼 밀려오는 영어사용권

현 시대에 이스라엘에 영어가 침입해 들어오는 현상은 물론 증명할 수는 없지만, 두 가지 이유로 설명할 수 있다. 한편으로 히브리어는 (일부 이산 유대인들을 제외하면) 이스라엘 국경 밖에서는 알려져 있지 않은 언어다. 다른 한편으로 이스라엘이 미국과 맺고 있는 특정 관계와, 아랍세계와 대립하는 불행한 상황에 많은 이스라엘인들이 미국인들의 확고한 지원에 대해 가지고 있는 확실한 믿음 때문에 영어는 아주 강한 지위를 가지게 되었다. 미국 영어는 어디에서나 접근가능한 시청각 수단들, 특히 원어판 영화들을 통해, 이제는 여러 영역에서 히브리어와 경쟁할 수 있는 문화언어의 지위를 확보하였다.

이러한 염려스러운 징후들에도 불구하고 한 가지 사실이 남는다. 곧 성서 상고시대 이래, 히브리인들이 뚜렷이 구별되는 민족으로 입증된 것과 마찬가지로, 그들의 언어가 모든 사어들과 달리 20세기에 부활하였다는 것이다.

---

85) 키마이라(Chimaera). 그리스 신화에 나오는 불을 토하는 괴수(怪獸). 머리는 사자, 몸통은 양, 꼬리는 용 또는 뱀의 모양임. 여기에서는 '괴상하게 짜맞춘 것'이라는 뜻.

그렇지만 히브리어의 재생이 유일무이한 사실이 되어서는 안 된다. 물론 의지, 집단적 열정, 집요함이 결합되어 있는 경우를 찾아보기는 쉽지 않다. 아주 오랜 세월에 걸쳐 전개된 박해와 해방에 대한 욕구로 이루어진 아주 특수한 상황들도 마찬가지다. 그렇다 하더라도 사어의 재생이 불가능한 것은 아니다. 히브리어는 이에 대한 증거를 보여주었다. 이를 위해서는 엄청난 의지와 약간의 광기가 필요하겠지만, 언어들의 죽음을 피할 수 없는 것으로 받아들이지 않는 모든 사람들에게 본보기가 될 수 있다.

제11장

언어들의 재생, 새로운 언어들, 크리올어들, 그리고 각종 장려정책

지역언어들의 재생

여기에서 다루고자 하는 것은 엄밀한 의미의 재생이 아니기 때문에, 자신들의 언어가 소멸하는 것을 받아들이려 하지 않는 몇몇 열광적인 사람들이 참여했던 용감한 계획들을 다시 언급하지는 않을 것이다. 이 점에 관해서는 마오리어(307~308쪽), 하와이어(308~309쪽), 모호크어(320~321쪽), 후알라파이어(321쪽), 라마어(322쪽), 우라트어(329~330쪽), 아타카메뇨어(330쪽)의 경우들을 이미 언급하였다. 적어도 마오리어의 경우, 지금까지는 언어 재생활동이 성공한 것으로 보인다.

소멸했거나 빈사상태에 빠진 언어들이 되살아나는 확인된 경우들은, 이 언어들 가운데 어느 것도 입헌독립국가의 언어에 해당되지 않는다는 점에서 히브리어의 경우와 구별된다. 내가 알기로는, 지금까지 히브리어만이 아주 오랜 세월 동안 빠져 있던 침묵에 이어 진행된 발굴작업에 의해 한 국가의 언어가 되었다. 이러한 이유로 내가 아는 경우들에 대해 지역언어들의 재생이라고 말할 것이다. 콘월어, 스코틀랜드게일어와 이디시어의 경우들이 여기에 해당한다.

콘월 지방의 노력

콘월어는 브르타뉴어 및 웨일스어와 함께 켈트어파의 브리톤으로 불리는 어군에 속하는데, 이 언어는 색슨족이 진출함에 따라 콘월 지방의 경계까지 밀려났다. 색슨족은 콘월어를 웨일스어와 단절하고 브르타뉴어와 격리함으로써 두 사촌 언어들과 떼어 놓았다. 콘월어는 16세기에 종교개혁의 희생물이 되었으며, 이 시기부터 결정적 쇠퇴상태에 들어가 1800년경 거의 사라졌다.[1] 그런데 콘월어는 적어도 그보다 한 세기 전부터 이전에 사용되던 영토의 대부분 지역에서 쓰이지 않고 있었다. 이를테면 우리가 가지고 있는 증거들에 따르면, 17세기 말에 콘월어를 되살리고자 시도한 니콜라스 보손[2]은, 하인들에게 아이들과 콘월어로 말하지 말라는 명령을 내린 집안에 속하는 사람이었다. 하지만 콘월 지방 주민들과 그들의 전통 사이에는 계속하여 밀접한 관계가 유지되고 있었다.

더러 일탈이 없지는 않았지만(42쪽 참조) 로맨티시즘과 그 이후 시대의 눈에 띄는 사실들 가운데 하나인 켈트 르네상스[3]는 콘월어에 도움이 되었다. 독일학자 게오르크 사우어바인[4]이 1861년에 콘월어로

---

1) 콘월(Cornwall)은 영국 잉글랜드 남서부에 있는 주로, 고립된 지역이기 때문에 콘월어가 존속할 수 있었으며 켈트어 지명이 많이 남아 있다. 콘월어의 시기는 고대(5~11세기), 중기(12~16세기: 중기영어 철자법에 영향을 받음), 후기(17~18세기: 소멸시기)로 구분할 수 있다.

2) 니콜라스 보손(Nicholas Boson, 1624~1708). 영국 남서부 콘월 지방 출생. 콘월어 작가·콘월어 수호자.

3) 켈트 르네상스. 18세기 초부터 나타난 자발적인 문화적 움직임으로, 음악, 문학 등 예술, 연대활동 및 운동, 언어의 영역들에 걸쳐 켈트문명의 가치를 회복하고자 했다. 근본적으로 언어·스포츠·예술교류를 통해 켈트족의 역동성을 회복하고 켈트문화를 재창조하는 것을 목적으로 삼는 움직임이다.

4) 게오르크 사우어바인(Georg Julius Justus Sauerwein, 1831~1904). 독일의 시인·언어학자·소수 언어 수호운동가. 약 75개의 언어를 구사한 것으로 알려져 있다.

시를 쓰기까지 했던 것이다! 콘월어를 다시 살아 있는 언어로 만들려는 생각은 19세기 말부터 제시되었으며 1901년에 콘월 연구회가 창립되었다. 이 연구회는 일시적으로 존재했을 뿐이지만 그 존재는 콘월어 활성화 계획을 고려하게 하는 계기가 되었다. 학술연구들과 함께 민속연구들이 쏟아져 나왔다. 제 1차 세계대전 후, 과단성 있는 두 인물 스미스와 낸스(각각 1950년과 1959년에 사망)[5]는 수정된 중기 콘월어를 바탕으로 콘월어 문법을 다시 만들어 냈다. 또한 그들은 그 시대에 적합한 어휘도 새로 만들었는데, 이를 위해 당시 불안정한 삶을 이어가고 있었지만 여전히 살아 있던 켈트 언어들, 곧 브르타뉴어와 웨일스어에서 많이 차용하였다. 그들은 또한 논쟁과 어려움이 없었던 것은 아니지만 콘월어 철자법을 확립하였다(George, 1989 참조).

이미 1680년에, 옛날을 회상하던 한 석학[6]은 아주 오래전에 사라진 언어에 대하여 어떻게 재생을 기대할 수 있을지 생각했다. 오늘날 2명의 주창자들의 노력과 한 무리의 열광적인 사람들 덕분에 적어도 천 냥에서 천 5백 명의 사람들이 콘월어를 유창하게 사용하고 있다. 이는 이 주에 41만 7천 명의 주민들이 살고 있는 것과 비교해 볼 때 분명 아주 낮은 비율이다. 하지만 콘월 지방 사람들이 아주 오랜 기간 동안 콘월어를 전혀 사용하지 않았다는 것과 오늘날의 세계에서 영어가 행사하는 압력을 고려할 때, 이 결과는 주목할 만한 것이다. 콘월 지방에서 '되살아난 콘월어'(*Revived Cornish*)의 존재를 모르는 사람은 없다. 많은 자원봉사자들이 구어로서 콘월어 사용을 확대하기 위해 강의하고 있다. 또 공들여 만든 교재들이 많이 나왔다. 적어도 아이들이

---

5) 스미스(A. S. D. Smith, 1883~1950). 1931년 《구어 콘월어 연습》을 펴냈다. 낸스(Robert Morton Nance, 1873~1959). 1929년 《모든 이를 위한 콘월어》를 펴냈다. 중기 콘월 문어를 바탕으로 통일 콘월어 형식을 표준화했다.

6) 윌리엄 스카웬(William Scawen, 1600~1689)을 말한다. 스카웬은 1680년 콘월어와 콘월문화의 위상에 대한 시론을 펴냈다. 그는 콘월어를 죽음으로부터 보호하고자 한 최초의 콘월인이었다.

학교에 갈 나이가 될 때까지 오직 콘월어만 사용하고자 애쓰는 가족들도 있다. 19세기 말경 예루살렘에서 벤 예후다가 혼자서 히브리어를 대상으로 실행했던 것과 마찬가지로….

스코틀랜드 게일어와 주창자들의 투쟁

스코틀랜드 게일어는 더 이상 언어를 물려받을 사람들이 없는 상태가 가장 심각하게 나타나는 켈트언어들 가운데 하나로 간주된다. 언어들의 죽음의 문제에 직면하여 학계의 관심을 불러일으키는 데 기여한 한 권의 저술(Dorian, 1981 참조)은 바로 이 스코틀랜드 게일어 방언들 가운데 하나를 다루고 있다. 노바스코샤에서 가장 나이가 든 사람들이 은밀한 합의의 표현들을 아직도 사용하고 있지만, 이는 이 언어의 생존에 대한 착각만을 주고 있을 뿐이라는 것을 위에서 살펴보았다(147~149쪽 참조). 우리는 마찬가지로, 이 언어를 완전히 말살할 것을 권장했던 사람들이 어떤 표현을 사용하여 그 언어에 대해 말했는지 살펴보았다(174~175쪽 참조). 30년 전에 실시된 최근 조사에 따르면, 스코틀랜드에서는 477명만이 1개의 언어를 사용하고 있었으며, 나머지 사람들(8만 2천 5백 명)은 모두 2개의 언어를 사용하고 있었다. 따라서 스코틀랜드 고지대인 하일랜즈에 고립된 이 언어는 상당히 위협을 받는 것으로 간주될 수도 있을 것이다. 그럼에도 불구하고 1980년대부터 일종의 재생의 움직임이 윤곽을 드러냈다. 유치원을 포함하여 각급 학교가 많이 설립되었으며, 양질의 교수법 관련 저술들이 출판되었다. 개량된 시청각 도구들이 언어교육에 활용되었고, 텔레비전 방송에서 게일어 프로그램의 수가 늘었으며, 대중음악 작곡가들은 점점 더 게일어를 사용하게 되었다. 이 모든 것이 언어를 소멸에서 구해낼 수 있을 정도로 충분히 강력하고 충분히 조직된 의지를 반영하는 것인지는 훗날 보게 될 것이다.

이디시어의 재생

이디시어가 제 2차 세계대전 말에 빈사상태에 놓여 있었음을 앞서 상기시켰는데, 그럴 만한 이유가 있었다. 진정으로 살아남고자 한 이 언어는 도대체 어떤 언어인가? 13세기 초 유대인들은 십자군 원정으로 북부이탈리아와 프랑스를 떠나면서, 자신들의 유대계 로망스어 방언들을 버리게 되었다.[7] 그들은 고지 독일 방언을 바탕으로 랍비 히브리어,[8] 말하자면 히브리어와 유대계 아람어의 중요한 층을 덧붙여 이디시어를 만들어 냈다. 이디시어는 머지않아 서방 어파와 동방 어파가 분화되는 지점이 되었다. 이 동방 어파는 3개의 방언집단으로 세분되는데 (Szulmajster, '출판예정' 참조), 하나는 우크라이나, 백(白)러시아와 루마니아의 방언들, 다른 하나는 발트 해 연안 국가들의 방언들, 마지막 하나는 중앙지역, 곧 폴란드, 서부갈리시아,[9] 동부슬로바키아, 루테니아의 방언들이다. 따라서 슬라브어는 이러한 게르만어와 셈어의 교차에 의해 이미 혼합된 언어인 이디시어를 더욱 풍부하게 하는 데 기여하였다.

대중은 더 이상 히브리어를 사용하지는 않았으나 히브리어와 지속적으로 접촉하고 있었다. 아주 흔하게 사용되는 개념들을 표현하기 위해 어휘를 차용하는 것뿐만 아니라, 문법, 문장표현법, 관용어법, 암시적 의미와 모든 사고 및 외연영역에서 놀라운 공생관계가 이렇게 이루어졌다.

유대인의 정체성을 깊이 있게 표현하는 데 성공하고 있지만, 이방인들의 언어를 바탕으로 삼고 있는 놀라운 혼합물인 이디시어는 이러한

7) 제 10장 주 58 참조.

8) 랍비 히브리어 (*Rabbinic*). 중세의 율법학자가 문서에 쓴 히브리어. 후기 히브리어.

9) 여기에서 말하는 갈리시아는 유럽 중동부 지역을 말하는 것으로, 스페인 북부 해안 지역 갈리시아와 구분해야 한다.

것이다. 심각한 위험에 처한 것으로 보이는 이디시어는 자신의 죽음을 준비하는 데 시간을 오래 끌고 싶어 하는 것 같다. 조슈아 피시먼에 따르면(1994: 434), 2050년의 상황을 상상할 수 있는 큰 표제들을 모아 놓은 모음집에서 〈예루살렘포스트〉지는 다음과 같이 밝히고 있다. "이디시어는 여전히 빈사상태에 놓여 있다!" 오늘날 텔아비브에서는 이디시어 연극이 공연되는 극장이 한 곳 있으며, 콘서트와 시낭송회들이 이디시어로 열리고 있지만, 관객들의 나이가 65세 이하인 경우는 드문 것 같다. 이 나라에 자리잡고 있는 다양한 문학단체들에 소속된 2백여 명의 이스라엘 작가들과 기자들에 대해서도 마찬가지다. 이디시어 문화활동은 이스라엘에서 많이 전개되고 있는데, 일군의 전문가들이 상당수의 학생들과 함께 예루살렘히브리대학에서 이디시어 연구에 몰두하고 있으며, 그들끼리 이디시어를 사용하고 있다. 이디시어는 5개 대학과 50개 학교(특히 종교학교)에서 교육되는 교과목이다.[10]

이디시어가 이스라엘과 미국의 초(超)정통파 유대계를 벗어나면 이제 거의 쓰이지 않는다고 더 이상 말할 수 없다. 미국의 경우 뉴욕에서 이디시어만 사용하는 취학연령 아이들의 수가 1920년대보다 훨씬 더 많을 것이다. 뉴욕 전화회사는 안식일 동안 사용자들이 수화기에 매달려 통화가 폭주하지 않도록 부탁하는 이디시어 광고를 했을 수도 있다. 또 한편으로 맨해튼 소재 베스 이스라엘 병원은 병원에 처음 오는 환자들에게 이디시어로 작성된 안내문을 제공할 수도 있다(Fishman, 1994: 435 참조). 이디시어로 이루어지는 문화활동들이 뉴욕에서 많이 펼쳐지고 있다.

물론 이 모든 것이 이디시어가 다시 일상생활에서 완전히 일상적으로 사용되는 구어가 되었다거나, 광범위한 규모로 사용된다는 것을 뜻하지는 않는다. 1939년 이전에 이 언어의 일상적 사용을 뒷받침했던

10) 유럽지역의 이디시어는 사용자 수를 알 수 없으며, 이스라엘 이디시어의 사용자는 3백만 명으로 추정된다. 두 지역에서 모두 '위험' 단계로 분류되어 있다.

사회문화적 조직은 이제 사라지고 없다. 그러나 이디시어에 실제적인 생명을 주려는 의지는 존재한다.[11] 21세기에는 이러한 재생의 맹아가 회귀를 알리는 것이었는지, 또는 단지 꿈에 지나지 않는 것이었는지 알게 될 것이다.

하나의 유럽 언어와 여러 가지 크리올어의 출현

신(新)노르웨이어의 세례

9세기 중엽까지 북유럽을 두려움에 떨게 했던 무시무시한 바이킹 선원들의 이야기는 잘 알려져 있다. 3세기의 자신들의 스칸디나비아 조상들과 마찬가지로 그들이 특히 영국을 침략한 것도 그때였는데, 그들은 앵글로색슨어에 많은 수의 노르드어[12] 어휘를 들여왔다. 그러나 노르웨이가 1000년경 기독교화되었을 때, 소규모 바이킹 왕국들은 이미 한 세기 이상 전부터 하랄 1세[13] 치하에서 하나의 왕국으로 통일되어 있었다(Sturluson, 참조). 칼마르 동맹[14]이 결성되면서 노르웨이는 덴

11) 캐나다 매니토바 주 위니펙 지역에서 이디시어 문학작품 독서 동아리가 운영되는 것을 좋은 보기로 들 수 있다. 캐나다에서 이디시어를 모국어로 사용하는 사람은 2006년 기준 1만 6,295명이며, 위니펙 지역에는 6백 명가량의 이디시어 사용자가 있었다. 지역의 이디시어 공동체 여성들은 브리티시컬럼비아대학의 Creative Writing Program에 따라, 2001년부터 월 1회 정기적으로 이디시어 여성작가들의 작품을 읽고 토론하는 모임을 개최하고 있다. 이는 유네스코가 언어보호활동의 양호한 사례로 들고 있는 경우이다(제 8장 주 6 참조).

12) 노르드어. 북유럽 게르만계 언어. 스칸디나비아에서 쓰이는 덴마크어, 스웨덴어, 노르웨이어, 페로어, 아이슬란드어의 총칭.

13) 하랄 1세(Harald I, 860?~940?). 9세기 스칸디나비아의 가장 위대한 전사(戰士) 집단의 수장으로 노르웨이 서부지방을 실질적으로 통치했으며, 노르웨이 전역에 대해 통치권을 주장하였다.

14) 칼마르 동맹(*Kalmar Union*). 마르그레테가 결성한 덴마크·노르웨이·스웨덴

마크가 지배하는 북유럽 연방에 통합되었다. 따라서 노르웨이어는 기원으로 보아 아주 가까운 언어인 덴마크어에 강한 영향을 받게 되었다. 이 영향은 노르웨이와 스웨덴 사이에 왕권동맹이 맺어진 해인 1815년까지 418년 동안 지속되었다. 이 해는 1905년에 실현된 노르웨이 독립의 서막일 뿐만 아니라, 애국 정치가들과 작가들이 지배계급이 사용하는 덴마크-노르웨이어와 다른 진정한 노르웨이어를 만들 것을 권장한 해다. 1850년 《사전》을 펴낸 문헌학자 이바르 오센[15]은 '리크스몰'(국가의 언어)로 불리는 덴마크어화된 노르웨이어에 맞서기 위해, 가장 잘 보존되어 있으며 덴마크어와 가장 적게 닮은 서쪽 방언들에 바탕을 둔 '란스몰'(고장의 언어)의 제정을 시도한다. 이 말들은 일부 농촌지역에서 사용되는데, 오센과 그의 동료들은 이 말들이 더 민중적인 것이기 때문에 더 국민적인 것으로 생각하였다.

'란스몰'은 1885년에 '리크스몰'의 옆에 제 2 공용어로 인정받게 되었다. 한편 '리크스몰'은 1929년부터 '보크몰'(책의 언어)로 불리게 되었다. '보크몰'의 추종자들과 오늘날 '뉘노르스크', 곧 신(新)노르웨이어로 불리는 '란스몰'의 추종자들이 첨예한 갈등을 일으키며 대립하였다. 결국 두 언어는 모두 같은 자격을 가지는 교육언어로 인정받게 되었으며, 현재 노르웨이에서 여러 차례의 철자법 개혁을 거쳐 확정된 표기 관련규정들을 담고 있는 두 가지 규범을 이루고 있다. 실제로 전문가들에 따르면(예컨대 Gundersen, 1983 참조), 90%의 노르웨이인들은 '보크몰'을 쓰고 있으며, '뉘노르스크'를 사용하는 소수는 나라의 서부와 남부의 일부 지역에 집중되어 있다. 하지만 모든 공무원은 '뉘노르스크'를 말하지는 못하더라도 적어도 이해할 수는 있어야 한다. 이는 본디 이 언어를 사용하는 사람들이 공공업무를 위해 자신들의 언어를

의 동맹(1397~1523). 당시 유럽 최대의 연합왕국이었다.

15) 이바르 오센(Ivar Andreas Aasen, 1813~1896). 노르웨이의 언어학자·방언학자. 1850년 《노르웨이 방언사전》을 펴냈다.

사용하고자 할 때, 차별의 희생양이 되지 않도록 하려는 것이다. 유명한 미국계 노르웨이 언어학자인 아이나 하우겐은 두 가지 언어규범으로 나뉘어 있는 노르웨이의 이러한 상황을 '언어분열'(*schizoglossie*)이라 불렀다(Hagège, 1994: 212~213 참조).

한 가지 또는 다른 규범의 추종자들이 어떤 식으로 대립하든 간에 한 가지 사실을 볼 수 있다. 곧 '뉘노르스크'는 현대의 새로운 언어로서 그 출현시점을 정확하게 말할 수 있는 언어라는 점이다. 물론 오센은 벤 예후다가 오늘날의 히브리어를 고안해 낸 것 이상으로 '뉘노르스크'를 '고안해 낸' 것은 아니다. 게다가 '뉘노르스크'는 이스라엘 히브리어와 달리, 부활한 언어가 아니다. 그러나 '뉘노르스크'는 이스라엘 히브리어와 같이 기존의 자료들을 바탕으로 이루어진 구성의 결과인 것이다. 히브리어와 마찬가지로 '뉘노르스크'의 성공은, 일부 노르웨이인들이 그 성공을 부정하기는 하지만, 말로 표현할 수 있는 것을 다루는 조물주처럼 인간이 하나의 언어를 만들어 내거나, 또는 언어에 생명을 돌려줄 수 있다는 것을 입증하고 있다.

19세기와 20세기, 새로운 크리올어들의 황금시대

언어의 상실과 크리올어들의 출현

어휘의 공급원으로서 유럽 언어들

크리올어 연구는 30년 이상 전부터 학계에서 아주 괄목할 정도로 관심사가 되살아났으며, 현재 크리올어학은 언어연구의 새로운 영역으로 나타나고 있다. 여기에서 문제가 되는 것은 대부분의 경우 17세기부터, 아마도 어떤 언어에 대해서는 더 일찍부터 유럽 언어들의 어휘를 바탕으로 형성된 언어들이다. 언어학자들은 이 유럽 언어들을 '어휘교체소'(*relexificateurs*)라는 말로 지칭하는데, 이 언어들은 길거나 짧은 기간을 거치는 동안 언어를 '상실한' 사람들에게 다양한 변화를 겪은 어휘들을 제공하였기 때문이다. 이 상실의 이유, 상황과 결과는 이 상실이 관계되는 언어영역의 규모와 함께, 크리올어 학자들 사이에 그 쟁점이 가볍지 않은 논쟁의 대상이 되었다.

카리브 해 지역에서 사용되는 크리올어들의 보기는 문제가 무엇인지를 분명히 보여준다. 크리올어 사용자들은 자신들의 아프리카 고향 땅에서 끌려나와, 특히 17세기와 18세기 동안에 앤틸리스 제도(諸島)의 플랜테이션에 이주당한 노예들의 후손이다. 어휘교체소는 농장주들과 백인 노예상인들이 사용하는 언어들, 곧 주로 영어와 프랑스어였으며 일부 다른 유럽 언어들도 있었다(특히 프랑스어를 바탕으로 마르티니크, 과들루프와 기아나 크리올어들이 만들어졌다).

아프리카 기층언어(基層言語) 또는 '바이오프로그램'

그러나 이 유럽 언어의 어휘자료를 조직하는 체계, 말하자면 문법 안에서 아주 이국적인 특질들, 어쨌든 서유럽 언어들의 것과 무관한 특질들을 확인할 수 있다. 게다가 흑인공동체들이 여러 곳의 플랜테이션에 나뉘어 살게 되었으며 식민지배자들은 그들이 서로 접촉하지 못하도록 신경을 썼음에도 불구하고, 모든 크리올어에서 이 특질들을 찾아볼 수 있다. 몇몇 언어학자들은 이러한 공통된 문법특질들 안에서 아프리카 기층언어를 발견하고 있다. 노예들이 완전히 잊어버리지 않았으며 어형(語形)과 구문메커니즘 형태의 흔적을 남긴, 서로 가까운 관계를 맺고 있는 고국의 언어들에 속하는 일련의 총체적 특질들이 그것이다. 기층언어를 주장하는 이 언어학자들에, 반대로 아프리카 기층언어는 대수롭지 않은 것이며, 크리올어들에서 찾아볼 수 있는 공통점들은 일부 문법 범주의 구성에 대한 보편적 능력이 존재한다는 것으로 설명할 수 있다고 생각하는 언어학자들이 대립한다. 이 능력은 모든 개인이 가지는 유전암호에 속할 것이다. 이러한 생각을 옹호하는 사람들은 이 내적 능력을 '바이오프로그램'이라 부른다(Bickerton, 1981 참조). 나는 비커튼과 그를 따르는 이들의 논증들에도 불구하고, 기층언어가 차지하는 부분은 무시할 수 없다는 것을 보여주고자 했다(Hagège, 1993c: 4장 참조).

언어들의 죽음에 대한 인간의 반발로 나타난 크리올어들

이렇게 대립되는 두 주장 가운데 어떤 것을 택하든 간에 크리올어들을 만들어 낸 사람들이 언어의 상실에 저항하였다는 사실은 남는다. 언어의 상실은 '호모사피엔스' 이래 어떤 인간사회에서도 결코 용납되지 않았던 상황이다. 크리올어들은 부활한 언어들이 아니다. 왜냐하면 문제가 되는 민족들의 조상 언어가 사라져버린 것이 아니기 때문이다. 그러나 인간이 언어들의 죽음에 대항하여 펼치는 투쟁의 기록에 크리올어들을 적어 넣어야 한다. 왜냐하면 이 언어들은 인간공동체들이 거칠고 적대적인 상황에서도 온 사회의 생명활동, 곧 말을 주고받는 일을 내적으로 유지하기 위해 찾아낸 해결책이기 때문이다.

현대의 새로운 크리올어들의 고안

19세기와 20세기에 새로운 크리올어들이 출현하게 되었는데, 이 언어들은 위에서 언급한 고전 크리올어들이 나타난 상황들과 아주 거리가 먼 상황들에서 나온 것이다. 이 경우는 비교적 근래에 출현하여 그 기원을 완벽하게 확인할 수 있는 언어들에 관한 것이다. 이 언어들 가운데 어떤 것들은 앞에서 언급했던 미치프어처럼, 현지 언어들과 유럽 언어들의 혼합물이다(305~306쪽 참조). 또 다른 언어들은 앤틸리스 제도의 크리올어들과 구별되는 방식 때문에 관심을 끈다. 왜냐하면 이 경우 육체노동을 제공해야 하는 노동자들이 어휘를 차용하는 외국인 주인들의 언어가 이 크리올어들의 원천이 아니기 때문이다. 이 언어들은 반대로, 이 언어들을 사용하는 사람들과 다른 언어들을 사용하는 사람들이 다언어 사용환경에서 매개어로 사용하기 위하여, 의사소통에 적합하게 만든 토착언어들이다. 이러한 유형의 언어들은 많이 있다. 가장 잘 알려져 있는 언어들 가운데 몇 가지만 들어보자. 중·남부아프리카, 아시아(북동부인도), 오세아니아(티모르) 등 세 대륙 지역의 보기를 들어 볼 것이다.

중앙아프리카의 아프리카 기원의 새로운 크리올-피진어들

크리올어를 다루는 언어학자들은 일반적으로 크리올어와 피진어를 구분한다. 피진어는 여러 가지 언어가 사용되는 시장이나 다른 접촉장소들에서 생겨나, 흔히 각 언어 사용자 자신들만이 아는 서로 다른 모국어를 가지는 개인들 사이에서 의사소통을 위해 사용되는 매개어들이다. 피진어는 매개기능만을 가지는 것으로 가정에서는 전달되지 않을 수도 있다. 이와 반대로 크리올어는 모국어가 된 과거의 피진어들이다. 사실 이러한 구분이 항상 분명한 것은 아니다. 파푸아뉴기니의 (영어를 바탕으로 한) 톡피신어와 (토착어를 바탕으로 한) 폴리스 모투어는 원칙적으로 피진어이지만, 이 언어들은 아주 널리 쓰이고 있다. 하나는 북쪽 연안 지방과 수도에서, 다른 하나는 광범한 여러 지역에서 사용되고 있다. 그보다도 이 언어들은 긴급한 의사소통의 필요성을 충족하는 것 이상의 기능을 한다. 바누아투 전역에서 매개어가 된 피진어인 비치라마르어[16]의 경우도 마찬가지다. 이에 비교해 볼 만한 한 가지 경우는 아프리카의 세 가지 매개어의 경우인데, 이제 이 언어들을 살펴보자.

상고어는 1963년에 중앙아프리카공화국의 국어로 공포되었다(학교 교육을 받은 사람들만이 웬만큼 아는 프랑스어는 공용어로 자리잡고 있다). 상고어는 원래 한 종류의 반투어에 속하는 방언들 가운데 하나

16) 이 언어들은 멜라네시아 언어들, 곧 오스트로네시아(말레이폴리네시아)어족의 동부 어군인 오세아니아어군에 속하는 언어들이다.

로, '강의 상고어'[17]로 불리는 언어다. 이 반투어의 다른 두 방언은 야코마어와 그반디어이며, 이 세 방언은 서로 통할 수 있는 것들이다. 19세기 말에 식민지 개발에 필요한 인력을 실어나르기 위해 우방기 강에 수상운송이 활발해지면서 점점 더 수가 많아진 주민들은 상고어를 단순화된 형태로 사용하기 시작했다. 그리고 상고어는 도시의 시장에서, 서로 다른 여러 언어의 사용자들 사이에 매개어가 되었다. 상고어는 이 나라의 대규모 의사소통 언어이며 상고어 위원회까지 존재하고 있지만, 크리올어를 다루는 많은 학자들이 주장하는 것처럼 보이는 전통적 의미의 크리올어는 아니다. 왜냐하면 상고어는 대부분의 중앙아프리카 사람들에게는 모국어가 아니라 매개어의 기능을 가지는 제 2언어이기 때문이다.

콩고민주공화국에서는 수도 킨샤사와 그 밖의 일부 지역에서 매개어가 된 아프리카어가 피진어화한 형태도 있다. 이는 보방기어를 뿌리로 삼는 링갈라어에 관한 것이다. 원래 콩고 강 중류를 따라 사용되던 보방기어는 상거래 관용어로서 유용성을 알아 본 유럽인들이 의사소통 언어로 선택한 것이었다. 저지(低地) 콩고 지역에서 사용되는 키콩고-키마냥가어의 경우도 마찬가지인데, 여기에서 관계되는 세 번째 매개어인 키투바어는 키콩고-키마냥가어를 바탕으로 만들어진 것이다. 이 키투바어에서 차용한 보기는 피진어화 과정을 보여줄 수 있다. 이를테면 1970년대 말, 나이 든 화자들은 munu imene kuenda(단어 하나하나를 옮겨 보면, 1인칭 주어인칭대명사 + 동사 '가다'의 단순과거형. '나는 거기에 갔다')라고 말했다. 반면에 젊은 층에서는 같은 의미로, mu-me-kuenda로 표현이 간결해졌다(Hagège, 1993c: 129 참조).

또한 방금 언급한 세 가지 언어 외의 다른 언어들은 아프리카에서 같은 시대 무렵인 19세기 말과 20세기 초에 도시권에서 피진어화한 매개

17) 중앙아프리카공화국, 콩고 및 콩고민주공화국의 경계를 이루는 우방기 강을 말한다.

어의 변이형들이 출현하였음을 보여준다. 도시에서 사용되는 벰바어, 샤바[18]의 스와힐리어(Mufwene, 1998 참조)와 파나칼로어의 경우가 이러하다. 파나칼로어는 줄루어를 바탕으로 한 피진어로 영어와 아프리칸스어의 단어들이 섞여 있으며, 상당히 다양한 민족들 출신의 금광 노동자들이 남아프리카공화국에서 여러 가지 언어를 바탕으로 만들어 낸 언어다. 도시의 다양한 언어들은 또한, 다른 집단들은 배제하고 특정 집단만을 통합하려는 계획에 부응할 수 있다. 예컨대 남아프리카공화국의 소웨토[19]에서, 아프리칸스어와 응구니어를 바탕으로 의도적으로 만든 이시캄토어가 수행한 기능을 들 수 있다(Childs, 1997 참조).

아프리카의 아랍계 피진어들

아랍어 또한 19세기 초에, 피진어화한 다양한 형태의 언어들에 기초언어로 쓰였다. 수단 북부에서 온, 아랍어를 사용하는 수단인들은 당시 아랍화와 이슬람화가 덜 되어 있던 남부지방으로 내려갔다. 그들은 특히 노예거래를 하기 위해 군대 주둔지 가까이에 자리잡았다. 이집트 세력이 축출되고 난 뒤 수단의 아랍어는 비(非)아랍계 주민들 사이에서, 피진어화된 다양한 언어들에 이르는 재구성 과정을 거쳤다. 이 가운데 주바 아랍어는 같은 이름을 가진 도시[20]에 거주하는 주민의 절반 가까이가 사용하는 언어로, 수단의 남부 전역에서 매개어로 사용된다

---

18) 샤바(Shaba). 아프리카 중부 콩고민주공화국 남서부의 지역.

19) 소웨토(*Soweto*〔*South Wetern Township*〕). 남아프리카공화국 백인 정부가 요하네스버그 남서부에 세운 흑인 거주구역. 소웨토의 흑인주민들은 항상 흑인의 평등을 요구하는 활동에 앞장서 왔다. 1976년 6월 '소웨토 반란'(*Soweto uprising*)으로 불리는 대규모 폭동이 일어났는데, 이 반란은 고등학교 수업을 유럽계 아프리카 백인의 언어이자 이 나라의 공용어인 아프리칸스어로 진행하라는 백인 정권의 언어정책에 대한 정치적 항의로 시작되었다. 소웨토 반란은 남아프리카공화국의 '아파르트헤이트'(인종차별정책)에 대해 국제적 관심을 불러일으키는 계기가 되었다.

20) 주바(Juba). 수단 남부지방의 도시.

(Mufwene, 1998: 15~16 참조). 이렇게 만들어진 아랍어 변이형들은 여러 나라들, 특히 우간다, 차드와 케냐의 도심에까지 확산되었다 (Hagège, 1973, 차드의 아랍계 피진어에 대한 기술 및 해설전문연구 참조).

나가메어, 인도-버마 고산지대의 피진-크리올어들

나갈란드는 아주 격렬한 게릴라전을 거친 뒤 1963년에 델리 정부로부터 인도 연방의 한 주로서 지위를 인정받게 되었다. 나갈란드는 인도의 동쪽 끝 지역, 아삼과 버마 사이에 자리잡고 있으며, 최근에 수립된 인도의 주와 자치령들로 둘러싸인 지역이다. 이 고산 밀림지대는 이곳에서 펼쳐진 게릴라전으로 오랫동안 위험한 상황에 놓여 있었다 (296~298쪽 참조).[21] 이 좁은 지역에 사는 많은 부족들이 사용하는 23개 언어들은 모두 티베트·버마어군의 '나가'로 불리는 한 갈래에 속한다. 나가족의 일부가 이 언어들 가운데 몇 가지를 사용하고 있지만, 이 부족들 사이의 의사소통이 항상 가능한 것은 아니며 아삼인들과 소통하는 것은 한층 더 어렵다. 이 아삼인들과 나가족은 서로 적대시하기도 했지만, 두 집단 사이에 물물교환은 이루어지고 있었다. 그런데 나가족은 자기 물건들을 팔기 위해, 그리고 아마도 노예들을 약탈하기 위해 브라마푸트라 강의 평원에 내려오곤 하였다. 이러한 교류를 거쳐 19세기 초부터, 거의 전부 아삼어 어휘를 바탕으로 한 일종의 피진어가 점차적으로 만들어지게 되었는데(Hagège, 1987: 28 참조), 이 언어는 Naga + (Bur)mese로 만들어진 것으로 보이는 합성어인 나가메어로 불리는 것이었다.

근래 출현한 것으로 보이는 나가메어는 나갈란드의 정치적 지위가

---

21) 나갈란드(Nagaland). 이곳에 거주하는 나가족(*Naga*)은 미얀마와 영국의 세력 사이에서 생활해왔는데, 1947년 인도가 독립하면서 나갈란드에서도 자치를 요구하는 움직임이 일어났다. 오랜 협상과 갈등 끝에 나가족은 1963년에 인도의 한 주가 되는 안을 받아들였다.

격상되면서 상당히 발전하게 되었다. 나가메어는 어느 누구의 모국어도 아니고, 피진어화 정도에 차이가 있기는 하지만 매개기능을 하는 제2 언어로 사용되고 있음에도 불구하고, 나가메어의 사용영역은 확대되었다. 이 언어는 오늘날 아주 유용한 언어로 간주되고 있으며, 이는 바로 중앙아프리카공화국에서 사용되는 상고어의 경우와 유사하다.

인도 언어학자 M. V. 수리다는 표준화 작업을 통해 나가메어를 장려할 수 있을지를 연구했는데(Bhattacharjya et Sreedhar, 1994 참조), 그에 따르면 일부 나가족 사람들은 이 언어가 피진어화한 형태의 아삼어라는 사실을 모르고 있거나 외면하고 있다. 나갈란드에서 영어는 공용어로 사용되고 있으며, 힌디어는 학교에서 제5학년부터 교육되는 연방언어다. 인도 언어학자의 주장을 그렇게 수긍하지 않는 기독교화된 다른 나가족 사람들이 보기에, 영어는 나가메어보다 한층 더 우월한 위치에 있다. 이는 특히 나가메어의 기원을 알고 있으며, 이 언어를 발달이 덜 된 아삼어로 거만하게 간주하는 사람들의 관점인 것이다(F. Jacquesson의 보고). 그럼에도 불구하고 이 언어는 출현한 지 2백년도 채 되지 않은 것으로 보이는 피진어이지만, 표준화와 현대어로서 갖추어야 할 요건들에 부응하고자 하는 계획은 강조할 만하다. 사실 나가족 사람들 모두가 이 계획에 동조한 것은 아니었지만 말이다. 나가메어는 지역의 고유어가 아니라 근래에 출현한 것이다. 나가메어의 위세가 확실하지는 않지만, 이 언어가 나갈랜드에서 의미를 가지지 못하는 것은 아니다.

테툼프라사어, 티모르인들의 혼합언어

대규모 어족인 오스트로네시아어족에 속하는 테툼어는 30만 명 이상의 동(東)티모르인들이 사용하고 있으며, 규모 면에서 동티모르 섬에서 사용되는 다른 언어들을 능가한다. 이 언어들 가운데 일부는 오스트로네시아 언어들이며 다른 언어들은 파푸아어에 속하는데, 몇몇 언어들은 아주 불안정한 상황에 놓여 있다. 테툼어가 자리잡고 있는 세 지역 가운데 하나는 1974년까지 포르투갈 식민지배 세력의 중심지였던 수도 딜리 지역이다. 테툼어의 포르투갈어화한 형태는 이곳에서 최근 20세기 초에 발달한 것 같다. 이 언어형태는 테툼프라사, 곧 딜리의 상업·군사적 중심 광장의 테툼어로 불렸다(포르투갈어 *praça*는 광장을 뜻한다). 이 언어의 어휘에는 많은 수의 포르투갈어 단어들이 들어 있으며, 포르투갈어의 여러 음가들을 차용하였기 때문에 음성표현은 포르투갈어의 그것과 상당히 가깝다. 또 문법은 고유의 테툼어 문법에서 많이 벗어나 있다. 이 언어의 문법은 세계의 모든 피진어와 마찬가지로, 흔히 단순화의 결과로 간주되는 분석적이고 변하지 않는 구조들을 지향한다. 특히 이 언어에서 동사는 토착 테툼어와 마찬가지로 활용형을 가지지 않는다.

테툼프라사어는 많은 수의 동티모르인들이 이해하는 언어다. 이 언어는 특히 포르투갈 지배자들이 섬에서 철수한 뒤 포르투갈어 사용권으로 남아 있던 가톨릭교회의 지원을 업고, 주민들이 인도네시아화에 저항할 수 있게 해주었다. 한편 서(西)티모르 지역에 거주하는 주민들은 인도네시아화되었다(Hull, 1994 참조). 실제로 자카르타 정부는 우리가 알고 있듯이, 포르투갈인들이 1년 앞서 철수한 틈을 타 1975년에 동티모르를 병합하였다. 자카르타 정부는 그때부터, 오늘날 국제연합의 위임통치를 받는 동티모르 지역[22]에서 포르투갈 언어와 문화가 오랫동안 행사하던 중요한 영향력을 상쇄하고자 노력했다. 이러한 노력은, 친(親)인도네시아 민병대가 서티모르에 사는 동티모르인들을 계속하여 괴롭히는 그 지역에서 (말레이어 기원의 공용어인) 바하사 인도네시아[23]를 더욱 장려하는 것으로 나타났다.

---

22) 동티모르는 2002년 5월 완전히 독립했으며, 같은 해 9월 191번째 국제연합 회원국이 되었다.

23) 바하사 인도네시아(*Bahasa indonesia*). 인도네시아 국가 공용어. 바하사는 인

테툼프라사어는 피진어이지만 나가메어와 마찬가지로 개혁과 표준화 계획의 대상이다. 이처럼 이 언어는 역사가 길지 않음에도 불구하고 동티모르 섬의 민족정체성을 부분적으로 표현해 주는 것으로 간주된다.

되살아난 생명의 요소로서 한 언어의 정치적 장려: 크로아티아어의 현대사

여기에서 크로아티아 문어의 역사를 다시 언급하지는 않을 것이다(Franolić, 1980 참조). 또한 '비엔나 어문협약'[24]을 강조하지도 않을 것이다. 1850년에 이 협약을 체결할 때, 베오그라드와 자그레브의 애국자들은 슬로베니아인들과 합의하여, 세르비아인들과 크로아티아인들에 공통된 방언 형태를 바탕으로 세르보크로아티아어로 불리는 언어를 만들어 냈다(Hagège, 1994: 138~141 참조). 제1차 세계대전 직후 세르비아·크로아티아·슬로베니아 통합왕국이 수립되자마자 나타난, 오래된 대립의 표출에 대해서는 다시 기술하지 않겠다. 이 대립은 (이 왕국이 유고슬라비아로 불리게 된 해인) 1931년 이후 증폭되었다(Hagège, '같은 곳' 참조). 라틴 문자를 사용하는 로마 가톨릭 교도인 크로아티아인들과 키릴 문자를 사용하는 정교도인 세르비아인들[25]을 대립시키는

도네시아어로 언어라는 뜻이다.

24) 비엔나 어문협약. 1850년 크로아티아와 세르비아의 어문학자들이 맺은 표준 세르보크로아티아어에 대한 협약을 말한다. 이 협약에서 세르보크로아티아어를 구성하는 언어 변이형들을 통일하기로 합의하였다(《세계주요언어》, 595~600쪽 참조).

25) 슬라브 언어들간에 가장 뚜렷한 차이는 표기방식에서 비롯한다. 로마 가톨릭 교회가 기독교화한 슬라브족은 라틴 문자를 사용하고, 비잔틴, 곧 동방정교회가 기독교화한 슬라브족은 키릴 문자를 사용하고 있다. 크로아티아어, 폴란드

이유는 잘 분석되어 있는데, 이에 대한 상세한 기술을 다시 언급하지는 않겠다. 1972년에 신(新) 크로아티아 알파벳의 사용을 금지하고, 공공생활에서 많은 크로아티아어 단어들의 사용을 금지한 조치(이 단어들의 목록 및 다른 세부사항에 대해서는 Hagège, 1993b 참조)만을 언급하고, 베오그라드가 취한 조치들은 열거하지 않겠다. 별개의 두 언어로 간주된 세르비아어와 크로아티아어를 구분해 주는 지표로 들 수 있는 것으로, 오래전부터 연구되어 온 음성표현, 문법과 어휘요소들도 분석하지 않겠다(특히 Franolić, 1983; Hagège, 1993a와 1993b 참조).

이 장의 맥락에서 흥미롭게 보이는 점은 다음과 같다. 동일한 하나의 언어의 두 가지 변이형으로 간주되는 두 언어가 실제로 서로 다른 두 언어라고 말할 수 있게 하는 기준은 무엇인가? 왜냐하면 그것이 오늘날 크로아티아어가 제기하는 문제이기 때문이다. 크로아티아의 독립 이후, 곧 1990년대 초 이후 크로아티아에서 새로운 언어가 출현했다고 어떻게 말할 수 있는가? 크로아티아 정부와 지식인들은 이 문제를 진지하게 받아들이고, 적어도 지금으로서는 많은 시간과 노력을 기울이

어, 체크어, 슬로바키아어, 슬로베니아어, 소르브어는 전자에 속하고, 세르비아어, 러시아어, 벨로루시어, 우크라이나어, 불가리아어, 마케도니아어는 후자에 속한다.

유고슬라비아 사회주의 연방공화국이 붕괴하기 이전에는 세르보크로아티아어는 하나의 언어였다. 그런데 크로아티아인과 보스니아인은 이 언어를 라틴 문자로 표기했으며, 동방정교회 세르비아인은 키릴 문자로 표기했다. 1991년 유고슬라비아가 붕괴하고 세르비아인과 적대관계가 시작되면서, 크로아티아인은 고어 어휘를 되살리고 문자의 차이를 강조하면서 크로아티아어와 세르비아어 간의 차이점들을 부각시키려 애썼다. 이로써 오늘날 크로아티아어, 세르비아어, 보스니아어, 몬테네그로어는 모두 별개의 언어가 된 것이다. 요컨대 이 언어들은 한 가지 언어의 지역적 변이형이지만, 특히 크로아티아인과 세르비아인에게 언어는 상징적 존재로 자리잡게 되었다. 이들은 한 민족은 한 언어를 가져야 한다고 생각하고 자신들의 언어를 '정화'하는 작업을 펼치고 있는데, 이로써 발칸반도에서 대규모 언어 세탁과정이 진행되는 것이다(*L'aménagement linguistique dans le monde*, "Les langues slaves" 참조).

고 있다. 1997년 6월, 나는 한 언어학 학술대회에 초대받아 자그레브에 있었는데, 그때 크로아티아 동료와 이 문제에 대해 대화할 기회가 있었다. 이 대화는 6월 27일자 주간지 *Hrvatsko Slovo*(〈크로아티아 말〉)에, "크로아티아어와 세르비아어의 차이는 하찮은 것이 아니다"라는 제목으로 게재되었다. 사람들이 내게 던진 질문들에 답하면서, 나는 구별하고자 하는 의지가 아주 강하면, 서로 의사소통이 가능할 때조차도 자신들이 서로 다른 두 언어를 사용하고 있다고 정당화할 수 있음을 지적하였다.

다른 말로 하면, 각자 세르비아어와 크로아티아어를 사용하는 두 사람이 지나치게 두드러진 방언 형태들을 있는 그대로 사용하여 말을 주고받지만 않는다면, 실제적인 어려움 없이, 망설임, 불확실성이나 다시 말해 달라고 부탁하는 일 없이 서로 이해할 수 있을 때, 언어학자들이 오래전부터 세르보크로아티아어로 불러 온 언어는 단 하나의 동일한 언어로 간주될 수 있다. 이러한 부류의 어려움은 스칸디나비아 언어들(덴마크어, 노르웨이어와 스웨덴어)을 사용하는 두 사람이 각자 자신의 언어로 서로 말할 때 나타나는 어려움이다. 이러한 까닭에 이 언어들이 아주 닮았음에도 불구하고, 이 언어들은 서로 다른 3개의 언어라고 말할 수 있다. 오늘날 크로아티아어와 세르비아어가 처한 상황은 이와는 다른 것이다.

따라서 여기에는 두 언어의 형식체계에 고유한 내적 기준이 작용하며, 이 기준은 두 사람이 각자 자신의 언어로 말할 때 겪게 되는 의사소통의 용이함의 정도에서 나오는 것이다. 그러나 언어사용자들이 자기들의 언어들을 바라보고 체험하는 방식과 결부된 외적인 다른 기준이 존재한다. 이 기준에 따르면 크로아티아어는 세르비아어와 다른 언어로 간주될 수 있다. 게다가 가능한 한 세르비아어와 뚜렷이 구분되는 규범을 끌어내기 위해 크로아티아에서 전개되는 노력들이 더 지속된다면, 언젠가 의사소통이 어렵게 되었을 때 이 두 언어는 서로 다른 언어들이라고 말해야 할 수도 있다.

지금으로서는 크로아티아인들이 자신들의 나라가 최근에 독립을 획득한 데 따르는 당연한 결과로, 자신들의 언어를 정치적으로 장려하면서 유럽의 언어를 하나 더 늘려 가는 중이라고 볼 수 있다. 이 책의 제2부에서 언급했던 큰 피해들을 생각해 볼 때, 언어를 사랑하는 사람들은 이에 대해 불평하지 않을 것이다. 하지만 우리는 결론에서, 이러한 유형의 현상들은 사람들이 택하는 관점에 따라 일정하지 않은 양상들을 보여준다는 것을 보게 될 것이다.

맺는말

현대사회에서 언어들이 사라지는 속도에는 심각한 비관론을 야기할 만한 것이 있다. 비교적 근래의 텍스트에서 다음과 같은 내용을 볼 수 있다(Mohan et Zador, 1986: 318).

> 세상 언어들의 대(大)숙청은 이미 시작되었다. 다른 행성들과 우주선으로 연결되는 지구의 새로운 시대를 위해서는 아주 적은 수의 언어들이 남을 때까지, 또는 단지 아마도 영어만이 범람할 때까지 이 숙청은 계속될 것이다. 힌두신화에서 소멸은 인간과 온 세상이 절망과 고통 속에서 살아가는 암흑시대인 칼리유가[1]의 종말을 가리킨다. 이 소멸은 유익한 것인데, 새롭고 더 나은 세상에 자리를 내주기 때문이다.

나는 위협받는 언어들을 사용하는 사람들이 이 언어들의 소멸을 더 나은 세상에 대한 약속으로 생각하거나, 그들이 이렇게 고조된 기대감

---

1) 칼리유가(*Kaliyuga*). 유가(*yuga*)는 힌두교 우주관에서 말하는 인류의 한 시기로 전체 네 단계로 구성되며, 각 유가는 도덕과 육체 상태의 쇠퇴를 기준으로 하여 구분된다. 유가의 네 번째 단계로 가장 타락한 칼리유가는 기원전 3102년부터 4만 3천2백 년 동안 지속될 것인데, 칼리유가가 끝날 때 세계는 파멸할 것이며, 주기가 다시 시작되어 세계는 다시 창조될 것이라 한다.

으로 현인(賢人)이 누리는 평정을 이끌어 낼 수 있을 것인지는 의문이다. 언어학자들은 그들대로, 언어들이 처한 상황에 대해 대체로 우려하고 있다. 그들 가운데 한 사람이 최근에 의견을 밝혔는데, 그는 세계의 일부 지역(오스트레일리아, 인도네시아, 오세아니아)에서 소멸해 가는 언어들에 대해 적나라한 보고서를 작성하고 난 뒤, 다음과 같이 쓰고 있다.

> 세계에서 사용되는 상이한 언어들의 수가 감소하는 속도를 늦출 수는 있지만, 그 수가 계속하여 감소하는 것을 뒤집거나 멈추도록 하기 위해 할 수 있는 일은 아무것도 없다. 처음에는 4~5천 개의 언어가 있었다. 2100년경에는 훨씬 더 적은 수의 언어들이, 아마도 수백 개 정도만 남게 될 것이다(Dixon, 1991: 234).

이 수치는 이 책의 머리말의 첫 부분에서 제시된 것보다 훨씬 더 비관적이다. 이 저자가 어떤 근거에서 이렇게 계산했는지는 모른다. 내 산출근거는 간단하다. 나는 21세기 중에 언어들이 사라지는 속도가 더 빨라질 수 있다는 점을 고려하면서 언어들이 사라지는 현재 속도를 바탕으로 삼았다.

한편 사태를 더 악화시키는 상황이 있다. 곧 언어의 표준화 계획 역시 역효과를 낸다는 것이다. 그런데 이 책에서는 방언들이 여러 갈래로 흩어져 있는 것과 관련하여, 원래 이 방언들에 속해 있던 한 언어를 장려하기 위한 방편으로 표준화 계획의 효용성을 강조한 바 있다. 방언 분화는 정확히 말해 새로운 언어들의 출현가능성을 담고 있는 요인들 가운데 하나다. 자연적 조건에서 새로운 언어들은 여러 갈래로 나뉜 방언들에서 나와 발전한다. 달리 말하면, 과거에 정치권력이 특정 지역에 알맞은 방언을 정할 경우, 이 권력은 얼마가지 않아 이 방언에 국어의 지위를 부여했으며, 필요한 경우 행정적, 사법적, 문학적 문서를 통해 이 지위를 강화하기까지 했다. 그렇다고 해서 다른 방언들, 곧 같은 상황의 혜택을 누리지 못한 채 국어의 지위에 오르지 못한 방언들이 더 이상 존속하지 못하게 된 것은 아니었다. 오늘날 신문, 라디오 및 텔레비전 방송과 한층 더 수월해진 여행은 여러 방언 변이형들을 희생시키고 주요 언어에 유리하게 작용하고 있다. 거기에 의도적 장려계획이 가해지면 방언들은 훨씬 더 불안정한 상황에 처하게 된다.

하지만 나는 19, 20세기에 새로운 언어들이 태어나거나 부활했다는 점을 상기시켰다. 그러나 새로 태어나는 언어의 수로 사라지는 언어의 수가 전혀 상쇄되지 않는다. 한 언어가 소멸위기에 놓였다는 것을 알게 될 때, 활용할 수 있는 모든 수단을 동원하여 사라져 가는 언어의 흔적을 보존하는 것 외에 다른 가능한 행동은 없다. 나는 현장의 언어학자들이 아직 살아 있는 증인들의 기억의 말문을 열기 위해 진행하는 투쟁을 강조하였다. 문학도 자신의 기능을 하고 있다. 우리는 이 점을 히브리어의 경우를 들어 살펴보았는데, 곧 히브리어는 일상적으로 쓰이지는 않았지만 책에서는 계속 사용되었으며, 히브리어의 부활을 위해 애쓴 선구자들은 이 귀중한 곳간에서 많은 자료를 취했던 것이다.

우리는 하나의 언어를 부활시킬 수 있다. 언어의 부활을 계기로 심지어는 인간들 자체의 부활을 기대하는 모험을 할 수도 있으며, 따라서 한 언어가 빈사상태에 빠져 있을지라도 이 언어로 글을 쓸 수 있다. 어느 기자가 노벨문학상 수상자 아이작 싱어[2]에게, 이디시어가 죽음의 문턱에 서 있는데도 왜 이디시어로 글을 쓰는지 물었을 때, 싱어가 던진 장난기 섞인 답이 바로 그것이다. 그는 다음과 같이 대꾸하고 있다. "나는 유령 이야기를 좋아한다. 그리고 부활도 믿는다. 만일 내가

2) 아이작 싱어(Isaac Bashevis Singer, 1904~1991). 폴란드 태생 미국의 작가. 이디시어로 장편·단편소설과 평론을 써서 1978년 노벨문학상을 받았다. 그는 폴란드와 미국 내 유대인들의 생활을 묘사한 작품들을 썼다. 싱어는 거의 이디시어로만 작품을 썼으며, 자신의 작품 속에서 이제는 사라지고 없는 폴란드계 유대인 사회를 나치의 유대인 '대학살' 이전 모습 그대로 재현하고 있다.

이디시어로 글을 쓰지 않으면, 유대인들이 모두 되살아났을 때 그들은 무엇을 읽을 수 있을 것인가?"

인터넷의 사용에 따라 놀라운 일들이 벌어질 가능성이 충분해 보인다. 우리는 미국 영어가 거의 혼자 인터넷 망을 휩쓸 것이며, 인터넷 망에서 세계적으로 확산될 수 있게 해줄 강력한 보충수단을 얻게 될 것이라고 생각했다. 그런데 미국 영어의 사용비율을 보면, 영어를 사용하는 인터넷 사용자 비율이 1999년의 54%에서 2005년에 43%로 낮아질 수도 있다(Singer, 2000 참조). 분명 중국어와 스페인어가 이렇게 인정받을 언어들 가운데 유리한 위치에 놓여 있다. 그러나 이 언어들만 있는 것이 아니다. 위협받는 언어들을 지키려는 사람들과 번역업체들은 이 인터넷 웹에 토론의 장을 마련함으로써 얻을 수 있는 것이 무엇인지를 깨달았다. 이미 프랑스의 지역언어들과 마찬가지로, 분명 이디시어를 포함하여 많은 언어들이 이 점을 이용하고 있음을 볼 수 있다. 이처럼 인터넷에서는 이 언어들로 이루어지는 교류가 증대하고 있다. 물론 이러한 현상이 소멸위협을 받는 언어들을, 자연스러운 의사소통 상황에서 음성표현이 생생하게 이루어지는 일상대화의 현실세계에 다시 끌어넣기에 충분하지 않음은 분명하다. 그러나 인터넷은 더 이상 들을 수 없게 될 뻔했던 여러 언어들에, 가상세계에서나마 새로운 목소리를 제공하는 매체가 될 수도 있는 것이다. 이 모든 것은 희망적이다. 물론 인터넷이 문자를 사용하는 모든 것에 대해 위협이 되지 않으며, 또 마치 그것이 진보인 것처럼 인간의 문화가 문서에서 화면으로 완전히 넘어가지 않는다는 조건하에 그렇다.[3)]

---

3) 이 문제와 관련된 최근 수치를 들어보자. 다음 자료에서는 언어별 인터넷 사용자 비율 및 순위, 그 변동상황을 볼 수 있다(언어별 순위 및 전체 사용자 중 비율).

(2007년 6월 30일 기준) ① 영어 31.7%, ② 중국어 14.4%, ③ 스페인어 8.8%, ④ 일본어 7.5%, ⑤ 독일어 5.1%, ⑥ 프랑스어 5.1%, ⑦ 포르투갈어 4.1%, ⑧ 한국어 3.0%, ⑨ 이탈리아어 2.7%, ⑩ 아랍어 2.5%. 상위

프랑스어, 독일어, 스페인어, 이탈리아어, 포르투갈어, 내가 연방 언어라 불렀던 모든 언어들(Hagège, 1994: 제1~4장 참조)처럼 양호한 상태로 보이는 언어들을 지키려는 사람들은 인터넷에서 벌어지는 싸움을 분명히 심각하게 받아들여야 한다. 깊이 생각해 보면 이 언어들도 안전한 곳에 있는 것은 아니기 때문이다. 예측할 수 없는 사건들이 일어나지 않는 한, 미국 영어는 지금으로서는 그 끝을 알 수 없는 확산과정에 있다. 분명 이러한 현상은 인류에게는 불행이 아니며, 반대로 각자의 모국어의 한편에 자연스럽게 추가될 수도 있을, 갈수록 뚜렷해지는 국제적 사명을 가지는 언어가 존재한다는 것은 좋은 일이라고 생각할 수도 있을 것이다. 나는 2개 국어 병용주의, 더 정확히 말해 다언어 사용주의를 옹호했지만, 그것은 미국 영어를 위한 것은 아니었다(Hagège, 1996a 참조).

미국 영어는 진정한 국제어가 될 수 없다. 곧 각자가 어디에서나 의사전달을 할 수 있게 하는 중립적 도구가 될 수 없는 것이다. 미국 영어는 다른 모든 문화들을 협상할 수 있는 것으로 삼고, 이 문화들을 집어삼켜버릴지도 모를 특정문화의 매개체이다. 게다가 이 언어는 40억 명의 2개 국어 사용자들이 있는 이상적 세계에서, 단지 하나의 국어의 곁에 사이좋게 자리잡고 앞으로 짝을 이룰 상대들 가운데 하나는 아니다. 미국 영어는 언젠가는 유일한 언어가 될 수단들, 아니면 힘을 가지고 있다. 그 과정은 분명 긴 것일 수 있다. 그러나 이 책에서 이끌어내야 할 결론들 가운데 하나는 다음과 같다. 곧 언어들의 죽음을 초래하는 모든 요인들은, 그것이 정치적인 것이든 경제적인 것이든 아니

10개 언어 사용비율 합계 84.8%.
(2009년 9월 30일 기준) ① 영어 27.6%, ② 중국어 22.1%, ③ 스페인어 7.9%, ④ 일본어 5.5%, ⑤ 프랑스어 4.6%, ⑥ 포르투갈어 4.2%, ⑦ 독일어 3.7%, ⑧ 아랍어 2.9%, ⑨ 러시아어 2.6%, ⑩ 한국어 2.2%. 상위 10개 언어 사용비율 합계 83.3%. (자료: Internet World Stats. http://www.internetworldstats.com)

면 사회적인 것이든 간에, 영어 외의 모든 언어들을 희생시키고 영어에 유리하게 작용할 수 있다. 영어를 사용하는 최강대국들에서 뚜렷하게 일어나는 2개 국어 병용현상의 가치하락은, 무엇보다도 이 사실을 적나라하게 보여준다. 그리고 특히, 현대적 의사소통 기술은 오늘날 영어가 전 세계에 강력하고 신속하게 확산될 수 있게 하였다. 그런데 이 확산강도와 속도는 2천 년 전에 라틴어가 그랬던 것처럼, 과거에 다른 언어들이 많은 언어들을 완전히 소멸하게 한 강도와 속도를 훨씬 능가하는 것이다.

이 상황에서 비롯되는 한 가지 뜻밖의 결과에 주목해야 한다. 중앙집중정책에 저항하거나 과거의 식민지배에 저항하고자 하는 언어 수호자들이 펼치는 언어장려는 원하든 원하지 않든 간에 두 국면을 가진 현상이다. 소수언어들의 권리와 자유를 주장하고 이 언어들을 수호하는 행위로서 이 현상은 열렬한 지지를 받을 수밖에 없다. 그리고 과거의 지배언어에 맞서 진행되는 정치적 행위로서 이 현상은 영어의 주도권을 내세우는 사람들에 의해 언제나 무기로 사용될 수 있다. 소수언어들을 장려하는 것은 다음의 두 가지 이점을 가지고 있기 때문이다. 한편으로 영어는, 자신의 존재를 인정받고자 하는 희망을 정당하게 품는 한 민족의 문화적 정체성을 표현하는 지역언어들에 대해 전혀 두려워할 것이 없다. 다른 한편으로 프랑스어처럼 영어에 대항하고 국제적으로 사용되는 언어들을 소수언어에 대한 '압박수단'이 된다고 비난하는 흐름 속에서 영어는 득을 보게 될 뿐이다.

미국 영어가 세계에서 가장 많이 사용되는 언어들에 대해 주도권을 가짐으로써 가해지는 위협은 분명, 현재상황들에서는 상대적으로 평가되어야 한다. 이를테면 표준 중국어(9억 명 가까운 사용자)에서 말레이어, 아랍어, 힌디어, 벵골어, 러시아어를 거쳐 일본어(1억 2천 5백만 명)에 이르기까지, 이 언어들 앞에는 아직도 넓은 활동무대가 펼쳐져 있다. 그러나 상황은 빠르게 변한다. 예컨대 스페인어(약 2억 6천 6백만 명)도 포르투갈어(거의 1억 7천만 명)도, 충분히 고려할 만한 수치임에도 불구하고 여기에 포함하지 않았다. 왜냐하면 스페인어와 포르투갈어 사용자의 대부분은 아메리카 대륙에 거주하고 있기 때문이다. 그리고 멕시코, 브라질이나 아르헨티나에 살아 보면 그곳에서 미국화가 얼마나 강하게 진행되는지 알 수 있다.

그런데 프랑스어는 아마도 전 세계에 걸쳐 약 1억 명이 사용하는 언어로, 가장 많이 사용되는 9개의 언어들 가운데 끼지 못하면서도, 사용자의 수에 따라서가 아니라 세계적으로 확산된 정도에 따라, 또 국제기구들과 세계적 번역활동 면에서 사용되는 정도에 따라서 옛날과 마찬가지로 오늘날에도, 영어에 이어 두 번째 자리를 차지하고 있다. 따라서 프랑스어가 차지하는 이 두 번째의 지위는 대체로 실제적인 것이기보다는 이론적인 것이며, 많은 기구들에서 영어와 대등하게 사용되는 프랑스어의 지위가 자주 침해되기는 하지만, 프랑스어는 사람들이 의식적이든 무의식적이든 제거하고자 하는 거추장스러운 경쟁자로 보이지 않을 수 없다. 이러한 까닭에 영어에 맞서 프랑스어를 상려하는 것은 상징적 의미를 가지는 것이다. 프랑스어를 옹호하고 선양하는 것은 오래전부터, 세계에서 프랑스 문화와 프랑스어권이 차지하는 위치의 옹호와 선양과 깊은 관계가 있다.

프랑스어는 매우 정치적인 관심사이다. 이 사실을 공개적으로 비웃고 애써 비방하는 사람들을 포함하여 모든 이들은, 프랑스의 정치관계자들이 문화적 예외를 지키기 위해 펼치는 싸움이 하찮은 것이 아님을 알고 있다.[4] 프랑스어는 보편적 문화, 곧 생명을 지키면서 자신의 생

4) '문화적 예외'는 1993년에 프랑스를 중심으로 한 국제사회가 제시한 개념이다. 1986년부터 진행된 '우루과이 라운드'〔'관세 및 무역에 관한 일반협정'(GATT) 하에 논의되었던 제 8차 다자간 무역협상〕의 틀 안에서 진행되는 무역협상에서 문화영역의 자산과 서비스를 예외로 하여 논의대상에서 제외하고자 하는 것이었다. 이는 구체적으로 방송분야를 자유화하기 위한 미국의 요구에 맞서기 위한 것이었는데, 결국 문화의 획일화를 막고 문화의 다양성을 지키기 위한 움

명을 지키는 것이다. 프랑스어는 또한 이 과정을 통해, 독일어와 이탈리아어 그리고 다른 유럽 언어들의, 이 언어들에 대해서만 말하자면, 생명을 지키는 것이다.

이 책에서는 언어들의 죽음이라는 극적이며 또 알려져 있지 않은 주제에 대해 다양한 사실들을 바탕으로 상세하게 고찰해 보았다. 이 같은 고찰은 위험이 곳곳에 두루 자리잡고 있다는 것을 인식하는 데서 최고조에 달한다. 이러한 예언들을 비웃을 사람들도 있을 것이다. 그들은 우선, 일상생활에 만연한 폭력과 도를 더해가는 제국주의 등에도 불구하고, 미국은 위대한 민주주의 국가이며 많은 사람들이 미국에 가고 싶어 하거나 그곳에 살고 싶어 한다는 점을 이유로 댈 수 있을 것이다. 그들은 또 영어가 거의 모든 나라에서 젊은이들의 마음을 사로잡아 그들을 춤추고 노래하게 하며, 또 시대에 뒤떨어진 비판자들만을 질책하게 하는 현대성을 품고 있는 멋진 언어라는 사실을 내세울 수도 있을 것이다. 어떤 논쟁을 펼치든 간에 오늘날 언어들을 짓누르는 죽음의 위협에는 영어의 그림자가 드리워 있다. 그리고 가장 사려 깊은 영어 사용자라면, 그는 의사소통을 위해 단 하나의 언어만이 남게 될지도 모를 세계를 받아들일 수 없을 것이라고 확신한다.

직임으로 해석할 수 있다. 이후 이 개념은 "GATT를 상대로 한 문화적 예외에 대한 결의안 4호"(1993, 5차 프랑스어권국제기구 정상회의), "문화적 다양성에 대한 유네스코 일반선언"(2001, 유네스코 31차 총회), "문화적 표현의 다양성의 보호와 증진에 관한 협약"(2005, 유네스코 33차 총회) 등을 통해 국제적 관심사로 표명되었으며, 문화의 다양성을 지키는 일은 인류의 공동과제로 자리잡았다.

▪ 참고문헌

Adelaar, W. F. H., 1991, "The endangered languages problem : South America", *in* Robins and Uhlenbeck eds., 45~91.

Auroux, S., sous la direction de, 2000, *Histoire des idées linguistiques*, tome 3, "L'hégémonie du comparatisme", coll. "Philosophie et langage", Liège, Mardaga.

Bader, F., sous la direction de, 1994, *Langues indo-européennes*, coll. "Sciences du langage", Paris, CNRS Éditions.

Bally, C., 1965 (1re éd. 1932), *Linguistique générale et linguistique française*, Berne, Francke.

Banniard, M., 1992, *Viva voce*, "Communication écrite et communication orale du IVe au IXe siècle en Occident latin", Paris, Institut des Études augustiniennes.

Baumgarten, J., R. Ertel, I. Niborski, A. Wieviorka, dirigé par, 1994, *Mille ans de culture ashkénaze*, Paris, Liana Levi.

Berthelot-Guiet, Karine, 1997, *L'Apport de la publicité à la langue quotidienne des locuteurs de Paris et de la région parisienne*, thèse de l'École Pratique des Hautes Études, IVe Section, soutenue sous la direction de C. Hagège.

Bhattacharjya, D. and M. V. Sreedhar, 1994, "Two decades of Nagamese Language Reform", *in* Fodor et Hagège, dir., vol. VI, 101~122.

Bickerton, D., 1981, *Roots of language*, Chicago, Karoma.

Blikstein, I., 1995, *Kaspar Hauser, ou a Fabricação da Realidade*, São Paulo, Editora Cultrix.

Bradley, D., 1989, "The disappearance of the Ugong in Thailand", *in* Dorian ed., 33~40.

Brenzinger, M. ed., 1992, *Language Death, Factual and Theoretical Explorations with Special Reference to East-Africa*, Berlin/New York. Mouton de Gruyter.

Briant, P., 1996, *Histoire de l'Empire perse de Cyrus à Alexandre*, Paris,

Fayard.

Briquel, D., 1994, "Étrusque et indo-européen", *in* Bader, dir., 319~330.

Brixhe, C., 1994, "Le phrygien", *in* Bader, dir., 165~178.

Brixhe, C. et A, Panayotou, 1994a, "Le thrace", *in* Bader, dir., 179~203.

Brixhe, C. et A. Panayotou, 1994b, "Le macédonien", *in* Bader, dir. 205~220.

Brunot, F., 1966 (1re éd. à partir de 1906), *Histoire de la langue française des origines à nos jours*, XIII tomes, Paris, A. Colin.

Buyssens, E., 1970, *La communication et l'articulation linguistique*, Bruxelles, Presses Universitaires de Bruxelles/Paris, P.U.F.

Calvet, L. J., 1987, *La Guerre des langues et les politiques linguistiques*, Paris, Payot.

Campbell, L., 1988, compte rendu de Greenberg 1987, *Language*, 64, 3, 591~615.

Campbell, L. and M. Mithun eds., 1979, *The Languages of Native America: Historical and Comparative Assessment*, Austin, University of Texas Press.

Campbell, L. and M. C. Muntzel, 1989, "The structural consequences of language death", *in* Dorian ed., 181~196.

Cerrón-Palomino, R., 1987, *Linguística Quechua*, Cuzco, GTZ et Centro de estudios rurales andinos "Bartolomé de las Casas".

Chafe, W. L., 1962, "Estimates regarding the present speakers of North American Indian languages", *International Journal of American Linguistics*, 28, 162~171.

Chamoreau, C., 1999, "Description du purepecha, une langue mexicaine menacée de disparition", *Travaux du SELF*, VII, 131~146, Paris, Université René-Descartes-Paris V, U.F.R. de Linguistique générale et appliquée.

Chavée, H. J., 1862, *Les Langues et les races*, Paris.

Childs, T., 1997, "The status of Isicamtho, a Nguni-based urban variety of Soweto", in *The Structure and status of pigins and creoles*, ed. by A. K. Spears and D. Winford, 341~367,

Amsterdam/Philadelphia. John Benjamins.

Clairis, C., 1991, "Le processus de disparition des langues", *La Linguistique*, 27-2, 3-13.

Cojtí-Cuxil, D., 1990, "Lingüística e idiomas Mayas en Guatemala. Lecturas sobre la lingüística Maya", ed. by N. C. England and S. R. Elliott, 1~25, Guatemala, Centro de Investigaciones regionales de Mesoamérica.

Craig, C., 1992, "A constitutional response to language endangerment : the case of Nicaragua", *Language*, 68, 1, 17~24.

Darwin, C., 1859, *The origin of species*, Londres.

Decimo, M., 1998, "La celtomanie au XIXe siècle", *Bulletin de la Société de Linguistique de Paris*, XCIII, 1, 1~40.

Desmet, P., 1993, "La Revue de linguistique et de philologie comparée (1867~1916), organe de la linguistique naturaliste en France", Preprint nr. 147. Katholieke Universiteit Leuven.

Desmet, P. et P. Swiggers, 1993, "La nature et la fonction du langage dans l'œuvre linguistique d'Abel Hovelacque", *in* "Geschichte der Sprachtheorie : Studien zum Sprachbegriff der Neuzeit", sous la direction d'U. Hoinkes, *Münstersches Logbuchzur Linguistik*, 4, 129~148.

Dixon, R. M. W., 1980, *The Languages of Australia*, Cambridge, Cambridge University Press.

Dixon, R. M. W., 1991, "The endangered languages of Australia, Indonesia and Oceania", *in* Robins and Uhlenbeck eds., 229~255.

Dixon, R. M. W., 1998, *The rise and fall of languages*, Cambridge, Cambridge University Press.

Dorian, N. C., 1977, "The problem of semi-speakers in language death", *International Journal of the Sociology of Language*, 12, 23~32.

Dorian, N. C., 1981, *Language death : the life cycle of a Scottish Gaelic dialect*, Philadelphia, The University of Pennsylvania Press.

Dorian, N. C. ed., 1989, *Investigating obsolescence*, Studies in Language contraction and death, coll. "Studies in the Social and Cultural

Foundations of Language", Cambridge, Cambridge University Press.

Dressler, W., 1981, "Language Shift and language death, a Protean challenge for the linguist", *Folia Linguistica*, XV, 1~2, 5~28.

Dubois, J., 1962, *Étude sur la dérivation suffixale en français moderne et contemporain*, Paris, Librairie Larousse.

Dubuisson, M., 1980, "Toi aussi, mon fils!", *Latomus*, XXXIX, 4, 881~890.

Dubuisson, M., 1981, "Utraque lingua", *L'Antiquité classique*, L, 1~2, 274~286.

Duhamel, H., 1995, *Pillotage*, Mémoires de lecture 1985~1995, Orléans, Éditions Paradigme.

Durand, J.-M., 1997, *Les documents épistolaires du palais de Mari*, Paris, Éditions du Cerf.

Fishman, J. A., 1968, "Some contrasts between linguistically homogeneous and linguistically heterogeneous polities", *in* J. A. Fishman ed., *Language problems of developing nations*, John Wiley & Sons, Inc., 53~68.

Fishman, J. A., 1994, "Sociologie du yiddish", *in* Baumgarten et al., dir., 427~436.

Fodor, I. et C. Hagège, sous la direction de, 1983~1994, *La Réforme des langues : Histoire et avenir / Language Reform : History and Future*, 6 volumes, Hamburg, Buske.

Franolić, B., 1980, *A short history of literary Croatian*, Paris, Nouvelles éditions latines.

Franolić, B., 1983, "The development of literary Croatian and Serbian", *in* Fodor et Hagège, dir., vol. II, 85~112.

Gal, S., 1989, "Lexical innovation and loss : The use and value of restricted Hungarian", *in* Dorian ed., 313~331.

George, K. J., 1989, "The reforms of Cornish. Revival of a Celtic language", *in* Fodor et Hagège, dir., vol. IV, 355~376.

Greenberg, J. H., 1987, *Language in the Americas*, Stanford, Stanford University Press.

Grenoble, L. A. and L. J. Whaley eds., 1998a, *Endangered languages*, Cambridge, Cambridge University Press.

Grenoble, L. A. and L. J. Whaley, 1998b, "Toward a typology of language endangerment", *in* Grenoble and Whaley eds., 22~54.

Guillaume, G., 1969, *Langage et science du langage*, Paris, Nizet/ Québec, Presses de l'Université Laval.

Gundersen, D., 1983, "On the development of modern Norwegian", *in* Fodor et Hagège, dir., vol. II, 157~173.

Haacke, W. H. G., 1989, "Nama : revival through standardization?", *in* Fodor et Hagège, dir., vol. IV, 397~429.

Hadas-Lebel, M,, 1976, *Manuel d'histoire de la langue hébraïque*, Paris, Publications Orientalistes de France.

Hadas-Lebel, M., 1980a, "Eliezer Ben Yehuda et la renaissance de la langue hébraïque", *Yod*(INALCO), 12, 21~31.

Hadas-Lebel, M., 1980b, "La sécularisation des termes religieux dans le vocabulaire politique de l'hébreu israélien", *Yod*(INALCO), 12, 63~68.

Hadas-Lebel, M., 1992, *L'Hébreu, 3000 ans d'histoire*, Paris, Albin-Michel.

Hagège, C., 1973, *Profil d'un parler arabe du Tchad*, Groupe linguistique d'études chamito-sémitiques, Supplément 2, Atlas linguistique du monde arabe, Paris, Geuthner.

Hagège, C., 1975, *Le Problème linguistique des prépositions et la solution chinoise(avec un essai de typologie à travers plusieurs groupes de langues)*, "Collection linguistique publiée par la Société de linguistique de Paris", Paris/Louvain, éditions Peeters.

Hagège, C., 1981, *Le Comox lhaamen de Colombie britannique. Présentation d'une langue amérindienne*, in *Amerindia*, numéro spécial 2, Paris, Association d'Études Amérindiennes.

Hagège, C., 1983, "Voies et destins de l'action humaine sur les langues", in Fodor et Hagège, dir., vol. I, 11~68.

Hagège, C., 1985, *L'Homme de paroles*, coll. "Le temps des sciences",

Paris, Fayard.

Hagège, C., 1987, *Le Français et les siècles*, Paris, Odile Jacob.

Hagège, C., 1993a. compte rendu de O. M. Tomić ed., *Markedness in Synchrony and Diachrony*, Berlin/New York, Mouton de Gruyter, 1989, Bulletin de la Société de Linguistique de Paris, LXXXVIII, 2, 34~44.

Hagège, C., 1993b, compte rendu de J. Čemerikić, G. Imart, O. Tikhonova-Imart, *Paronymes russo-/serbo-croates* ("*amis*" *et* "*faux-amis*"), Aix-en-Provence, Université de Provence, 1988, *Bulletin de la Société de Linguistique de Paris*, LXXXVIII, 2, 284~290.

Hagège, C., 1993c, *The Language Builder, An Essay on the Human Signature in Linguistic Morphogenesis*, coll. "Amsterdam Studies in the Theory and History of Linguistic Science, series IV-Current Issues in Linguistic Theory", Amsterdam/Philadelphia, John Benjamins.

Hagège, C., 1994 (1re éd. 1992), *Le Souffle de la langue*, Paris, Odile Jacob.

Hagège, C., 1995, "Le rôle des médiaphoriques dans la langue et dans le discours", *Bulletin de la Société de Linguistique de Paris*, XC, 1, 1~19.

Hagège, C., 1996a, *L'Enfant aux deux langues*, Paris, Odile Jacob.

Hagège, C., 1996b, *Le Français, histoire d'un combat*, Paris, Éditions Michel Hagège.

Hagège, C., 1998, "Grammaire et cognition. Pour une participation de la linguistique des langues aux recherches cognitives", *Bulletin de la Société de Linguistique de Paris*, XCIII, 1, 41~58.

Hagège, C., 출판예정, "Le multilinguisme dans la sphère judéotunisienne", *Actes* d'un colloque (1999).[1]

1) 이 논문은 다음과 같이 출판되었다. "Le multilinguisme dans la sphère judéo-tunisienne", *in* Mélanges David Cohen, *Textes réunis et édités par Jérôme Lentin et Antoine Lonnet*, Paris, Maisonneuve et Larose, 2003, pp. 305~314.

Hagège, C. et A. G. Haudricourt, 1978, *La Phonologie panchronique*, coll. "Le Linguiste", Paris, P. U. F.

Hale, K., 1992, "Language endangerment and the human value of linguistic diversity", *Language*, 68, 1, 35~42.

Hall, E. T., 1966, *The hidden dimension*, New York, Doubleday & Co.

Hansegård, N.-E., 1968, *Tvåspråkighet eller halvspråkighet?* (= "Bilinguisme ou semi-linguisme?"), Stockholm, Aldus/Bonniers.

Haugen, E., 1989, "The rise and fall of an immigrant language : Norwegian in America", *in* Dorian ed., 61~73.

Heath, S. B., 1972, *Telling tongues : language policy in Mexico, colony to nation*, New York, Teachers College Press.

Hill, J. H., 1987, "Women's speech in Mexicano", *in* Philips et al. eds., 121~160.

Hill, J. et K. Hill, 1977, "Language death and relexification in Tlaxcalan Nahuatl", *International Journal of American Linguistics*, 12, 55~69.

Hovelacque, A., 1878, "La vie du langage", *in* A. Hovelacque et J. Vinson, *Études de linguistique et d'ethnographie*, Paris.

Huffines, M. L., 1989, "Case usage among the Pennsylvania German sectarians and nonsectarians", *in* Dorian ed., 211~226.

Hull, G., 1994, "A national language for East Timor", *in* Fodor et Hagège, dir., vol. VI, 347~366.

Isebaert, L., 1994, "Le tokharien", *in* Bader, dir., 85~100.

Jacquesson, F., 1998, "L'évolution et la stratification du lexique. Contribution à une théorie de l'évolution linguistique", *Bulletin de la Société de Linguistique de Paris*, XCIII, 1, 77~136.

Jazayery, M. A., 1983, "The modernization of the Persian vocabulary and language reform in Iran", *in* Fodor et Hagège, dir., vol. II, 241~267.

Jocks, C., 1998, "Living words and cartoon translations : Longhouse 'texts' and the limitations of English", *in* Grenoble and Whaley eds., 216~233.

Kibrik, A. E., 1991, "The problem of endangered languages in the

USSR", *in* Robins and Uhlenbeck eds., 257~273.

King, R., 1989, "On the social meaning of linguistic variability in language death situations : Variation in Newfoundland French", *in* Dorian ed., 139~148.

Klausner, I., 1935, "Halutsei ha-dibbur ha-'ivri be'artsot haGola" ("Pionniers de l'expression en hébreu dans les pays de la diaspora"), *Leshonenu la'am*, XV, 1~2.

Kosztolányi, D., 1996 (1re éd. 1935), *L'Étranger et la mort*, Paris, Éditions IN FINE.

Krauss, M., 1992, "The world's languages in crisis", *Language*, 68, 1, 4~10.

Ladefoged, P., 1992, "Another view of endangered languages", *Language*, 68, 4, 809~811.

Lambert, W. E., 1967, "A social psychology of bilingualism", *Journal of social issues*, 23, 91~109.

Landaburu, J., 1979, *La Langue des Andoke* (*Amazonie colombienne*), Paris, Société d'Études Linguistiques et Anthropologiques de France.

Landaburu, J., 1995, "Las lenguas indígenas de Colombia : lenguas en peligro", Rapport dactylographié de l'Universidad de los Andes.

Launey, M., 출판예정, "Les langues de Guyane, des langues régionales pas comme les autres?", *Actes* d'un Colloque (1999). [2]

Laycock, D. C., 1973, "Sepik languages : checklist and preliminary classfication", *Pacific Linguistics* B, n° 25.

Leroy, M., 1985, "Honoré Chavée et l'édification de la grammaire comparée", *Quaderni della cattedra di linguistica dell'università di Pisa*, Serie monografica VI, 209~225.

Mahapatra, B. P., 1991, "An appraisal of Indian languages", *in* Robins

2) 이 논문은 다음과 같이 출판되었다. "Les langues de Guyane : des langues régionales pas comme les autres?" in C. Clairis, D. Costaouec et J.-B. Coyos (éds.), *Langues et cultures régionales de France. État des lieux, enseignement, politiques*, Paris, L'Harmattan, pp. 141~159.

and Uhlenbeck eds., 177~188.

Masson, M., 1976, *Les Mots nouveaux en hébreu moderne*, Paris, Publications Orientalistes de France, coll. "Études".

Masson, M., 1983, "La renaissance de l'hébreu", *in* Fodor et Hagège, dir., vol. II, 449~478.

Masson, M., 1986, *Langue et idéologie. Les mots étrangers en hébreu moderne*, Paris, éditions du CNRS.

Matisoff, J. A., 1991, "Endangered languages of mainland South-East Asia", *in* Robins and Uhlenbeck eds., 189~228.

Meillet, A., 1958, *Linguistique historique et linguistique générale*, "Collection linguistique publiée par la Société de linguistique de Paris", Paris, Champion.

Mertz, E., 1989, "Sociolinguistic creativity : Cape Breton Gaelic's linguistic 'tip'", *in* Dorian ed., 103~116.

Mithun, M., 1989, "The incipient obsolescence of polysynthesis : Cayuga in Ontario and Oklahoma", *in* Dorian ed., 243~257.

Mithun, M., 1998, "The significance of diversity in language endangerment and preservation", *in* Grenoble and Whaley eds., 163~191.

Mohan, P. and P. Zador, 1986, "Discontinuity in a life cycle : the death of Trinidad Bhojpuri", *Language*, 62, 2, 291~319.

Mosès, S., 1985, "Une lettre inédite de Gershom Scholem à Franz Rosenweig. À propos de notre langue. Une confession", *Archives des sciences sociales et religieuses*, 60, 1, 83~84.

Mougeon, R. and E. Beniak, 1989, "Language contraction and linguistic change : the case of Welland French", *in* Dorian ed., 287~312.

Mounin, G., 1992, "Discussion. Sur la mort des langues", *La Linguistique*, 28, 2, 149~158.

Mufwene, S., 1998, "Past and recent population movements in Africa. Their impact on its linguistic landscape", article présenté à la 29e Annual Conference of African Linguistics, Yale University.

Mufwene, S., 1999, "Language endangerment : what have pride and prestige got to do with it?", manuscrit.

Myers-Scotton, C., 1992, "Codeswitching as a mechanism of deep borrowing, language shift and language death", *in* Brenzinger ed., 31~58.

Philips, S. U., S. Steele and C. Tanz eds., 1987, *Language, gender & sex in comparative perspective*, coll. "Studies in the Social and Cultural Foundations of Language", Cambridge, Cambridge University Press.

Pi Hugarte, R., 1998, *Los Indios del Uruguay*, Montevideo, Ediciones de la Banda Oriental.

Poulsen, J. H. W., 1981, "The Faroese language situation", *in* Haugen, E., J. D. McLure & D. S. Thompson eds., *Minority languages today*, Edinburgh, Edinburgh University Press.

Pury-Toumi, S. de, 1994, "Si le nahuatl avait été langue générale… Politique linguistique et idéologie nationaliste au Mexique", *in* Fodor et Hagège, dir., vol. VI, 487~511.

Rey, A., sous la direction de, 1992, *Dictionnaire historique de la langue française*, 2 volumes, Paris, Dictionnaires Le Robert.

Robins, R. H. and E. M. Uhlenbeck eds., 1991, *Endangered Languages*, Oxford/New York, Berg.

Rosen, H. B., 1970, "La politique linguistique, l'enseignement de la langue et la linguistique en Israël", *Ariel*, 21, 93~115.

Rosetti, A., 1985, *Linguistique balkanique*, Bucarest, Editura Univers.

Rouchdy, A., 1989, "'Persistence' or 'tip' in Egyptian Nubian", *in* Dorian ed., 91~102.

Sampson, G., 1980, *Making sense*, Oxford, Oxford University Press.

Sasse, H. J., 1990, "Theory of language death", *Arbeits-papier* 12, Cologne, Universität zu Köln : Institut für Sprachwissenschaft.

Saussure, F. de, 1878, *Mémoire sur le système primitif des voyelles en indo-européen*, Leipzig.

Saussure, F. de, 1962(1re éd. 1916), *Cours de linguistique générale*, publié par C. Bally, A. Sechehaye et A. Riedlinger, Genève.

Schilling-Estes, N. and W. Wolfram, 1999, "Alternative models of dialect death : dissipation vs. concentration", *Language*, 75, 3, 486~521.

Schileicher, A., 1860, *Die deutsche Sprache*, Leipzig.

Schileicher, A., 1865, *Über die Bedeutung der Sprache für die Naturgeschichte des Menschen*, Leipzig.

Scholem, G., 1962, *Von der mystischen Gestalt der Gottheit*, Zurich, Rhein Verlag.

Segal, M. H., 1927, *A grammar of Mishnaic Hebrew*, Oxford.

Sephiha, H. V., 1977, *L'Agonie des Judéo-espagnols*, Paris, Éditions Entente.

Singer, A., 2000, "Le net délie les langues rares", journal *Libération*, 12 juillet, 22.

Smith Stark, T. C., 1995, "El estado actual de los estudios de las lenguas mixtecas y zapotecas", *in* D. Bartholomew, Y. Lastra, L. Manrique(coord.), *Panorama de los estudios de las lenguas de México*, tome II, 8~9, Quito, Abya-Yala.

Sturluson, S., 2000(1re rédaction 1230), *Histoire des rois de Norvège*, traduit du vieil islandais, introduit et annoté par F.-X. Dillmann, coll. "L'aube des peuples", Paris, Gallimard.

Szulmajster-Celnikier, A., 1991, *Le Yidich à travers la chanson populaire*, Les éléments non germaniques du yidich, "Bibliothèque des Cahiers de l'Institut de linguistique de Louvain", Louvain-la neuve, Peeters.

Szulmajster-Celnikier, A., 출판예정, "Le yidiche", *in* Perrot, sous la direction de, *Les Langues du monde*.[3]

Tort, P., 1980, *Évolutionnisme et linguistique. L'histoire naturelle des langues*, Paris, Vrin.

Tosco, M., 1992, "Dahalo : an endangered language", *in* Brenzinger

3) Antoine Meillet et Marcel Cohen, *Les Langues du monde*는 1924년에 초판, 1952년에 마지막 판이 출판된 이래, 1981년부터 J. Perrot의 주관으로 개정판 작업이 진행되고 있다.

ed., 137~155.

Tsitsipis, L. D., 1989, "Skewed performance and full performance in language obsolescence : The case of an Albanian variety", *in* Dorian ed., 117~137.

Turniansky, C., 1994, "Les langues juives dans le monde ashkénaze traditionnel", *in* Baumgarten *et al.*, dir., 418~426.

Vakhtin, N., 1998, "Copper Island Aleut : A case of language 'resurrection'", *in* Grenoble and Whaley eds., 317~327.

Vaugelas, C. F. de, 1647, *Remarques sur la langue française*, Paris, chez la veuve Camusat.

Vendryes, J., 1934, "La mort des langues", in *Conférences de l'Institut de Linguistique de l'Université de Paris*, 5~15, Paris, Boivin.

Villagra-Batouz, 1996, *Le guarani paraguayen. De l'oralité à la langue littéraire*, Villeneuve d'Ascq, Presses Universitaires du Septentrion.

Watson, S., 1989, "Scottish and Irish Gaelic : the giant's bedfellows", *in* Dorian ed., 41~59.

Whitnet, W. D., 1867, *Language and the study of language*, Londres, Trubner.

Wurm, S. A., 1991, "Language death and disappearance : causes and circumstances", *in* Robins and Uhlenbeck eds., 1~18.

Zananiri, G., 1978, "Ben Yehuda et la renaissance de la langue hébraïque", *Sens*, 1, 3~17.

Zepeda, O. and J. H. Hill, 1991, "The condition of native American languages in the United States", *in* Robins and Uhlenbeck eds., 135~155.

희망의 '언어지도' : 언어의 소멸 및 부활, 그리고 인간

종래 세계의 지배질서는 세계화·국제화의 흐름 아래 더 심해진 경제력과 정보력의 차이를 바탕으로 더욱 확실하게 자리잡아 가고 있다. 이미 오래전부터 지배와 포식(捕食)의 개념이 일상생활에 팽배해 있어 신(新)식민·제국주의라 불러도 전혀 무리가 없을 정도이다. 이러한 언급을 하거나 이에 대해 우려하는 것이 식상한 일이 되었거나 고루해 보이기까지 한다. 그러나 더 심각한 문제는 물질적 차원의 지배가 그 상(相)을 달리하여 정신적 영역까지 철저하게 파고들어 지배하고 있다는 것이다. 물질적으로 강한 힘을 가진 이들의 사고와 행동방식이 모든 이들의 삶의 방식의 잣대가 될 수밖에 없는 상황, 이러한 현상은 문화제국주의·식민주의의 모습으로 나타났다. 이제 세계는 모든 영역에서 다양성을 잃어버리고 획일화를 향해 나아간다. 이러한 획일화는 결국 다양한 인간의 존재가능성이 무시됨과 함께 인간성의 훼손을 불러오고, 이에 따라 각 공동체의 정체성의 말살, 왜곡이 자행되는 한편 그 상실을 초래하는 것이다. 이러한 과정의 중심에 언어문제가 자리잡고 있다. 언어는 사회와 문화의 표현매체이며 또 문화를 만들어 가는 기능을 하기 때문에 언어의 말살, 왜곡 및 상실의 문제는 한층 더 심각한 것이다.

세계에서 사용되는 언어의 수는 연구자 및 기관에 따라 차이가 있지만, 대체로 5~7천 개 정도에 이른다.[1] 문제는 21세기 말까지 이 언어들 가운데 절반 정도가 사라질 위험에 놓여 있으며 언어의 소멸속도는 갈수록 빨라지고 있다는 점이다. 앞서 말한 것처럼 언어는 공동체의 운명을 유지하는 데 필수적인 것이며, 언어를 소멸위기에서 구해내는 것은 세계 문화의 다양성을 유지하는 데 절대로 필요한 일이다. 유네스코를 비롯한 각종 기구, 각국 정부, 그리고 많은 전문가들이 언어를 수호하기 위해 펼치는 노력은 이러한 관점에서 이해할 수 있다. 대표적인 것으로 유네스코가 2000년 초부터 적극적으로 전개하는 각종 '위기언어 보호프로그램'을 들 수 있다. 데이비드 크리스털은 언어의 다양성이 중요한 이유를 다음과 같이 정리하고 있다: (1) 우리에게는 다양성이 필요하다. (2) 언어는 정체성을 나타낸다. (3) 언어는 역사의 저장고이다. (4) 언어는 인류의 지식총량에 기여한다. (5) 언어는 그 자체로 흥미롭다.[2] 클로드 아제주의 《언어들의 죽음에 맞서라》는 이러한 맥락에서 이해해야 한다.

클로드 아제주는 저명한 프랑스 언어학자로, 1936년 튀니지 카르타고에서 태어나 그곳에서 고등학교를 마친 뒤 프랑스의 고등사범학교를 졸업하였다(1955~1959년). 그는 일반언어학과 많은 언어들에 관심을

1) 문화 다양성의 유지 차원에서 세계 언어의 문제에 접근하는 유네스코는 세계의 언어를 6천 7백 개 정도로 보고 있으며, 《위기언어지도》(2009년판) 에서는 2,498개의 언어를 위기언어로 분류하고 있다. 한편 서머언어연구소는 2009년판 《에스놀로그》에서 세계의 언어를 6,909개로 제시하고 있다.

2) 데이비드 크리스털(David Crystal), 권루시안(옮김), 《언어의 죽음》(이론과 실천, 2005), 제 2장 "언어의 죽음이 우리와 무슨 상관일까?" 참조.

가졌는데, 고등사범학교 재학중 고등교육원(EPHE)에서 에밀 벤베니스트, 앙드레 마르티네, 루이 르누, 마르셀 코헨 교수 등의 강의를 들었으며, 국립동양어학교(ENLO)에서 헝가리어, 터키어, 페르시아어, 말레이어, 힌디어, 마다가스카르어, 페울어, 일본어 등을 공부하였다. 이러한 과정에서 고전문학(라틴어, 희랍어), 아랍어, 일반언어학, 중국어, 히브리어, 러시아어 등을 전공하였다. 또 콜레주 드 프랑스에서 벤베니스트의 강의를 수강(1963~1969), 하버드대학에서 로만 야콥슨의 강의를 수강하기도 하였으며(1969~1970), 1971년 파리 5대학에서 국가박사학위(언어학 전공)를 취득하였다. 그는 국립과학연구센터(CNRS)의 연구원(일반언어학과 아프리카언어학)을 거쳐(1965~1970), 1970년 푸아티에대학 교수로 부임하였으며, 파리 12대학, 4대학, 3대학 등에서 일반언어학, 음운론을 강의하였다. 1977년 고등교육원 언어학 주임교수가 된 뒤, 1982년부터 콜레주 드 프랑스의 교수를 지냈으며 현재 명예교수로 있다.

그의 연구영역은 문법연구에서 시작하여, 언어학과 생명과학의 상호작용을 바탕으로 한 언어정책 문제, 언어의 다양성 및 변이의 문제, 언어의 소멸과 부활의 문제에 이르기까지 광범위하다. 연구영역이 전 세계의 언어에 걸쳐 있는 만큼 그는 많은 언어를 구사하는 것으로 유명하다. 이 언어들은 과라니어, 나바호어, 녹테어, 러시아어, 마다가스카르어, 말레이어, 아랍어, 영어, 이탈리아어, 일본어, (표준) 중국어, 케추아어, 타밀어, 테텔라어, 터키어, 펀잡어, 페르시아어, 페울어, 헝가리어, 히브리어, 힌디어 등 대규모 언어에서 소멸위기 언어에 이르기까지 50여 개에 이른다. 이러한 언어지식이 그의 저서 《언어들의 죽음에 맞서라》의 바탕을 이루고 있다. 한편 그는 1966년부터 세계 각지의 소수언어들을 현지에서 연구했는데, 근래까지 카메룬, 중국,

프랑스, 차드, 아이티, 북서부 카프카스 지역, 캐나다 브리티시컬럼비아와 미국 워싱턴 주, 캐롤라인 제도, 멕시코, 러시아, 파라과이, 과테말라 등의 다양한 고유어들을 현지의 언어공동체들을 대상으로 연구하였다.

클로드 아제주는 1967년부터 세계의 모든 대륙에 걸쳐 40개 가까운 많은 나라의 대학, 학술단체 및 기관들에서 초빙교수로서 강연 및 강의를 하기도 하였다. 그의 저술활동 역시 활발하게 펼쳐졌는데, 그는 일반언어학(언어이론, 언어유형과 보편소, 음성학, 언어개혁과 언어계획을 포함하는 사회언어학)과, 프랑스어, 셈어, 아프리카어, 아메리카인디언어, 오스트로네시아어 등을 다룬 개별 언어학 관련 20여 권의 저서를 펴냈다. 《생성문법》(1976), 《언어들의 구조》(1982), 《인간과 언어》(1985), 《프랑스어와 오랜 세월》(1987), 《언어의 숨결》(1992), 《두 언어를 사용하는 아이》(1996) 등이 있으며, 최근 저서로 《프랑스어를 위한 싸움: 언어와 문화의 다양성의 이름으로》(2006), 《언어 애호(愛好) 사전》(2009)을 들 수 있다. 그는 또한 많은 논문 및 각종 학술대회 보고서들을 발표하였는데, 여기에서 다루어진 영역들은 위에서 언급한 분야 외에 일반언어학(형태론, 통사론, 문법, 음운론, 의미론, 화용론, 번역이론, 언어의 기원, 언어학사, 역사언어학), 사회언어학(언어의 위상과 기능, 언어학과 현장조사, 크레올 언어학, 유대어, 언어소멸, 기호학, 문체론, 언어철학), 개별 언어학(중국·티베트어, 우랄어, 알타이어, 인도·유럽어족 언어들: 아르메니아어, 게르만어, 슬라브어, 일본어, 한국어, 오스트레일리아어, 파푸아어) 등이다. 이처럼 클로드 아제주의 연구는 광범위하게 전개되고 있으며, 그의 관심사는 항상 세계의 모든 언어들을 대상으로 열려 있다. 또 학술활동과 관련하여 다양한 수상경력을 가지고 있는데, 1976년 교육공로훈장 서훈, 1981년에 프랑스학사원이 금석학 · 문학아카데미의 추천에 따라 비교문헌학의 탁월한 연구성과를 낸 학자에게 수여하는 볼네(Volney)상을 수상했으며, 1986년 저서 《인간과 언어》로 에세(Essai) 대상과 아카데미 프랑세즈 대상을 받았다. 1995년에는 프랑스 내 각종 연구분야에서 독보적인 업적을 쌓은 학자에게 수여하는 국립과학연구센터의 금상을 수상했다.

《언어들의 죽음에 맞서라》는 소멸위기에 처한 언어들의 삶, 곧 죽음과 부활의 보고서이며, 흔히 '영어패권주의'로 표현되는 언어제국주의를 앞세우고 세계를 휩쓸게 될 문화제국주의 · 식민주의에 대한 경고의 메시지이다. '언어들의 죽음에 맞서라'라는 직접적 표현의 제목이 보여주듯이, 저자는 인간이 언어의 운명에 적극적이고 능동적으로 개입함으로써, 불가피해 보이는 언어들의 '수동적' 죽음을 막거나 최소한 그 소멸속도를 늦출 수 있으며, 나아가 죽음에 이른 언어의 목숨까지 되살릴 수 있음을 말하고자 한다. 저자에 따르면, 오늘날 세계에서 사용되는 약 5천 개의 언어들 가운데 해마다 25개씩 사라져 가며, 21세기 말이면 그 절반 정도로 수가 줄어들 것으로 보인다. 현재 진행되는 세계화의 추세를 감안하면 언어의 소멸속도는 한층 더 빨라질 것이다. 이 소멸의 길을 막을 수는 없겠지만, 적어도 그 진행속도를 늦추기 위한 적극적 개입이 필요한 것이다. 이를 위해서는 언어들이 처한 현 상황을 좀더 체계적으로 파악하는 것이 필요하다.

이 책은 크게 언어의 삶과 죽음, 그리고 부활의 과정 세 부분으로 구성되어 있다. 곧 생명체들이 태어나 자라고 죽으며 '되살아나기도' 하는 과정을 언어에 그대로 투영하여 언어의 한살이를 기술하고 있다. 아울러 이 과정에 인간의 의지가 긍정적으로 작용할 수 있음을 역설하고 있다. 우선 언어는 인간의 생명의 공급원이다(제 1부 "언어들과 삶"). 언어는 살아 있는 개체로서 생명체들의 한살이를 고스란히 겪는다. 언어에는 자연계의 생존경쟁의 논리가 그대로 적용될 수 있다. 하지만 언어의 한살이는 다른 생명체들의 한살이와는 다른 차원의 성격을 가진다. 따라서 이 모든 것은 언어는 왜 사라지는가, 왜 언어의 소멸을 방치해서는 안 되는가, 언어는 왜 유지되어야 하는가, 그렇다면 인간이 해야 할 일은 무엇인가, 죽어가는 언어를 되살릴 수는 없는가 등 일련의 문제들을 제기하고 이에 대한 답을 찾기 위한 노력으로 이어져야 한다. 이를 위해 여기에서는 우선 살아 있는 개체로서 언어의 개념, 생존경쟁의 틀 안에서 자연도태의 논리를 따라가는 언어의 운명을 살펴보고 있다.

제 2부 "언어들과 죽음"에서는 앞에서 제기한 문제들에 답하기 위해, 우선 세계 각지 언어들의 현황을 살피고 있다. 특히 외진 지역의 언어들, 이른바 문명사회의 위세를 가진 언어들의 주변 언어인 잘 알려져 있지 않은 소수민족의 언어들, 아프리카 부족 언어들, 남태평양의 언어들, 아메리카 인디언 언어들, 시베리아 언어들까지 그 연구대상으로 삼고 있다. 실제로 60개 이상의 어군 등의 언어집단, 4백 개 이상의 개별언어들을 구체적으로 언급하고 있다. 이러한 접근은 반드시 소수언어들만을 대상으로 하지는 않는다. 비교적 사용자 수가 많고 양호한 상태에 있는 것으로 보이는 언어들, 예컨대 한국어와 일본어에 대해서도 같은 관점에서 접근하고 있다. 아울러 언어의 소멸방식과 원인을 구체적으로 짚어 보고, 세계 언어들의 현 상황을 수치자료로 제시하고 있다.

이러한 논의를 바탕으로 언어수호를 위한 인간의 투쟁, 언어 다양성을 유지하기 위해 여러 층위에서 이루어지는 인간의 노력 등을 다루고 있다. 이 모든 경우에 으뜸가는 요소로 작용하는 것은 공동체의 정체성 인식과 이 민족정체성을 지켜가려는 의식이다. 이 의식은 각 민족

공동체가 과거의 역사와 현재 안에서 보여준 것처럼 특히 언어를 통해 주로 발현되는 것이다. 아울러 생태언어학의 관점에서 언어의 운명에 대한 무관심을 지적하고 있다. 곧 생태환경의 보호와 동·식물의 보존에 기울이는 관심에 비하여 언어에 대한 관심은 극히 미미한 수준에 머물러 있음을 문제삼는다. 이는 또 다른 관점에서 강조되어야 할 국가 차원의 몫인 것이다. 언어에 대한 공동체의 관심을 환기하는 언어학자들의 임무도 지적해야 할 것이다.

제3부에서는 "언어들과 부활"을 다루고 있다. 우선 소멸한 언어를 인간의 힘으로 부활시킨 전형적 보기로 히브리어의 경우를 들고, 언어의 운명이 인간의 의지에 좌우될 수 있음을 주장하고 있다. 여기에서는 히브리인의 역사와 함께하는 히브리어의 역사성을 상술하면서, 소멸한 언어를 인간의 힘으로 부활시키는 지난한 과정과 놀라운 성과를 상세하게 기술하고 있다. 이스라엘 민속의 이산(離散)으로 오랜 세월 동안 사어(死語)로 간주되어 온 언어가 한 선구자, 엘리에제르 벤 예후다의 의지와 이를 긍정적으로 수용하고 뒷받침하는 민족집단의 공동체의식에 의해 되살아나게 되었던 것이다. 이어 근래에 전개되는 언어 보존 및 재생작업, 언어의 '창조'과정을 콘월어, 스코틀랜드 게일어, 이디시어, 신(新)노르웨이어, 크로아티아어 등의 유럽 언어와 크리올어를 중심으로 전개하고 있다. 이 경우들은 모두 언어의 운명을 지배하는 으뜸가는 요소는 공동체의 의지임을 한 번 더 입증한다.

끝으로 인터넷 기술의 발달을 언어의 운명과 관련지어 진지하게 고려할 것을 요구하고 있다. 또한 미국 영어는 진정한 국제어가 될 수 없다고 주장하는데, 영어는 거대한 힘을 가진 특정 문화의 매개체로서 중립적 언어가 될 수 없기 때문이다. 이러한 이유로 영어제국주의에 맞설 언어로서 프랑스어 등 주요 언어들이 가지는 사명이 부각된다.

'단 하나의 언어만이 남게 될 세계'에 맞서 인류의 보편문화를 지켜야 한다는 것이다.

인간의 언어를 흩어 놓은 바벨탑 사건의 가치는 클로드 아제주가 다른 곳에서 언급하는 것처럼, 부정적인 것이 아니다.[3] 사람들이 다양한 언어를 사용할 수 있는 것은 흔히 일컫듯이 '창조주'가 뜻한 대로 인간의 욕망에 대한 징벌이 아니며, 오히려 인간에 대한 축복일 수 있다. 인간의 삶 자체는 흩어진 언어들이 가지는 무한한 다양성에 의해 언어로 표현되는 것이기 때문이다. 따라서 《언어들의 죽음에 맞서라》는 세계 언어들의 실상을 단순히 기술하고자 하지 않는다. 여기에서 말하고자 하는 것은 그 이상의 것이다. 모든 논의의 바탕을 이루는 것은 언어의 죽음은 문화의 죽음이며 궁극적으로 인간의 죽음이기 때문에, 언어와 인간은 삶과 죽음의 궤를 함께한다는 시각이다. 언어와 민족, 언어와 문화는 그 운명을 공유하는 것이다. 언어는 인식론적이고 사회적인 특질들을 지니고 있기 때문이다. 우리가 이 책에서, 역사 안에서 쓰이다가 사라지고 '다시 태어나기도' 하는 언어들을 보면서, 또 이 과정에 개입하는 이들의 노력을 보면서, 이끌어 내야 할 것은 언어는 곧 문화이며 우리의 삶 자체, 우리 자신이라는 언어의식이다.

세계화의 흐름 안에서 타인을 진정으로 이해하는 일은 인종과 문화의 다양성을 바탕으로 상대방의 가치를 인정하는 데서 시작한다. 이를 위해서는 먼저 타인의 존재, 그들의 문화와 언어를 인정해야 한다. 언어는 언어공동체를 구성하는 사람들의 가치를 표현하는 수단이며, 그 공동체를 온전하게 이해할 수 있게 하는 디딤돌이기 때문이다. 《언어들의 죽음에 맞서라》는 특정 언어를 앞세운 언어패권주의를 거부하고,

---

3) Claude Hagège, *Dictionnaire amoureux des langues* (Plon et Odile Jacob, 2009), 'Babel' 항목 참조.

언어제국주의에서 비롯하여 문화의 다양성을 파괴하고 획일화를 조장하는 문화제국주의를 비판하는 관점을 견지하고 있다. 클로드 아제주는 세계의 언어들, 특히 위기의 언어들의 지형도를 사실적으로 그려내는 가운데 이러한 요구를 하는 것이다. 이 책은 이제 언어제국주의를 앞세운 문화제국주의·식민주의에 대한 경고의 메시지를 넘어 희망의 메시지로 자리잡는다.[4)]

4) 이러한 논지는 여러 나라 학자들의 관심을 끌어, 이 책은 이미 몇 가지 주요 언어로 번역·출판되었다: 이탈리아어판, *Morte e rinascita delle lingue* (Feltrinelli, 2002); 스페인어판, *No a la muerte de las linguas* (Barcelona, Paidos Transiciones, 2002); 포르투갈어판, *Nào à morte das linguas* (Instituto Piaget, 2002); 일본어판, 《絶滅していく言語を救うために—ことばの死とその再生》(白水社, 2004); 영어판, *On the Death and Life of Languages* (Yale University Press, 2009).

찾아보기

(용 어)

ㄱ ~ ㄴ

ㄷ ~ ㄹ

ㅁ ~ ㅂ

ㅅ ~ ㅇ

ㅈ ～ ㅊ

찾아보기

(언 어)

▪ 어족 · 어파 · 어군 · 언어집단 (~ *languages*)

▪개별 언어들

ㄱ ~ ㄴ

ㄷ ~ ㄹ

ㅁ～ㅂ

ㅅ~ㅇ

ㅈ ~ ㅊ

ㅋ ~ ㅌ

찾아보기

(인 명)

ㅁ ~ ㅂ

ㅅ ~ ㅇ

ㅈ ~ ㅊ

ㅋ ~ ㅌ

ㅍ ~ ㅎ

클로드 아제주 (Claude Hagège, 1936~)

클로드 아제주는 프랑스 언어학자로, 1936년 튀니지 카르타고에서 출생하였다. 프랑스의 고등사범학교와 고등교육원에서 수학하였으며, 고전문학, 일반언어학, 아랍어, 중국어, 히브리어, 러시아어 등을 전공하였다. 1971년 파리 5대학에서 국가박사학위(언어학 전공)를 취득하였다. 국립과학연구센터 연구원(일반언어학과 아프리카언어학)을 거쳐(1965~1970), 1970년 푸아티에대학 교수, 1977년 고등교육원 언어학 주임교수가 되었다. 1982년부터 콜레주 드 프랑스의 교수를 지냈으며, 현재 명예교수로 있다.

클로드 아제주는 50여 개에 이르는 다양한 언어를 구사하는 것으로 유명한데, 그는 1966년부터 카메룬, 중국, 차드, 카프카스지역, 캐나다, 미국, 캐롤라인제도, 멕시코, 러시아, 파라과이, 과테말라 등지의 고유어들을 현지에서 연구하였다. 또한 활발한 저술활동을 펼쳐 일반언어학과 프랑스어, 셈어, 아프리카어, 아메리카인디언어, 오스트로네시아어 등을 다룬 개별언어학 관련 20여 권의 저서와 많은 논문들을 발표하였다. 최근 저서로《프랑스어를 위한 싸움: 언어와 문화의 다양성의 이름으로》(2006),《언어 애호(愛好) 사전》(2009)이 있다.

김병욱 (金炳郁)

서울대 인문대학 불어불문학과를 졸업하고, 프랑스 스트라스부르대학 어문학부와 석사과정을 마쳤다. 프랑스 파리 10대학 언어학부 및 문학부 박사과정을 수료(불어학 및 불문학 전공), 문학박사학위를 취득(1991년)하였고, 현재 경북대 사범대학 불어교육과 교수로 재직중이다.

주요 논문으로 "문해능력과 문해교육 : 역사성과 프랑스어권 연구를 위한 현황분석", "아프리카 공동체와 언어", "위기의 언어들과 저항, 그리고 유네스코", "프랑코포니의 언어관 탐색", "검은 오르페우스와 네그리튀드", "프랑스어권 제 3세계의 민족정체성 추구" 등과, 역서로《언어와 식민주의-언어포식(言語捕食) 이야기》(2004)가 있다.